DIE 50 BEDEUTENDSTEN

SCHLACHTEN

GILES MACDONOGH

DIE 50 BEDEUTENDSTEN
SCHLACHTEN

VON AUSTERLITZ BIS WATERLOO

INHALT

Engländer und Franzosen bei der
Belagerung der Stadt Orléans.

Statue des Leonidas
bei den Thermopylen.

Truppen aus Australien und Neuseeland
auf der Halbinsel Gallipoli.

Amerikanische Truppen auf der Insel Leyte
bei der Rückeroberung der Philippinen.

Seite 2: Alliierte Soldaten bei der Landung in der Normandie.

EINLEITUNG

Schlachten sind die Satzzeichen der Weltgeschichte. Die erste Schlacht, von der historische Aufzeichnungen überliefert sind, fand vor dreieinhalb Jahrtausenden in Megiddo in Palästina statt. Aber schon bevor Pharao Thutmosis III. seinen Gegnern bei Megiddo gegenübertrat, gab es unzählige militärische Auseinandersetzungen.

Die in diesem Buch beschriebenen Schlachten zeigen nicht nur die Veränderungen im strategischen und taktischen Denken auf, zu denen es im Laufe der Zeit kam, sie machen auch die Entwicklung der militärischen Technologie deutlich. Auf Stöcke und Steine folgten Schwerter, Schilde und Speere. Die Kavallerie trat mit Pferd und Wagen auf den Plan. Ein wichtiger Entwicklungsschritt war die Einführung der Armbrust und des Langbogens, die ihrerseits von der ersten Kanone abgelöst wurden. Die Pike wurde durch das Bajonett ersetzt, ebenso wie Fortschritte in der Artillerie alte Infanterietaktiken überflüssig machten und Soldaten zwangen, Gräben anzulegen. Luftunterstützung und Panzer haben die Schlachtfelder in den letzten 100 Jahren noch einmal völlig verändert. Die Praxis der Kriegsführung ist nicht zuletzt auch deshalb schon immer in ständiger Bewegung gewesen, weil ein militärischer Befehlshaber nur durch Neuerungen seinen Gegner überraschen kann.

Das Buch beschreibt, wie Schlachten von unterschiedlicher Form und Größe einst ausgetragen wurden. Bei einigen handelte es sich um Gefechte, die weitreichende Auswirkungen für eine Nation oder eine Region hatten. Plassey und Calatafimi etwa waren nur kleine Scharmützel. Dennoch begann mit Plassey die Unterwerfung des Indischen Subkontinents durch die Briten, und Calatafimi war die Grundlage für die Einigung ganz Italiens unter dem Haus Savoyen. Die Schlacht von Hastings führte zu einer totalen Veränderung der Sprache und Kultur Englands. Der Fall Konstantinopels beendete das Byzantinische Reich und brachte den Islam in Reichweite Zentraleuropas. Waterloo bedeutete Napoleons Untergang und etablierte ein europäisches Staatensystem, das bis zum Ende des Ersten Weltkriegs Bestand hatte.

Aber so manche große Schlacht brachte auch keine bedeutsamen Veränderungen mit sich. Die Schlacht von Cannae zum Beispiel, bei militärischen Planern und Ausbildern besonders beliebt, blieb praktisch ohne Folgen, da Hannibal letztlich vor einem direkten Angriff auf Rom zurückschreckte. Die Spartaner mögen an den Thermopylen die persische Armee für drei Tage aufgehalten haben, aber zur entscheidenden Wende im Perserkrieg kam es erst 479 v. Chr. bei Plataiai.

So sehr wir uns auch das Ende der Kriege wünschen, es ist leider nicht in Sicht. Der Nahe Osten ist nach wie vor ein Krisenherd. Seit seiner Gründung 1948 hat Israel zahlreiche militärische Konflikte ausgetragen, und es gibt keine Anzeichen dafür, dass die Region in naher Zukunft zur Ruhe kommen wird. Im benachbarten Libanon tobten jahrzehntelang heftige Bürgerkriege. In den 1980er Jahren gab es eine schwere militärische Auseinandersetzung zwischen Iran und Irak, und seit 1991 führte Amerika zwei Kriege gegen den Irak. Ob das Land nach dem Abzug der Amerikaner 2010 zur Ruhe kommen wird, ist ungewiss.

Auch weiter östlich in Afghanistan und Pakistan schwelen Konflikte. Zwischen Indien und Pakistan herrscht seit der Unabhängigkeit von den Briten 1947 praktisch ein dauerhafter Kriegszustand. Auch zwischen Indien und China ist es 1962 zu einem massiven militärischen Grenzkonflikt gekommen.

Vieles hat sich verändert. Heute werden Soldaten häufig als „Friedenswächter" und ihre Missionen als „Friedenswahrung" bezeichnet. In den UN-Einsätzen arbeiten Soldaten verschiedener Nationen zusammen, um Kriege zu vermeiden und Konfliktparteien auf Abstand zu halten.

Abgesehen von den Golfkriegen sind die Vereinigten Staaten zu einem Kampf gegen Terroristen und ihre vermeintlichen Unterstützer übergegangen. Nach dem Koreakrieg griffen die Vereinigten Staaten in einen langen Konflikt in Vietnam ein, der 1973/75 mit einer Niederlage der Amerikaner endete. Großbritannien trug seinen letzten großen Krieg 1982 auf den Falklandinseln aus. Seitdem tritt die britische Armee zumeist als einer Art Juniorpartner der Vereinigten Staaten auf.

Auch wenn es heute kaum vorstellbar ist, dass zwischen den Ländern der Europäischen Union ein Krieg ausbrechen könnte, hat es noch in den 1990er Jahren im benachbarten ehemaligen Jugoslawien einen blutigen Bürgerkrieg gegeben. Auf dem Gebiet der ehemaligen Sowjetunion kam es in Tschetschenien und in Georgien zu kriegerischen Auseinandersetzungen. In all diesen Konflikten der jüngeren Zeit gibt es kaum noch große Feldschlachten. Die Kriege der Gegenwart zeichnen sich vor allem durch Guerillataktiken aus.

Positiv zu vermerken ist, dass die nukleare Abschreckung den Ausbruch größerer militärischer Konflikte bisher offenbar verhindert hat. Die beiden Weltkriege

haben im 20. Jahrhundert fast zur Zerstörung Europas geführt. Das Kräftegleichgewicht wurde auf die Vereinigten Staaten und die Sowjetunion verlagert. Es kam zu einer Reihe von „Stellvertreterkriegen" wie in Korea oder den zahllosen Bürgerkriegen in Mittelamerika und Afrika. Aber ein dritter Weltkrieg brach nicht aus. Allerdings waren für das Jahr 2009 weltweit 34 Kriege und bewaffnete Konflikte zu verzeichnen.

Auch wenn es weiterhin militärische Auseinandersetzungen geben wird, die großen Schlachten gehören der Vergangenheit an. Moderne Kriegsführung richtet sich heute meist gegen irreguläre Truppen, die einer direkten Konfrontation mit dem Gegner aus dem Weg gehen. Selbst reguläre Armeen vermeiden offene Auseinandersetzungen. In Zeiten der globalen Medienpräsenz scheuen die meisten Politiker zumindest der westlichen Demokratien vor verlustreichen Kriegseinsätzen zurück. Zu groß wäre die Kritik der Öffentlichkeit bei Bildern und Berichten der zahlreichen Opfer. Hochentwickelte Technologien werden zum Einsatz gebracht, und wenn möglich hält man Soldaten außerhalb der Reichweite von feindlichem Beschuss. Heute steuern und überwachen Computer und Satelliten die militärischen Operationen. Dies mag vielleicht ein technischer Fortschritt sein, aber auch die modernen Kriegseinsätze fordern Menschenleben.

Giles MacDonogh
2010

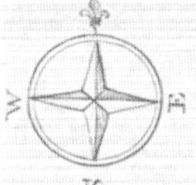

MEGIDDO

SCHON IMMER HABEN MENSCHEN GEKÄMPFT, sei es um Besitz oder Nahrung. Um eine Höhle oder ein Tal zu kontollieren, waren größere Gruppen erforderlich. Waffen aus einfachen Materialien wie Steinen und Stöcken wurden gefertigt, um sich einen Vorteil gegenüber dem Gegner zu verschaffen. Als man anfing, Auseinandersetzungen zu planen und zu organisieren, entwickelten sie sich zu Schlachten. Schlachtpläne wurden zur „Strategie", kleinere Aspekte des Kampfes nannte man „Taktik".

Schlachten und Scharmützel, selbst wenn sie nicht von der Geschichtsschreibung dokumentiert sind, wurden seit Urzeiten ausgetragen. Der Kampf um die Festungsstadt Megiddo (die auf Hebräisch „Armageddon" genannt wurde) war aber der erste Konflikt, über den Historiker mit einiger Sicherheit berichten konnten: Der dort stattfindende „Überraschungsangriff" wurde schriftlich dokumentiert.

BRONZE, WAGEN, BOGENSCHÜTZEN

Neue, ausgefeiltere Waffen waren die Voraussetzung für offene Schlachten wie in Megiddo. Um 2000 v. Chr. wurden Steinäxte allmählich durch Bronzewaffen ersetzt. Viele Krieger schwangen noch immer die Axt, das aus dem Fernen Osten stammende Schwert war aber bereits stark verbreitet. In Ägypten ersetzte es den Streitkolben als Symbol des Pharaos. Die Fußtruppen (Infanterie) benutzten meist Speere. In Ägypten setzten sich solche mit aufgesteckter, blattförmiger Spitze durch. Hier benutzte man die Speere zur Verteidigung von Schutzwällen. In Asien warf man sie vom Streitwagen aus.

Eisen stand erst ab etwa 1200 v. Chr. zur Verfügung. Es entwickelte sich eine Art Regimentsstruktur, bei der große Infanterieeinheiten in kleinere, aus Speer-, Schwert- und Axtabteilungen bestehende Gruppen oder Phalanxen aufgeteilt wurden. Es waren die Vorläufer der modernen Kompanien und Züge. Damit Truppen von Speerträgern, Bogenschützen und Schleuderern auf dem Schlachtfeld erfolgreich sein konnten, war Disziplin erforderlich.

Nach Homer wurden im Trojanischen Krieg bereits Streitwagen verwendet. Bei Schlachten im Alten Griechenland kam eine Kombination von Fußvolk und Wagenlenkern zum Einsatz. Im Nahen Osten waren Streitwagen bereits vor 1700 v. Chr. ein vertrauter Anblick. Zwischen asiatischen und ägyptischen Kriegstaktiken gab es aber einen entscheidenden Unterschied: Asiatische Wagen waren mit einem Wagenlenker sowie zwei Speerwerfen bestückt. Sie wurden als leichte, manövrierfähige Gefährte genutzt, um dem Gegner zuzusetzen. Die schweren ägyptischen Wagen mit sechsspeichigen Rädern rückten en masse vor. Sie trieben den Gegner vor sich her. Auf den Wagen fuhren mit Kompositbogen bewaffnete Schützen. Zu Einheiten von 50 Mann gruppiert, standen die Bogenschützen unter dem Kommando eines Offiziers.

Der Bogen war die wichtigste Waffe, gefertigt von fähigen ägyptischen Handwerkern. Der Bogen wurde von Einheiten zu Wagen wie der Infanterie eingesetzt. Der Schaft bestand aus Schilfrohr, die Pfeilspitze aus Bronze, so dass man jede Rüstung durchbohren konnte. Ein Köcher fasste etwa 30 Pfeile.

Die Pharaonen des Neuen Reiches (1550–1069 v. Chr.) formten Speerwerfer und Bogenschützen zu einer perfekt abgestimmten Streitkraft. Ihre Rüstungen waren leicht: Wagenlenker und Bogenschützen trugen Panzerhemden, Helme sowie einen kleinen oder keinen Schild. Da Rüstungen kostspielig waren, legten Speerwerfer wie Schwertkämpfer meist wenig an. Sie trugen stattdessen große Schilde.

VERTEIDIGUNG DES REICHES

Thutmosis III., der um 1479–1425 v. Chr. herrschte, war der sechste Pharao der 18. Dynastie. Bis zum Alter von 21 Jahren regierte er mit seiner Tante, Königin Hatschepsut. Nachdem er den Thron als alleiniger Herrscher bestiegen hatte, blieb er über 53 Jahre an der Macht. Er gilt als größter Kriegerkönig Ägyptens.

Zur Zeit der 18. Dynastie hatte Ägypten seinen Einflussbereich bis nach Palästina und Syrien ausgedehnt. Nach dem Tod Hatschepsuts kam es zu Aufständen in den entlegenen nordöstlichen Provinzen, besonders im Königreich Mitanni und den verbündeten Stadtstaaten Kadesch und Tunip. Kadesch, in der Nähe des Sees von Homs im heutigen Syrien, beherrschte den Oberlauf des Flusses Orontes. Es hieß, König Durusha von Kadesch treffe Vorbereitungen für einen Krieg gegen Ägypten. Da Kadesch die Überlandrouten zum Euphrat und nach Assyrien kontrollierte, würde ein Konflikt den Handel Ägyptens mit Asien gefährden. Durusha hatte die Unterstützung von 330 Fürsten aus Mitanni, die ihm in Megiddo zur Seite standen.

Altägyptisches Relief, das den Pharao in der traditionellen Rolle des wagenlenkenden Bogenschützen auf einem Streitwagen zeigt. Der Streitwagen gehörte zu den königlichen Insignien des Neuen Reiches und wurde zu einem Symbol militärischer Oberherrschaft.

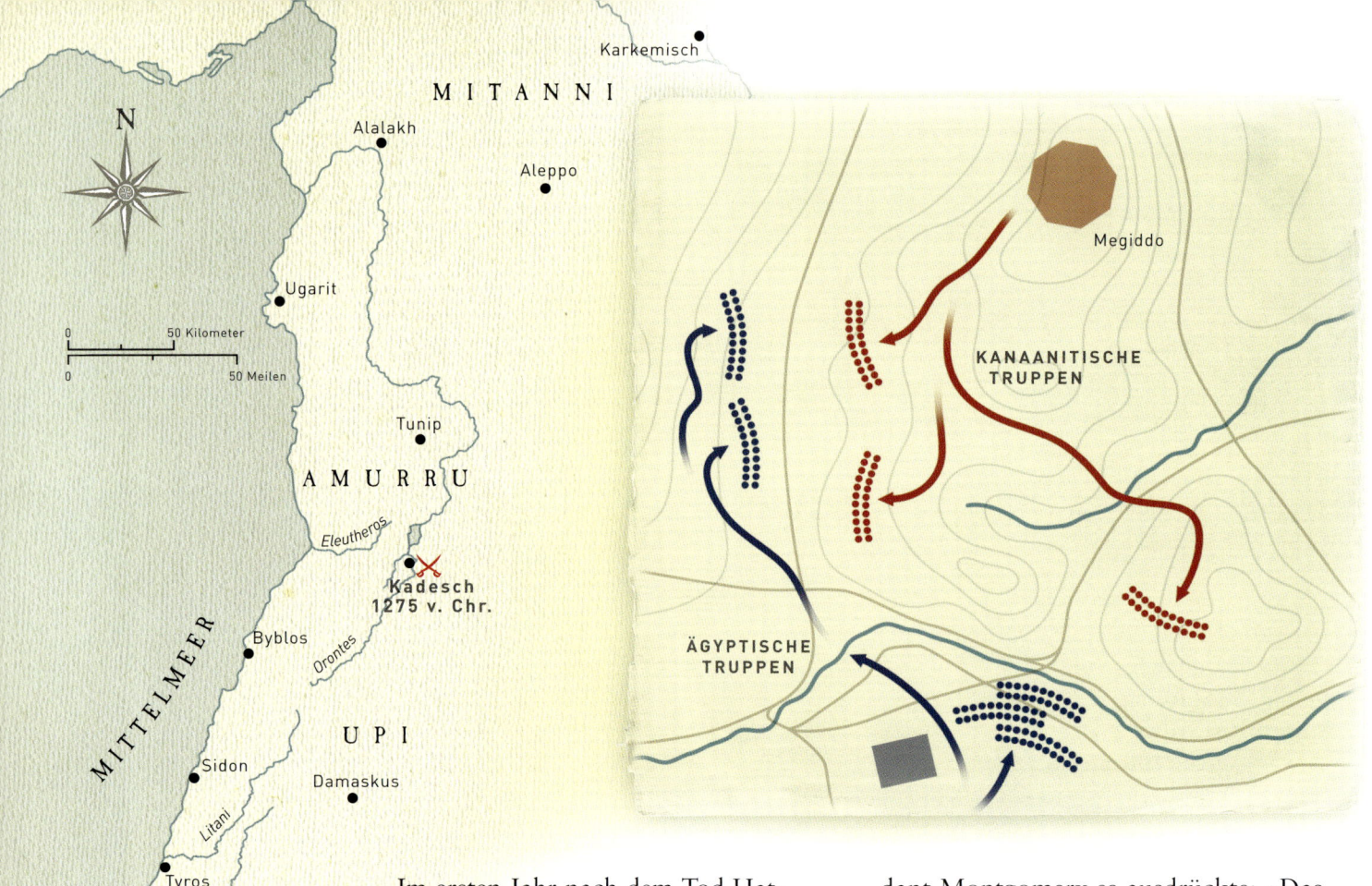

Das östliche Mittel-
meer zur Zeit des Neu-
en Reiches. Die Schlacht
von Kadesch wurde 1275
v. Chr. von Ramses II. und
den Hethitern ausgefoch-
ten; es war die größte
mit Streitwagen über-
haupt. Die rechte Abbil-
dung zeigt die Truppen-
aufstellung bei Megiddo.

Im ersten Jahr nach dem Tod Hatschepsuts (1458 v. Chr.) führte Thutmosis
etwa 10 000 Mann in einer Blitzaktion
gegen die rebellischen Fürsten an. Der
Pharao durchquerte die Wüste Sinai, rückte zum loyalen Gaza vor und fiel in die
Stadt Jehem ein. Dann überquerte er die
Karmel-Gebirgskette, während sein Stellvertreter Djehuti Joppa (Jaffa) belagerte und
schließlich besiegte, indem er seine Truppen
in großen Körben in die Stadt schmuggel-
te. Nach einem schnellen Marsch, bei dem
täglich über 25 Kilometer zurückgelegt
wurden, erreichte Thutmosis die südlichen
Ausläufer des Gebirges. Er belagerte die
Städte in Nordpalästina (Kanaan) und
nahm eine nach der anderen ein.

AUF MEGIDDO ZU

Eine Koalition aus kanaanitischen Streitkräften unter dem Kommando Duruschas
hatte in der befestigten Stadt Megiddo an
den Nordhängen des Karmelgebirges ihr
Lager aufgeschlagen. Megiddo war strategisch wichtig, da es die Handelsrouten
nach Anatolien, Syrien und zum Euphrat
kontrollierte. Wie der britische Komman-

dant Montgomery es ausdrückte: «Das
Schlachtfeld war klug gewählt, denn dieser
Gebirgszug ist die erste natürliche Barriere, auf die eine Armee stößt, die in nördlicher Richtung aus Ägypten marschiert.»

Dokumentiert ist der erfolgreiche Feldzug des ägyptischen Pharaos in den Reliefs
auf den Pylonen des Tempels von Amun
Re in Karnak sowie auf dessen Stele im
Ägyptischen Museum in Kairo: Die Ägypter überraschten die Rebellen, indem sie
sich in einem dreitägigen Marsch über
einen schmalen Gebirgspass im Gänse-
marsch näherten, statt die einfachere
Route um das Gebirge herum zu wählen.
Durusha und seine Armee wurden vor den
Stadtmauern gestellt und auf der Ebene
von Meggido zur Schlacht herausgefor-
dert. Die Armee des Pharaos rückte in
konkaver, sichelförmiger Linie vor. Der
südliche Flügel schloss die Aufständischen
am Berg Kina ein, während der Nordflü-
gel sie von der Stadt Megiddo abschnitt.
Mit einem massiven Angriff von Streitwa-
genkorps und Bogenschützen unterbanden
die Ägypter die Kommunikation der Gegner und umzingelten sie vollständig.

> *«Das Schlachtfeld war klug gewählt, denn dieser Gebirgs-*
> *zug ist die erste natürliche Barriere, auf die eine Armee*
> *stößt, die in nördlicher Richtung aus Ägypten marschiert.»*
>
> FELDMARSCHALL LORD MONTGOMERY ÜBER DIE STRATEGISCHE LAGE VON MEGIDDO

Im entscheidenden Augenblick aber verlor Thutmosis die Kontrolle über seine Männer. Sie begannen das Schlachtfeld zu plündern. Durusha und seine Armee konnten sich nach Megiddo flüchten und die Stadttore hinter sich schließen. Der Hauptbrunnen der Stadt lag außerhalb der Mauern. Man hatte aber Vorkehrungen getroffen, damit die Garnison über einen Tunnel stets ausreichend mit Wasser versorgt war. Trotzdem gelang es Thutmosis nach monatelanger Belagerung, Megiddo auszuhungern und zur Kapitulation zu zwingen.

VERFOLGT UND BELAGERT

Thutmosis hatte enorme Beute gemacht: über 2000 Pferde, Wagen, Panzerhemden sowie Waffen. Durusha aber entkam. Der Fall von Megiddo ermöglichte es Thutmosis, seinen Machtbereich bis zum Euphrat auszudehnen.

Den aufständischen König von Kadesch verfolgte der Pharao weiter. Sechs Jahre später griff er dessen Hauptstadt Kadesch an. Es war die am besten geschützte Festung Syriens. Ihr ausgezeichnetes, mit Wasserhindernissen gespicktes Verteidigungssystem umfasste den Fluss Orontes und einen Nebenfluss samt Kanal, der beide verband.

Nach einer kräftezehrenden Belagerung konnte Thutmosis die Stadt besiegen. Im 33. Jahr seiner Herrschaft eroberte der Pharao die von Mitanni eingenommenen Gebiete zurück, er erhielt Tributzahlungen von vielen Städten. Die Mitanni wurden bis jenseits des Euphrat verfolgt, blieben aber weiterhin ein Stachel im Fleisch Ägyptens. Als Thutmosis 1425 v. Chr. starb, befand sich das ägyptische Reich auf dem Höhepunkt seiner Macht.

LAND DER KONFLIKTE

Zu einer weiteren Schlacht kam es in Megiddo im September 1918, als der britische General Sir Edmund Allenby die Stadt von den Türken eroberte. Bis heute ist das Land nicht zur Ruhe gekommen: Auf die Sues-Krise 1956 und den Sechstagekrieg 1967 folgten weitere bewaffnete Konflikte Israels mit seinen arabischen Nachbarn.

Die Ruinen der Stadtmauer von Megiddo, heute Tel Megiddo im Norden Israels. Die bedeutende antike Stadt wurde 2005 zum Unesco-Weltkulturerbe erklärt.

THERMOPYLEN

Leonidas von Sparta / Xerxes, König von Persien 480 v. Chr.

DIE SCHLACHT BEI DEN THERMOPYLEN zwischen König Leonidas von Sparta und dem Perserkönig Xerxes war kaum mehr als eine Verzögerung der Invasion und Unterwerfung Griechenlands durch das expandierende Perserreich. Sie war eine Mutprobe für die Spartaner, die große Kriegerkaste im alten Griechenland. Das Attribut „spartanisch" schmeichelt militärischen Führern bereits seit über zwei Jahrtausenden ebenso wie die dazugehörigen Kriegstugenden des altgriechischen Königreichs.

Der selbstlose Einsatz

und das Opfer des Spartaners Leonidas bei den Thermopylen sprachen das romantische Empfinden im frühen 19. Jahrhundert an. Das Gemälde des Italieners Massimo Taparelli d'Azeglio entstand 1823 während des griechischen Unabhängigkeitskriegs gegen die osmanischen Türken. Lord Byron und viele andere kamen, um für die Sache der griechischen Nation zu kämpfen.

Für Xerxes war die Invasion Griechenlands eine unerledigte Pflicht. Sein Vater Dareios hatte dies 490 v. Chr. in der Schlacht von Marathon bereits erfolglos versucht. Ein Bündnis von Griechen hatte angesichts der Bedrohung 481 in Sparta und 480 v. Chr. in Korinth zugestimmt, seine Differenzen beizulegen. Gemeinsam wollten die Stadtstaaten kämpfen. Der Rest Griechenlands war entweder zu den Persern übergelaufen oder hoffte, den Sturm zu überstehen.

Sparta wurde die Führung der Streitkräfte zu Land und zu Wasser anvertraut. Zahlenmäßig konnten die Hellenen nur eine kleine Armee gegen die Perser aufstellen. Sparta verfügte über schwer bewaffnete Hopliten in Panzerhemden sowie leichter bewaffnete Truppen. Der Name „Hoplit" leitet sich von dem charakteristischen runden Schild, dem *hoplon*, ab. Der Krieger trug es über dem linken Arm, während er mit der rechten Hand einen etwa zweieinhalb Meter langen Speer führte.

FARBE BEKENNEN

Angesichts der erdrückenden Übermacht der Perser suchten die Griechen nach einem Ort, wo sie diese aufhalten konnten. Zunächst fiel die Wahl auf die Tempe-Schlucht in Thessalien. Da die Thessalier als unzuver-

lässig galten, entschieden sich die Griechen aber für den taktischen Rückzug in den Süden. Die Perser konnten ungehindert in den Norden des Landes einfallen.

Die Spartaner wollten die Perser auf dem schmalen Küstenpass bei den Thermopylen an der Südseite des Golfs von Malia konfrontieren. Das Land rund um die Bucht war überwiegend flach, wurde aber an einem Punkt vom Kallidromo-Gebirge, auch Trachinische Felsen genannt, gesäumt.

Die Thermopylen lagen direkt südlich des Flusses Asopos. Der Name, eine Zusammensetzung aus den Wörtern *thermo* und *pylai* (wörtlich „warme Tore"), deutet auf die heißen Schwefelquellen in den Bergen sowie auf drei schmale Stellen auf dem Engpass zwischen Felsen und Meer. An diesen Stellen, auch Ost-, Mittel- und Westtor genannt, war der Pfad so schmal, dass er nur mit einem einzigen Wagen passiert werden konnte.

Pausanias, ein Gelehrter aus dem zweiten nachchristlichen Jahrhundert, schätzte, dass die griechischen Truppen zu Beginn der Schlacht insgesamt etwa 11 200 Mann stark waren. Wahrscheinlicher ist, dass die griechische Armee aus 5000 bis 7000 Mann bestand. Der altgriechische Historiker Herodot, etwa zur Zeit der Schlacht geboren, berichtete davon. Er behauptete, die Perser

Der Gebirgspass der Thermopylen vom Fuß der Berge aus, die 480 v. Chr. steil entlang der Küste des Golfs von Malia aufragten. Karte: Die Straße, die heute durch die Ebene führt, deutet den Verlauf der damaligen Küstenlinie an.

GOLF VON MALIA

Westtor

PERSISCHE ARMEE

Mauer der Phoker

Thermopylen

LEONIDAS

Osttor

Mitteltor

Erdwall

Alpenoi

+

heiße Quellen

PERSISCHE ARMEE

Asopos

Anopaia-Pass

Kallidromo-Gebirge
(Trachinische Felsen)

0   2 Kilometer

0   2 Meilen

hätten fünf Millionen Soldaten aufgestellt. Den meisten neueren Schätzungen zufolge verfügte Xerxes eher über 200 000 Mann, begleitet von einer Armada aus etwa 1000 Schiffen. Die von den Griechen angeforderte Verstärkung ließ wegen der Olympischen Spiele auf sich warten. Die Männer konnten erst nach Abschluss der Wettkämpfe in die Schlacht ziehen. Schließlich wurde der Großteil des Heers nach Süden verlegt. Denn Leonidas hatte erfahren, dass die Perser inzwischen von einem Gebirgspass wussten, über den sie die griechischen Truppen umgehen konnten. Die Kriegsflotte der Griechen bestand fast nur aus Athenern. Sie profitierte sehr von einem Sturm, der der persischen Flotte große Verluste zufügte. Für Herodot hatten die Götter dabei die Hand im Spiel.

VOR DER SCHLACHT

Leonidas hatte nach dem Tod seines Bruder Kleomenes den Thron von Sparta bestiegen. Ihm standen 300 handverlesene Männer zur Seite. Nach Herodots Worten waren «alle Väter lebender Söhne». Als Fußtruppe kamen noch 700 Thespier sowie etwa 400 Thebaner dazu. Der spartanische König nutzte eine baufällige Mauer beim Mitteltor als Barrikade, hinter der er seine Männer verbergen konnte. Bevor die

Perser ihre Positionen einnahmen, ließ er seine Soldaten die Mauer wieder aufbauen.

Als Xerxes den Pass erreichte, schickte er einen persischen Reiter zum Auskundschaften los. Vor der Mauer, die von den Felsen zum Meer verlief, konnte er einige Spartaner sehen: «Einige von ihnen übten sich nackt im Kämpfen, während andere sich die Haare kämmten.» Die Spartaner achteten kaum auf den Reiter.

Xerxes war erstaunt über den Bericht seines Kundschafters. Er ließ Demaratos holen, einen gestürzten spartanischen König. Xerxes' Vater Dareios hatte ihm Asyl gewährt. Demaratos hatte noch immer eine Schwäche für seine ehemalige Heimat. Er warnte die Spartaner vor der persischen Invasion und schickte ihnen eine geheime Botschaft, die sich unter einer Wachsschicht verbarg.

Dem Perserkönig aber riet Demaratos, die Spartaner nicht zu unterschätzen. Er erklärte, es sei Brauch, sich vor der Schlacht die Haare zu kämmen. Besonders wenn sie glaubten, sie würden nicht überleben.

Das heutige Denkmal am Ort der Schlacht bei den Thermopylen mit einer Bronzestatue von Leonidas. Auf der Plinthe (Fußplatte) sind die griechischen Worte „molon labé" zu lesen, die Leonidas auf die persische Forderung entgegnet haben soll, die Waffen niederzulegen. Sie bedeuten: «Kommt und holt sie euch!»

«Einige von ihnen übten sich nackt im Kämpfen, während andere sich die Haare kämmten.»

XERXES ÜBER DIE VORBEREITUNGEN DER SPARTANER AUF DIE SCHLACHT

GEWALT GEGEN TAKTIK

Herodot zufolge erwartete Xerxes, die Spartaner würden fliehen. Sie mussten nur die Hoffnungslosigkeit ihrer Position, die zahlenmäßige Unterlegenheit erkennen. Xerxes wartete vier oder fünf Tage, bis er die Geduld verlor. Er schickte eine erste Welle von Truppen los. Diese Meder und Kissier hatten Anweisung, die Spartaner gefangen zu nehmen und zu ihm zu bringen. Sie wurden schwer verwundet und schon bald wieder abgezogen. Stattdessen kamen die „Unsterblichen", die persische Elitetruppe unter dem Kommando von Hydarnes.

Auf engem Raum brachte den Persern ihre zahlenmäßige Überlegenheit keinen Vorteil: Die Hellenen richteten mit ihren langen Speeren verheerenden Schaden an. Selbst von ihrer berühmten Kavallerie und ihren Bogenschützen konnten die Perser nicht profitieren. Auf dem schmalen Landstreifen konnte man sie nicht gegen die Spartaner zum Einsatz bringen. Außerdem setzten die Spartaner die Taktik ein, vor dem Gegner davonzulaufen und sie glauben zu machen, sie zögen sich ungeordnet zurück. Dann drehten sie plötzlich um, griffen geordnet an und fügten den Persern große Verluste zu. In der Hitze des Sommers begannen die Leichen der Soldaten schon bald zu verwesen. Das untergrub die Moral der Perser noch weiter. Sie zogen sich zurück, um eine neue Stratgie zu beraten.

Leonidas hatte ein Kontingent von etwa 1000 Phokäern zur Beobachtung des Gebirgspasses abgestellt, falls die Gegner sich den Spartanern von hinten nähern sollten. Denn es existierte ein Pfad, über den man die Thermopylen umgehen konnte. Der Verräter Ephialtes kam zu Xerxes in das persische Lager und erzählte von dem Pfad in der Hoffnung, reich belohnt zu werden.

Der Weg dorthin begann am Fluss Asopus und führte über den Anopaia-Pass in den Bergen in die Nähe des Osttors, im Rücken der spartanischen Krieger. Die persischen Unsterblichen marschierten bei Nacht, die Oeta-Berge zur Rechten und die Trachinischen Felsen zur Linken. In der Morgendämmerung erblickten sie das Kontingent Phokäer, das oben auf dem Pass postiert war. Vom Auftauchen der Perser überrascht, gelang es den Phokäern nicht, ihre Verteidigung zu organisieren. Sie gerieten unter Beschuss der persischen Bogenschützen und flüchteten die Berge hinauf.

GLORREICHE NIEDERLAGE

Die Spartaner, die die Thermopylen verteidigten, bekamen eine erste Ahnung ihrer bevorstehenden Niederlage durch die Prophezeiung eines Sehers namens Megistias. Kuriere, die in der Nacht ankamen, bestätigten die Vorhersage. Mit Ausnahme der Spartaner, der Thespier und einiger als Geiseln mitgenommenen Thebaner zogen sich die übrigen Griechen zurück, um den Isthmus von Korinth zu verteidigen. Leonidas entschied, sich selbst und seine Männer zu opfern. Vielleicht tat er es, weil ihm das Orakel in Delphi geweissagt hatte, ein spartanischer König müsse fallen, um Sparta selbst vor der Zerstörung zu bewahren.

Spartaner und Thespier wussten um ihr Schicksal und kämpften bis zum Letzten. Sie gingen hinaus auf das Gelände vor der Mauer und stellten sich Xerxes' Armee. Herodot berichtet: «Viele der Barbaren fielen; hinter ihnen ließen die feindlichen Befehlshaber ihre Peitschen knallen und trieben die

«Fremder, kommst du nach Sparta, so verkünde dort, dass wir hier liegen, seinen Gesetzen gehorchend.»

<small>SIMONIDES – EPIGRAMM FÜR DIE SPARTANER, DIE BEI DEN THERMOPYLEN FIELEN</small>

Männer an. Viele stürzten ins Meer und ertranken. Noch mehr trampelten sich gegenseitig nieder. Niemand konnte die Toten zählen. Die Griechen, die wussten, dass der Feind über den Umgehungspfad in den Bergen unterwegs war, boten all ihre Kräfte auf und kämpften mit verzweifelter Entschlossenheit. Zu diesem Zeitpunkt waren die meisten ihrer Speere bereits zerbrochen, und sie töteten die Perser mit ihren Schwertern.»

König Leonidas fiel ebenso wie mehrere Angehörige des persischen Königshauses in der Schlacht. Die Griechen kämpften, um ihren König zu beschützen. Sie konnten die Perser vier Mal zurückdrängen. Erst als neue persische Truppen sich näherten, mussten sie sich in einer kompakten Gruppe hinter die Mauer zurückziehen. Die Perser trugen durch einen Pfeilhagel ihrer Bogenschützen den Sieg davon. Auf die Warnung der Perser, der bevorstehende Pfeilhagel werde die Sonne verfinstern, soll der Spartaner Dienekes nur entgegnet haben: «Dann kämpfen wir eben im Schatten.»

Nach der Schlacht befahl Xerxes seinen Männern, den Leichnam des Leonidas zu suchen. Man schlug ihm den Kopf ab und spießte ihn auf einem Pfahl auf. Nach Herodots Bericht überlebte nur ein einziger Spartaner. Er war zuvor verwundet worden und konnte nicht sehen. Den Thebanern gelang es nicht, die Perser davon zu überzeugen, sie seien nur Geiseln. Viele von ihnen wurden getötet.

Die Niederlage bei den Thermopylen war ohne besondere militärische Bedeutung. Der Vormarsch der Perser wurde dadurch nur um drei Tage aufgehalten, zu kurz, um eine neue Verteidigungslinie zu errichten. Es ist zudem sehr fraglich, dass die Griechen 20 000 Perser töteten, wie Herodot behauptet. Die eigentliche Bedeutung der Schlacht liegt aber darin, dass sie die Griechen wie nachfolgende Generationen etwas über Würde und persönliche Opferbereitschaft lehrte. Ebenso wie über die Notwendigkeit, sich gegen Tyrannei zur Wehr zu setzen.

Steinrelief mit der Darstellung von König Xerxes I., der von 485–465 v. Chr. regierte. Es befindet sich an der Mauer seines Palastes in Persepolis, Hauptstadt des achämenidischen (persischen) Reiches.

SALAMIS

TROTZ DER NIEDERLAGE BEI DEN THERMOPYLEN hatte sich zweierlei gezeigt: Die athenische Flotte hatte sich bewährt, und im Kampf hatten sich die Hopliten den persischen Infanteristen mehr als ebenbürtig erwiesen. Die Perser waren vorerst aber nur aufgehalten worden. Die eigentliche Schlacht stand noch bevor. Angesichts des persischen Vormarsches zogen sich die Griechen nun von ihrer ersten Verteidigungslinie zurück. Sie gaben Attika auf. Ziel war es, den Isthmus von Korinth und damit den Peloponnes zu verteidigen.

Auch die Bevölkerung suchte Zuflucht hinter den griechischen Linien. Die Perser plünderten und brandschatzten alles, was zurückgeblieben war. Nur dem Schutz der Götter war es zu verdanken, dass die heiligen Stätten in Delphi verschont blieben. Das Orakel von Delphi hatte die Griechen zuvor gedrängt zu fliehen. Die Athener sollten jedoch auf eine „hölzerne Mauer" vertrauen. Einige interpretierten dies als Aufruf, die Verteidigung der Stadt durch eine hölzerne Palisade zu verstärken, während andere darin einen Hinweis auf die Flotte sahen.

Die Griechen wichen zurück. Zuerst wurde Böotien seinem Schicksal überlassen, dann Athen. Einige wenige alte, arme oder kranke Athener blieben auf der Akropolis. Die Perser plünderten das Allerheiligste, brannten alles nieder und töteten jene, die dort Schutz gesucht hatten.

Der brillante, angeblich korrupte athenische Feldherr Themistokles sollte die Griechen mobilisieren. Dank seines Heldenmuts war er rasch aufgestiegen, gehörte aber nicht zur alten Elite. Möglicherweise galt er daher als nicht vertrauenswürdig. Sein späteres Schicksal, Ächtung und Exil, scheinen diese Vermutung zu erhärten.

EIN SEEHANDELSIMPERIUM

Der griechische Geschichtsschreiber Plutarch bezeichnete Themistokles als „Vater der athenischen Flotte". Vor der persischen Invasion hatte er die Athener Volksversammlung überzeugt, die Einnahmen aus einer neu entdeckten Silbermine zum Bau von 100 Trieren (Dreiruderer) zu verwenden, um die Flotte aufzustocken. Da das Unterhalten der Schiffe teuer war, sollten die reichsten Athener für je ein Schiff aufkommen, vergleichbar einer Sondersteuer. Athen könne nie hoffen, an Land zu gewinnen, so Themistokles. Mit einer starken Flotte würden sie aber «die Perser in Schach halten und zu den Herren Griechenlands werden».

Waren die Spartaner die größten Krieger unter den Griechen, so zeichnete sich Athen vor allem als Handelsmacht aus. Auf diese Weise waren die Athener zu Wohlstand gelangt, ähnlich dem späteren British Empire. Diese wirtschaftlichen Interessen Athens im Mittelmeerraum machten auch eine gute Flotte unerlässlich. Sparta besaß das größte Heer, Athen war allerdings der mächtigste Stadtstaat auf dem Wasser. In der Schlacht von Salamis gehörte über die Hälfte der etwa 370 Schiffe der griechischen Flotte Athen.

FREUND UND FEIND

Themistokles wusste wohl, dass er nur eine kleine Minderheit von Griechen an seiner Seite hatte. Die meisten waren bereits zum Feind übergelaufen. Nur ein Fünftel der Stadtstaaten hatte sich bereit gefunden, gegen die Perser zu kämpfen. Die übrigen hatten dem Feind ihre Unterstützung zugesagt, um Land und Leute zu retten. Zudem musste Themistokles geschickt vorgehen, um der gewaltigen zahlenmäßigen Überlegenheit der Perser zu begegnen. Dafür war es nötig, die anderen Befehlshaber von seinem Plan zu überzeugen und dann die Perser durch falsche Informationen irrezuführen. Er versuchte zunächst, Griechen aus Kleinasien wie die Ionier und die Karier aus dem persischen Lager zum Überlaufen zu bringen.

Themistokles zählte zu Recht auf eine Seeschlacht: Alle bis auf einen Befehlshaber von Xerxes waren dafür, auf See zu kämpfen. Nur Königin Artemisia von Halikarnassos gab zu bedenken, die Griechen seien in dieser Form der Kriegsführung erfahrener. Mit der Eroberung Athens hätten die Perser ihr Kriegsziel auch bereits erreicht. Xerxes aber hörte auf seine Feldherren. Die Schlacht würde auf See geschlagen.

Der Mut Artemisias in der Schlacht veranlasste Xerxes später zu dem Ausruf: «Meine Männer sind zu Frauen und meine Frauen zu Männern geworden.» Eigentlich, so berichtet Herodot, rammte und versenkte das Schiff der Königin nur aus Versehen eine griechische Triere, während es vor einer anderen auf der Flucht war.

Währenddessen stritten die Griechen weiter um die richtige Taktik. Der Widerstand gegen einen Athener Kommandanten der Flotte hatte zu der Ernennung des Spartaners Eurybiades als Admiral geführt. Themistokles war dafür, bei Salamis zu kämpfen. Grund war nicht zuletzt, dass viele Athener dort Zuflucht gesucht hatten. Sie waren auf der Insel noch immer äußerst verwundbar durch potenzielle Angriffe der Perser jenseits der Bucht.

Die Seeschlacht bei Salamis, wie sie ein Illustrator aus dem 19. Jahrhundert sah. Die beteiligten athenischen Trieren waren mit 170 Ruderern und Abteilungen aus je vier Bogenschützen und 14 Hopliten bemannt. Salamis war im Grunde eine zur See ausgetragene Landschlacht.

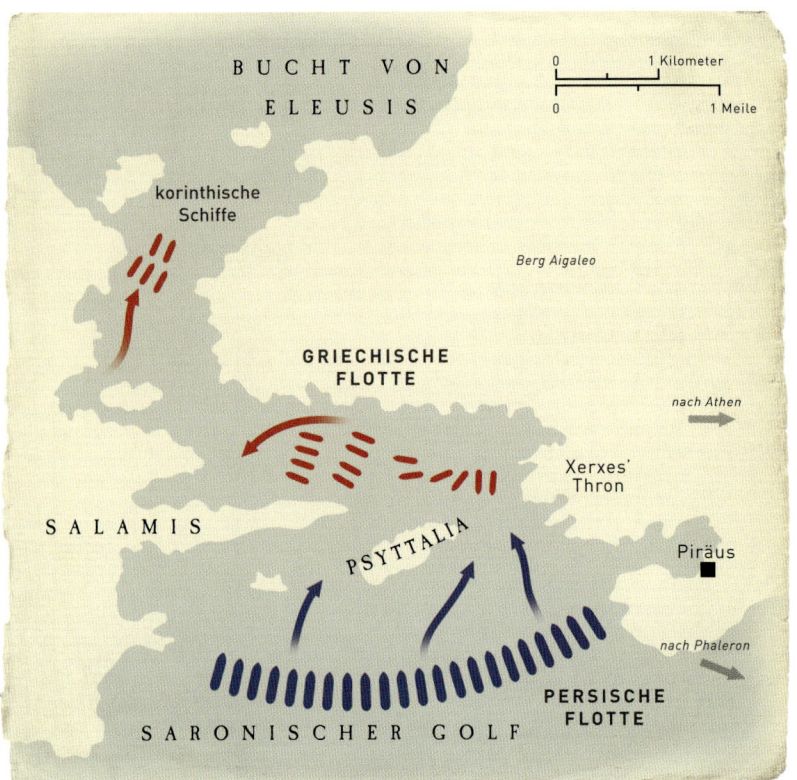

Im Vorfeld der Schlacht von Salamis: Als die persische Flotte auf die Insel Psyttalia vorrückte, täuschten die griechischen Truppen unter Themistokles Verwirrung vor. Einige Schiffe der korinthische Flotte brachen sogar nach Norden aus, als würden sie Kurs auf die Bucht von Eleusis nehmen.

Eurybiades wollte zum Isthmus segeln, um dort die griechische Verteidigungslinie zu verstärken, war allerdings sehr zögerlich. Nicht so Themistokles. «Themistokles», rief Eurybiades, «bei den Spielen werden die, die zu früh starten, ausgepeitscht.» Darauf entgegnete der Athener: «Ja, aber denen, die zurückbleiben, wird kein Preis verliehen.»

Die Perser trafen in der Abenddämmerung ein. Sie bezogen gegenüber der griechischen Flotte Position. Ihr Heer befand sich auf dem Vormarsch zum Peloponnes. An diesem Punkt wagte Themistokles eine List. Er schickte Sikinnos, Lehrer seines Sohnes und ehemaliger persischer Sklave, zur persischen Flotte mit der Nachricht, sein Herr sei auf ihrer Seite. Sikinnos behauptete, die Griechen seien ängstlich und zerstritten, und die meisten würden sich lieber flüchten oder mit den Persern paktieren. Herodot berichtet, die Perser hätten dies geglaubt und den Fluchtweg der Griechen versperrt, so dass sie sich dem Kampf stellen mussten.

Die Schlacht fand zwischen dem heutigen Ambeláka auf Salamis und Pérama in Attika statt. Glaubt man dem griechischen Tragödiendichter Aischylos, boten die Per-

ser 1207 Schiffe gegen die Griechen auf, aber nur etwa 700 lagen kampfbereit bei Phalerum vor Anker. Nahezu 200 ägyptische Schiffe wurden geschickt, um die westlichen Zufahrtswege zur Bucht abzuriegeln. Die feindlichen Truppen, die auf der Insel Psyttalia landeten, wurden nach der Schlacht niedergemetzelt.

MISSGESCHICK UND TAKTIK

Schlechtes Wetter hatte den Einsatz der persischen Kriegsflotte stark eingeschränkt. Viele ihrer Schiffe sanken vor Euböa. In einem ergebnislosen Scharmützel bei Artemisium hatte die von Themistokles gewählte dichte Aufstellung die zahlenmäßig überlegene persische Flotte gestoppt. Die griechische Flotte war nach Salamis zurückgewichen.

Themistokles wusste, dass die Athener auf See kämpfen mussten, und wählte den Ort mit Bedacht. Bevor die Soldaten an Bord gingen, hielt er eine bewegende Ansprache. Plutarch zufolge war der Sieg nicht nur der Aufstellung von Themistokles' Flotte, sondern auch seiner Taktik zu verdanken. Die Griechen lagen hinter Psyttalia auf der Lauer, während die Perser vom offenen Meer herankamen.

Der athenische Kommandant machte die Perser glauben, seine Flotte sei ungeordnet. Er ließ seine Schiffe an diesem Tag erst auslaufen, als der Wind auffrischte. Den griechischen Schiffen machte dies nichts aus, da sie leicht waren und nicht tief im Wasser lagen. Die höheren und schwereren persischen Schiffe wurden vom Wind nach unten gedrückt, so dass sie sich mit den Flanken zum Feind drehten.

Zunächst wich die griechische Flotte zurück und lief dabei fast auf Grund. Dann griffen Ameinias von Pallene und Sokles von Piräus an, die ein athenisches Schiff kommandierten. Sie rammten das von Xerxes' Bruder Ariamenes kommandierte persische Flaggschiff. Plutarch schreibt: «Die Schiffe kollidierten Bug an

Bug, und ihre bronzenen Spitzen verhakten sich ineinander. Ameinias und Sokles stellten sich ihm entgegen und attackierten ihn [Ariamenes] so heftig mit ihren Speeren, dass er über Bord fiel.»

Andere Schiffe eilten dem Perser Ameinias zu Hilfe. Immer wieder rammten die Griechen die Längsseiten der persischen Trieren, zerbrachen ihre Ruder, brachten sie zum Kentern. Die Perser schickten einen Trupp nach dem anderen. Die Schiffe behinderten sich gegenseitig, Chaos brach aus. Die Griechen errangen den Sieg, der Feind war vernichtet.

GESCHLAGEN

Die Perser verloren über 200 Schiffe, während sich die griechischen Verluste auf etwa 40 beliefen. Als sie die Flucht antraten, kollidierten die Perser erneut mit ihren eigenen Schiffen und richteten eine furchtbare Verwüstung an. Diejenigen, die entkommen konnten, wurden von der Flotte der Ägineten abgefangen. So wurde auch Ägina und nicht Athen die Ehre für die siegreiche Schlacht zuteil. Polykritos von Ägina, Eumenes von Anagyros und Ameinias von Pallene blieben als ihre tapfersten Helden in Erinnerung. Die meisten Griechen überlebten den Kampf, weil sie nach Salamis hinüberschwimmen konnten, so Herodot. Viele Perser hingegen ertranken.

Xerxes ließ Mardonios mit einer recht großen Armee zurück. Er folgte Artemisias Rat und fuhr nordwärts zurück. Plutarch

behauptet, es sei Themistokles gewesen, der den Perser zum Rückzug veranlasst habe. Angeblich hatte er ihm einen Eunuchen mit der Mitteilung geschickt, die Griechen seien unterwegs zum Hellespont, um die dortige Schwimmbrücke niederzubrennen. Die einst stolze persische Armee war dezimiert und geschwächt. Nur wenige schafften es zurück zum Hellespont. Die Armee des Mardonios wurde bei Plataiai (Platää) geschlagen. Die Bedrohung Griechenlands durch die Perser endete.

Für Plutarch war Salamis die größte Seeschlacht, die je geschlagen wurde. Es war der Sieg von Themistokles' «vernünftiger Einschätzung und Genialität».

Aufeinandertreffen bei Salamis: Die Perser fielen auf die List von Themistokles herein und segelten in die Meerenge. Inzwischen hatten sich die Griechen neu formiert und ruderten schnell in den Angriff, um die persischen Trieren zu rammen. Die korinthische Flotte änderte den Kurs und segelte zurück, um die Haupttruppe zu verstärken.

«Ein König auf fels'gem Throne saß / unter ihm Salamis im Meer / Wo Tausende von Schiffen sein Auge maß / Männer all seiner Völker, ein ganzes Heer! / Er zählte sie in den ersten Morgenstunden / Doch als die Sonne sank – wohin waren sie da entschwunden?»

LORD BYRON, „THE ISLES OF GREECE", ÜBER DIE VERNICHTENDE NIEDERLAGE DES XERXES BEI SALAMIS

PELOPONNESISCHER KRIEG

IM PELOPONNESISCHEN KRIEG wurde um die Vormachtstellung in Griechenland gerungen. Athen und seinen Verbündeten (Attischer Seebund) standen Sparta und seine Satellitenstaaten (Peloponnesischer Bund) gegenüber. Der sogenannte Erste Peloponnesische Krieg, der als Vorstufe der weiteren Konflikte betrachtet wird, begann um 457 v. Chr. und dauerte bis etwa 446 v. Chr. Er wurde von den Athenern eröffnet und endete mit der Invasion Attikas durch die peloponnesische Armee. Athen schloss einen Frieden, der eine Generation lang Bestand hatte.

Das Detail einer Amphore aus Attika (5. Jahrhundert v. Chr.) zeigt zwei Hopliten im Nahkampf. Die Armeen der Stadtstaaten rekrutierten sich aus den freien Männern im kampffähigen Alter. Viele Dichter und Philosophen absolvierten ihren Dienst bei den Hopliten.

Als Auslöser des Zweiten Peloponnesischen Krieges gelten die Schlachten von Kerkyra und Potidaia zwischen etwa 435 und 432 v. Chr. In ihnen kämpfte Athen gegen Korinth, den Bündnispartner Spartas. Potidaia, das gegenüber Athen tributpflichtig war, widersetzte sich der Forderung, seine Seemauern niederzureißen. Korinth appellierte an Sparta, Potidaia zu helfen, was zur offiziellen Kriegserklärung führte.

WECHSELVOLLE GESCHICKE

Ein kurzer Friede wurde 431 v. Chr. durch einen Angriff Thebens auf Plataiai beendet, das mit Athen verbündet war. Eine thebanische Truppe von etwa 300 Mann drang dank der Hilfe eines Verräters bei Nacht in die Stadt ein. Plataiai wurde nur durch die schnelle Reaktion der Einwohner gerettet. Der Angriff brach den vereinbarten Waffenstillstand, der Krieg begann von Neuem. Fast alle Festlandsgriechen schlugen sich auf die Seite der Spartaner, die griechischen Inseln und Kleinasien unterstützten Athen.

Etwa 80 Tage nach dem thebanischen Angriff überrannte eine peloponnesische Armee Attika. Das Ereignis sollte sich bis 425 v. Chr. noch fünf Mal wiederholen. Der führende athenische Staatsmann Perikles reagierte mit einem Rückzug hinter die Stadtmauern. Die militärischen Aktionen Athens zu Land beschränkten sich auf die gelegentliche Zurschaustellung von Bravourstücken seiner Kavallerie. Die Kriegsflotte aber war so stark, dass man Angriffe besser per Schiff unternahm. Nach dem Tod des Perikles agierte Athen gegenüber Sparta aggressiver.

Im Jahr 425 v. Chr. marschierten Sparta und seine Verbündeten erneut in Attika ein. Sie legten das Land in Schutt und Asche. Die Athener unter Demosthenes nahmen daraufhin die Landspitze von Pylos im Südwesten des Peloponnes ein. Sie befestigten sie und zwangen die Peloponnesier unter König Agis zum Rückzug. Etwa 60 ihrer Schiffe wurden gegen Athen geschickt. Die Athener unter dem Strategen Demosthenes trugen den Sieg davon. Nach der Schlacht saßen 420 spartanische Hopliten auf der im Süden gelegenen Insel Sphakteria fest. Sie mussten schließlich kapitulieren, als Demosthenes mit einer Armee von 800 Mann auf der Insel landete.

Karte der wichtigsten Feldzüge und einzelner Schlachten des Zweiten Peloponnesischen Krieges.

Die Athener drohten, ihre Gefangenen zu töten, sollten die Spartaner jemals wieder in Attika einfallen.

Ein Jahr später erlitt eine athenische Truppe unter Hippokrates eine schwere Niederlage gegen die Böotier und Thebaner bei Delion unter deren Feldherrn Pagondas. Die Athener versuchten die Stadt, in der ein bedeutender Apollontempel stand, unter ihre Kontrolle bringen. Man wollte einen Aufstand der Demokraten in Böotien provozieren. Das Vorhaben scheiterte jedoch, da es nicht zu einer Revolte der Böotier kam. Die Thebaner setzten die Reiterei ein, drängten das athenische Heer zurück und griffen es bei dessen Rückzug an. Etwa 1000 athenische Hopliten wurden getötet, darunter auch Hippokrates.

Nach dem Tod des spartanischen Feldherrn Brasida und des Athener Heerführers Kleon in der Schlacht von Amphipolis wurde 421 v. Chr. für kurze Zeit Frieden geschlossen. Bald wurden Athen und seine Verbündeten aber von dem Politiker Alkibiades wieder aufgestachelt. Alkibiades, Spross einer reichen und mächtigen Familie, war von seinem Onkel Perikles, dem führenden Staatsmann der Stadt, adoptiert worden. Dort gehörte Sokrates zu seinen Lehrern. Er wäre wohl zu Perikles' Erben ernannt

> *«Denn wenn ein König im Feld ist, gehen alle Befehle von ihm aus. Er gibt seine Anweisungen an die Polemarchoi, diese geben sie an die Lochagoi weiter, diese an die Pentekonteres, diese wiederum an die Enomotarchoi und diese Letzten schließlich an die Enomotien.»*

worden, hätte man ihn nicht der Respektlosigkeit und des Frevels beschuldigt. Dennoch galt er als herausragender Stratege und Heerführer zu Land und zu Wasser.

EIN SIEG FÜR DIE MORAL

Die Spartaner siegten 418 v. Chr. bei Mantineia deutlich über ein Heer aus Athen und Argos. Aber die Schlacht ereignete sich weit weg von Athen, laut Plutarach «an einem Ort, wo der Sieg den Lakedämoniern [Spartanern] keinen nennenswerten zusätzlichen Vorteil brachte und Lakedämonien im Falle einer Niederlage in einer prekären Lage gewesen wäre.» Die Spartaner waren überrascht worden, hatten sich aber gesammelt und das Blatt zu ihren Gunsten gewendet.

Die Schilderung der Schlacht des griechischen Historikers Thukydides, Verfasser der Geschichte des Peloponnesischen Krieges, gibt Einblick in die spartanische Befehlsstruktur: «Als die Spartaner … zu ihrem alten Lager beim Herkulestempel zurückkehrten, sahen sie ihre Feinde direkt vor sich, alle in Schlachtordnung … Es blieb kaum Zeit, Vorbereitungen zu treffen, und sie schlossen unter dem Kommando ihres Königs Agis sofort die Reihen, wie es das Gesetz befahl. Denn wenn ein König im Feld ist, gehen alle Befehle von ihm aus. Er gibt seine Anweisungen an die Polemarchoi, diese geben sie an die Lochagoi weiter, diese an die Pentekonteres, diese wiederum an die Enomotarchoi und diese Letzten schließlich an die Enomotien.»

Die Spartaner marschierten auf die Feinde zu, begleitet von Flötenspielern. Sie sollten «dafür sorgen …, dass sie gleichmäßig und im Takt voranschritten, ohne ihre Formation zu verlassen, wie es große Armeen beim Angriff häufig tun». Die spartanischen Schilde waren zu einer Mauer geschlossen. Ein Flügel der Spartaner wurde aufgerieben, aber die 300 Mann der königlichen Leibgarde stürmten gegen die argivischen Veteranen an und schlugen sie in die Flucht. Als ein Bote die Nachricht von dem Sieg nach Sparta brachte, erhielt er zur Belohnung nur ein Stück Fleisch. Die Freude unter den spartanischen Truppen war laut Plutarch trotzdem groß, «denn es heißt, die Männer hätten sich so sehr für ihre erlittenen Niederlagen geschämt, dass sie ihren Frauen nicht in die Augen schauen konnten».

RUIN UND VERRAT

Alkibiades gelang es, das gemeine Volk von Argos auf die Seite Athens zu ziehen, als die Oligarchie des Stadtstaates zu den Spartanern überlief. Sobald die Stadt Argos gesichert war, schiffte er Steine aus Athen ein. Damit wurden die Verteidigungsmauern bis hinab zum Meer erweitert. In vielen Teilen Griechenlands kehrte wieder Frieden ein. Die Spartaner hofften aber, sich das Land Messenien aneignen zu können. Alkibiades selbst war in den Vorbereitungen auf den verheerenden Sizilienfeldzug gegen den Stadtstaat Syrakus (415–413 v. Chr.) gefangen. Ziel war es, eine athenische Kolonie auf der Insel zu errichten. Für Alkibiades war Sizilien erst der Anfang eines riesigen athenischen Reiches, zu dem auch Karthago, Libyen, Italien und der Peloponnes gehören sollten. Viele junge Männer Athens hatte er für diese Idee begeistern können.

Der Sizilienfeldzug entpuppte sich als ein militärisches Fiasko. Er ruinierte auch

Odysseus und die Sirenen, Szene aus Homers Odyssee, dargestellt auf einem attischen Krug. Vermutlich standen sich in der Schlacht bei Kyzikos ähnliche, von Ruderern angetriebene Schiffe mit Steuermann gegenüber.

Alkibiades' Ruf, da er aus Furcht vor Verurteilung zu Sparta überlief. Man hatte ihn während des Feldzugs zurückbeordert, da er eines Frevels gegen die Hermesstatuen in Athen bezichtigt wurde. In Sparta schlug er nicht nur eine Allianz mit Persien vor. Er ließ auch in Dekeleia in Attika eine permanente Garnison einrichten, um Athen im Belagerungszustand zu halten. Es gelang ihm, die ionischen Städte davon zu überzeugen, ihre Loyalität gegenüber Athen aufzugeben. Damit konnte er den Kriegs zugunsten Spartas beeinflussen. Trotzdem fand Alkibiades keine Freunde unter den Spartanern. Sie misstrauten ihm und argwöhnten, er würde eines Tages in sein Heimatland zurückkehren. Als er fürchtete, man wolle ihn ermorden, wechselte er erneut die Seite.

DIE RÜCKKEHR

Von Sparta aus segelte Alkibiades nach Persien. Er suchte Zuflucht bei Tissaphernes, einem Statthalter des Königs Dareios II. Von hier aus konnte er Hilfe für seine Heimatstadt gegen Sparta in die Wege leiten. Er verhandelte mit Athen in der Hoffnung, man möge ihm

vergeben. Dazu führte er geheime Gespräche mit Peisandros, einem athenischen Befehlshaber auf Samos, der Adlige wie Alkibiades bevorzugte und einen Umsturz der Demokratie in Athen anstrebte.

Zunehmende militärische und finanzielle Probleme begünstigten dann 411 v. Chr. einen Umsturzversuch der sogenannten Oligarchen von Samos. Der „Rat der Vierhundert" beendete die demokratische Ordnung in Athen. Diese Entwicklung führte dazu, dass Alkibiades nach Hause zurückgerufen wurde – jedoch nicht von den neuen Herrschern der Stadt. Denn in der Zwischenzeit hatte er sich den demokratischen Generälen Thrasybulos und Theramenes angeschlossen, um gegen Sparta zu kämpfen. Die Allianz errang große militärische Erfolge.

KYZIKOS UND DIE FOLGEN

Den wichtigsten Sieg erzielten die Athener in der Schlacht bei Kyzikos 410 v. Chr. Sie zerstörten eine Flotte, die lebenswichtige Kornlieferungen vom Hellespont nach Athen bedrohte. Die athenische Flotte bestand aus 86 Schiffen, die der Spartaner aus etwa 80.

> *«Schiffe verloren. Mindaros tot. Männer verhungern.*
> *Weiß nicht, was ich tun soll.»*

Vor der Schlacht bewegten sich die Athener im Schutz der Dunkelheit und legten von der Insel Prokonnesos ab. Chaireas erhielt den Oberbefehl über das athenische Heer, während Alkibiades, Theramenes und Thrasybulos für die Flotte zuständig waren.

Als Alkibiades mit seinem Flottenkontingent von etwa 40 Schiffen in den westlichen Hafen von Kyzikos einfuhr, nahm der spartanische Admiral Mindaros an, dies sei die gesamte Kriegsflotte der Athener. Daher setzte er sämtliche Schiffe zur Verfolgung von Alkibiades ein, als dieser auf die Halbinsel Artake zusteuerte. Im vereinbarten Moment riss Alkibiades das Steuer herum. Theramenes und Thrasybulos griffen Mindaros aus verdeckten Stellungen hinter seinem Heck an.

Mindaros flüchtete an Land nach Kleroi. Dort war die Armee seines persischen Verbündeten Pharnabazos stationiert. Alkibiades konnte einige Schiffe der Spartaner zerstören. Erst als sich die Truppen von Theramenes und Chaireas vereinten, gelang es den Athenern, Alkibiades zu helfen. Der persische General befahl seinen Männern den Rückzug. Nicht lange danach wurde Mindaros getötet, die Spartaner verstreuten sich. Die Stadt Kyzikos wurde ihrem Schicksal überlassen. Die Athener sicherten den Hellespont und vertrieben die Spartaner. An Sparta konnte noch folgende Nachricht übermittelt werden: «Schiffe verloren. Mindaros tot. Männer verhungern. Weiß nicht, was ich tun soll.»

Nach dem Sieg bei Kyzikos wurde die oligarchische Regierung in Athen wieder durch eine demokratische Ordnung ersetzt. Alkibiades kehrte um 407 v. Chr. triumphierend in seine Heimatstadt zurück. Nur ein Jahr später machte man ihn zu Unrecht für die Niederlage in der Schlacht von Notion verantwortlich und verbannte ihn erneut. Athen verlor den Zweiten Peloponnesischen Krieg 404 v. Chr. Einige Wochen nach Einstellung der Kämpfe wurde Alkibiades in Phrygien ermordet.

Der Poseidontempel am Kap Sounion an der südlichsten Spitze der Halbinsel Attika, südlich von Athen. 413 v. Chr. befestigten die Athener diesen Ort, um zu verhindern, dass er den Spartanern in die Hände fiel. Die Kontrolle über das Kap war entscheidend für die Sicherung der Kornlieferungen von Euböa nach Athen per Schiff.

CHAIRONEIA

Philipp II. von Makedonien / Hellenischer Bund 338 v. Chr.

DAS KÖNIGREICH MAKEDONIEN im Norden Griechenlands gewann durch Philipp II. an Bedeutung. Unter seinem Sohn Alexander dem Großen erreichte es seinen Zenith. Eine der grundlegenden Neuerungen des streitbaren Staates bestand darin, die Bürgersoldaten der griechischen Stadtstaaten durch ein professionelles stehendes Heer zu ersetzen. Diese neue Armee wurde mit *Sarissen*, langen Stoßlanzen aus hartem Holz, bewaffnet. Unter einer effizienten Führung wurden die Makedonier zur Vormacht in Griechenland.

Philipps Truppen wurden durch agrianische und thrakische Speerwerfer, kretische Bogenschützen sowie Vorformen von Regimentern mit Namen wie „Königliche Schildträger" verstärkt. Die Versorgung, die die Bauern in der Armee erhielten, stärkte ihre Loyalität gegenüber dem König.

KRIEGERSTAAT

Makedonien war als Militärstaat konzipiert. Sklaven bestellten das Land und arbeiteten in den Minen. Einheimische Makedonier wurden von Kindesbeinen an in der Kriegskunst geschult.

Makedonische Soldaten waren nicht so schwer bewaffnet wie Hopliten. Sie trugen Beinschienen und eiserne Helme in der Form phrygischer Hauben. Ihre Schilde waren klein, damit sie beim Werfen der Speere Bewegungsfreiheit hatten. Infanterie-Einheiten bestanden aus zehn Regimentern zu je 16 Mann, später dann aus 16 x 16, also insgesamt 256 Mann. Eine Phalanx bildete eine Kampfformation aus 10 500 Soldaten, unterteilt in sieben 1500-Mann-Regimenter, die von makedonischen Adligen befehligt wurden.

Die ungeschützte rechte Flanke wurde von Schildträgern in voller Rüstung begleitet. Sie waren Philipps Kerntruppen,

wenn er sich zurückziehen musste. Diese wurden von der Kavallerie geschützt, die ebenfalls an der rechten Flanke postiert war. Bei den Makedoniern bildeten die berittenen Einheiten eine Keilform. Ihre thessalischen Verbündeten formten Rauten, um den Truppen das Wenden zu erleichtern. Die Reiter hatten keine Steigbügel, waren aber mit Brustpanzern sowie Lederröcken ausgestattet. Sie trugen in der einen Hand ein Kurzschwert, das Kopis, in der anderen einen fast drei Meter langen Speer, den Xyston. Der Speer kam zuerst zum Einsatz. Sobald er sein Ziel erreicht hatte, wurde er durch das scharfe Schwert ersetzt. Philipp persönlich führte die Kavallerie an.

EXPANSION

Um sein Königreich auszubauen und seine Macht zu festigen, drang Philipp von Makedonien nicht nur nach Norden vor. Er zog nach Westen bis zur Donau, um die Thraker und Illyrer zu unterwerfen, und weiter bis zum Schwarzen Meer im Osten. Die Kriegskunst hatte er von Epaminondas von Theben gelernt, dem größten Feldherrn seiner Zeit. Dieser war Verfechter von Kavallerie- und Infanterieformationen, die bis zu 48 Reihen tief standen.

Niederlage des Perserkönigs Dareios III. gegen Alexander den Großen 333 v. Chr. bei Issos, Szene eines römischen Mosaiks. Im Hintergrund sieht man die wichtigste Waffe der makedonischen Armee, die Sarissa genannte Stoßlanze.

Philipp eiferte Epaminondas nach: Er reformierte seine eigene Kavallerie zu einer Stoßtruppe, die auf den Feind losstürmte und ihn mit einer gezielten Speerattacke aufrieb. Dann rückte das Fußvolk nach, um ihm den Rest zu geben. Man könnte diesen Einsatz der Reiterei als eine frühe Form des Sperrfeuers bezeichnen.

Eine weitere wichtige Waffe Philipps war die Belagerungstechnik. Mit ihrer Hilfe konnte er nicht weniger als 32 Städte im Norden Griechenlands erobern, darunter Amphipolis, Pydna und Methone. In den eroberten Gebieten siedelte er zudem makedonische Bauern an. Sie züchteten dort Pferde, mit denen sie wiederum in Philipps Armeen ritten.

Philipp verbündete sich zudem mit den Thebanern und Thessaliern in einem „Heiligen Krieg" gegen die Phoker und machte die Stadt Olynthos dem Erdboden gleich. Sie hatte ihm während einer Belagerung die Stirn geboten.

Philipp war sich darüber im Klaren, dass er es nun mit den Thebanern und den Athenern aufnehmen musste. An der Grenze zu Phokis, etwa 50 Kilometer nördlich von Theben, schlug er 338 v. Chr. bei Chaironeia ein Lager auf. Der Ort war strategisch günstig oberhalb eines Tals gelegen, einer wichtigen Landroute durch das felsige Gebiet südlich der Thermopylen. Der Historiker Ian Worthington fasste zusammen, was auf dem Spiel stand: «Die Schlacht sollte über das Schicksal Griechenlands entscheiden. Wenn die Griechen gewannen, konnten sie ihre Freiheit und Autonomie behalten ...

«Die Schlacht sollte das Schicksal Griechenlands entscheiden. Wenn die Griechen gewannen, konnten sie ihre Freiheit und Autonomie behalten ... Wenn Philipp gewann, gehörte Griechenland ihm. So einfach war das.»

HISTORIKER IAN WORTHINGTON

Wenn Philipp gewann, gehörte Griechenland ihm. So einfach war das.»

DIE SCHLACHT

Der athenisch-thebanische Bund reagierte verzögert, so dass die Schlacht erst im August stattfand. Die feindlichen Truppen begegneten sich vermutlich auf einem Feld zwischen dem Fluss Cephisus (Kephisos) und der Akropolis von Chaironeia. Das Schlachtfeld war nur etwa drei Kilometer breit, von einer Reihe von Flüssen durchzogen und im Norden und Süden von Bergen gesäumt. Im Osten lagen Sümpfe, und die Grenze der Ebene war der Fluss. Sie war ausgesucht worden, um Philipps gefährliche Kavallerie in ihrer Bewegungsfreiheit einzuschränken. Sollten die Linien nicht standhalten, konnte man sich leicht den Bergpass hinauf zurückziehen.

Die makedonische Streitmacht rückte von Elateia nach Chaironeia vor. Es heißt, Philipp habe über etwa 30 000 Mann Fußvolk und etwa 2000 Reiter verfügt. Davon waren etwa 24 000 Makedonier. Der Rest wurde von Philipps Verbündeten bereitgestellt. Die Athener unter dem Kommando von Chares, Lysikles und Stratokles hielten die linke Seite der Linie. Die Thebaner unter Theagenes von Böotien hielten die rechte Seite. Die Verbündeten besaßen einen leichten zahlenmäßigen Vorteil gegenüber dem Feind: 30 000 Infanteristen und etwa 3800 Kavalleristen. Böotien hatte 12 000 Hopliten geschickt, darunter die sogenannte Heilige Schar von Theben, ein aus etwa 300 Mann bestehendes Elitecorps der Infanterie.

Die Einheiten wurden nach Völkergruppen aufgestellt, und jede Flanke war in einem Fluss verankert. Philipps Sohn Alexander und seine Kavallerie sollten es mit der Heiligen Schar aufnehmen. Es sah so aus, als werde die Schlacht von der Infanterie entschieden. Denn die Front war zu schmal, um der Kavallerie einen Vorteil zu verschaffen.

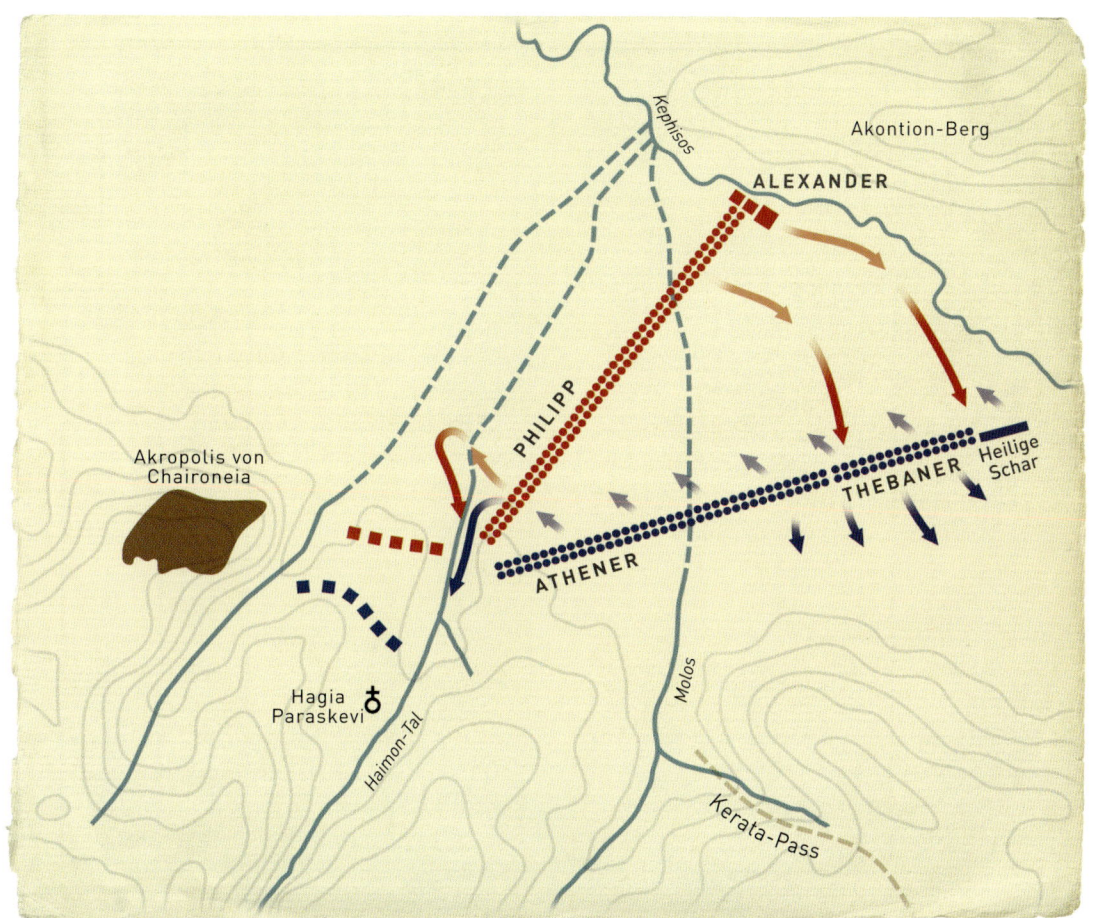

Die Schlacht begann kurz nach Sonnenaufgang. Die Makedonier besaßen mehr Kampferfahrung, die Athener hatten ihnen noch nie zuvor auf dem Feld gegenübergestanden. Die Einzelheiten sind nicht genau überliefert. Man nimmt an, dass Philipps rechter Flügel den Rückzug vortäuschte und die Athener auf der linken Seite dazu veranlasste, die Linie zu verlassen und sie zu verfolgen. So entstand eine Lücke in der alliierten Linie, die sich wieder zusammenziehen musste, um sie zu schließen. Nur die Heilige Schar ordnete ihre Reihen nicht, und es bildete sich eine weitere Lücke. Philipp ließ sich weit zurückfallen. Er schickte aber nun seine Reiterei unter dem Kommando Alexanders in die Bresche. Alexander konnte die Elitetruppe umzingeln und vernichten.

In der Zwischenzeit hatte Philipps Phalanx ihre Finte beendet und war wieder vorgerückt. Die *Sarissen* der Makedonier sorgten dafür, dass die Allierten ihnen nicht zu nahe kommen konnten. Philipp trieb die Athener zurück ins Flusstal, wo etwa 1000 von ihnen getötet und 2000 gefangen genommen wurden. Auch wenn die Einheiten der alliierten Truppen tapfer kämpften, erlitten sie eine vernichtende Niederlage. Einige Überlebende konnten über den Pass entkommen.

EINE NEUE ORDNUNG

Die Schlacht war für Athen und Theben eine Katastrophe. Es kam zur Hegemonie Makedoniens. Die Thebaner hatten enorme Verluste zu beklagen. In Athen wurde General Lysikles vor Gericht gestellt und zum Tode verurteilt. In der Folge schlossen sich die meisten griechischen Städte dem Korintischen Bund an, der die makedonische Führung akzeptierte und Philipps Krieg gegen Persien unterstützte. Die Bürgerrechte der Griechen wurden beschnitten. Die ehemaligen Stadtstaaten blieben eineinhalb Jahrhunderte unter der Fuchtel Makedoniens. Philipp II. wurde zwei Jahre später in der makedonischen Hauptstadt Vergina ermordet, sein Sohn Alexander folgte ihm nach.

CANNAE

Hannibal / Römische Republik
2. August 216 v. Chr.

FÜR STRATEGEN, DIE AN MILITÄRAKADEMIEN UNTERRICHTEN, ist die Schlacht von Cannae in Süditalien die perfekte Kesselschlacht. Der karthagische Feldherr Hannibal besiegte mit einer taktischen Meisterleistung die zahlenmäßig überlegene römische Armee. Alle nachfolgenden Schlachten mussten sich an dieser messen lassen.

Römer in Bedrängnis. Cannae (heute Canne della Battaglia in Apulien) war die berühmteste Schlacht der Antike und die schmerzlichste aller Niederlagen der Römischen Republik. Die Darstellung des Konflikts stammt von dem französischen Künstler François-Nicolas Chifflart aus dem 19. Jahrhundert.

In den Punischen Kriegen zwischen Rom und Karthago ging es um die Hegemonie im Mittelmeerraum. Zum Ersten Punischen Krieg (264 bis 241 v. Chr.) kam es, als Rom ein vergleichsweise junges Reich war und die italienische Halbinsel nicht vollständig beherrschte. Auslöser war der Streit über die Kontrolle der an Korn reichen Insel Sizilien und der Stadt Messina. Der Krieg endete nach einigen Seeschlachten mit der Niederlage der Karthager.

Mit dem Zweiten Punischen Krieg (218 bis 201 v. Chr.) wollte Karthago Rache nehmen. Hannibals Vater ließ seinen Sohn schwören, sich «den Römern gegenüber niemals wohlwollend zu zeigen».

RISKANTE STRATEGIE

Hannibal verfügte über eine großartige Streitmacht, aufgestellt von seinem Vater Hamilkar Barkas. Im Jahr 219 v. Chr. startete er einen Feldzug nach Spanien, um die Römer in ihrer Provinz herauszufordern. Er wählte die lange, gefährliche Landroute. Denn einen Konflikt auf See hätten die Römer leicht für sich entschieden.

Mit seiner Armee aus libyschen Infanteristen, numidischen Reitern, balearischen Schleuderern, iberischen Stämmen sowie 37 Elefanten überquerte er 218 v. Chr. die Alpen. Sein beschwerlicher Zug über die Berge hatte den Vorteil des Überraschungs-

moments, kostete ihn aber über die Hälfte seiner Armee. Die Verluste waren so schwer, dass sie Hannibals Invasionspläne fast vereitelt hätten. Kaum in Italien angekommen, bedrängte er die Römer in ihrem Lager an der Trebia, einem Nebenfluss des Po. Die Römer stellten sich dem Kampf, aber ihre Linie wurde rasch von Hannibals Kavallerie durchbrochen. Es war allerdings kein vollkommener Sieg: 10 000 Römer konnten sich nach Placentia (heute Piacenza) flüchten.

Der nächste Angriff erfolgte im Juni 217 v. Chr. Hannibal griff die etwa 25 000 Mann starke Armee von Konsul Flaminius zwischen den südlichen Hügeln der Toskana und dem Trasimenischen See an und fügte ihr herbe Verluste zu. Nur etwa 6000 Mann konnten entkommen, wurden später aber gefangen genommen.

SCHICKSALHAFTER WEG

Trotz dieser Siege befanden sich Hannibals Truppen in einer prekären Lage. Der Feldherr traute seinen Männern nicht ganz. Es war eine bunt gemischte Armee, die der römische Geschichtsschreiber Livius als «Kehricht aller Nationen» bezeichnete. Zudem hatte Hannibal Nachschubprobleme. Er entschied schließlich, in südlicher Richtung nach Apulien zu marschieren, da die Ernte dort früher eingebracht wurde.

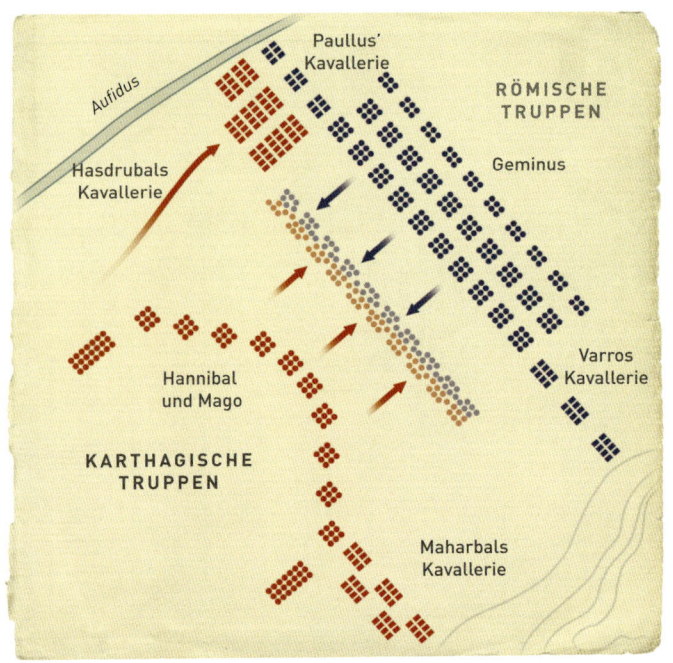

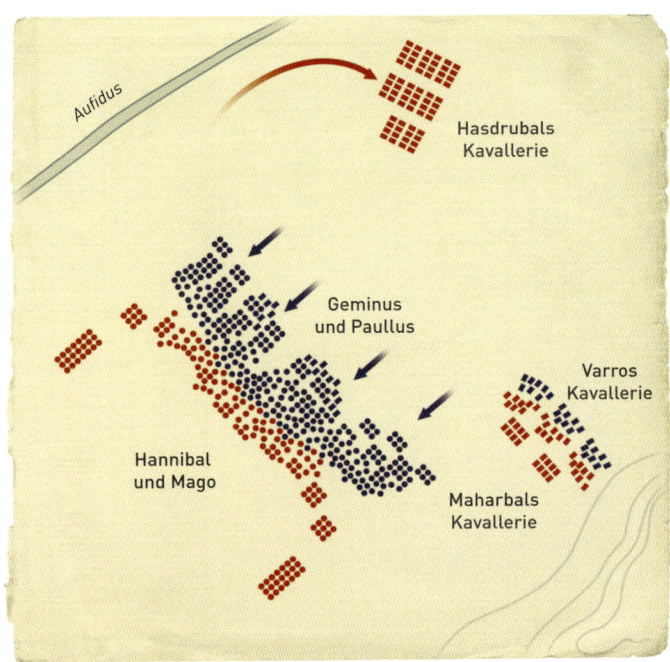

Die ersten beiden Phasen der Schlacht: Hannibals Taktik, sich den römischen Truppen von hinten zu nähern und sie zu umzingeln, wurde als „Kesselschlacht" bekannt. Während sich die Infanterie von Hannibal und seinem Bruder Mago die ungeschützten Flanken der römischen Legionen vornahm, griff sein anderer Bruder Hasdrubal die Nachhut an und kesselte sie vollständig ein.

Die römischen Befehlshaber, die geschickt wurden, um ihn aufzuhalten, waren die Konsuln Gaius Terentius Varro und Lucius Aemilius Paullus. Ihre Armee war etwa doppelt so stark wie die der Karthager. Der karthagische Feldherr verfügte über rund 46 000 Infanteristen und 10 000 Kavalleristen. Die römische Armee bestand aus acht Legionen, also 80 000 Fußsoldaten und 6000 Reitern.

Hannibal stellte seine Truppen mit dem Rücken zum Wind auf, der beißenden Staub über die Ebenen von Cannae blies. Wie der römische Historiker Cassius Dio bestätigte, konnten die Römer während der Schlacht kaum sehen und atmen.

Da er den Beginn der Schlacht herbeisehnte, versuchte Hannibal die Römer zum Angriff zu bewegen. Er hatte vor, seine Kavallerie einzusetzen, «um den Feind durch kleine schnelle Angriff zu provozieren». Derweil stritten Paullus und Varro über die Taktik. Trotz der Einwände von Paullus ließen sich die Römer von Hannibal drängen.

EINKESSELN, ZERSTÖREN

Hannibal täuschte zunächst einen Rückzug vor. Dann schickte seine Kavallerie zu den Wasserstellen vor dem Lager der Römer, um sie herauszufordern. Der vorsichtige Paullus, der an diesem Tag den Oberbefehl hatte, hielt seine Männer klu-

gerweise davon ab, den Köder zu schlucken. Am nächsten Tag aber gab Varro den Befehl zum Angriff, ohne sich zuvor zu beraten. Die beiden römischen Lager wurden nun zusammengezogen. Die Reiterei wurde auf der rechten Flanke, die Kohorten zu deren Linker postiert. Speerwerfer und leichte Hilfstruppen bildeten das Zentrum unter dem Kommando von Konsul Gnaeus Servillus Geminus. Die Römer hielten sich an ihre übliche, aus drei Reihen bestehende Infanterieformation, flankiert von der Kavallerie. Hannibal hatte die gallische und spanische Kavallerie an seiner linken, die numidische an seiner rechten Seite. In der Mitte stand die Infanterie: Gallier und Spanier, an den beiden Flanken afrikanische Truppen. Die Afrikaner waren mit römischen Waffen ausgerüstet, der Beute vom Trasimenischen See.

Hannibal lockte die Römer in eine Falle, indem er seine Mitte vorwölbte und die Flügel verstärkte. Dann schickte er die Reiter nach vorne an die linke Seite, um die unerfahrene, aus Zivilisten bestehende römische Kavallerie von dem begrenzten Feld zu fegen. Sie waren durch den Fluss Aufidus eingeschlossen.

Hannibal ritt um die römischen Fußtruppen herum, um die Numider auf dem rechten Flügel zu verstärken, die der feindlichen Kavallerie gegenüberstanden. Dem Bericht von Livius zufolge taten etwa 500

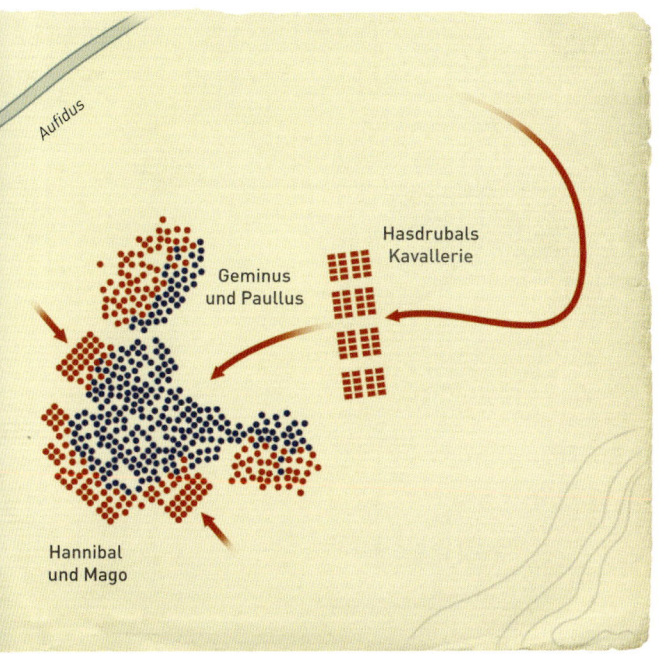

Die Endphase der Schlacht, in der die riesige römische Armee eingekesselt und vernichtet wurde.

gefunden haben: «Im Angesicht des Himmels trifft dich allein keine Schuld für das Desaster dieses Tages.» Aber Paullus winkte ab und befahl ihm, nach Rom zu reiten und die Stadt zu befestigen.

ZERMÜRBUNGSTAKTIK

Cannae wurde oft als *die* klassische Kesselschlacht bezeichnet. Trotz des grandiosen Sieges konnte Hannibal jedoch den Krieg nicht für sich entscheiden. Er wollte das befestigte Rom nicht angreifen, weil seine Armee wohl zu geschwächt war und er kein Belagerungsgerät hatte. Die Römer gingen wieder zu ihrer von Quintus Fabius Maximus entwickelten Hinhaltetaktik über. Der General wollte Hannibal nicht auf dem Feld herausfordern, sondern die Stützpunkte erst einnehmen, wenn dieser abgezogen war. Damit konnte er Hannibals Armee, die von Krankheit und Desertion immer mehr geschwächt wurde, besiegen. Denn er erhielt keine Verstärkung für seine schrumpfenden Truppen. Zwischen 212 und 211 v. Chr. wendete sich das Blatt. Zuerst fiel Capua und dann Syrakus an Rom.

Der Zweite Punische Krieg wurde 202 v. Chr. durch einen eindeutigen Sieg von Publius Cornelius Scipio (Africanus) in der Schlacht bei Zama entschieden. Hannibal machte ein Friedensangebot. Er wurde ins Exil verbannt und starb 183 v. Chr. von eigener Hand.

Der Dritte Punische Krieg (149 bis 146 v. Chr.) befreite Rom schließlich von der Bedrohung durch Karthago, als eine römische Legion die Stadt einnahm und sie dem Erdboden gleichmachte. Gemäß dem Diktum des Senats, «Karthago muss vernichtet werden», wurde Salz über den Ruinen verstreut, damit dort nichts mehr wachsen konnte. Die Karthager wurden als Sklaven verkauft.

Numider so, als wollten sie desertieren. Sie versteckten ihre Schwerter. Dann ritten sie mit auf den Rücken geschnallten Schilden zu den Römern hinüber, die sie ans Ende ihrer Formation schickten.

Kaum waren die Numider dort angekommen, nahmen sie ihre Schilde auf und griffen die römischen Linien von hinten an. Als die römische Infanterie in die Mitte der Linie nach vorne drängte, konnten die Afrikaner in Hannibals Armee ihre offene Flanke attackieren. Spanische und keltische Reiter unter Hasdrubal galoppierten währenddessen um die Nachhut des römischen Heers herum und kesselten sie ein. Etwa 50 000 Mann wurden getötet, darunter ein Konsul, zwei Quästoren und 29 Tribunen sowie andere hochrangige Römer. Fast 20 000 weitere wurden gefangen genommen. Das Massaker an der römischen Elite wurde durch die Unmengen von Ringen illustriert, die Hannibal von den Fingern der Toten nahm und nach Sizilien schickte.

Varro konnte fliehen, Paullus fiel. Er wurde zu Beginn der Schlacht vom Stein einer Schleuder getroffen, kämpfte aber weiter, bis ihn die Kräfte verließen. Der Tribun Lentulus soll ihn blutüberströmt und zusammengesunken auf einem Felsen

Die Säule markiert den Schauplatz der Schlacht von Cannae. Die flachen Ebenen der Region ermöglichten es Hannibal, seine Kavallerie mit verheerender Wirkung einzusetzen.

PHARSALOS

Gaius Julius Caesar / Gnaeus Pompeius Magnus 48 v. Chr.

IN DER SCHLACHT VON PHARSALOS in Nordgriechenland festigte Julius Caesar seine Macht. Er besiegte seinen einstigen Verbündeten und langjährigen Rivalen Pompeius. Nun war der Weg für Caesar zur alleinigen Herrschschaft über Rom frei, er konnte den Grundstein für das Römische Reich legen.

Gnaeus Pompeius Magnus war einst der Liebling Roms. Der Sohn des Pompeius Strabo, einer führenden Figur im Bundesgenossenkrieg, war ein weitaus geschickterer Politiker als sein Vater. Er gab sich wagemutig und hatte eine Vorliebe für Kavallerieangriffe, mit denen er beeindruckende Siege über die Feinde Roms errang. Die Schlacht von Pharsalos sollte aber zeigen, dass die Kavallerie nicht immer die richtige Antwort auf die gut ausgebildeten und erfahrenen römischen Fußtruppen war.

Bereits mit 25 Jahren konnte Pompeius 81 v. Chr. unter dem Diktator Sulla seinen ersten Triumph feiern, nachdem er einen erfolgreichen Feldzug in der römischen Provinz Afrika geführt hatte. Dies war angesichts seiner Jugend und des Mangels an Ämtern ungewöhnlich, deutete aber bereits auf den Ehrgeiz von Pompeius hin.

MACHTGERANGEL

Im ersten vorchristlichen Jahrhundert wurde die Römische Republik von ständigen politischen Machtkämpfen und Bürgerkriegen heimgesucht. Im Jahr 60 v. Chr. bildeten drei der mächtigsten Männer Roms das erste Triumvirat: Pompeius, Julius Caesar und Marcus Licinius Crassus, einer der ehemaligen Generäle Sullas. Caesar widmete sich der langwierigen Aufgabe, einen Aufstand in der römischen Provinz Gallien niederzuschlagen. Das Triumvirat

sollte sich aber als fragile Allianz erweisen, da Pompeius und Caesar Rivalen waren. Caesar hatte Pompeius gegen Crassus ausgespielt, um sich einen politischen Vorteil zu verschaffen und Konsul zu werden. Zur Festigung des strategischen Bündnisses bot Caesar Pompeius auch seine Tochter Julia als Ehefrau an. Dieses Band zerbrach jedoch, als Julia im Kindbett starb. Mit Crassus' Tod schließlich trat der Konflikt zwischen Pompeius und Caesar offen zutage.

Pompeius hatte großes Geschick darin, die öffentliche Meinung zu manipulieren. Piraten hatten um 65 v. Chr. die italienische Küste überfallen und zwei römische Magistrate gefangen genommen. Diesen Zwischenfall nutzte Pompeius, um sich zum Admiral zu ernennen und die Seeräuber innerhalb eines Jahres zur Strecke zu bringen. Caesar war ebenfalls sehr versiert im Umgang mit dem Volk. Plutarch bezeichnete ihn als «durchtrieben und hinterhältig». Er nutzte seine Erfolge in Gallien, um an Popularität zu gewinnen.

ÜBERQUERUNG DES RUBIKON

Wie Caesar 50 v. Chr. erfuhr, versuchten Pompeius und seine Verbündeten, seine Rückkehr in ein öffentliches Amt zu verhindern. Er verließ Gallien sofort. Caesar hat sein Kommando über seine Legion

Julius Caesar, hier als Statue in Rom, war der überragende Feldherr seiner Zeit. Seine Erfolge im Gallischen Krieg übertrafen schon bald die seines älteren Zeitgenossen Pompeius.

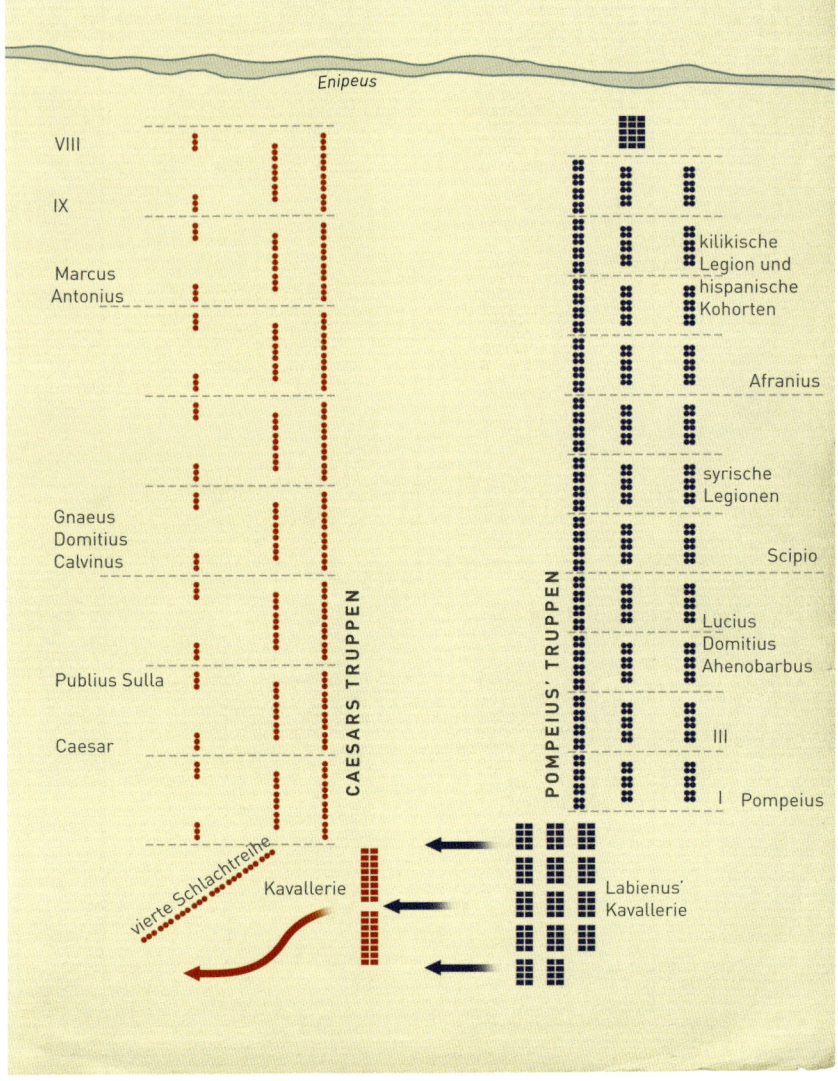

In the diagram:

Enipeus

VIII

IX

Marcus Antonius

Gnaeus Domitius Calvinus

Publius Sulla

Caesar

CAESARS TRUPPEN

vierte Schlachtreihe

Kavallerie

POMPEIUS' TRUPPEN

kilikische Legion und hispanische Kohorten

Afranius

syrische Legionen

Scipio

Lucius Domitius Ahenobarbus

III

I Pompeius

Labienus' Kavallerie

Erste Phase der Schlacht von Pharsalos: Pompeius verfügte über doppelt so viele Soldaten wie Caesar. Durch ihre Jahre in Gallien waren Caesars Männer jedoch überaus kampferprobt.

beim Überqueren des Rubikon abgeben müssen. Dieser trennte Italien von *Gallia cisalpina* (Gallien diesseits der Alpen). Mit dem Hinwegsetzen über das von Pompeius und dem Senat verhängte Verbot begann der Bürgerkrieg. Caesar marschierte nach Rom und nahm die Stadt ein. Er besiegte auch die Armeen des Pompeius in Spanien. Zurück in Rom warb er weiter um das Volk. Er schloss sich den „Popularen" an, während Pompeius sich mit dem alten Adel, den „Optimaten", verbündete.

Pompeius mobilisierte sämtliche Truppen, die ihm zur Verfügung standen. Er flüchtete nach Brundisium (Brindisi), um von dort aus nach Griechenland zu segeln. Hier wollte er sich mit anderen loyalen Truppen aus Roms Ostprovinzen zusam-

menschließen und Caesar zum Kampf fordern. Aber seine Autorität ließ nach. Caesar kritisierte Pompeius' Taktik bei Brundisium: Er behauptete, er eifere Themistokles nach, der Athen im Stich gelassen, und nicht Perikles, der die Stadt auf die Belagerung vorbereitet hatte. Da er keine Schiffe besaß, kehrte Caesar vorerst nach Rom zurück und unterwarf den Rest Italiens in 60 Tagen.

Pompeius blieb hingegen bei seiner Entscheidung, von Griechenland aus Widerstand zu leisten.

IN GRIECHENLAND
Caesar besaß gegenüber seinem Rivalen einen großen Vorteil. Seine Armee bestand aus Kriegsveteranen, die geübt im Umgang mit dem Speer (*pilum*) und im Nahkampf mit dem Kurzschwert (*gladius*) waren. Die Armee des Pompeius war rasch zusammengestellt worden und hatte kaum Kampferfahrung. Dennoch ging die erste Schlacht an Pompeius.

Caesar setzte nach Makedonien über und lieferte sich einige Scharmützel mit den Truppen seines Gegners. Dann gingen ihm die Vorräte aus. Der Versuch, Pompeius' Versorgungsschiffe bei Dyrrachium im heutigen Albanien zu überfallen, endete mit dem Verlust von über 1000 Mann. Pompeius nutzte seinen Vorteil aber nicht aus und scheute die offene Schlacht. Plutarch berichtet davon, wie Caesar sich über die mangelnde Entschlusskraft seines Gegners lustig machte: «Heute hätte der Feind gesiegt, wenn er einen Sieger zum Kommandanten gehabt hätte.» Plutarch verriet aber auch, dass sich hinter Caesars scheinbarer Überheblichkeit eine tiefsitzende Angst seit der Niederlage bei Dyrrachium verbarg, in der Nacht, die er die «schrecklichste seines Lebens» nannte.

Caesar war weiterhin glücklos. Als die Stadt Gomphi ihn nicht aufnehmen wollte, zeigte er, wie schonungslos er sein konnte. Er ließ seine Truppen die Stadt plündern und brandschatzen. Die anderen Städte der Region hüteten sich, diesem Beispiel zu folgen. Pompeius vermied weiterhin den Kampf, auch weil er Caesars kampferprobte Veteranen fürchtete. Stattdessen versuchte er die Truppen, die dringend Nahrungsmittel benötigten, auszuhungern. Zudem wartete Pompeius auf seinen Schwiegervater Metellus Scipio, der zur Hauptarmee aufschließen musste. Schließlich gab er aber dem Druck seiner eigenen Kommandanten nach. Als Scipio eingetroffen war, marschierte er auf Thessalien, um sich Caesar zu stellen.

SHOWDOWN BEI PHARSALOS
Pompeius errichtete sein Lager zunächst oberhalb der Ebene von Pharsalos. Sie wurde im Süden vom Fluss Enipeus begrenzt. Solange Pompeius diese Kommandoposition einnahm, wich Caesar der Schlacht aus. Nachdem aber Pompeius sein Lager in die Ebene verlegt hatte, beschloss Caesar, den Feind anzugreifen.

Am Morgen des 9. August nahmen die beiden Armeen Aufstellung. Marcus Antonius flankierte den Fluss, während ihm gegenüber Afranius das Kommando über den rechten Flügel von Pompeius' Armee hatte. Scipio traf in der Mitte auf Gnaeus Domitius Calvinus. Lucius Domitius Ahenobarbus war links von Pompeius aufgestellt und stand Publius Sulla gegenüber. Caesar hielt sich dicht bei seinen besten Truppen, der X. Legion. Die Kohorten von Pompeius waren schwer bepackt, sie konnten ihre Speere nicht zum Einsatz bringen. Auf der linken Flanke hatte Pompeius das Gros seiner Reiter postiert. Etwa 7000 Mann unter Labenius sollten es mit

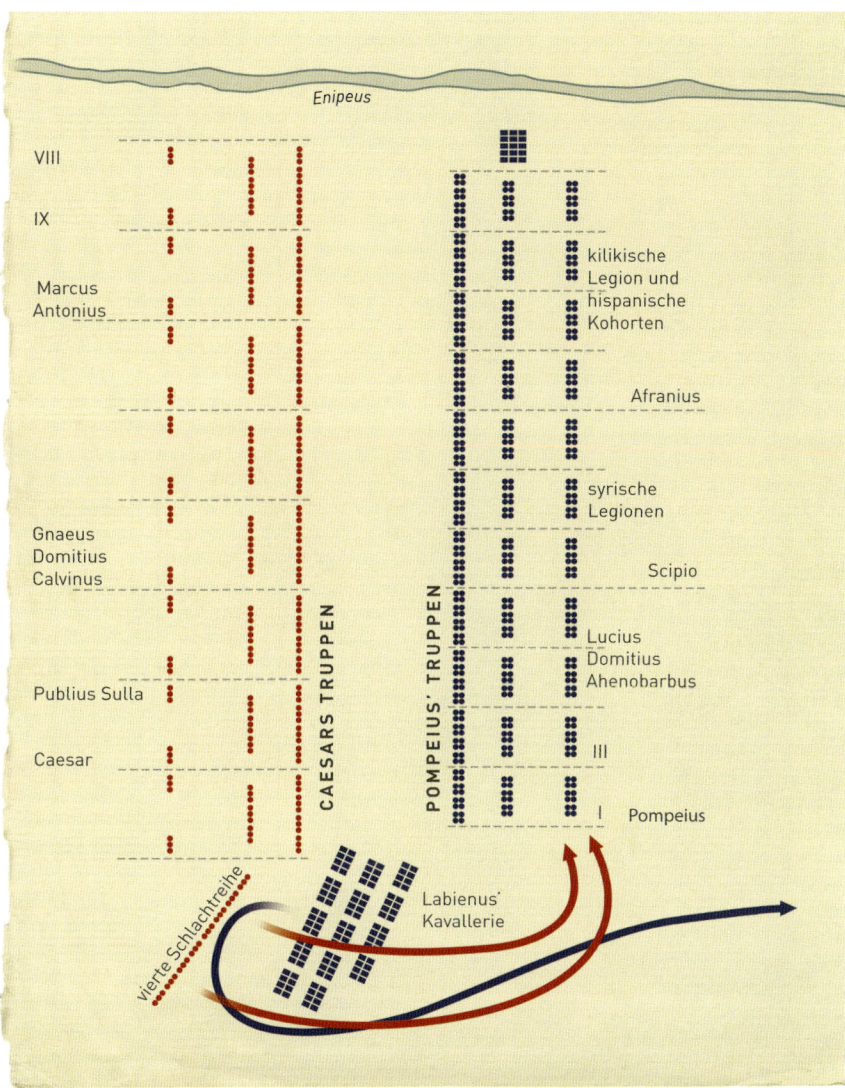

der gefürchteten X. Legion aufnehmen. Insgesamt verfügte Pompeius über 45 000, Caesar jedoch nur über 22 000 Legionäre und 1000 Reiter.

Die Schlacht begann mit einem Angriff von 120 Soldaten Caesars unter dem Centurion Gaius Crassianus, der in ein gegnerisches Schwert ritt und starb. Caesars Truppen behaupteten dennoch unerschütterlich ihre Stellung, ein Beweis für ihre außergewöhnliche Loyalität.

Der Wendepunkt:
Labenius' Reiter griffen an, hielten dem Druck aber nicht stand und wichen zurück. Wahrenddessen fiel Caesars vierte Schlachtreihe in die linke Flanke von Pompeius' Infanterie und schlug sie in die Flucht.

«Heute hätte der Feind gesiegt, wenn er einen Sieger zum Kommandanten gehabt hätte.»

Caesar über Pompeius' Versäumnis, seinen Vorteil bei Dyrrhachium auszunutzen

Detail eines Freskos aus dem 16. Jahrhundert, in dem der italienische Renaissance-Maler Niccolò dell'Abbate die Schlacht bei Pharsalos darstellt.

Die Kavallerie des Pompeius sollte Caesars Stellungen von hinten angreifen und die Linien durchbrechen. Caesar aber hatte unbemerkt seine linke Flanke mit sechs Kohorten aus der dritten Schlachtreihe (*acies triplex*) verstärkt und sie in einer Hakenstellung angeordnet. Jede Seite hatte eine Parole, um Verwechslungen zu vermeiden: Caesars lautete „Venus, Führerin zum Sieg". Pompeius wählte „Herkules, der Unbesiegte". Caesars Stellungen waren jedoch weniger starr und flexibler.

Aus einer Entfernung von etwa 15 Metern schleuderten Caesars Männer ihre Speere in die gegnerischen Reihen. Sie rechneten damit, dass diese nach vorne stürmen würden. Aber Pompeius hatte Befehl gegeben, die Stellung zu halten. Caesar kritisierte die Entscheidung später als schweren Fehler, «... die Tatsache zu ignorieren, dass Vorstöße an Kraft zunehmen, wenn es mit voller Wucht zum ersten Zusammentreffen mit dem Feind kommt». Als sie erkannten, dass der Feind nicht vorrücken würde, griffen Caesars Legionen mit gezogenen Schwertern an.

DER WENDEPUNKT
Nun musste Labenius, Befehlshaber von Pompeius' Kavallerie, reagieren. Er verfügte über weitaus mehr Truppen als Caesar. Dessen Reiter wichen zurück und zwangen

ihn nachzurücken. Die Soldaten auf Caesars rechter Flanke hatten Befehl, durch die Frontlinie zu stürmen und mit ihren Speeren auf die Augen der Reiter zu zielen. Caesar war überzeugt, dass viele der blutjungen Aristokraten zu eitel zum kämpfen wären, weil sie um ihr Aussehen fürchteten. Es war eine kluge Taktik, denn die Disziplin von Labenius' Kavallerie geriet ins Wanken. Sie traten die Flucht an, noch bevor sie auf Caesars Reserven trafen. Jetzt konnte sich seine Infanterie auf den schwächsten Punkt in den gegnerischen Linien konzentrieren und ihre Flanke angreifen.

Als Caesar frische Kohorten aus der dritten Schlachtreihe nach vorne schickte, wichen Pompeius' Männer zurück und flüchteten. Caesar hielt einige seiner Truppen zurück, um das feindliche Lager zu stürmen. Er befahl ihnen, keine Römer zu töten, wenn es sich vermeiden ließ. Dennoch fanden 6000 bis 15 000 Soldaten aus Pompeius' Armee den Tod, darunter General Lucius Somitius Ahenobarbus. Caesar verlor nur 200 Soldaten und 30 Zenturionen.

Als er sah, dass seine Truppen aufgerieben wurden und die Flucht ergriffen, verließ Pompeius das Schlachtfeld. Er lief zurück ins Lager. Als Caesars Truppen dort ankamen, war Pompeius mit einigen Gefolgsleuten verschwunden. Er hatte die Insignien abgelegt und seine Männer auf eine Art verlassen, die eines römischen Generals unwürdig war.

UNRÜHMLICHES ENDE

Pompeius war zur Küste geflüchtet und nach Ägypten gesegelt. Vielleicht glaubte er, dort wieder zu Ansehen gelangen zu können. Als sein Schiff in Alexandria einlief, diskutierten die Berater des Königs Ptolemaios XIII., der noch zu jung zum Regieren war, wie sie ihn empfangen sollten. Einer von ihnen, Pothnius der Eunuch genannt, wollte erfahren haben, dass Caesar die Verfolgung aufgenommen hatte. Er befände sich bereits auf dem Weg nach Ägypten. Man entschied sich dagegen, Pompeius Zuflucht zu gewähren. Damit war das Schicksal des römischen Generals besiegelt.

Ahnungslos bestieg Pompeius ein kleines Fischerboot, das ihn an Land bringen sollte. Als das Boot ablegte, zückte Septimus, ein ehemaliger Kampfgenosse von Pompeius, einen Dolch. Im Auftrag des ägyptischen Hofstaats erstach er den General. Pompeius' Frau Cornelia sah voller Schrecken mit an, wie der Held, der drei Triumphe gefeiert hatte und drei Mal Konsul gewesen war, zusammenbrach und starb. Sein Kopf wurde abgeschnitten, um ihn Caesar zu bringen. Den Körper warf man an den Strand. Es wird berichtet, Caesar sei entsetzt gewesen, als er vom Schicksal des Pompeius erfuhr.

Eine grausame und ironische Fügung wollte es, dass die Statue des Pompeius Magnus vier Jahre später auf Caesars Ermordung durch die Verschwörer Brutus und Cassius hinabblicken sollte.

«Während der Morgenwache erstrahlte ein helles Licht über dem Lager des Caesar … und eine brennende Fackel stieg daraus empor und schoss hinab auf das Lager des Pompeius.»

PLUTARCH ÜBER EIN GÜNSTIGES OMEN FÜR CAESAR VOR DER SCHLACHT BEI PHARSALOS

TEUTOBURGER WALD

Arminius / Quinctilius Varus **9 n. Chr.**

DIE SCHLACHT IM TEUTOBURGER WALD, die in Wahrheit wohl am Kalkrieser Berg im Osnabrücker Land statgefunden hat, brachte Rom eine verheerende militärische Niederlage gegen die „Barbaren" bei. Sie bedeutete letztlich das Ende weiterer Expansionsbestrebungen des Römischen Reiches in Germanien. Der germanische Stammesfürst Arminius wurde zum Archetyp des Freiheitskämpfers, der sich gegen seine Unterdrücker auflehnt. Er soll zu seinem Bruder gesagt haben: «Der Lohn der Knechtschaft ist gering.»

Arminius im Kampf
gegen die Römer bei der Schlacht im Teutoburger Wald. Diese romantisierende Darstellung des Künstlers Johann Peter Theodor Janssen entstand kurz nach Gründung des Deutschen Reichs 1871. Der überragende Sieg von Arminius wurde zum Symbol nationaler Identität und militärischer Stärke.

Noch heute erinnert das Hermannsdenkmal in der Nähe von Detmold an eine Schlacht, in der das militärische Schwergewicht Rom mit einer Mischung aus Taktik und Mut aufgehalten wurde. Die vernichtende Niederlage sorgte damals in Rom für einen öffentlichen Skandal. Augustus verweigerte den wenigen Überlebenden die Rückkehr. Die drei verlorenen Legionen wurden nie mehr ersetzt. Einige Jahrzehnte später zog der Geschichtsschreiber Tacitus die Niederlage des Varus zur Veranschaulichung der Dekadenz Roms heran: Nur römische Schwäche hatte eine solche Schmach möglich gemacht.

VERBÜNDETER UND FEIND
Als die Römer die Sicherheit der bereits eroberten Provinzen am Rhein verließen und weiter in die Gebiete der germanischen Stämme vordrangen, kam es zur Katastrophe. Publius Quinctilius Varus sollte 6 n. Chr. die bereits durch Kaiser Augustus' Schwiegersohn (den zukünftigen Kaiser Tiberius) erzielten Erfolge bei der Befriedung der Region ausbauen. Er erhielt dafür fünf Legionen sowie das Kom-

mando über einige germanische Auxiliartruppen. Eine stand unter dem Befehl des Arminius, eines Fürsten der Cherusker.

Arminius (auch Hermann oder Gaius Julius Arminius genannt) wurde um 18 v. Chr. als Sohn von Fürst Segimer geboren. Die Cherusker waren ein großer germanischer Volksstamm, der zwischen Elbe und Weser in der Norddeutschen Tiefebene lebte. Zwischen 4 und 9 n. Chr. kooperierten sie mit den römischen Besatzern. Ein von Tiberius und den Cheruskern unterzeichneter Vertrag bestimmte, dass sie den Römern Hilfstruppen zur Verfügung zu stellen hatten. Bekannt ist, dass Arminius für die Römer auf dem nördlichen Balkan kämpfte, um den Pannonischen Aufstand niederzuschlagen. Er befehligte seinen eigenen Verband, sprach Latein und wurde zum Bürger Roms ernannt. Man erhob ihn sogar in den Rang eines Ritters. Er hatte genaue Kenntnisse über das römische Militär. Aus Aufzeichnungen geht hervor, dass sein Bruder Flavus, der im Kampf für Rom unter Tiberius ein Auge verlor, im Jahr 16 n. Chr. noch im römischen Militärdienst stand.

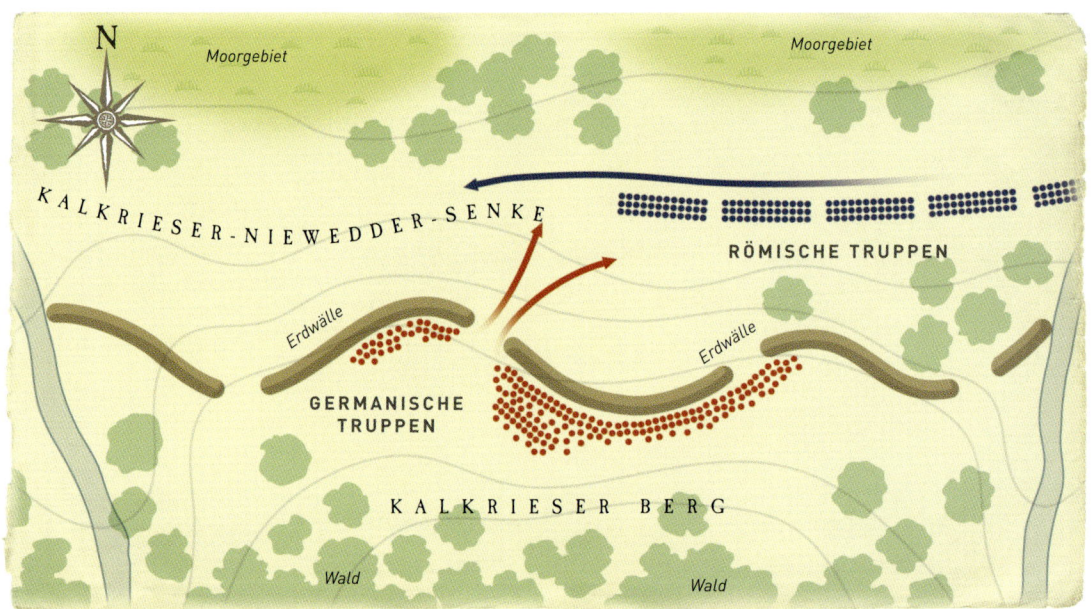

Als die römischen Legionen durch den Engpass zwischen Moor und Kalkrieser Berg marschierten, gerieten sie in einen tödlichen Hinterhalt. Die Falle war von ihrem einstigen Verbündeten Arminius sorgfältig vorbereitet worden.

«Varus, gib mir meine Legionen zurück!»

<small>Kaiser Augustus</small>

KOMPLOTT

Um 7 n. Chr. kehrte Arminius nach Germanien zurück. Man kann mit einiger Sicherheit annehmen, dass ihm bei der von Statthalter Varus begonnenen Romanisierung des Landes eine Schlüsselrolle zugedacht worden war. Doch die Romanisierung war nur oberflächlich. Die Römer behandelten die Germanen wie Knechte und brachten ihre neuen Untertanen durch hohe Steuerforderungen gegen sich auf.

Arminius war alles andere als ein Befürworter der römischen Sache. Er begann ein Bündnis zwischen den Stämmen zu schmieden, die gegen die Besatzer vorgehen wollten: Cherusker, Marser, Chatten, Brukterer, Chaucen und Sugambrer. Aber selbst unter den Führern der Cherusker herrschte keine Einigkeit, ob oder wie der Aufstand ausgeführt werden sollte. Während sein Onkel Inguiomer zögerte, war Arminius entschlossen.

Im Jahr 9 befand sich Varus mit drei Legionen, sechs Auxiliareinheiten (darunter eine, die von Arminius geführt wurde) und drei Kavallerieabteilungen östlich der Weser in der Nähe der heutigen Stadt Minden. Der loyale cheruskische Befehlshaber Segestes hatte Varus gewarnt, man könne Arminius nicht trauen. Varus weigerte sich zu glauben, der geschätzte Bundesgenosse könne rebellieren.

Varus wollte mit etwa 15 000 Mann zu seinem Winterquartier zurückkehren. Er wurde aber von Versorgungswagen und Packpferden aufgehalten. Bei fürchterlichem Wetter marschierten die Truppen zwischen Wiehengebirge und Großem Moor über einen immer schmaler werdenden Pfad. Der strömende Regen weichte die Bogensehnen der römischen Bogenschützen auf und machte ihre Waffen weitgehend unbrauchbar. Ihre Weidenschilde sogen sich voll Wasser. Sie wurden schwer und unhandlich.

IN DER FALLE

Arminius überredete Varus, ihn und seine Männer vorausreiten zu lassen. Sie wollten das Gelände auskundschaften. Er hätte wohl auch einen Umweg vorschlagen können, um die Sicherheit des Zuges zu gewährleisten. Da Varus ihm traute, schickte er keinen eigenen Erkundungstrupp los. Sogleich waren Arminius und seine Truppen verschwunden. Die römische Armee, vor allem die Kavallerie, geriet sofort unter Beschuss der Guerillakämpfer und ihrer Verbündeten.

Die Seiten waren zunächst ungefähr gleich stark. Die Römer zogen weiter über einen etwa fünf Kilometer langen Pass, eine wichtige Verbindungsroute zwischen Rhein und Weser. Dieser sumpfige Korridor war um die 200 Meter breit. Aus der-

Senke erhob sich der stark bewaldete Kalkrieser Berg. Dort hatten die Cherusker eine durchbrochene Wallanlage aus Grassoden gebaut. Sobald sie den Pass erreicht hatten, saßen die Römer in der Falle. Die Cherusker hinter der Mauer ließen Pfeile und Speere auf den Feind niederregnen. Die Römer hatten nicht genug Platz, um eine Linie zu bilden. Eine von Varus' Einheiten versuchte, den Erdwall zu stürmen. Sie wurde darunter begraben. Varus' zweiter Befehlshaber, Numonius Vala, konnte mit der Kavallerie flüchten. Er wurde aber schnell von Armnius' Reitern eingeholt und niedergestreckt. Als alles verloren war, nahm sich Varus das Leben. Zahlreiche archäologische Funde am Schauplatz belegen, dass es sich bei den meisten Toten um Römer handelte.

GERMANIEN ERHEBT SICH

Der Cherusker Segestes blieb Rom treu ergeben. Aber seine Tochter Thusnelda war von Arminius schwanger. Beide wurden daraufhin von Germanicus, dem neuen römischen Befehlshaber in Germanien, gefangen genommen. Man brachte sie nach Ravenna. Dort wurde der Sohn des Rebellen geboren. Arminius griff daraufhin erneut zu den Waffen. Er hätte es fast geschafft, weitere vier Legionen zu besiegen.

Die Vernichtung der Legionen des Varus bei der Schlacht im Teutoburger Wald ermutigte viele germanische Stämme, sich zu erheben. Die Aufstände dauerten sieben Jahre an. Arminius forderte die Römer ein letztes Mal 16 n. Chr. auf dem Idistavisischen Feld an der Weser zur Schlacht heraus. Er nutzte die römische Taktik zu seinen Gunsten und drängte die Front des Feindes zusammen. Dennoch wurde Arminius schließlich besiegt. Er entkam nur, weil er sein Gesicht mit Blut beschmierte und sich tot stellte. Germanicus wurde kurz darauf vom neuen Kaiser Tiberius nach Rom zurückberufen.

Arminius lenkte seine Truppen nun gegen Roms böhmischen Verbündeten Marbod. Dieser Feldzug endete in einer Pattsituation. Die Rivalitäten unter den Germanen nahmen zu. Im Jahr 21 n. Chr. wurde Arminius mit nur 37 Jahren von seinen eigenen Verwandten umgebracht.

Verantwortlich für den Ausgang der Schlacht machten Zeitgenossen und spätere Kommentatoren vor allem Varus. Tiberius habe seiner «Unbesonnenheit und mangelnden Vorbereitung» die Schuld gegeben. Als der alternde Kaiser Augustus von der Katastrophe erfuhr, soll er den Kopf gegen die Wand geschlagen und ausgerufen haben: «Quinctili Vare, legiones redde!» (Quinctilius Varus, gib mir meine Legionen zurück!).

Noch heute sind große Teile der Region um Minden und Osnabrück in der Nähe des Schauplatzes der berühmten Schlacht stark bewaldet. Der Historiker Theodor Mommsen bezeichnete sie im 19. Jahrhundert als «Wendepunkt des nationalen deutschen Schicksals». In der Römerzeit war der dichte, ursprüngliche Wald das ideale Terrain für einen Guerillakrieg.

EROBERUNG ROMS

IM 4. UND 5. JAHRHUNDERT wurde das Weströmische Reich von „barbarischen" Völkern aus dem Osten heimgesucht. Anders als das kaiserliche Rom zu seiner Blütezeit konnte der geschwächte Staat den Angriffen seiner Feinde nichts mehr entgegensetzen.

Das Römische Reich hatte an der Wende zum 5. Jahrhundert seinen Zenit längst überschritten. Die Gründe für den Niedergang des Imperiums sind in der Geschichtswissenschaft von jeher heftig umstritten. Angeführt werden der massive Druck durch äußere Feinde, der Einfluss des Christentums, aber auch allgemeine Verfallserscheinungen innerhalb der Gesellschaft.

BARBARISCHE INVASIONEN

Ab dem Ende des 4. Jahrhunderts wurden germanische Stämme von Osteuropa nach Westen getrieben. Hunnen aus Zentralasien waren in ihre Gebiete eingefallen. Einer dieser Stämme, die Westgoten, siedelte sich am Nordufer der Donau an. Von dort konnte der römische Kaiser Valens (regierte 364–378) sie nicht vertreiben, da er im Krieg gegen Persien kämpfte. In Rom hielt man die Goten angesichts des Bevölkerungsrückgangs und fehlenden Nachschubs für die Armee für nützlich.

Nachdem Valens mit Persien Frieden geschlossen hatte, konnten seine Armeen gegen die Westgoten vorgehen. Sie hatten sich in der Zwischenzeit auf räuberische Plünderungen verlegt und bedrohten die Interessen Roms. Valens griff die Westgoten im Jahr 378 bei Adrianopel in Thrakien an. Seine Einheiten wurden zurückgeschlagen. Er selbst sowie zwei Drittel seiner Armee kamen um. Sein Nachfolger war Theodosius, ab 394 letzter Kaiser eines

geeinten Imperiums. Er erlaubte den Goten schließlich, sich in Thrakien im heutigen Bulgarien als Bundesgenossen (*foederati*) niederzulassen.

DER AUFSTIEG ALARICHS

Der westgotische Führer Alarich stammte wohl aus dem Geschlecht der Balthen und wurde um 370 geboren. Im Jahr 391 hatte er Theodosius aus dem Hinterhalt überfallen und ihn fast gefangen genommen. Kurz darauf überzeugte man ihn jedoch davon, sich mit Theodosius zu verbünden. So kämpfte er für den Kaiser gegen den Usurpator Eugenius, der Rom unter seine Kontrolle gebracht hatte. In der Schlacht am Fluss Frigidus in den Julischen Alpen wurde Eugenius schließlich getötet. Nach Theodosius' Tod 395 wurde das Reich zwischen seinen beiden Söhnen aufgeteilt: Arcadius regierte von Konstantinopel aus, Honorius sollte die Führung im Westen übernehmen. Honorius war erst zehn Jahre alt, daher wurde Stilicho, ein Heerführer vandalischer Abstammung, zum Regenten ernannt. Der neue Kaiser residierte nicht in Rom, sondern in Ravenna. Die Stadt war durch Mauern sowie Sümpfe geschützt und nur zum Meer hin offen.

Alarich fühlte sich nach der Schlacht übergangen. Die Westgoten hatten schwere Verluste erlitten. Er war nach Hause geschickt worden, ohne dass man ihm ein reguläres Kommando zugeteilt hatte. In

Ruinen des Forum Romanum. Die Zerstörung des antiken Rom zog sich über mehrere Jahrhunderte. Als Alarich und die Westgoten die Stadt im August 410 überfielen, ließen sie die Bauwerke der Stadt und ihre Einwohner relativ unversehrt.

der Folge marschierte er auf Konstantinopel. Da er die Stadt nicht einnehmen konnte, startete er einen Plünderungszug.

Stilicho führte eine Armee über die Alpen, um Alarich zu stellen. Aber der westgotische König entkam ihm. Der Eunuch Eutropios, Berater des Kaisers und der eigentliche Regent des Ostreichs, erzielte 397 eine Einigung mit Alarich. Er ernannte ihn zum General mit der Befugnis, in Thrakien und Makedonien Steuern zu erheben. Die Zugeständnisse waren jedoch in Konstantinopel sehr unpopulär. Zwei Jahre später wurde Eutropius gestürzt und hingerichtet. Alarichs Befugnisse wurden für null und nichtig erklärt.

NACH WESTEN

Alarich ging nun dazu über, in den Westen des römischen Reichs vorzudringen. Er

Plünderung und Schändung.
Das 1890 entstandene Gemälde der Plünderung Roms durch Alarich vermittelt die traditionelle Sicht des Ereignisses als katastrophaler Untergang der Zivilisation angesichts des Angriffs der Barbaren. Inzwischen weiß man, dass der Sachverhalt weitaus komplexer war.

überquerte die Julischen Alpen im November 401, bevor der Schnee einsetzte. Dann erreichte er die Poebene. Zuerst vertrieb er Honorius vom Hof in Mailand, dann belagerte er den Kaiser in der Stadt Asta. Am Ostersonntag, den 6. April 402 traf Stilicho ein und griff die christlichen Westgoten in Pollentia während der Messe an. Die Römer kaperten Alarichs Gepäckzug. Darin befand sich nicht nur Beutegut, sondern auch seine Frau und seine Kinder. Nach einer weiteren, wohl sehr verlustreichen Niederlage gegen Stilicho bei Verona

Karte der Feldzüge

Legende:
- Römisches Reich um 395
- Gebiete der Westgoten
- Feldzüge Alarichs
- Westgoten nach Alarich

GALLIEN

WESTRÖMISCHES REICH

HUNNEN

N

NORICUM 408

Frigidus 394

Mailand **401–402**

Pollentia **402**

Toulouse

Arles

Barcelona

Ravenna

ILLYRIEN

Geburtsort von Alarich

Durostorum *Goten fallen ins Reich ein 376*

376–394

THRAKIEN

Adrianopel 378

Rom

Alarich belagert Rom dreimal 408–410 und erobert die Stadt am 24. August 410

397–406

MAKEDONIEN

Konstantinopel

EPIRUS

Cosenza *Alarich stirbt Ende 410*

OSTRÖMISCHES REICH

Karthago

0 — 200 Kilometer
0 — 200 Meilen

---

zog er sich auf den Balkan zurück. Alarichs Invasion hatte zur Folge, dass Honorius seine Hauptstadt in den Norden nach Ravenna verlegte.

Einige Jahre später drohte Bürgerkrieg zwischen den verfeindeten Herrschern Ost- und Westroms. Im Jahr 406 schlug Stilicho Alarich vor, als sein Verbündeter gegen den oströmischen Kaiser zu kämpfen. Stilicho hoffte, die Kontrolle über die Provinz Illyrien zu erlangen und seine Armee aufstocken zu können. Alarich wurde ein Posten angeboten. Damit

sollte ihm auch erneut das Recht zugesprochen werden, Steuern zu erheben.

Bevor Stilicho aber seine Truppen bei Epirus mit denen Alarichs vereinen konnte, überquerte ein Heer aus Vandalen, Sueben und Alanen den zugefrorenen Rhein. Sie fielen in Gallien ein, während sich der Usurpator Konstantin von Britannien aus näherte. Stilicho musste seinen Kurs ändern und ließ Alarich im Stich. Daraufhin setzte sich Alarich in Noricum in den Ostalpen fest und verlangte Tributzahlungen, um den Frieden zu wahren.

Karte der Feldzüge

von Alarich und den Westgoten Ende des 4. und Anfang des 5. Jahrhunderts. Später wurde ein westgotisches Königreich in Spanien und Südfrankreich errichtet, das bis zur Invasion der Mauren im 8. Jahrhundert Bestand hatte.

Infolge einer Intrige des Kaiserhofs wurde Stilicho des Hochverrats beschuldigt. Der Senat ließ ihn verhaften und töten. Währenddessen massakrierten römische Soldaten ihre germanischen Kampfgenossen und deren Familien. Die Überlebenden flüchteten sich in Alarichs Lager.

Alarich fiel nun ein zweites Mal in Italien ein. Er richtete dabei große Verwüstungen an. Im Jahr 408 stand seine Armee vor den Toren Roms. Er forderte Lösegeld und begann, die Römer auszuhungern. Alarichs Reihen waren durch entflohene Sklaven angewachsen. Die Armee war etwa 40 000 Mann stark.

Eine Delegation des Senats kam schließlich zu Verhandlungen in sein Lager. Man warnte ihn, Rom habe viele Einwohner und die Männer seien im Umgang mit Waffen ausgebildet. Alarich soll daraufhin entgegnet haben: «Je dichter das Heu, desto leichter lässt es sich mähen.» Dann nannte er seinen Preis: eine Heimat für seine Leute in Noricum sowie große Mengen an Gold und Korn. Die Senatoren sollen gefragt haben: «Wenn dies, oh König, Eure Forderungen sind, was gedenkt Ihr dann uns zu lassen?» «Euer Leben!», soll er mitleidlos geantwortet haben.

Ein Jahr verhandelten die Römer mit ihrem mächtigen Feind. Honorius hielt sich derweil hinter den sicheren Mauern von Ravenna auf. Er war zum Mann herangewachsen und sammelte nun seine Truppen für eine Konfrontation mit Konstantin in Gallien.

PLÜNDERUNGEN

Der Senat suchte eine pragmatische Lösung des Problems. Er ernannte 409 einen eigenen Kaiser: Priscus Attalus, Präfekt der Hafenstadt Ostia. Attalus besaß aber nicht die Macht, Alarichs Forderungen zu erfüllen. Im Juli 410 verlor Alarich die Geduld und marschierte auf Ravenna, um Honorius zu konfrontieren. Nachdem er dort in einen Hinterhalt geraten war und mehrere Männer verloren hatte, kehrte er nach Rom zurück. Er setzte die Belagerung fort. In der Nacht des 24. August 410, als ein Sympathisant eines der Stadttore offen gelassen hatte, drangen die Westgoten in Rom ein.

Nach drei Tagen der Plünderung zog Alarich sich zurück. Edward Gibbon beschreibt ausführlich die Schändung der Ewigen Stadt: «Die prächtigen Möbel wurden rücksichtslos aus den römischen Palästen gerissen. Die Schränke mit Tafelgeschirr aus massivem Silber und vielfältigen Roben aus Seide und Purpur wurden einfach auf die Wagen geworfen, die dem Zug der Gotenarmee stets folgten.»

Die meisten modernen Kommentatoren sind sich dagegen einig, dass Alarichs Armee bemerkenswert zurückhaltend war. Den christlichen westgotischen Soldaten war es verboten, in Kirchen einzudringen. Sie hatten Befehl, nur das zu nehmen, was sie tragen konnten. Blutvergießen und Zerstörung sollten sie vermeiden. Die Peterskirche und die Paulskirche waren Heiligtümer. Einige Schätze, die angeblich dem

«Der Niedergang Roms war die natürliche und unvermeidbare Folge übersteigerter Größe ... Statt sich zu fragen, warum das Römische Reich unterging, sollte man eher überrascht sein, dass es so lange bestanden hat.»

EDWARD GIBBON ÜBER DIE GRÜNDE, DIE DEN ÜBERFALL AUF ROM DURCH ALARICH ERMÖGLICHTEN

heutigen Petersdom gehören, sollen sogar von den Goten selbst dorthin gebracht worden sein. Zweifellos verloren zahlreiche Bürger Roms ihr Leben. Es waren wohl überwiegend Patrizier, an denen sich ihre ehemaligen Sklaven rächten. Gibbons Quellen sprechen auch von zahlreichen Vergewaltigungen. Im Allgemeinen scheinen sich die Barbaren aber zurückgehalten zu haben. Es gibt Berichte, nach denen Nonnen von ihnen beschützt wurden.

Es wurden Gefangene gemacht, unter ihnen die Schwester des Kaisers, Galla Placidia. Andere Römer wurden in die Sklaverei verkauft. Das einzige schwer zerstörte Gebäude war der Senat. Seinen Mitgliedern gab man die Schuld dafür, das Desaster nicht abgewendet zu haben. Dennoch soll nur ein einziger Senator während der Plünderung der Stadt getötet worden sein.

EIN SYMBOLISCHER SCHLAG

Die Plünderung Roms hatte keine strategische Bedeutung. Die Stadt war inzwischen nur mehr ein Symbol, wenn auch ein machtvolles. Der vernichtende Schlag traf vor allem den römischen Stolz. Seit ihrer mythischen Gründung um 753 v. Chr. durch Romulus war die Stadt nur einmal, 800 Jahre zuvor von den Galliern, überfallen worden. Die öffentliche Empörung richtete sich gegen Serena, Witwe Stilichos, Nichte von Theodosius und Tante von Honorius. Sie wurde auf Befehl des Senats erdrosselt, nachdem Gerüchte aufgekommen waren, sie habe mit dem Feind in Kontakt gestanden.

Herrscher Honorius weigerte sich dennoch, Alarichs Forderungen nachzugeben. Der westgotische König setzte seinen Plünderungszug im Süden Italiens fort, wo er Ende 410 starb.

Der römische Kaiser Honorius beim Füttern von Tauben und Perlhühnern in seinem Palast in Ravenna. Detail des Gemäldes „Die Günstlinge des Honorius" des viktorianischen Malers John William Waterhouse.

KATALAUNISCHE FELDER

Flavius Aëtius / Attila, König der Hunnen 451

IN EINEM MASSIVEN ANGRIFF gegen die Westgoten überrollten die Hunnen Gallien. Sie brannten über ein Dutzend Städte nieder, bevor sie Orléans belagerten. Die Invasoren brachten ihre eigenen Gepflogenheiten mit in den Westen: Sie «aßen, tranken, verrichteten ihre Notdurft und sprachen ihre Urteile im Sattel».

Flavius Aëtius gilt als der letzte große römische General. Er stammte vom Balkan. Sein Vater Gaudentius war aufgestiegen und hatte einen hohen Rang in der Kavallerie erreicht. Dann heiratete er in eine Senatorenfamilie ein. Aëtius gehörte wie sein Vater den Prätorianern an. Er hatte das Pech, sowohl von Alarich als auch von den Hunnen als Geisel genommen zu werden. Bei den Hunnen lernte er reiten und den Umgang mit Pfeil und Bogen. Er freundete sich auch mit ihrem König Ruga und dessen Neffen Attila an. Schließlich heiratete er eine westgotische Prinzessin. Einer der Söhne des Paars, Carpillo, wurde ebenfalls von Ruga gefangen genommen und im Lager Attilas erzogen und ausgebildet. Die engen Kontakte zu Westgoten und Hunnen sollten Aëtius später viele Vorteile verschaffen.

Der zeitgenössische römische Historiker Renatus Profuturus Frigeridus beschrieb Aëtius so: «Die anmutige Gestalt des Aëtius war nicht mehr als mittelgroß, aber seine männlichen Gliedmaßen waren bewundernswert geformt und zeugten von Stärke, Schönheit und Wendigkeit. Er war überaus geschickt im Umgang mit Pferden, Pfeil und Bogen und dem Speer. Er konnte geduldig Mangel an Nahrung und Schlaf ertragen, sowohl sein Geist als auch sein Körper meisterten größte Herausforderungen. Er besaß jenen echten Mut, der weder Gefahr noch Verletzung scheut ...»

MACHTKÄMPFE

Im Jahr 423 starb der weströmische Kaiser Honorius. Er hatte es zugelassen, dass Alarich Rom überfiel. Honorius hatte keinen männlichen Erben. Daher ernannte Theodosius II. den vierjährigen Neffen von Honorius, Valentinian III., zum Kaiser. Seine Herrschaft hielt 25 Jahre.

Weströmische Senatoren lehnten einen Kindkaiser unter der Regentschaft seiner Mutter Galla Placidia ab. Sie setzten den Ursurpator Johannes als Stellvertreter Valentinians. Um seinem Willen Nachdruck zu verleihen, schickte Theodosius nun eine Armee zur Unterstützung Placidias. Johannes sandte daraufhin seinen General Aëtius aus, der im Dienst von Galla Placidias ehemaligem Ehemann Constantinius gestanden hatte. Er sollte bei den Hunnen Legionäre rekrutieren. Aëtius kehrte mit 60 000 Barbaren zurück. Aber Johannes war bereits abgesetzt und hingerichtet worden.

Placidia, die von dieser Demonstration der Stärke beeindruckt war, verzieh dem General und übertrug ihm die Verantwortung für ihre Armee in Gallien.

Fresko von Flavius Aëtius, der Attila den Hunnenkönig besiegte. Da er einen großen Teil seiner Jugend als Geisel der Goten und Hunnen verbracht hatte, kannte Aëtius die „Barbaren" sehr gut.

Das **Weströmische Reich** zur Zeit der Invasion durch Attila den Hunnen im Jahr 451.

Die Westgoten ließen sich 417 in Aquitanien nieder, im Süden Galliens hatten sie bereits eine Vormachtstellung. Der Stamm der Franken weitete seine Kontrolle im Norden aus. Ein großer Teil Ostgalliens war von den Burgundern besetzt, einem weiteren germanischen Stamm. Deren Expansionsbestrebungen unter König Gundahar wurden von hunnischen Hilfstruppen des weströmischen Reiches gestoppt. Nach der Zerschlagung des Heeres siedelte Aëtius die Überlebenden in Gebieten südlich des Genfer Sees an.

IN GALLIEN

Aëtius verfügte nur über etwa 45 000 Mann, um Gallien zu kontrollieren. Verstärkt wurden die Truppen durch hunnische Legionäre. Sein Erfolg verdankte sich weitgehend diesen furchtlosen Kämpfern.

> *«Die anmutige Gestalt des Aëtius war nicht mehr als mittel-groß, aber seine männlichen Gliedmaßen waren bewunderns-wert geformt und zeugten von Stärke, Schönheit und Wendig-keit. Er war überaus geschickt im Umgang mit Pferden, Pfeil und Bogen und dem Speer.»*

RENATUS PROFUTURUS FRIGERIDUS

Es dauerte ein Jahrzehnt, bis er die Region unter Kontrolle gebracht hatte. Um 425/26 besiegte er den westgotischen König Theoderich I., Sohn des Alarich. Danach stoppte er die Franken auf ihrem Vormarsch zur Somme.

Im Jahr 430 verhinderte er, dass die Alemannen jenseits des Rheins Fuß fassen konnten. Weitere Triumphe folgten: Die Unterdrückung einer Rebellion in Noricum (Österreich südlich der Donau) sowie erneute Siege über die Westgoten und Franken. Zur Anerkennung wurde Aëtius 432 in Rom zum Konsul ernannt.

VANDALEN UND HUNNEN

Galla Placidia versuchte dem zunehmenden Einfluss des Aëtius entgegenzuwirken. Bald wurde er seines Amtes erhoben und durch Bonifatius ersetzt, der Statthalter in der Provinz Africa war. Aëtius bat die Hunnen um Unterstützung. In der folgenden Schlacht gewann Bonfatius, erlag aber kurz darauf seinen Verletzungen. Aëtius erhielt sein Amt zurück und wurde in den Stand eines Patriziers erhoben. Als Valentinian III. im Jahr 437 volljährig wurde, war seine Mutter entmachtet. Aëtius wurde faktisch zum Herrscher des Westreichs.

Die barbarischen Stämme stellten noch immer eine große Bedrohung dar. Der Vandalenkönig Geiserich rückte von Spanien aus nach Nordafrika vor. Im Jahr 435 hatte er ganz Mauretanien erobert. Aëtius konnte in der Zwischenzeit Siege gegen die Vandalen und die Sueben in Spanien erringen. Auch die gallische Grenze am Rhein stellte er wieder her.

Dennoch war ihm Geiserich weiterhin ein Stachel im Fleisch. Im Jahr 439 nahm er Karthago ein. Die Stadt und die umliegende Region waren Roms Kornkammer. Ihr Fall bedeutete den Verlust umfangreicher Steuereinnahmen. Aëtius war gezwungen, König Theoderich um Hilfe zu bitten: 440 versammelte sich eine Armee des westlichen und des östlichen Reiches in Sizilien. Bevor sie die Rückeroberung in Angriff nehmen konnte, startete Attila eine Invasion des Balkans. Die Mission musste abgebrochen werden.

Die persönliche Freundschaft zwischen Aëtius und Attila hielt bis 451. In diesem Jahr griff Attila die Westgoten an. Mit diplomatischem Geschick gelang es Aëtius, König Theoderich von der Bedrohung zu überzeugen. Die vereinigten Armeen marschierten auf die Stadt Orléans zu, die von Attila belagert wurde. Würde es ihm gelingen, die Stadt einzunehmen, hätte er die Kontrolle über das gesamte Loiretal.

Aëtius konnte sich auch die Unterstützung der Burgunder, Sachsen und Alanen sichern. Angesichts der großen Koalition

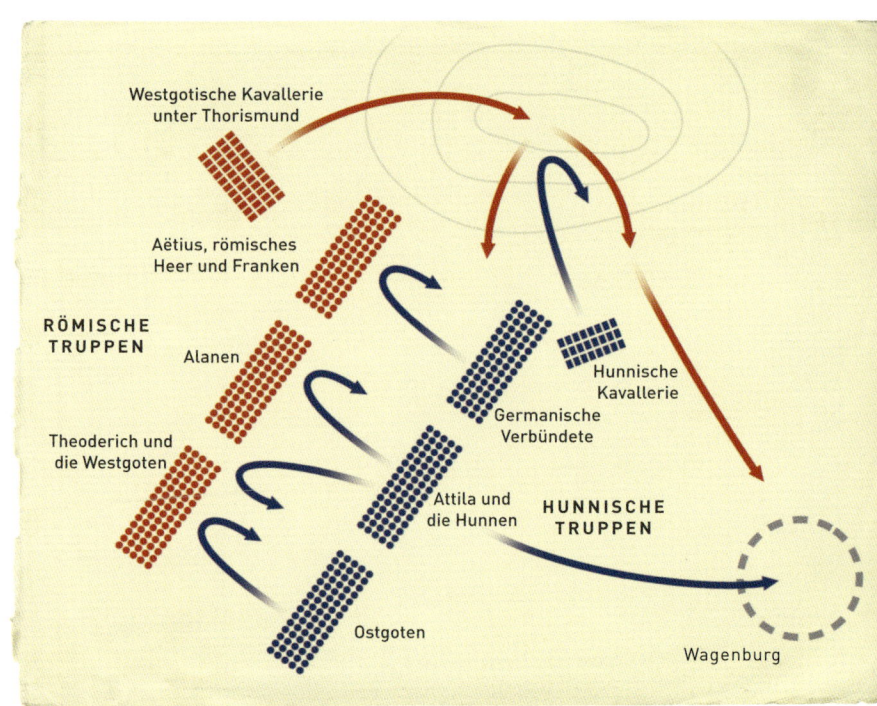

gab Attila die Belagerung auf. Er zog sich an die Seine zurück, während die Vorhut von Theoderichs und Aëtius' Truppen seiner Nachhut zusetzte. Er suchte nach einem Gelände mit offenen Ebenen und Grasland, das für seine Kavallerietaktik geeignet war. Er wählte schließlich die Katalaunischen Felder aus, die vermutlich bei Chârtres zwischen Châlons-sur-Marne und Troyes in der Champagne lagen.

Für Aëtius sollte es die letzte Schlacht werden. Die römisch-westgotische Armee war den vereinten Kräften von Hunnen und Ostgoten zahlenmäßig überlegen. Attila hielt vor dem Aufeinandertreffen eine Rede: «Ich selbst ... werde den ersten Speer werfen, und den Schurken, der sich weigert, dem Beispiel des Königs zu folgen, erwartet der sichere Tod.»

VERLAUF DER SCHLACHT

Die Konfrontation begann mit dem Kampf um den einzigen Hügel des Geländes. Aëtius schickte die westgotischen Reiter unter dem Kommando von Theoderichs Sohn Thorismund in die Schlacht. Er stand jetzt Attilas linker Flanke gegenüber. Im Zentrum ihrer Linie hatten Aëtius und Theoderich die Alanen postiert. Sie galten als unzuverlässig und mussten im Auge behalten werden. Da deren König Sangiban mit Attila im Bunde gestanden hatte, wurde auch er in die Linie gestellt. Die Hunnen, angeführt von Attila selbst, waren von ihren Verbündeten und Untergebenen flankiert: Rugier, Heruler, Thuringier, Franken und Burgunder. Attilas rechte Flanke stand unter dem Kommando

von Ardarich, dem König der Gepiden. Die linke Flanke wurde von den Ostgoten befehligt, die ihren westgotischen Verwandten gegenüberstanden.

Die Alanen wurden bald von einem Angriff der hunnischen Reiter aufgerieben. Nachdem sie sie in die Flucht geschlagen hatten, wandten sich die Hunnen nach links und attackierten die Westgoten unter Theoderich. Von einem Wurfspeer des Ostgoten Angages getroffen stürzte Theoderich vom Pferd. Er wurde von seinen eigenen Männern zu Tode getrampelt. Thorismund startete einen Gegenangriff und trieb Attilas Ostgoten vom Feld. Er erlitt fast das gleiche Schicksal wie sein Vater: Am Kopf getroffen und vom Pferd geworfen konnte einer seiner Männer ihn retten. Da Aëtius' Soldaten ihre Schilde nach alter römischer Manier verschränkten, konnten sie dem Angriff der Hunnen standhalten.

Attila konzentrierte seinen Vorstoß auf die Germanen in der römischen Armee. In der Abenddämmerung befahl Aëtius seinen Männern vorzurücken. Attila flüchtete in seine Wagenburg. Am nächsten Tag musste er den Rückzug antreten. Er bereitete einen Scheiterhaufen aus Sätteln vor,

> *«Ich selbst ... werde den ersten Speer werfen, und den Schurken, der sich weigert, dem Beispiel des Königs zu folgen, erwartet der sichere Tod.»*

auf dem er verbrannt werden wollte, um nicht dem Feind in die Hände zu fallen. Aber seine Bogenschützen hielten die Römer in Schach. Die Hunnen konnten sich sicher zurückziehen. Die Verluste auf beiden Seiten waren hoch, aber die 165 000 Toten, von denen oftmals die Rede ist, sind sicherlich eine Übertreibung.

Es war Attilas erste Niederlage. Aëtius nutzte seinen Vorteil wohl absichtlich nicht aus. Nach der Schlacht machte sich Attila plündernd und brandschatzend auf den Weg nach Italien. Im Jahr 453 starb er unter ungeklärten Umständen.

BLUTIGER NIEDERGANG

Der Abzug der Hunnen bedeutete nichts Gutes für Aëtius. Sie hatten das Kräftegleichgewicht zwischen West- und Ostrom aufrechterhalten. Er verlor langsam seinen Einfluss am Hof. Valentinian wollte die beiden Hälften seines Reiches als alleiniger Herrscher wieder vereinen. Aëtius war entschlossen, dies zu verhindern. Er wusste, dass es sonst zu einem Bürgerkrieg käme. Der Heermeister versuchte, seinen Sohn Gaudentius mit Valentinians Tochter Placidia zu verheiraten. Valentinian besaß keinen männlichen Erben. Somit hätte eines Tages ein Abkömmling von Aëtius den Thron besteigen können. Von dieser Aussicht bedroht, zog Valentinian angeblich während einer Versammlung im September 454 sein Schwert und ermordete den Heermeister Aëtius.

Aëtius' Tod wurde für den Kaiser zum Verhängnis. Am 16. März 455 wurde er von zwei Anhängern des Aëtius erschla-

gen. Das Weströmische Reich bestand noch bis ins Jahr 476 weiter. Schließlich fand es mit der Absetzung des letzten Kaisers durch den germanischen Heerführer und Fürsten Odoaker sein Ende. Odoaker wurde vom Kaiser Ostroms zum König von Italien ernannt.

Prokop, ein Historiker der Spätantike, nannte Aëtius «den letzten der Römer». In seiner einzigartigen militärischen Laufbahn hatte Aëtius kaum Misserfolge zu verzeichnen. Von seinen Truppen wurde er bewundert, vertraute aber wohl zu sehr auf die Freundschaft der Hunnen.

Der Hunnenkönig Attila befiehlt den Rückzug auf den Katalaunischen Feldern. Er starb nicht lange darauf, vermutlich an einem Blutsturz bei seiner eigenen Hochzeit.

HASTINGS

Harold Godwinson / Wilhelm, Herzog der Normandie
14. Oktober 1066

IN DER SCHLACHT BEI HASTINGS kämpften Angelsachsen und Normannen um die Herrschaft über England. Für viele begann damit eine neue Art der Kriegsführung: Brach nun das feudale Zeitalter des Ritters an? War es der Anfang vom Ende der „geschlossenen Infanterie", welche die Kriegsführung in der antiken Welt charakterisierte?

Die Antwort auf diese Fragen ist komplex. Denn es handelte sich nicht einfach um einen französisch-englischen Konflikt wie oft beschrieben. Die Normannen waren Nachfahren der Wikinger. Ihre Gegner, die Sachsen, waren einige Jahrhunderte zuvor vom europäischen Festland gekommen. Sie besaßen ein semifeudales System in Form der *fyrd* (Miliz). Im Hinblick auf die Taktik gibt es Hinweise, dass die Normannen zwar zu Pferd angriffen, häufig aber zum Kämpfen abstiegen.

NORMANNISCHE RITTER

Sicher ist, dass die Schlacht bei Hastings von Wilhelms Kavallerie gewonnen wurde. Ihre Taktik bestand darin, zuerst mit den Lanzen anzugreifen. Sobald der Schock dieses Angriffs nachgelassen hatte, kamen Schwert, Axt oder Streitkolben zum Einsatz. Die Soldaten hatte diese Kampftechnik von den Feudalarmeen in Westeuropa übernommen. Viele Ritter, die zusammen mit Wilhelm den Ärmelkanal überquerten, hofften hingegen ein Lehen für ihre militärischen Dienste zu erhalten. Darin folgten sie einem Muster, das bereits die Ritter Karls des Großen im 8. und 9. Jahrhundert etabliert hatten.

Diese veränderte Kriegsführung hatte größere Unkosten zur Folge: Gepanzerte Ritter waren im Unterhalt extrem aufwen-

dig. In der Schlacht bei Hastings trugen sie lange, teure Ringpanzerhemden, „Hauberke" genannt. Sie brauchten zudem ein Schlachtross oder „Destrier", das sie und ihre Ausrüstung tragen konnte. Der Ritter finanzierte sich selbst. Die Entlohnung mit einem Lehen bedeutete, dass er treu ergeben war und in Diensten stand, so wie der Bauer bei seinem Lehnsherrn.

Nach Hastings wurde England von Grund auf umgewandelt. Das Land wurde an alle jene verteilt, die Wilhelm geholfen hatten, seinen Sieg zu sichern. Im Jahr 1166 gab es 5000 Ritterlehen, aber nur 228 Ritter. Bis zum 15. Jahrhundert und der Schlacht von Agincourt war dieses rein feudale System durch ein patriotisch ausgerichtetes ersetzt worden.

RIVALISIERENDE ANWÄRTER

Die Ansprüche von Wilhelm, Herzog der Normandie, auf den englischen Thron waren legitim. Aber er war nur einer von vielen Anwärtern. Als Wilhelm 1051 dem kinderlosen englischen König, Eduard dem Bekenner, einen Besuch abstattete, gab ihm dieser das eindeutige Versprechen, er werde den Thron erben. Eduard bot ihn aber auch Sven von Dänemark an. Es bestand zudem die Möglichkeit, dass ihm Königin Edith einen Sohn schenken würde. Daher würde ein Regentschaftsrat den

Der Teppich von Bayeux wurde 1086 von Bischof Odo von Bayeux in Auftrag gegeben. Er wurde vermutlich in England bestickt. Das berühmte Detail zeigt den angelsächsischen König Harold Godwinson, der von einem Pfeil am Auge getroffen wird, bevor ihn Wilhelms Ritter niederstrecken.

Thron an denjenigen vergeben, der den legitimsten Anspruch hatte. Dies war vermutlich Eduard Ætheling, der Sohn von Eduards Halbbruder. Er hatte in Ungarn gelebt, kam aber kurz nach seiner Rückkehr nach England 1057 unter mysteriösen Umständen ums Leben. Nach seinem Tod war Eduards Großneffe Edgar Ætheling der oberste Thronanwärter.

Später kam noch ein weiterer Mitstreiter hinzu: Eduards Schwager Harold Godwinson, Graf von Wessex. Harold hatte um 1064/65 vor Ponthieu Schiffbruch erlitten oder war gefangen genommen worden. Wilhelm rettete ihn und machte ihn zum Vasallen. Gemäß den Darstellungen auf dem Teppich von Bayeux verpflichtete Wilhelm ihn per Eid, seine Anwartschaft auf den englischen Thron zu unterstützen. Es ist aber möglich, dass der Eid nichts mit der Thronfolge zu tun hatte. Die Hauptquelle dieser Geschichte, Wilhelm von Poitiers, gilt als nicht zuverlässig.

Welches Versprechen Harold auch gegeben haben mochte, es galt später nicht mehr. Wilhelm bot das einen Vorwand, um päpstlichen Beistand für die Invasion zu ersuchen. Denn auf dem Totenbett schien Eduard seine Meinung geändert zu haben. Harold wurde zum Nachfolger gewählt, da von allen Seiten die Invasion des Reiches drohte.

> «*Die normannische Eroberung bedeutete, dass England nicht nur eine neue Königsfamilie bekam, sondern auch eine neue herrschende Klasse, eine neue Kultur und eine neue Sprache.*»
>
> JOHN GILLINGHAM, HISTORIKER

EIN ERFAHRENER KÄMPFER

Wilhelm war ein erfahrener militärischer Befehlshaber, der bereits 20 Jahre gekämpft hatte, als er Harold Godwinson gegenüberstand. Sein größter Sieg bis dahin war die Einnahme der Burg Domfront an der Grenze zu Maine in der Normandie um 1055 gewesen. Wilhelm war ein Verfechter des Überraschungsangriffs, den er vor allem bei der Eroberung der Region Maine und ihres Zentrums Le Mans anwandte. Damit gelang es ihm, im ganzen Land durch ständige Überfälle Angst und Schrecken zu verbreiten.

In England herrschte nach dem Tod Eduard des Bekenners Unruhe angesichts der Thronfolge. Als Wilhelm davon erfuhr, traf er Vorbereitungen für die Invasion. Er ließ eine große Flotte bauen, wie es der Teppich von Bayeux veranschaulicht. Als Reaktion darauf postierte Harold Einheiten seines Heers und seiner Kriegsflotte entlang der Südküste. Im August versammelte Wilhelm eine Armee bei Dives-sur-Mer und wartete auf günstige Winde. Harold verlor die Geduld und schickte seine Soldaten am 8. September nach Hause.

Wilhelm gab drei Tage später den Befehl, in See zu stechen, aber der Wind war gegen ihn. Nachdem einige Schiffe gesunken waren, sah er sich gezwungen, an der Mündung der Somme Schutz zu suchen. Dort erhielt er die Nachricht von einem Angriff der Norweger auf den Norden Englands. König Harald III. Hardråde, ein weiterer Thronanwärter, hatte einen mutigen Zug gewagt, um sich die Krone zu sichern.

KAMPF AN ZWEI FRONTEN

Um der norwegischen Bedrohung zu begegnen, zog Harold Godwinson nordwärts nach Tadcaster. Er kam dort am 24. September an. Am nächsten Tag besiegte er Hardråde in der Schlacht von Stamford Bridge in der Nähe von York. Er erschlug auch Tostig, der nicht nur sein Bruder war, sondern auch der Bruder der Witwe von Eduard. Den Sachsen blieb wenig Zeit, ihren Sieg zu feiern. Nach wenigen Tagen erfuhr Harold, dass Wilhelm am 28. September Segel gesetzt hatte. Wilhelm ließ seine Truppen ungehindert in der

Pevensey Bay von Bord der 500 Schiffe gehen. Später verstärkte er das dortige römische Fort und ließ ein hölzernes Fort bei Hastings bauen. Er schickte auch Trupps zum Plündern sowie Kundschafter aus. Sie waren seine Trumpfkarte, er war ein Meister der militärischen Aufklärung.

Harold musste nun dazu gebracht werden, schnell den Kampf aufzunehmen. Eine lange Abwesenheit konnte Wilhelms Herrschaft in der Normandie gefährden.

Nach einem sehr anstrengenden siebentägigen Marsch vom Süden Yorkshires aus erreichte Harold am 6. Oktober London. Er vereinigte seine Truppen mit denen seiner Brüder Gyrth und Leofwin. Fünf Tage danach brach er zu einem vereinbarten Treffpunkt beim Caldbec Hill nördlich von Hastings auf. Er erreicht ihn am 13. Oktober. Wilhelms Kundschafter berichteten von Harolds Ankunft. Aus Furcht vor einem nächtlichen Angriff rief der Herzog seine Offiziere zu sich. Es heißt, er sei so nervös gewesen, dass er sein Kettenhemd falsch herum angelegt habe.

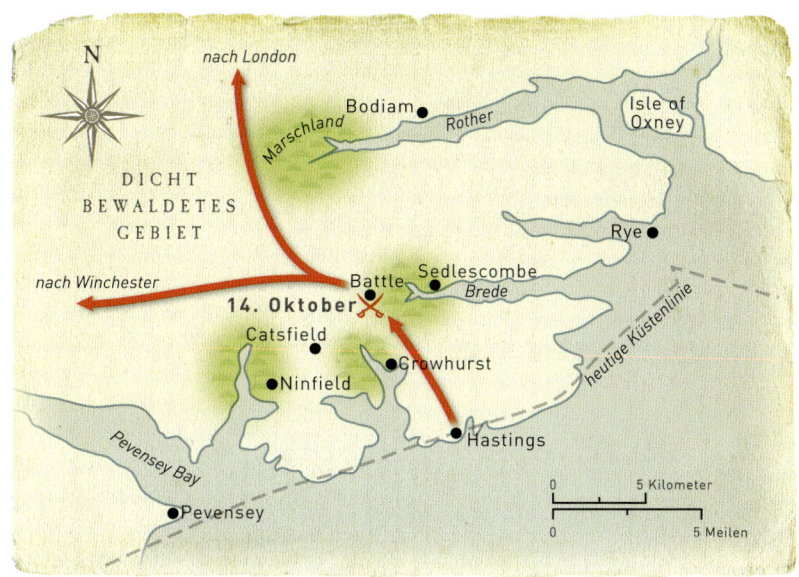

IM NACHTEIL

Harold hatte Hardråde überraschend angegriffen. Wilhelm war vorgewarnt. Er sammelte seine Truppen beim ersten Tageslicht. Der angelsächsische König bezog bei Senlac Ridge Stellung. Harold hatte einige seiner besten Männer bei Kämpfen im Norden verloren. Seine *fyrd*

Beschaffenheit des Geländes. Die Karte zeigt die Lage der Pevensey Bay bei Hastings. Die Pfeile weisen nach London bzw. Winchester. Unten: Die Abtei aus dem 13. Jahrhundert wurde auf den Ruinen von Battle Abbey in der Nähe von Hastings errichtet. Mit ihrem Bau wurde 1095 begonnen.

musste sich erst noch formieren. Mit seinen *huscarls* (schwer bewaffnete Fußsoldaten), *thegn* (Angehörige des niederen Adels, etwa Feudalherren entsprechend) und der *fyrd* (der unter den Bauern rekrutierten Miliz) zählte die Armee knapp 10 000 Mann. Vielleicht schlossen sich auch einige mit Keulen bewaffnete Bauern aus der Gegend an, die sich an Wilhelm für ihr verwüstetes Land rächen wollten.

Alle Einheiten in Harolds Armee waren beritten. Sie stiegen aber zum Kämpfen ab. Da sie nicht über europäische Militärtechniken informiert waren, kannten sie die verheerende Wirkung des Langbogens nicht. Anders Wilhelm, er war «ein Ritter und Führer von Rittern». Seine Streitkräfte bestanden aus etwa 2000 Reitern, 4000 schwer bewaffneten Infanteristen und 1500 Bogenschützen. Seine Armee setzte sich aus Freiwilligen zusammen, vor allem aus landlosen Rittern, Opportunisten aus ganz Westeuropa.

Die Bogenschützen übernahmen die Rolle der Artillerie. Sie eröffneten die Schlacht mit einem Hagel von Pfeilen auf die angelsächsischen Reihen. Die Angelsachsen kämpften eine defensive Schlacht, da sie nicht über Bogenschützen und kämpfende Reiter verfügten. Harold und seine besten Männer hatten sich auf einer Landspitze postiert. Von dort fiel das Land ab. Die Normannen besetzten die nächste Erhöhung, die etwas unterhalb lag. Übel zugerichtet von den beidhändigen Äxten, die mit Leichtigkeit Schild und Kettenhemd spalten konnten, flüchteten die Normannen zunächst den Hügel hinunter. Die Angelsachsen waren ihnen auf den Fersen. Dann schlug die normannische Kavallerie zurück.

DAS BLATT WENDET SICH
Diese Taktik des vorgetäuschten Rückzugs war äußerst effektiv, die Normannen wandten sie immer wieder mit Erfolg an. Zudem war die Beschaffenheit des Geländes für

Mobilmachung der Truppen, Detail des Teppichs von Bayeux. Odo, der Halbbruder von Wilhelm und späterer Bischof von Bayeux, wird auf einem schwarzen „Destrier" (Schlachtross) gezeigt. Neben der Legende weist auch das kunstvolle Ringpanzerhemd ihn als einen der Befehlshaber aus.

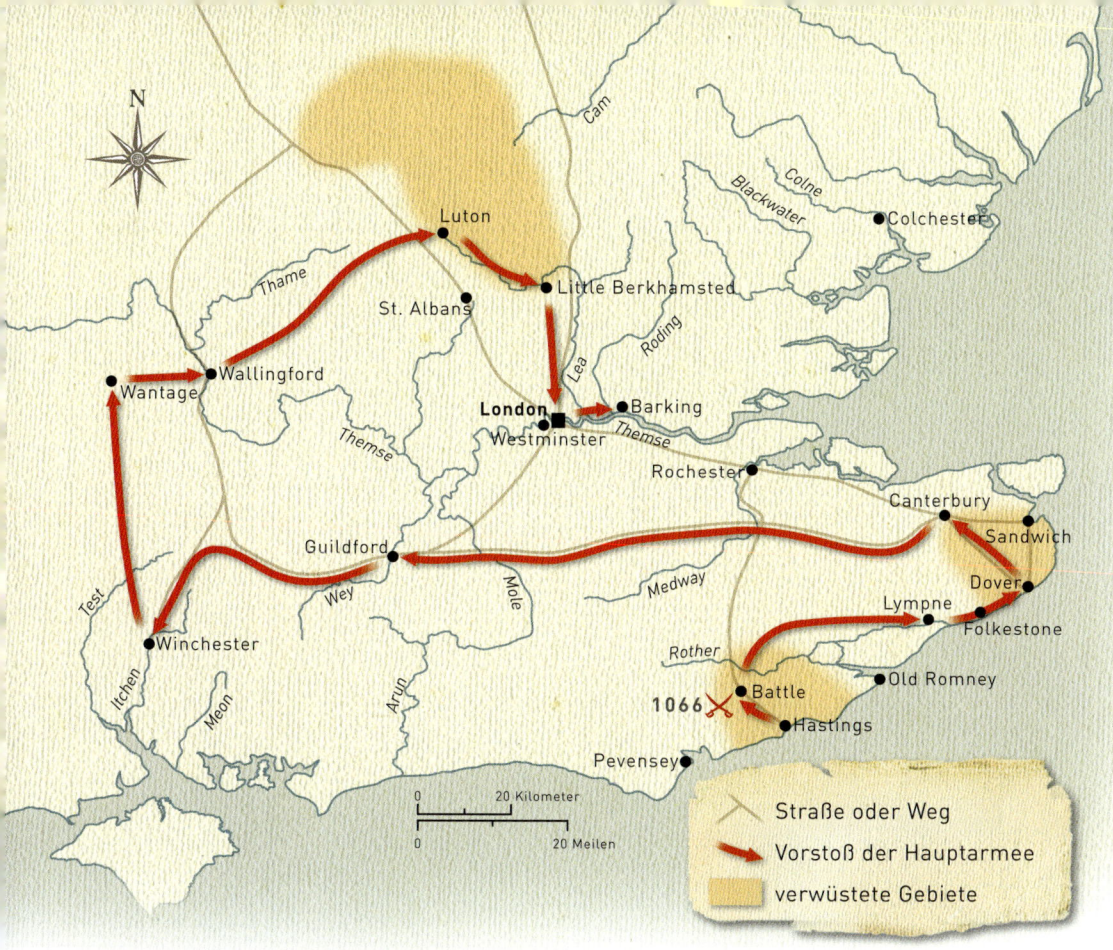

Wilhelm von Vorteil. Harold konnte nur seine Linien zusammenziehen und hoffen, dass sich die Normannen bei ihren wiederholten Angriffen erschöpfen würden.

Den normannischen Reitern gelang es weiterhin nicht, sich gegen die *huscarls* durchzusetzen. Mit ihren Streitäxten richteten sie schlimme Verwüstungen an. Das Gerücht, Wilhelm sei gefallen, ließ die Bretonen auf der linken Flanke der Normannen in Panik geraten. Wilhelm musste sich zeigen, um ihren Rückzug zu verhindern. Wilhelm von Poitiers behauptete später, drei Pferde seien unter dem Normannenherzog getötet worden.

Wilhelm konnte das Blatt mit seinen vorgetäuschten Rückzügen wenden. Denn die Angelsachsen erlitten bei jeder Verfolgung des Gegners schwere Verluste. Inzwischen dezimierten die normannischen Bogenschützen weiterhin die englischen Linien.

Es dämmerte bereits, als Harold den Tod fand. Er wurde am Auge verletzt und dann von Wilhelms Rittern niedergestreckt. Die Schlacht endete mit einem Massaker an den Überlebenden. Vermutlich sollte dies eine Warnung Wilhelms an seine neuen Untertanen sein, dass er keinerlei Widerstand dulden werde.

«Eine merkwürdige Art von Schlacht, in der die eine Seite ständig in Bewegung ist und angreift, während die andere wie angewurzelt dasteht und nur ausharren kann.»

DER NORMANNISCHE CHRONIST WILHELM VON POITIERS (UM 1075)

ANTIOCHIA

Bohemund von Tarent / Kerboga 1098

DIE BELAGERUNG VON ANTIOCHIA fand zur Zeit des Ersten Kreuzzuges (1096–1099) statt. Die Befreiung von Gebieten, die den Christen vermeintlich zu Unrecht genommen worden waren, entsprach den Prinzipien des Rittertums. Bis heute ist unklar, wie viele Kreuzritter wirklich von der Idee des Heiligen Krieges beseelt waren. Die Kampagnen versprachen nicht nur Beute, sondern auch Lehensherrschaften außerhalb der Reichweite der etablierten Fürstentümer in Europa. Manche von ihnen sahen die Expeditionen ins Heilige Land als Möglichkeit, ein solches Lehen zu erwerben.

Im November 1095 hatte Papst Urban II. bei der Synode in Clermont zu einer militärischen Aktion gegen die Seldschuken aufgerufen. Vorgebliches Ziel war die Wiederannäherung mit Byzanz. Der byzantinische Kaiser Alexios I. hatte sich mit der Bitte um Hilfe bei der Verteidigung seines Reiches gegen das Turkvolk der Seldschuken an den Papst gewandt. Den Rittern, die sich ihm anschlossen, wurde Ablass von ihren Sünden versprochen. Etwa 100 000 Männer aus ganz Europa schlossen sich dem Ersten Kreuzzug an. Mit dem Sieg über die Seldschuken begann die Invasion Ende 1096, Anfang 1097. Jerusalem, das Hauptziel, fiel am 15. Juli 1099, zwei Wochen vor dem Tod des Papstes.

Viele hatten geglaubt, Jerusalem sei für immer für die christliche Welt verloren. Seine Rückeroberung war der Höhepunkt der Kämpfe. Die heiligste Stadt der Christenheit wurde aber bald wieder von muslimischen Truppen eingenommen. Sie konnte nie mehr zurückerobert werden. Vergeblich versuchten Herrscher wie König Philipp II. von Frankreich, die deutschen Kaiser Konrad III. und Friedrich Barbarossa oder König Richard I. Löwenherz von England, an die Erfolge des Ersten Kreuzzuges anzuknüpfen.

EIN BEGABTER FÜHRER

Der herausragende militärische Befehlshaber der ersten Expedition ins Heilige Land war Bohemund von Tarent. Geboren wurde er als Marcus Guiscard. Er war der älteste Sohn einer normannischen Adelsfamilie, die sich in Süditalien niedergelassen hatte. Bohemund war ein Spitzname, der auf seine enorme Größe anspielte.

Nach einer Audienz bei Papst Urban II. erklärte sich Bohemund zum päpstlichen Vasallen. Dem Aufruf Urbans folgend, versammelte er ein paar hundert Ritter, darunter auch sein Neffen Tankred. Bald darauf brach er nach Konstantinopel auf. Kaiser Alexios I. hatte zwar um Hilfe gebeten, war aber alarmiert angesichts der gewaltigen Armee katholischer Ritter, die sich nun in seiner Hauptstadt versammelte. Bohemund war Alexios' erklärter Feind. An der Seite seines Vaters Robert hatte er 1081–1085 gegen das Byzantinische Reich gekämpft. Der Kaiser verpflichtete die Kreuzritter daher zum Lehnseid. Sie sollten sämtliche ehemals byzantinischen Gebiete, die sie eroberten, zurückgeben. Dafür würden sie Verpflegung sowie militärische Unterstützung erhalten.

Die frühen Kreuzfahrer wurden von Muslimen wie Christen der damaligen Zeit

TOR ZUM HEILIGEN LAND

Franken genannt, denn viele der Ritter behaupteten, von Karl dem Großen abzustammen. Sie schlugen ihre erste Schlacht am 1. Juli 1097 bei Doryläum. Bohemunds Kolonne wurde von seldschukischen Bogenschützen angegriffen. Die Truppen unter dem Kommando von Raimund IV. von Toulouse und Gottfried von Bouillon eilten ihm zur Hilfe. Die Kreuzfahrer kamen nur langsam voran, weil sie kaum Pferde hatten. Viele Tiere waren auf dem Weg von Byzanz bei der Durchquerung der Anatolischen Hochebene verendet.

Im Herbst 1097 erreichten die Kreuzritter Antiochia am Fluss Orontes im heutigen Südosten der Türkei. Die Stadt galt als das Tor zum Heiligen Land. Bis zu diesem Zeitpunkt war sie nur einmal, zwölf Jahre zuvor, von den muslimischen Seldschuken erobert worden.

Antiochia war eine sehr große Stadt, zu groß, um sie richtig zu belagern. Hinzu kamen weitere Probleme mit Byzanz, so dass die Versorgungsroute über Land nicht zuverlässig war. Den Kreuzfahrern gelang

Belagerung. Die Illustration (um 1250) aus der Kreuzfahrerchronik des Erzbischofs Wilhelm von Tyrus zeigt die Ritter vor den Mauern von Antiochia mit einem Katapult. Im Hintergrund sieht man muslimische Verteidiger der Stadt, die Geschosse und Pfeile von den Festungswällen abschießen.

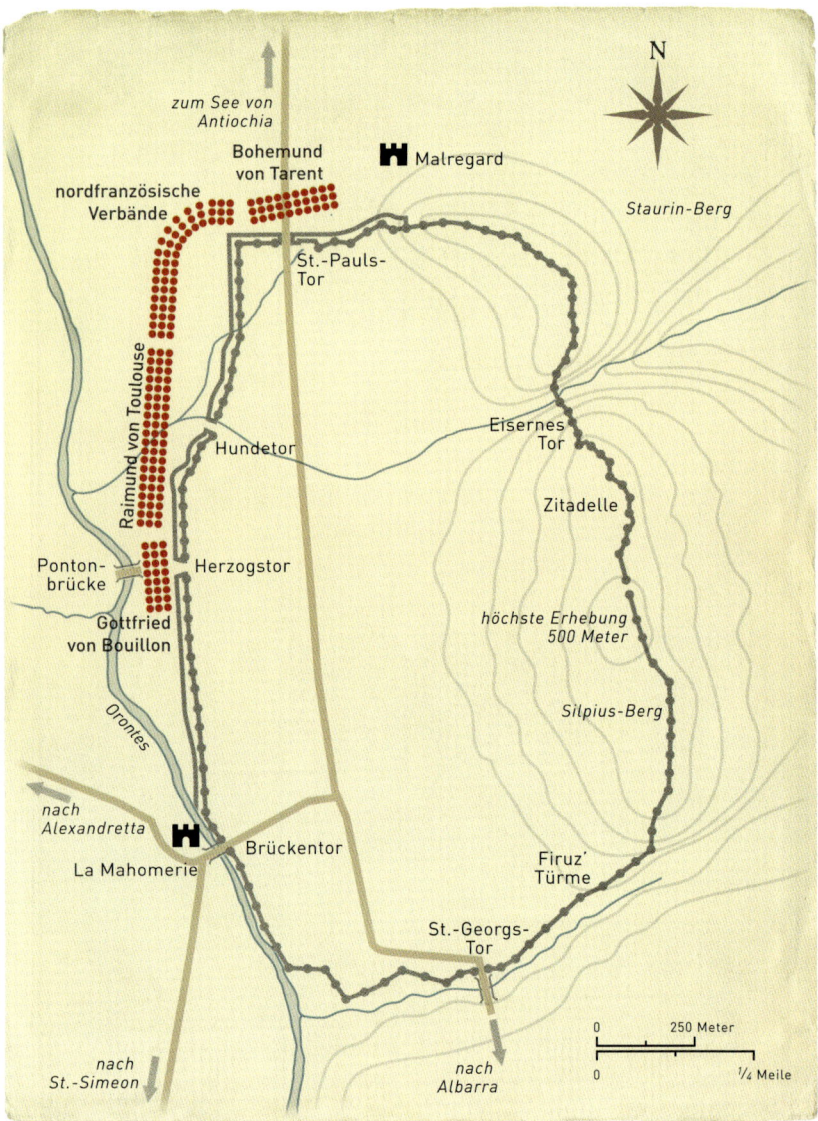

Karte von Antiochia,
mit der Aufstellung der
belagernden christlichen
Armeen von Oktober
1097 bis Juni 1098. Sie
zeigt die erhöhte Lage
der Zitadelle, des Teils
der Stadt, der zuletzt
an die Kreuzfahrer
fallen sollte.

Map labels:
zum See von Antiochia
Bohemund von Tarent
Malregard
nordfranzösische Verbände
Staurin-Berg
St.-Pauls-Tor
Raimund von Toulouse
Eisernes Tor
Hundetor
Zitadelle
Herzogstor
höchste Erhebung 500 Meter
Pontonbrücke
Gottfried von Bouillon
Silpius-Berg
Orontes
nach Alexandretta
La Mahomerie
Brückentor
Firuz' Türme
St.-Georgs-Tor
nach St.-Simeon
nach Albarra
250 Meter
¼ Meile

es allerdings, wichtige Brückenköpfe an der levantinischen Küste, etwa Edessa und Tripolis, zu errichten. Die Versorgungslieferungen kamen nun über das Meer.

In den ersten Monaten ermöglichte das eine komfortable Belagerung. Zu Beginn des Winters aber waren die Vorräte dezimiert. Bohemund drängte zur Eile. Bei einer Expedition zur Nahrungsbeschaffung stieß er auf eine große Truppe von Muslimen, die Antiochia zu Hilfe kommen wollten. Er griff sie mit seiner Kavallerie an und zerstreute sie.

Bohemunds Probleme waren jedoch nicht gelöst. Viele seiner Männer desertierten. Es gab Nachrichten, eine Armee unter Ridwan nähere sich aus Aleppo. Er ritt los, um in der Nähe des Sees von Antiochia eine Offensive gegen sie zu starten.

Da seine Truppen zahlenmäßig unterlegen waren, stellte er sie in einer starken Defensivposition zwischen dem Fluss und den Sümpfen auf, die an den See grenzten. Ridwans Armee war sehr kompakt und hatte keine Zeit gehabt, sich neu aufzustellen. Bohemund konnte sie mit einem gut abgepassten Angriff seiner Reiter auseinandertreiben.

BELAGERTE BELAGERER
Die Belagerung dauerte bis zum Frühsommer 1098 fort. Bohemund bediente sich nun einer List, mit der sein Vater einst bei der Belagerung von Dyrrachium (Durrës) Erfolg gehabt hatte. Er wandte sich an Firuz, den armenischen Wächter der Türme über der Stadt. Er versprach ihm ein Vermögen in Gold, wenn er die Invasoren in die Stadt ließe. Bohemund einigte sich mit seinen Verbündeten, dass er die Stadt zunächst für sich beanspruchen könne. Er wollte sie zu gegebener Zeit an Alexios zurückgeben. Am 3. Juni ließ Firuz einen Trupp von Bohemunds Männern passieren. Es gelang ihnen, sich einen Weg in die Stadt zu erkämpfen. Sie töteten alle, die sich ihnen in den Weg stellten.

Die Freude auf Seiten der Christen war jedoch von kurzer Dauer. Die imposante Zitadelle blieb in der Hand der Seldschuken. Zudem tauchte kurz darauf eine Entlastungsarmee unter Kerboga, dem seldschukischen Statthalter von Mosul, auf. Nun belagerten sie die Stadt. Aus Belagerern wurden Belagerte. Kerbogas Hilfseinsatz war vom Kalifen von Bagdad autorisiert, den die zunehmende Zersplitterung der muslimischen Welt alarmierte.

Kaum hatte Kerboga die Stadt belagert, schlossen sich die Muslime in der Zitadelle dem Angriff an. Viele Kreuzfahrer ergriffen so schnell sie konnten die Flucht. Alexios I. war bereits unterwegs, um die Stadt zu befreien. Deserteure überzeugten ihn aber von der Sinnlosigkeit dieses Vorhabens. Er kehrte um. Die Entscheidung wurde auch durch eine erneute muslimische Bedrohung in Anatolien beeinflusst.

ERFOLGREICHER AUSBRUCH

Mitte Juni fanden die Kreuzritter einen Gegenstand, den sie als die „Heilige Lanze" identifizierten. Sie glaubten, es sei die Lanze, die Christus am Kreuz in die Seite gestoßen worden war. Die Entdeckung des heiligen Relikts verlieh ihnen neuen Mut und Glauben an den Sieg. Sie beschlossen einen Ausbruchsversuch.

Am 28. Juni marschierten die Kreuzfahrer aus der Stadt. Ihre Kavallerie zählte armselige 200 Schlachtrosse, die allen vorhergehenden Widernissen und Gefahren entkommen waren. Bohemund teilte seine Truppen in fünf Gruppen ein. Seine eigene Einheit hielt er als Reserve am Ende. Die Seldschuken hatten den Fehler begangen, ihre Männer in einer Reihe in großen Abständen rund um die Stadtgrenzen aufzustellen. Sie feuerten einen Hagel von Pfeilen ab. Dann ließen sie einen Reiterangriff folgen. Als Bohemund sah, dass seine Männer in Panik gerieten, rief er: «Greift mit Tempo an wie ein tapferer Mann und kämpft mutig für Gott und das Heilige Grab!» Laut den „Gesta Francorum", einer lateinischen Chronik des Ersten Kreuzzugs (um 1100), stürzte er sich auf die Seldschuken «... wie ein Löwe, der drei oder vier Tage gehungert hat, brüllend und nach dem Blut des Viehs dürstend ...».

Bohemunds Männer fassten wieder Mut und warfen die Muslime zurück. Nachdem die Kreuzritter die ersten muslimischen Attacken zurückgeschlagen hatten, gingen sie ihrerseits in die Offensive und trieben ihren Gegner vom Feld. Als sie sahen, wie ihre Glaubensbrüder in die Flucht geschlagen wurden, ergab sich die seldschukische Garnison in der Zitadelle.

Die Kreuzfahrer konnten weiter nach Jerusalem ziehen. Unter dem Druck von Pilgern, die in die Heilige Stadt gelangen wollten, machte sich die Armee auf den Weg. Bohemund blieb, da er die Kontrolle über seine Beute nicht aufgeben wollte. Er nannte sich nun „Fürst von Antiochia". Die Stadt wurde zum unabhängigen christlichen Fürstentum. Sein Handeln rechtfertigte Bohemund gegenüber den Verbündeten damit, dass die Byzantiner es versäumt hätten, ihm die versprochene Unterstützung während der Belagerung zu schicken. Erst an Weihnachten 1099 unternahm er selbst eine Wallfahrt nach Jerusalem.

FÜRSTLICHES LÖSEGELD

Bohemund weitete seinen Herrschaftsbereich aus, geriet aber um 1100 in einen Hinterhalt der Seldschuken. Er blieb drei Jahre ihr Gefangener, bis man ihn auslöste. Bei Bohemunds Freilassung wurde Antiochia erneut bedroht. Er beschloss, sich in Italien sowie Frankreich Unterstützung zu holen. Überall, wo er hinkam, wurde er gefeiert. Männer strömten herbei, um sich unter seinem Banner zu versammeln. Um 1107 war er gerüstet, um zu den Kreuzzügen zurückzukehren. Zuerst griff er die Byzantiner in Albanien an, dann belagerte er Dyrrachium. Der Angriff scheiterte. Bohemund sah sich gezwungen, ein Abkommen mit Alexios zu unterzeichnen. Hierin verpflichtete er sich, dem Kaiser als Vasall zu dienen. Nach seinem Tod 1111 wurde er in Apulien begraben.

«Greift mit Tempo an wie ein tapferer Mann und kämpft mutig für Gott und das Heilige Grab!»

Bohemund beim Angriff auf die belagerte Stadt Antiochia

POITIERS

Eduard, der „Schwarze Prinz" / Johann II. von Frankreich
19. September 1356

IM HUNDERTJÄHRIGEN KRIEG (1337–1453) kämpften England und Frankreich um die Vorherrschaft. Nachdem die Engländer 1346 die Schlacht von Crécy gewonnen hatten, eroberten sie den Hafen von Calais. Es folgte Poitiers, auch „Schlacht bei Maupertuis" genannt.

Der bedeutendste englische Befehlshaber des Krieges war Eduard, Prinz von Wales, der älteste Sohn von König Eduard III. Den Beinamen „Schwarzer Prinz" erhielt er erst im 16. Jahrhundert. Der Historiker Jonathan Sumption schreibt: «... Eduard war fraglos der größte General seiner Zeit, einer der größten des europäischen Mittelalters ... In der Schlacht von Poitiers nahm er Johann II. von Frankreich gefangen und errang einen der eindeutigsten militärischen Siege des Hundertjährigen Krieges.»

WECHSELNDE TAKTIK

Der Erfolg des Prinzen ist vor allem neuen Schlachtfeldtaktiken zu verdanken. Der schwere Kavallerieangriff mit Rittern in Kettenhemden und Rüstung war bald überholt. Reiter, die nur mühsam aufsitzen konnten, waren anfällig für eine gut ausgebildete Infanterie, besonders Angriffe der Bogenschützen. Letztere hatten ihren Mut gegen die Reiterei bereits 1302 in der Schlacht bei Courtrai (auch „Sporenschlacht" genannt) bewiesen, als die Franzosen die Flamen in die Flucht schlugen. In der Schlacht von Bannockburn gegen die Engländer 1314 hatten zudem die Schotten gezeigt, wie effektiv Pikeniere (Spieß-Träger) sein konnten.

Der Einsatz abgesessener Reiter war eine weitere Neuerung der Zeit und kam aus England: Sobald eine Armee auf dem vereinbarten Schlachtfeld eingetroffen war, wurden die Pferde bis zum Schluss zurückgehalten. Nur im Falle einer drohenden Niederlage oder zur Verfolgung des Feindes wurden sie eingesetzt. Wenn es gefährlich wurde, boten sie eine Fluchtmöglichkeit. Die abgesessene Kavallerie erhielt Unterstützung durch beständig anwachsende Kompanien von Bogenschützen.

FEUERTAUFE

Die Engländer perfektionierten zudem den Einsatz des Langbogens. Die Waffe konnte Pfeile über große Entfernungen schießen sowie schnell nachgeladen werden. Damit war sie der Armbrust der europäischen Armeen klar überlegen. Mitte des 14. Jahrhunderts gab es keine nennenswerte standardmäßige Infanterie mehr. Eduard III. war mit dieser Taktik bereits 1133 gegen die Schotten bei Halidon Hill sowie 1346 gegen die Franzosen bei Crécy erfolgreich gewesen. Danach bedienten sich die Franzosen der gleichen Taktiken wie ihre Feinde, sie schlugen zurück.

Der „Schwarze Prinz" lernte die Kriegstechniken von seinem Vater und wandte sie in Crécy an. Im Alter von nur 16 Jahren hatte er das Kommando über eine Division in einem 14 000 Mann starken Heer. Es war eine anstrengende Kampagne für die Truppen. Der Feldzug führte von der Normandie an die Seine und von dort in die Picardie.

In Crécy zeigte sich die ganze Brutali-
tät der neuen Kriegsführung. Die französische Kavallerie griff in wildem Durcheinander an, während die englischen
Bogenschützen die Genueser Armbrustschützen niedermähten. Schließlich wurde
die französisch-genuesische Armee von
dem weitaus kleineren, aber diszipliniere-
ren Heer überrannt. Man nimmt an, dass
der Prinz in einer schwarzen Rüstung ritt,
was ihm seinen Beinamen eintrug. Seine

beeindruckenden Erfolge hielten an. Er
war bei der Belagerung von Calais dabei,
das nach elf Monaten an die Engländer
fiel. Mit 20 Jahren führte er seine Truppen
in die Schlacht außerhalb von Calais. Im
Jahr 1350 leitete er die Seeschlacht vor der
Küste von Winchelsea.

Eduard war 25, als ihn sein Vater
1355 zum Herzog von Aquitanien ernannte. Seit der Heirat von Eleonore mit Heinrich II. gehörte es den Engländern. Die

**Die Niederlage der
französischen Truppen**
in der Schlacht von
Poitiers, wie der fran-
zösische Maler der
Romantik Eugène
Delacroix sie 1830 sah.

meisten seiner Männer waren Gascogner. Mit nur 800 Soldaten und 1400 berittenen Bogenschützen traf er in Bordeaux ein. Das hielt ihn jedoch nicht davon ab, das Languedoc zu überfallen und plündern. Im folgenden Jahr wandte er sich nach Norden. Dabei verwüstete er die Auvergne sowie die Provinzen Limousin und Berry.

In dem Feldzug gegen Frankreich ab 1356 sollte der „Schwarze Prinz" seine Truppen mit denen seines Vaters vereinen. Denn Eduard III. und dessen Cousin, der Herzog von Lancaster, planten, mit drei Armeen in Frankreich einzumarschieren. Der „Schwarze Prinz" sollte von Bordeaux nach Norden vorrücken, während Lancaster sich von der Normandie nach Süden bewegen würde. In der Bretagne würden Eduards Truppen mit französischen Rebellen unter dem König von Navarra zusammentreffen. Inzwischen wollte Eduard selbst den Ärmelkanal überqueren sowie mit der englischen Hauptarmee in Calais landen. Sammelpunkt war an der Loire.

Im August brach der Eduard mit etwa 7000 Mann auf. Zwei Drittel davon waren wohl Reiter aus der Gascogne sowie etwa 1000 englische Langbogenschützen. Als sie die Loire erreichten, war der König nicht am vereinbarten Treffpunkt. Er war gezwungen gewesen, seinen Teil des Zangenangriffs aufzugeben. Lancaster hingegen war wie vereinbart gekommen, sah sich aber nicht in der Lage, die Loire zu überqueren. Der Prinz musste feststellen, dass er Johann II. von

Frankreich, der mit etwa 11 000 bis 15 000 Mann anrückte, zahlenmäßig weit unterlegen war. Er beschloss, sich wieder nach Bordeaux zurückzuziehen. Johann blieb ihm auf den Fersen. Am 16. September stellte er Eduard auf der Ebene östlich von Poitiers und zingelte ihn ein. Der Prinz erklärte sich zu Verhandlungen bereit, weigerte sich aber, sich zu ergeben.

Die Franzosen beschlossen nun, ihre traditionelle Taktik des Kavallerieangriffs aufzugeben und stattdessen mit Fußtruppen anzugreifen. Das geschah auf Anraten des Schotten Sir William Douglas, der von den Fehlern berichtete, die die Engländer 1314 bei Bannockburn gemacht hatten.

STARKE DEFENSIVE

Am frühen Morgen des 19. September hatten sich die Engländer auf einer Anhöhe südlich der vorrückenden französischen Armee verschanzt. Ihre Truppen waren hinter einer Dornenhecke postiert, flankiert von den Bogenschützen. Tiefe Gräben auf der einen, Sumpfland auf der anderen Seite boten zusätzlichen Schutz.

Trotz dieser starken Defensivposition waren den Engländern die Vorräte ausgegangen. Sie bereiteten den Rückzug vor, als die Franzosen ihre Flanken attackierten. Den Bogenschützen gelang es mit Mühe, sich neu zu formieren. Sie richteten ein Blutbad unter ihren Angreifern an. Die französischen Haupttruppen sahen nichts von dem Gemetzel, das von dem Hügel verdeckt wurde. Angeführt von dem Dau-

«... Eduard war fraglos der größte General seiner Zeit, einer der größten des europäischen Mittelalters ... In der Schlacht von Poitiers nahm er Johann II. von Frankreich gefangen und errang einen der eindeutigsten militärischen Siege des Hundertjährigen Krieges.»

<small>Der Historiker Johnathan Sumption über den „Schwarzen Prinzen"</small>

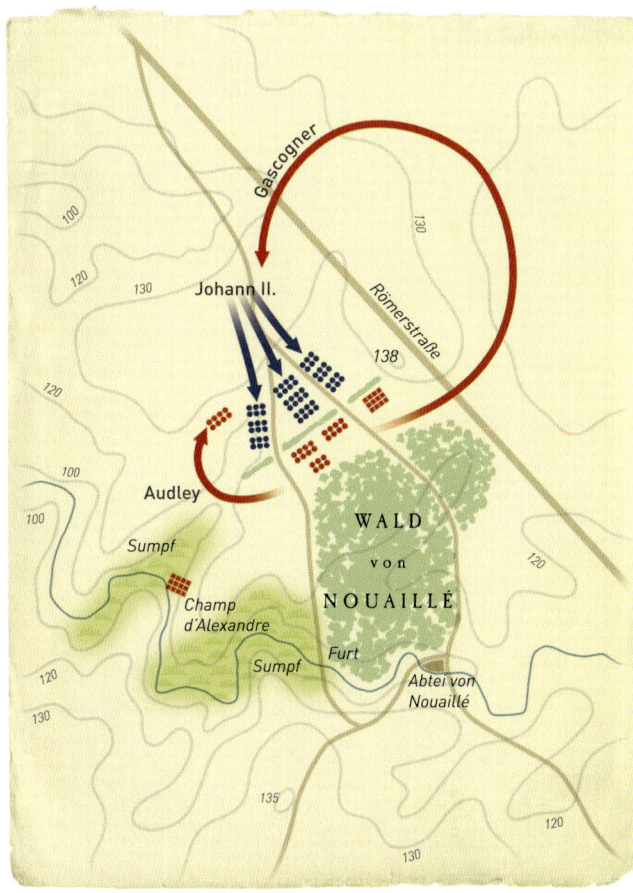

phin rückten sie weiter auf die Hecke vor. Nach erbitterten Kämpfen zogen sie sich zurück. Als der Dauphin in Sicherheit gebracht wurde, zog sich der Rest der französischen Linien zurück. König Johann versuchte die Situation zu retten. Er mobilisierte seine Reserve, wurde aber den Hügel hinuntergetrieben und von den Engländern umzingelt. Die Gascogner griffen die Armee des Franzosenkönigs von hinten an, während die englische Kavallerie sie von der Seite unter Beschuss nahm.

MILITÄRISCHE DOMINANZ

Eduard hatte Pragmatismus und Flexibilität bewiesen. König Johann dagegen erteilte Befehle, die, wenn die Schlacht eine unerwartete Wendung nahm, nicht mehr abgeändert wurden. Dennoch war Poitiers für die Franzosen nichts weiter als ein Nadelstich. Denn der Prinz hatte keine Möglichkeit, aus seinem Sieg großen Nutzen zu ziehen. Er nahm Johann als Geisel.

Man brachte ihn nach Bordeaux, wo man ihn vier Jahre in der Hoffnung auf ein hohes Lösegeld gefangen hielt. Im Jahr 1360 unterzeichneten Eduard III. und Johann II. den Friedensvertrag von Brétigny. Die Engländer erhielten ausgedehnte Gebiete in Frankreich, der Prinz wurde zum Herzogtum von Aquitanien eingesetzt.

Einige Zeit später hatten sich die Franzosen aber wieder erholt. Sie gewannen viele der Gebiete zurück, die sie hatten abtreten müssen. Daraufhin belagerte der Prinz 1370 Limoges. Er metzelte die Einwohner der Stadt nieder, als sie fiel.

Dem „Schwarzen Prinzen" gelangen noch einige militärische Großtaten. So führte er 1367 bei Nájera in Kastilien eine Armee aus Engländern sowie Gascognern zum Sieg gegen den spanischen Thronprätendenten Heinrich von Trastámara.

Im Jahr 1371 kehrte Eduard nach England zurück. Er erkrankte und starb schließlich 1376, ein Jahr vor seinem Vater.

Entwicklung der Schlacht: Die französischen Truppen unter König Johann II. rückten über die römische Straße von Poitiers nach Bordeaux vor. Sie versuchten zunächst vergeblich, die englischen Verteidigungslinien zu durchbrechen. Dann setzten Kavallerieabteilungen unter dem Gascogner Johann III. von Grailly, Captal de Buch, und dem Engländer Sir James Audley die Franzosen in einem Zangenangriff fest.

AZINCOURT

Heinrich V. von England / Karl VI. von Frankreich
25. Oktober 1415

DIE SCHLACHT VON AZINCOURT brachte einen der größten militärischen Siege für England. Wie bereits zuvor wurde auch sie von den Langbogenschützen entschieden. Es war aber eine der letzten militärischen Auseinandersetzungen, bei denen sie den Lauf der Geschichte bestimmen sollten. Schon sehr bald wurde der Langbogen durch Feuerwaffen ersetzt.

König Heinrich V. lernte das Kriegshandwerk bereits in jungen Jahren. Er war erst 16, als er in der Schlacht von Shrewsbury von einem Pfeil im Gesicht verwundet wurde. Bei seiner Thronbesteigung 1413 forderte Heinrich die Rückgabe der im Vertrag von Brétigny 1360 an England abgetretenen Gebiete sowie die Normandie und Anjou. In einer Situation, in der Frankreich durch verschiedene Fraktionen gespalten war, wollte er den englischen Anspruch auf den Thron erneut geltend machen.

HEINRICHS FELDZUG

Umfangreiche Vorbereitungen begannen. 10 000 Soldaten wurden rekrutiert sowie ein enormes Arsenal an Langbögen, Pfeilen, Schiffen und Kanonen gebildet. Im August 1415 stach das Heer in See. Es wurde strengste Disziplin verlangt: keine Plünderungen, Respekt gegenüber Frauen sowie der Kirche. Die Engländer nahmen den Hafen von Harfleur Ende September ein.

Durch die Kämpfe und eine Ruhrepidemie wurde Heinrichs Armee allerdings zunehmend geschwächt. Reservetruppen, die auf dem Seeweg hinzukommen sollten, waren durch einen Sturm dezimiert worden. Heinrich marschierte mit etwa 6000 Soldaten Richtung Calais, die letzte englische Bastion in Frankreich. Aber zwei französische Armeen, die sich vor den Toren der Stadt

Bapaume vereinigt hatten, stellten sich ihm in den Weg. Nach ergebnislosen Verhandlungen bezog Heinrich oberhalb des Flusses Ternoise bei Blangy Stellung. Dort konnte er zum ersten Mal sehen, dass die französischen Truppen «so groß wie ein Schwarm Heuschrecken» waren.

Eine Schlacht schien unumgänglich. Die Geistlichen begannen, reihenweise die Absolution zu erteilen. Der Ritter Sir Walter Hungerford bemerkte, er könne gut weitere 10 000 Bogenschützen gebrauchen. Heinrich entgegnete, Gott sei bei ihnen, um sie zu beschützen. Daher würden seine Leute mit dem auskommen, was sie hatten. Dann ließ der König seine Gefangenen frei, weil er wohl fürchtete, sie könnten ihn von hinten angreifen. In der anschließenden Schlacht kämpfte Heinrich am 25. Oktober, dem Tag des Heiligen Crispin, gegen eine Armee, die etwa dreimal so groß wie seine eigene war. Der König selbst befehligte das Zentrum, während der Herzog von York die Vorhut anführte. Der Block links des Königs stand unter dem Kommando von Lord Camoys.

In der Nacht hatte es wieder geregnet, was sich als Vorteil für Heinrich erweisen sollte. Heinrich postierte seine Bogenschützen. Die Franzosen hatten weiter rechts Stellung bezogen. Zwischen den Armeen lag ein schmales Tal, das am französischen Ende etwas breiter war. Da er vermutete, die

Die Buchmalerei in einer Handschrift aus dem 15. Jahrhundert zeigt den entscheidenden Sieg von Heinrichs Truppen (rechts) bei Azincourt. Die *Fleur-de-lys* (Lilie) auf dem englischen Banner symbolisierte Englands Anspruch auf den französischen Thron.

Franzosen würden versuchen, sich von der hinteren Seite des Waldes zu nähern, um sie zu überraschen, formierte er seine Truppen neu. Bei Einbruch der Nacht quartierte er seine Armee in dem Dorf Maisoncelles ein.

TOD AUS DEN WOLKEN

Am nächsten Morgen stellte Heinrich seine Truppen wohl vier Mann tief in einer Reihe aus drei Blöcken auf. Zwischen den Bataillonen sowie in vorgezogener Stellung an den Flügeln postierte er seine Bogenschützen. Damit hatten diese genug Platz, sich im Moment des Zusammentreffens mit dem Feind zurückzuziehen. Die Bogenschützen rammten Pfähle in den Boden, die den Pferden bis zur Brust reichten.

Das englische Heer rückte rasch vor, die Franzosen wurden so an die schmalste Stelle des Waldstücks getrieben. Heinrichs Armee war nun zu beiden Seiten von Wald flankiert. Auch die Hälfte des Gebiets in ihrem Rücken war bewaldet. Heinrich ritt die Linie ab und brachte seine Männer in Gefechtsstellung, bevor er sich zur Mitte begab.

Inzwischen rückten die Franzosen von Tramecourt vor. Ihre kleine aufgesessene Kavallerie befand sich im dritten Bataillon. An den Flanken waren auch aufgesessene Reiter postiert, die die englischen Bogenschützen außer Gefecht setzen sollten. Die Vorhut bildeten die hohen Adligen sowie Amtsträger. Dahinter waren Bogen- und Armbrustschützen mit Kanonieren auf-

Porträt des englischen Königs Heinrich V. von einem unbekannten Künstler. Heinrich war ein brillanter Taktiker und sehr entschlossener Befehlshaber. Er soll mit einem sogenannten Basinet (einer Art Helm mit spitzer Pike und Visier) in die Schlacht von Azincourt geritten sein. Darauf war eine goldene Krone montiert, mit der der Feind wohl provoziert werden sollte.

gestellt. Im Gegensatz zur englischen war die französische Armee im Grunde ohne Führung, da die Befehlshaber in der Vorhut postiert waren. Heinrich hielt eine Ansprache an seine Männer: «Die Zeit ist nun gekommen, denn ganz England betet für uns. So seid guten Mutes und lasset uns die Reise antreten ... Vorwärts, im Namen Gottes des Allmächtigen und des heiligen Georg!» Dann befahl er seinen Bogenschützen, die Pfähle herauszureißen, vorzurücken sowie in Schussweite zum Feind, etwa 250 Meter, stehen zu bleiben. Dort sollten sie die Pfähle einrammen und sich neu formieren.

Ein Teil der französischen Truppen ritt in den Angriff, aber die meisten waren zu Fuß unterwegs. Der vom Regen aufgeweichte, rutschige Boden setzte den Männern in schwerer Rüstung sehr zu. Die Kavallerie versuchte, die Bogenschützen über die Flanken aufzurollen. Aber als sie angriffen, wurden die Reiter von den Pfählen gestoppt und von einem Pfeilhagel begrüßt. Viele wurden getötet oder schwer verwundet, etliche Pferde spießten sich selbst auf. Die Reiter, die konnten, machten kehrt. Sie ritten direkt in den Block der Gewappneten. Es entstand ein Durcheinander, die Männer konnten weder vor noch zurück. Sie rückten bis zur englischen Linie vor. Heinrichs Soldaten gaben nicht nach: Die Bogenschützen warfen nun ihre Bogen ab, griffen zu Schwert oder Kampfhammer. Die Toten auf der französischen Seite häuften sich. Die noch lebenden Soldaten wurden immer mehr zwischen den englischen Reihen eingezwängt, so dass sie keinen Platz hatten, auszuholen und ihre Schwerter einzusetzen. Diejenigen Franzosen, die nicht getötet wurden, ergaben sich jetzt massenhaft.

Die Verluste der Franzosen waren hoch. Gegenüber 300 bis 400 Toten auf der englischen Seite waren es mehrere tausend Tote sowie Gefangene. Im Verlauf der Schlacht kam das Gerücht auf, der Gepäcktross sei überfallen worden und die Franzosen würden einen neuen Angriff mit ihrem dritten, noch frischen Bataillon vorbereiten. Als er dies erfuhr, soll Heinrich 200 Bogenschützen befohlen haben, alle Gefangenen zu töten. In manchen Berichten ist von 1000 Männern die Rede, die hingerichtet wurden, alle von adligem Rang. Andere Quellen setzen die Zahl geringer an. Es wird zudem berichtet, Heinrich habe den Exekutionsbefehl aufgehoben, nachdem klar war, dass die Franzosen keinen erneuten Angriff starten würden.

Unter den Gefangenen waren einige berühmte Edelmänner, etwa Charles, Herzog von Orléans, der Herzog von Bourbon, der Graf von Vendôme sowie der Graf von Richemont. Auch Heinrich hatte wichtige Männer verloren, unter ihnen der Herzog von York und der Graf von Suffolk.

HELDENHAFTE EROBERUNG

Heinrich war ein skrupelloser, sehr fähiger General. Azincourt zeigte, was seine kleine, disziplinierte Armee gegen ein schlecht geführtes, zahlenmäßig überlegenes Heer auszurichten vermochte. Nach seinem Sieg marschierte Heinrich nach Calais und segelte nach England zurück.

Bereits 1417 kehrte Heinrich in die Normandie zurück, er nahm Caen ein. Den Angriff führte er persönlich an, da er seine Generäle zur Einnahme von Cherbourg, Coutances, Avranches und Evreux geschickt hatte. Dann belagerte er Rouen, das 1419 fiel. Zudem ging er ein strategisches Bündnis mit den Herzogen von Burgund ein.

Mit dem Vertrag von Troyes wurde Heinrich 1420 zum Nachfolger von Karl VI.

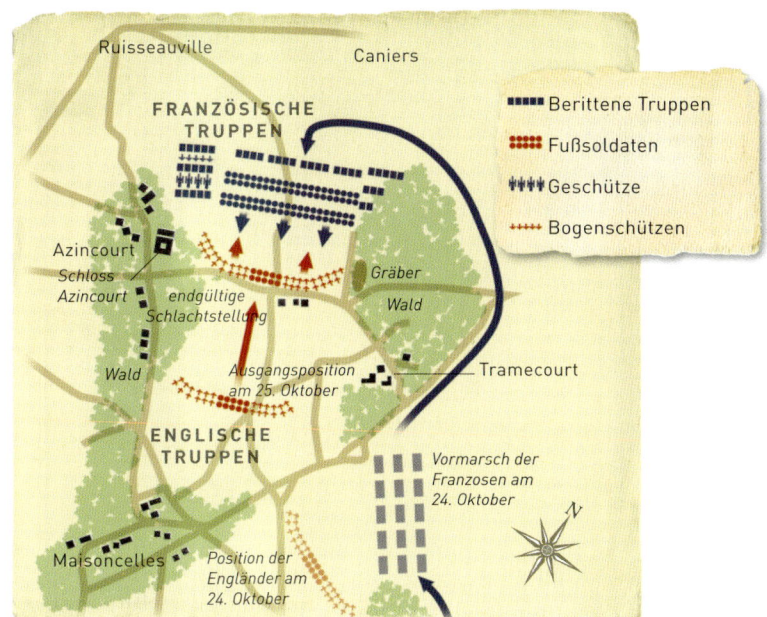

von Frankreich erklärt und mit Katharina von Valois vermählt. Der Dauphin, später Karl VII., wurde enterbt. Heinrich befehligte die Belagerung von Melun, nachdem er den Statthalter, den Baron de Barbazan, im Einzelkampf besiegt hatte. Im Dezember 1420 zog er triumphierend in Paris ein.

Auch danach errang Heinrich noch militärische Erfolge: 1421 befreite er Chartres, trieb den Dauphin zurück über die Loire und nahm Meaux nach langer Belagerung ein. Im nächsten Jahr, als er auf dem Weg war, um den Burgundern beizustehen, erkrankte der bereits geschwächte Herrscher an der Ruhr. Mit nur 35 Jahren starb er im Château de Vincennes kurz vor Paris. Sein Rivale, Karl VI. von Frankreich, überlebte ihn um wenige Wochen, in denen er den französischen Thron innehatte. Auf ihn folgte jedoch Heinrichs Sohn, Heinrich VI.

Karte der Schlacht von Azincourt mit der Aufstellung der gegnerischen Armeen.

«*Die Zeit ist nun gekommen, denn ganz England betet für uns. So seid guten Mutes und lasset uns die Reise antreten ... Vorwärts, im Namen Gottes des Allmächtigen und des heiligen Georg!*»

HEINRICH V., ANSPRACHE AN SEINE TRUPPEN VOR AZINCOURT

DIE BELAGERUNG VON ORLÉANS

Jeanne d'Arc / Engländer April–Mai **1429**

NACH DEM TOD VON HEINRICH V. IM JAHR 1422 ließ das Glück der Engländer im Hundertjährigen Krieg nach, wenn auch nicht sofort. Fähige Generäle führten die Auseinandersetzung im Namen des Kindes und Erben des Throns von England und Frankreich, Heinrichs VI. Sie errangen bedeutende Siege bei Cravant (1423) und Verneuil (1424). Bis 1428 hatten die Engländer die Grenzen ihrer französischen Provinzen bis an die Loire ausgeweitet. Sie belagerten die Stadt Orléans. Dann erlitten sie den ersten großen Rückschlag: Thomas, Earl of Salisbury, einer ihrer begabtesten Kommandanten, wurde getötet.

In Frankreich kam es in der Folge zu einer außergewöhnlichen nationalen Wiederbelebung. Hauptsächlich geschuldet war sie der inspirierten Führung von Jeanne d'Arc, Johanna von Orléans oder *la Pucelle* („die Jungfrau"), wie sie auch genannt wurde. Im Mai 1429 beendete sie die Belagerung von Orléans.

GÖTTLICHE FÜHRUNG

Jeanne, ein einfaches Bauernmädchen aus Lothringen, hatte lange Zeit Visionen gehabt. Sie behauptete, ihr seien verschiedene Heilige erschienen und hätten ihr aufgetragen, Frankreich zu retten. Beim Stadtkommandanten Robert de Baudricourt fand sie zunächst kein Gehör. Kurz darauf trafen die Burgunder, Verbündete der Engländer, in ihrem Heimatdorf ein. Jeanne flüchtete in die benachbarte Stadt.

Die Stimmen in ihrem Kopf wurden nun lauter und trugen ihr auf, Orléans zu befreien. Immer wieder bat sie um eine Audienz bei de Baudricourt, der ihr schließlich zuhörte. Er gab ihr Pferd und Schwert. Er schickte sie zum Dauphin in Chinon, ein paar Kilometer südlich der Loire. Dort traf sie im März 1429 ein.

Die englische Belagerung geriet nach Salisburys Tod ins Stocken. Die Versorgung war jedoch nach dem Sieg von Sir John Fastolf in der sogenannten Schlacht der Heringe im Februar 1429 bei Rouvray sichergestellt. Der Dauphin versuchte, einen Keil zwischen die Engländer und ihre burgundischen Verbündeten zu treiben. Diese Strategie war erfolgreich, so dass die Burgunder ihre Truppen aus Orléans abzogen.

Jeanne erhielt ihre erste Audienz beim Dauphin am 6. März. Er war von Natur aus abergläubisch, verlangte aber einen Beweis für ihre Jungfräulichkeit, bevor er ihr Soldaten an die Seite stellte. Sie wurde untersucht und für geeignet befunden, «einen Beweis göttlicher Zustimmung vor Orléans» zu erbringen.

Jeanne vertraute nicht nur auf göttliche Hilfe, sondern nahm auch ihre militärischen Vorbereitungen sehr ernst. Sie

lernte reiten sowie mit der Lanze umzuge-
hen. Der König gab ihr Rüstung, Schwert
und eine Standarte mit dem Bild «unseres
Erlösers ... ein Engel, der eine Fleur de lys
... hält, gesegnet mit dem Abbild Christi».

Im April traf Jeanne in Orléans ein.
Die Belagerer waren in einer schwierigen
Situation. Die Stadt war zu groß, um sie
vollständig einzunehmen. Zudem hatten
die Engländer ihre burgundischen Hilfs-

truppen verloren. An der Ostseite der
Stadt hatten sie provisorische Festungen
errichtet, aber nur wenige, weit auseinan-
derliegende.

Jeanne mit ihren Truppen wollte die
Loire mit Booten überqueren. Bei ihrem
zweiten Versuch wurde der Erfolg dieses
Unternehmens als ein Wunder gefeiert.
Die sichere Landung hatte aber vermutlich
eher damit zu tun, dass die Verteidiger die

**Englische Kanonen
und Bogenschützen**
in Belagerungstürmen
nehmen 1429 die Mau-
ern der französischen
Stadt Orléans unter
Beschuss. Szene aus
einer zeitgenössischen
Buchmalerei.

Engländer durch einen Ausfall bei Saint-Loup abgelenkt hatten. Die französischen Entlastungstruppen drangen am 29. März in die Stadt ein.

ENDE DER BELAGERUNG

Jeanne war für einen sofortigen Kampf gegen die Engländer, aber der Stadtkommandant Dunois war dagegen. Fürs Erste begnügte sie sich damit, religiöse Strafpredigten gegen die Engländer zu richten. Sie hatte es besonders auf William Glasdale und seine Männer abgesehen, die die Bastion Les Tourelles am südlichen Ende der Brücke über die Loire verteidigten.

Währenddessen stellte sie die englischen Verteidigungslinien auf die Probe. Es gelang den französischen Truppen, zwei englische Außenposten einzunehmen, zuerst Saint-Loup. Zwei Tage später folgte Les Augustins. Am 8. Mai ritt Jeanne an der Spitze eines Angriffs auf Les Tourelles, den Brückenkopf am südlichen Ufer der Loire. Dabei wurde sie von einem Pfeil am Hals getroffen. Die Kämpfe waren so erbittert, dass Dunois zum Rückzug mahnte. Jeanne gab nicht nach. Sie bat ihn auszuharren, bis sie mit Gott gesprochen habe. Dann versammelte sie die französischen Truppen unter ihrer Standarte.

Je mehr die Angst unter den Engländern wuchs, desto mehr Mut fassten die Franzosen. Jeanne selbst legte die erste Leiter an die Stadtmauer. Die anschließende offene Schlacht endete mit einer Niederlage der Engländer. Kurz darauf wurde die Belagerung beendet. Orléans war gerettet. Der Abzug der englischen Armee wurde mit einem zweitägigen Freudenfest gefeiert.

Da Orléans in Sicherheit war, machte sich Jeanne daran, das Loiretal von den Engländern zu befreien. Sie sollten in die Normandie zurückgedrängt werden. Sie schlug den Feind buchstäblich mit ihrer Gottesfurcht vom Feld. Unter den Engländern wuchs die Furcht, Gott unterstütze ihre Sache nicht mehr. Kurz nacheinander fielen die englischen Garnisonsstädte Jargeau, Beaugency und Meung-sur-Loire an die Franzosen. Ob diese Erfolge von göttlicher Vorsehung begünstigt waren oder nicht, der Grund für den französischen Sieg in der Schlacht von Patay am 18. Juni war eher prosaisch: der Einsatz von Artillerie. Seit Crécy und Azincourt hatten englische Langbogenschützen die Bedingungen auf dem Schlachtfeld diktiert. Jetzt wurden sie jedoch von einer tödlichen neuen Waffe verdrängt, die das Wesen des Krieges verändern sollte.

DAS BLATT WENDET SICH

Mit Orléans kam die Wende, da die Franzosen von da an eine Reihe von Siegen über die Engländer verbuchen konnten.

Patay war von entscheidender Bedeutung, denn das Gebiet östlich von Paris wurde befreit.

Ansicht von Orléans heute, vom gegenüberliegenden Ufer der Loire aufgenommen. Jeanne d'Arcs Entlastungstruppen überquerten den Fluss nach einem Ablenkungsmanöver der Verteidiger der Stadt ohne Schwierigkeiten.

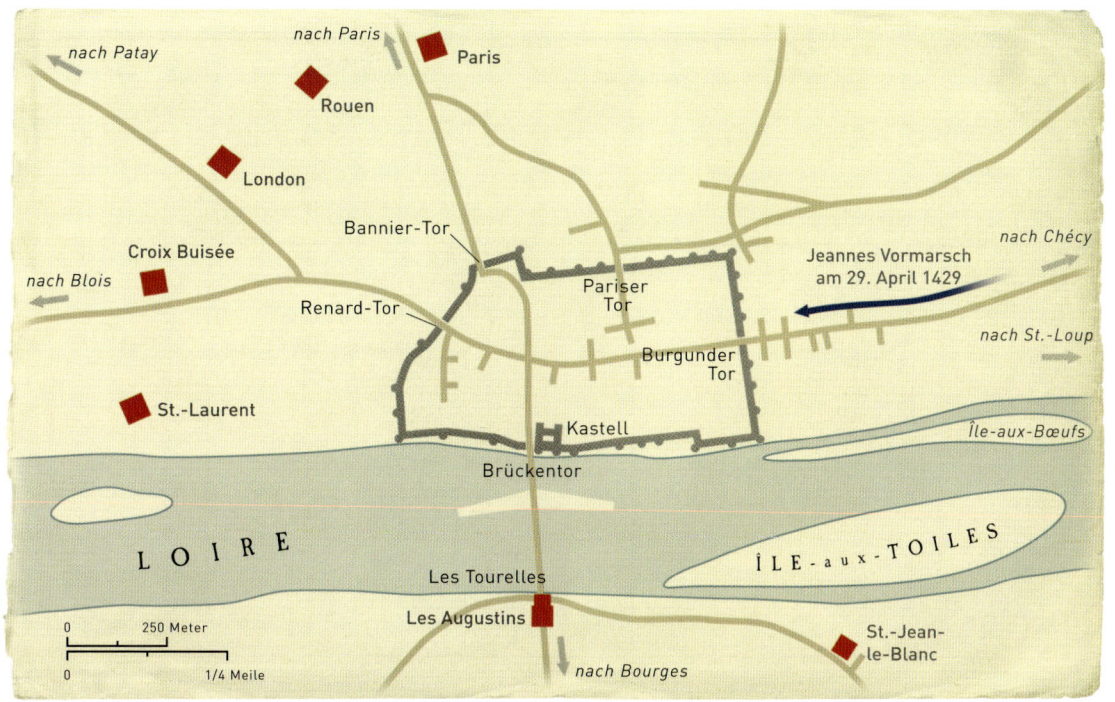

Die Karte zeigt:
nach Patay · nach Paris · Paris · Rouen · London · Bannier-Tor · nach Chécy · Jeannes Vormarsch am 29. April 1429 · Croix Buisée · Pariser Tor · nach St.-Loup · nach Blois · Renard-Tor · Burgunder Tor · St.-Laurent · Île-aux-Bœufs · Kastell · Brückentor · LOIRE · ÎLE-aux-TOILES · Les Tourelles · Les Augustins · St.-Jean-le-Blanc · nach Bourges · 0 250 Meter · 0 1/4 Meile

Karte der Mauern von Orléans und der provisorischen Festungen, die rund um die Stadt von den Belagerern errichtet worden waren. Durch die Verknappung der englischen Truppen war die Ostseite der Stadt im April 1429 schlecht gesichert, so dass die Entlastungstruppen leicht eindringen konnten.

Moral und militärische Stärke der Franzosen nahmen zu. Sie gipfelten Jahre später 1453, in der Schlacht von Castillon, als die von John Talbot, Graf von Shrewsbury befehligten Truppen nördlich von Bordeaux überwältigt wurden. Die Niederlage war das Ende von drei Jahrhunderten englischer Herrschaft in Aquitanien. Es war das Ende des Hundertjährigen Krieges.

SINKENDER STERN
Am 17. Juli 1429 wurde Karl VII. in Reims gekrönt. Jeanne stand mit dem Banner in der Hand bei der Salbung an der Seite des neuen Königs. Ihre Mission war fast erfüllt. Noch bedeutender als ihre militärischen Siege war aber das Gefühl der nationalen Einheit, das diese herbeiführten.

Karl ging es nun darum, die Burgunder auf seine Seite zu bringen. Bei dieser Aufgabe war Jeannes Entschlossenheit, die übrigen Engländer zu vertreiben, eher hinderlich. Ihre fast mythische Unverwundbarkeit wurde zudem in der Schlacht entzaubert. Als sie die Armee gegen Paris führte, um es zu befreien, wurde sie bei Port St.-Honoré am Bein verwundet. Kurz darauf befahl ihr der König den Rückzug.

Im April 1430 zog Jeanne nordwärts nach Compiègne, das von den Burgundern bedroht wurde. Während eines Scharmützels am 23. Mai geriet sie in Gefangenschaft. Katholische Gelehrte an der Universität von Paris rieten, sie der Inquisition vorzuführen. Stattdessen wurde sie an die Engländer verkauft, kurz darauf brachte man sie nach Rouen. Karl VII. machte kein Angebot einer Lösegeldzahlung, um sie zu befreien.

Im Januar 1431 wurde sie wegen Ketzerei in Rouen vor Gericht gestellt. Der Ausgang des Prozesses stand von vornherein fest. Sie wurde schuldig gesprochen und am 30. Mai auf dem Scheiterhaufen verbrannt. Bei einem späteren Prozess 1456, nachdem die Franzosen den englischen Feind endgültig aus dem Land vertrieben hatten, wurde sie posthum rehabilitiert. Die römisch-katholische Kirche sprach sie 1920 heilig.

Karl VII. erkannte nachträglich an, zu welchem Dank er Jeanne d'Arc verpflichtet war. Ihre Brüder wurden in den Adelsstand erhoben, ihr Heimatdorf Domrémy wurde bis zum Ausbruch der Französischen Revolution von Steuern befreit.

Die „Jungfrau von Orleans" hatte die militärische und politische Erneuerung eines ganzen Landes bewirkt. Bezeichnenderweise bestand sie immer darauf, dass sie die Truppen nicht für den König, sondern für Gott befehligt hatte.

DER FALL KONSTANTINOPELS

Sultan Mehmed II. / Kaiser Konstantin XI.
29. Mai **1453**

DIE STADT KONSTANTINOPEL, DAS EINSTIGE BYZANZ, wurde im Jahr 324 von Kaiser Konstantin zum „Neuen Rom" (Nova Roma) erklärt. Es sollte zu einem Bollwerk gegen die Barbaren werden, die sein Reich bedrohten. Dank der Lage der Stadt am Ende einer Halbinsel, die an drei Seiten von Wasser umgeben war, war sie so gut wie uneinnehmbar. Von Theodosius II. Anfang des 5. Jahrhunderts befestigt, waren ihre doppelten Verteidigungsmauern über 20 Kilometer lang und mit 192 Türmen bewehrt.

Jahrhundertelang musste das Byzantinische Reich, Erbe des Oströmischen Reiches, sich seiner muslimischen Nachbarn erwehren. Zum letzten Versuch, Konstantinopel einzunehmen, kam es 1451, nachdem der 18 Jahre alte Mehmed II. den osmanischen Thron bestiegen hatte. Zuvor war die Stadt nur ein einziges Mal überfallen worden, von venezianischen Truppen während des Vierten Kreuzzugs 1204.

WACHSENDE SPANNUNGEN
Vorwand für den Angriff war die Forderung des byzantinischen Kaisers Konstantin XI. Palaiologos nach einer Erhöhung der jährlichen Abgabe für die sichere Überquerung des Bosporus, der Meerenge zwischen Schwarzem Meer und Marmarameer. Bereits seit seiner Kindheit hatte Mehmed davon geträumt, Konstantinopel zu erobern. Damit hätte er die osmanische Hegemonie über Kleinasien und den Balkan erreicht. Zu diesem Zweck begann er mit dem Bau einer Burg (Rumeli Hisarı) außerhalb der Stadt an der europäischen Küste des Bosporus und einer Blockade

Der Einzug in Konstantinopel von Sultan Mehmed II. Gemälde des französischen Malers Benjamin Constant aus dem Jahr 1876.

des Seeweges. Dies sollte die Basis für seine Operationen gegen Konstantinopel sein. Der Kaiser protestierte vergebens, die Festung liege innerhalb byzantinischen Gebiets. Die letzten Gesandten, die er zu Mehmed geschickt hatte, waren enthauptet worden.

Mehrere tausend Arbeiter wurden für den Bau der Burg angeheuert, die nach etwa vier Monaten fertig war. Sie wurde Bogazkesen, „Halsabschneider" genannt. Mehmed bemannte sie mit seinen Truppen. Dann ritt er in seine Hauptstadt Edirne (zuvor Adrianopel) zurück. Fortan musste jedes Schiff, das die Meeresstraße durchquerte, vor Anker gehen und eine Steuer an den Sultan entrichten. Wer sich weigerte, riskierte, von Kanonen in die Luft gejagt zu werden. Mehmed hatte sie eigens bauen lassen. Hinzu kamen noch weitere Geschütze entlang der Küste.

URBANS „METALLMONSTER"
Mehmeds Kanonen waren das Werk eines Ungarn oder Deutschen, eines Kanonengießers namens Urban. Dieser hatte zuerst

Sultan Mehmed II.
in einer zeitgenössischen osmanischen Manuskriptillumination. Der Historiker Edward Gibbon beschrieb ihn als einen Despoten, dessen Lächeln auf Glück hoffen ließ und dessen Stirnrunzeln der Bote des Todes war.

dem Kaiser seine Dienste angeboten. Da Konstantin jedoch sein Honorar nicht zahlen konnte, war er an den Sultan herangetreten. Urban versprach Mehmed eine Kanone, die die Mauern von Konstantinopel durchschlagen würde. Er schuf neben kleineren Kanonen auch einen bronzenen Koloss von über acht Metern Länge und einem Durchmesser von etwa 75 Zentimetern. Kanonen dieser Art schossen 350 bis 500 Kilogramm schwere Kugeln etwa zwei Kilometer weit.

Insgesamt bauten Urban und seine Gießer wohl 70 Kanonen für Mehmed. Es war das erste Mal, dass man im Osten eine derart große Artillerie einsetzte. Im Westen waren Feldgeschütze bereits seit über einem Jahrhundert bekannt. Zusätzlich zu den Kanonen installierte Mehmed Belagerungsmaschinen sowie Minen für den Angriff auf Konstantinopel.

Mehmeds Armee bestand wohl aus maximal 100 000 Männern aus dem ganzen Reich, unter ihnen etwa 12 000 Soldaten der Elitetruppe der Janitscharen. Das Heer war doppelt so groß wie die gesamte Bevölkerung von Konstantinopel, das eine Armee von nur etwa 7000 Mann besaß. Knapp ein Drittel davon waren Venezianer und Genueser. Ihre Truppen waren nur dünn um die Stadtmauern verteilt.

Mehmed wartete auf einen geeigneten Moment, die Stadt einzunehmen. Der Kaiser seinerseits engagierte den Genueser Giovanni Giustiniani, um die Verteidigung der Stadt mit 700 Mann zu verstärken.

Der Sultan wusste, dass er die Stadt sowohl von Land als auch vom Wasser aus angreifen musste, um sie einzunehmen. Er verfügte über eine Flotte von etwa 125 Schiffen unter dem Kommando des Admirals Baltha Ogli. Sie war fünf Mal so groß wie die Flotte des Kaisers.

DER ANGRIFF

Zu Beginn des Frühlings 1453 führte Mehmed seine Armee an den Bosporus. Zusammen mit seinen Janitscharen und drei gewaltigen Kanonen, darunter auch Urbans „Monster", bezog er Stellung. Asiatische Truppen bildeten den rechten und europäische den linken Flügel. Eine kleinere Armee belagerte Galata mit seiner genuesischen Bevölkerung. Der Kaiser stand ihnen mit den von Giustiniani kommandierten Genueser Truppen am Hagios-Romanos-Tor gegenüber. Die Griechen besaßen wenige Kanonen, scheuten sich aber, sie abzufeuern, aus Angst, die alten Mauern könnten erschüttert werden.

Trotz seiner Appelle war dem Kaiser niemand zur Hilfe gekommen. Der westlichen Christenheit schien das Schicksal Konstantinopels gleichgültig zu sein. Etwa 700 Venezianer segelten still und leise davon. Konstantin schloss die Tore und zog die Brücken über dem Festungsgraben hoch. Die Bevölkerung betete um Erlösung. In Übereinstimmung mit muslimischem Gesetz sandte der Sultan nach einer Woche Boten, die ein Waffenstillstandsangebot unterbreiteten. Er würde den Bewohnern ihr Leben lassen und sie unter

> *«Was die Belagerung von Konstantinopel auszeichnet, ist die Vereinigung antiker und moderner Artillerie. Kanonen standen neben den mechanischen Vorrichtungen zum Abschießen von Steinen und Pfeilen. Die Kugel und der Rammbock wurden gegen dieselben Mauern gerichtet. Trotz der Entdeckung des Schießpulvers war der Gebrauch flüssiger, nicht löschbarer Brennstoffe noch nicht überholt.»*

DER HISTORIKER EDWARD GIBBON ÜBER DIE BELAGERUNG KONSTANTINOPELS

den Schutz der Osmanen stellen. Das Angebot wurde abgelehnt. Am 6. April begann das Bombardement.

Die alten Mauern erwiesen sich als erstaunlich widerstandsfähig gegen die Kanonen, Mörser und Katapulte des Sultans. Giustiniani und seine Männer beeilten sich, alle Schäden sofort auszubessern. Der Flotte des Sultans gelang es nicht, die Sperre zu durchbrechen, mit der die Genueser das Goldene Horn abriegelten. So waren vier Schiffe mit Munition und Vorräten in die Stadt gelangt. Mehmed schickte vergeblich Truppen, um die Versorgungsschiffe zu stoppen. Die Schuld gab er seinem Admiral. Dessen Offiziere konnten noch verhinderten, dass er wegen seines Versagens aufgespießt wurde.

REISE ÜBER LAND

Ein Italiener im Dienst des Sultans entwickelte den tollkühnen Plan, eine Flotte über Land vom Bosporus zum Goldenen Horn zu transportieren. Die Sperre sollte hinterrücks durchbrochen werden. Man machte sich daran, eine Transportstraße zu bauen. Sie führte hinunter zum Hafen durch Büsche und Gestrüpp. Eine mit Hammel- und Ochsenfett geschmierte Spur wurde angelegt, über die Schlitten mit Metallrädern laufen konnten. Die Schiffe wurden mit Flaschenzügen aus dem Wasser gehoben, von Ochsen gezogen.

Mit gehissten Segeln passierte die Flotte zum großen Erstaunen der Verteidiger die Stadt, über Land den Berg hinunter zum Hafen. Auf diese bemerkenswerte Art liefen ungefähr 70 osmanische Schiffe am Golde-

nen Horn vom Stapel. Die Griechen verloren ihre Vormachtstellung. Die Genueser auf der anderen Seite des Goldenen Horns in ihrer Kolonie Pera waren isoliert. Die Osmanen bauten nun eine Pontonbrücke und installierten schwimmende Geschütze, um die inzwischen stark ramponierten Stadtmauern zum Einsturz zu bringen.

Moral und Proviant innerhalb der Mauern waren spärlich. Einige versuchten den Kaiser zur Flucht zu bewegen. Er antwortete: «Wie könnte ich die Kirchen unseres Herrn, seine Diener, die Geistlichen, den Thron und mein Volk in einer solchen Not verlassen? ... Ich bitte euch, meine Freunde, sagt mir in Zukunft nichts anderes als ‹Nein, Herr, verlasst uns nicht.› Nie werde ich euch verlassen.»

KEINE GNADE

Als es nach sieben Wochen nicht gelungen war, die Mauern zu durchbrechen, überzeugte der Großwesir den Sultan, erneut einen Abgesandten zum Kaiser zu schicken. Ein jährlicher Tribut und die Aufgabe der Stadt wurden für den freien Abzug der Bürger und Güter angeboten. Der Kaiser sollte ein Königreich auf dem Peloponnes erhalten. Konstantin lehnte ab. Der Sultan verkündete, nun bestehe nur noch die Wahl zwischen dem Tod und dem Übertritt zum Islam.

Für den 29. Mai wurde ein Frontalangriff geplant. Am 27., dem Sonntag davor, ritt Mehmed die Lager seiner Männer ab und versprach ihnen drei Tage Plünderung. Die Osmanen bereiteten sich die ganze Nacht auf den Angriff vor.

Innerhalb der Stadtmauern läuteten die Kirchenglocken, Heiligenbilder wurden in Prozessionen durch die Straßen getragen. In der Nacht des 28. Mai versammelte der Sultan seine Truppen. Auf der anderen Seite sprach der Kaiser zu seinen Anhängern, es sei die Pflicht eines Mannes, entweder für seinen Glauben, sein Land, seine Familie oder seinen Herrscher zu sterben. Nun müssten sie bereit sein, für alle vier zu sterben. Er sprach auch von der Tradition der Stadt sowie der Niedertracht des Sultans. Der Historiker Gibbon bezeichnete diese Ansprache als die «Grabrede des Römischen Reiches».

Die sie hörten, «weinten und umarmten sich, ungeachtet ihres Standes gaben sie ihr Leben hin, und jeder Befehlshaber, der losritt, seinen Posten einzunehmen, wachte in der Nacht besorgt über den Festungswall». Am nächsten Morgen begann der Angriff. Männer rannten auf ihre Posten, gefolgt von Frauen, die Steine oder Balken zum Ausbessern der Mauern trugen. Der Angriff erfolgte in drei Wellen: Zuerst marschierte ein Trupp von „Baschi-Bazuks" (alliierte Söldner), angetrieben von Peitschenhieben, um sie am Weglaufen zu hindern. Sie sollten den Feind aufreiben. Es folgten anatolische Regimenter. Sie kämpften sich hinauf bis zu Giustinianis Palisadenmauer. Diese war errichtet worden, um eine durch frühere Bombardements entstandene Lücke in der Stadtmauer zu schließen. Sie wurden von einem Steinhagel empfangen. Die Verteidiger kämpften mit bloßen Händen, um sie zurückzudrängen. Die Anatolier erlitten schwere Verluste, aber Urbans Kanone zerstörte die Palisadenmauer noch vor dem Morgengrauen. 300 Osmanen stürmten durch die Lücke. Sie trafen auf eine griechische Einheit, angeführt vom Kaiser persönlich, der mit einem eisernen Streitkolben bewaffnet war. Die Griechen töteten viele Männer des Sultans. Die übrigen zwangen sie hinter die Mauern zurück.

Mehmed tobte vor Wut über die Niederlage. Er schickte seine Janitscharen los. Aber die Christen konnten auch diesen Angriff abwehren, selbst nachdem sie bereits Stunden ohne Pause gekämpft hatten.

DIE STADT FÄLLT

Schließlich wurden den Griechen jedoch zwei fatale Missgeschicke zum Verhängnis. Von der „Kerkoporta", einem kleinen Ausfalltor in der Nähe des Blachernenpalastes, hatten sie einen Angriff gegen die osmanische Flanke gestartet. Bei ihrem Rückzug gelang es einem Trupp Osmanen, das Tor zu durchbrechen und den darüberliegenden Turm zu erklimmen. Dann wurde Giustiniani im Nahkampf verwundet. Er bat, das Schlachtfeld verlassen zu dürfen. Der Kaiser drängte ihn auszuharren, aber der Italiener weigerte sich. Er wurde fortgebracht. Als sie sahen, dass er das Kampfgeschehen verließ, glaubten die Genueser, dass die Schlacht verloren war.

Bald war die Moral auf dem Tiefpunkt. Der Sultan befahl einen Angriff am Romanos-Tor, ein Mann erklomm die Palisadenmauer bis nach oben. Er wurde getötet, aber die ihm folgten, überwältigten die Griechen. Es gelang den Männern des Sultans, die innere Stadtmauer zu erklimmen. Als sie das Zentrum von Konstantinopel erreichten, ertönte der Ruf: «Die Stadt ist eingenommen!»

«Gott möge verhindern, dass ich als Kaiser ohne ein Reich überlebe! Wenn meine Stadt fällt, falle ich mit ihr.»

KAISER KONSTANTIN XI. ERGIBT SICH BEIM FALL KONSTANTINOPELS IN SEIN SCHICKSAL

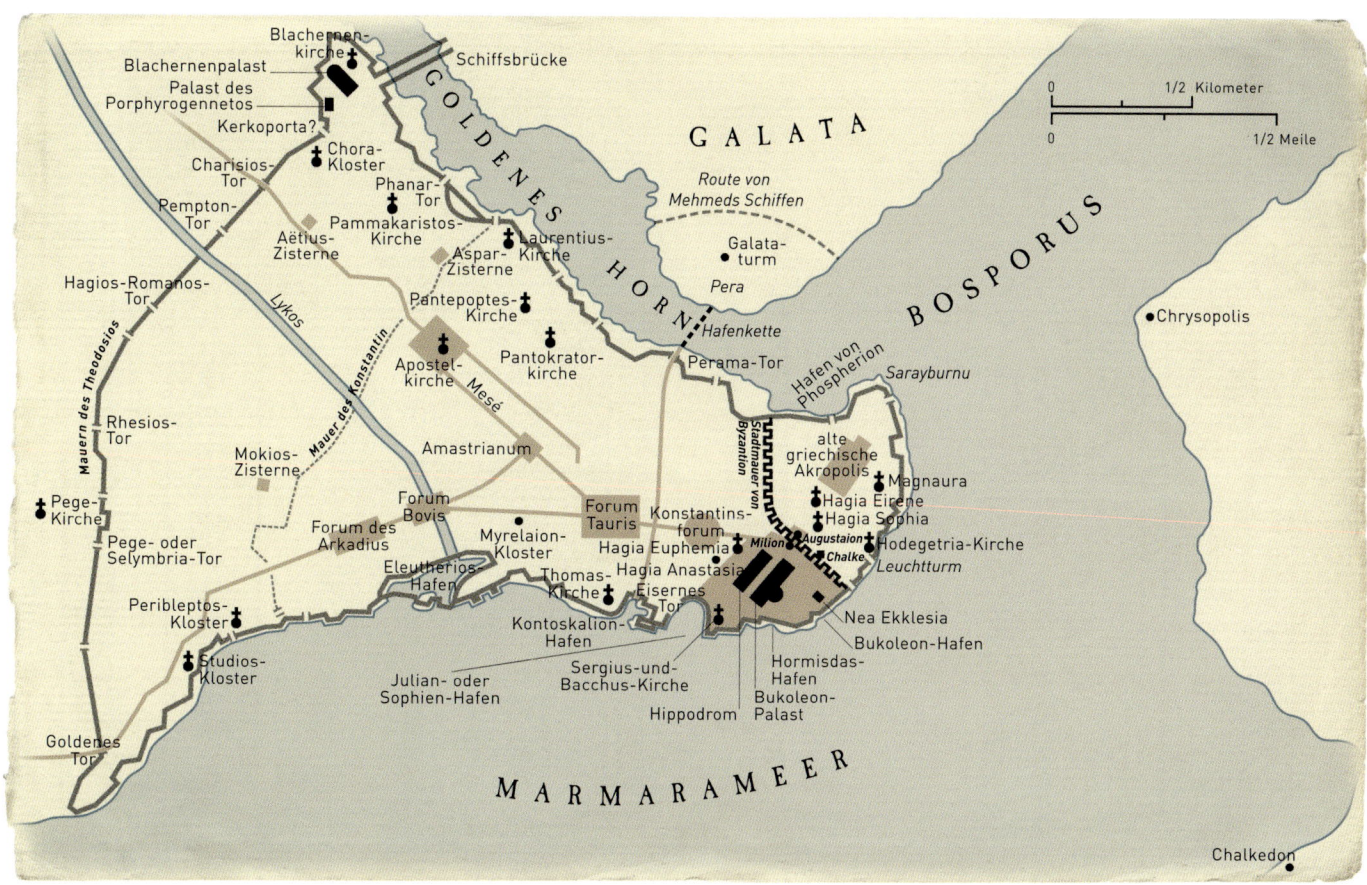

Die Osmanen stürmten durch das Tor in der Palisadenmauer. Konstantin ritt zurück zum Romanos-Tor. Er unternahm einen letzten Versuch, die Griechen zu mobilisieren. Als er erkannte, dass die Stadt verloren war, riss er seine Insignien ab. Er «stürzte sich in das Durcheinander der heranpreschenden Janitscharen und ward nie wieder gesehen, weder tot noch lebendig».

Eine wahre Schlachtorgie folgte. In der Hoffnung auf Rettung oder Erlösung flüchteten sich viele Griechen in die Kirche Hagia Sophia. Dort wurden sie gefangen genommen. Die, die nicht getötet wurden, brachte man zu den Zelten der Soldaten, die sie unter sich verteilten.

DER EROBERER

Der Kaiser war getötet worden, an die 30 000 Christen wurden versklavt oder deportiert. Noch Tausende wurden «Opfer der Schwerter». Sultan Mehmed ritt am 29. Mai 1453 auf einem weißen Pferd in Konstantinopel ein. Überall um ihn herum wurde die Stadt von der triumphierenden osmanischen Armee geplündert. Ein vene-

zianischer Beobachter berichtete wohl etwas melodramatisch, das Blut sei durch die Straßen geströmt wie Regenwasser nach einem plötzlichen Sturm; die Leichen seien ins Meer gespült worden wie Melonen über einen Kanal. Zur Beute der Soldaten gehörten Gold, Silber und Edelsteine. Mehmet ritt weiter zur Hagia Sophia, die von Kaiser Justinian gebaut worden war. Er nahm eine Handvoll Staub, «den er in einem Akt der Demut vor Gott über seinen Turban streute», so der Historiker Philip Mansel. Mehmed dankte Allah und befahl, den prächtigen Bau in eine Moschee umzuwandeln.

Für seine Heldentat erhielt Mehmed den Beinamen „der Eroberer". Sein Sieg ebnete den Weg für noch größeren Ruhm unter seinen Nachfolgern. «Auf Rom! Auf Rom!» war der Schlachtruf von Mehmeds Großenkel Süleyman, dem Prächtigen, unter dem das Osmanische Reich seinen Zenith erreichte. Zwar schafften es die Osmanen nie bis Rom, aber sie drangen bis zu den Mauern Wiens vor – und das gleich zweimal, 1529 und 1683.

Die Karte der Belagerung Konstantinopels zeigt die seeseitige und die landseitige Abwehr, mit der die byzantinischen Griechen die Stadt gegen den Angriff von Mehmed II. verteidigten.

NIEUWPOORT

Moritz von Oranien / Albrecht VII. von Österreich
2. Juli 1600

ES WAR EINE ZEIT DER UMWÄLZUNGEN, die auch das Verhältnis des Menschen zu Gott und der Natur neu bestimmen sollte. Inspirationen für Wissenschaft, Kunst und Literatur suchte man im Studium der klassischen Antike. Die Staatsmänner und Generäle der Zeit beschäftigten sich vor allem mit den Theorien der Kriegsführung, die von Feldherren und Militärstrategen des klassischen Griechenland und Roms ausgearbeitet worden waren.

Die Kriegsführung warf Probleme auf, die Kunst und Wissenschaft nicht kannten. Moderne Strategen konnten zwar einige Lehren aus der Praxis der Griechen oder Römer ziehen, aber in anderen Bereichen hatten zeitgenössische Armeen die Antike längst überholt. Die Artillerie war dafür das beste Beispiel. Als Karl VIII. von Frankreich 1494 in Italien einmarschierte, machte er mit seinen Bronzekanonen Festungen dem Erdboden gleich. Den Römern wäre das ohne Unterstützung von Artillerie oder Schießpulver nie möglich gewesen. Burgen galten zur Verteidigung nun als überholt. Erst neue Bauweisen, etwa die des französischen Marquis de Vauban, sorgten dafür, dass sie gegen schwerere Geschütze gewappnet waren.

Hauptsächlich sorgten Artilleriegeschütze für die Veränderungen in der Militärstrategie der damaligen Zeit. Mit dem Aufkommen schwerer mobiler Kanonen wurde deutlich, welchen Vorteil gute Straßen für die Bewegung von Truppen hatten. Zur Zeit der Römer hatte man das erkannt, es seitdem aber vernachlässigt.

Das galt auch für Musketen, deren Einsatz sehr wichtig wurde. Wie zuvor die Bogenschützen nahmen die Musketiere die Positionen an den Flanken von Schlacht-formationen ein. Die Pike blieb aber die bevorzugte Waffe des Infanteristen.

Im Jahr 1568 begann der lange Kampf des protestantischen Nordens der Niederlande um die Unabhängigkeit vom katholischen Spanien. Der Konflikt, auch „Achtzigjähriger Krieg" genannt, wurde erst im Rahmen umfassenderer Friedensabkommen am Ende des Dreißigjährigen Kriegs (Westfälischer Friede von 1648) beigelegt.

MODERNER BEFEHLSHABER
Prinz Moritz von Oranien (1567–1625) war der Sohn von Wilhelm I., Statthalter von Holland. Dieser hatte die Unabhängigkeit von Spanien proklamiert, war aber 1584 ermordet worden. Moritz, ein meisterhafter Taktiker und der berühmteste europäische Befehlshaber seiner Zeit, machte den Aufstand gegen Spanien zum Befreiungskrieg. Die Bedrohung der niederländischen Republik durch ihre ehemaligen Kolonialherren sollte ein Ende finden.

Moritz erkannte, dass im Zuge einer mobileren Artillerie neue Techniken zur Belagerung oder Verteidigung einer Stadt nötig waren. Zunächst studierte er die Techniken, die von den großen Gegenspielern seines Vaters, dem Herzog von Alba und dem Herzog von Parma, entwickelt

The Princes Battel:

The Arch D

worden waren. Der Historiker John Childs liefert eine präzise Darstellung ihrer Methoden: Die Stadt wurde abgesperrt, eingeschlossen «innerhalb eines doppelten Schanzenringes (Contravallation und Circumvallation), der das Quartier des Belagerers schützte. Zuerst wurde ein System von zickzackförmigen Gräben (Sappen) hin zur „Front" ausgehoben, die für den Angriff ausgewählt worden war. Die Artillerie wurde in Schützengräben postiert. Leichtere Geschütze zerstörten die Brustwehr und konterten das Feuer der Garnison. Schwerere Geschütze versuchten, die Befestigungsanlage zu durchbrechen. War eine Verteidigungslinie weitgehend überwältigt, unterminierten die Belagerer das Glacis (leicht ansteigende Erdaufschüttung), um die Kontereskarpe einzunehmen

(äußere Böschung oder Mauer des Festungsgrabens). Dann wurde die Artillerie nach vorne geführt, um die Hauptwälle niederzureißen, während die angreifende Infanterie eine Brücke oder einen Damm über den Wassergraben baute, um eine Bresche schlagen zu können.»

MILITÄRISCHE REFORMEN

Moritz war ein vorausschauender Militärreformer. Wie es einem Renaissancefürsten geziemte, las er die Schriften antiker Militärtheoretiker, lernte aber auch von modernen Strategen. Einer von ihnen war Justus Lipsius, sein Tutor an der Universität von Leiden. Der verfasste nicht nur Abhandlungen über das römische Heer, sondern auch über Belagerungskriege. Moritz schickte ihm seine Offiziere zum

In diesem Druck mit einer Darstellung der Schlacht von Nieuwpoort aus dem 17. Jahrhundert bilden die kleinen und manövrierfähigen Einheiten der holländischen Truppen (oben links) einen deutlichen Kontrast zu den größeren spanischen *Tercios* ihnen gegenüber. Moritz von Oranien war ein meisterhafter Taktiker, der die offene Schlacht gegen einen zahlenmäßig überlegenen Gegner möglichst vermied.

Studium, sein Cousin Johann von Oranien gründete eine Militärakademie in Siegen.

Moritz wusste, dass seine Armee in ein Berufsheer umgewandelt werden musste, wenn sie ihre Ziele erreichen wollte. Da er nicht über die Männer verfügte, um eine Bürgerarmee aufzustellen, bestand die Mehrheit seines Heers aus Söldnern vor allem protestantischer Ländern wie England, Schottland, Deutschland, Schweiz und Dänemark. Er war klug genug, gute Konditionen zu bieten, um sich ihrer Loyalität zu versichern.

Vor allem wollte der Fürst die Infanterie reformieren. Zum ersten Mal sollten Soldaten regelmäßig und angemessen bezahlt werden. Dem Rat des römischen Strategen Aelianus Tacticus folgend, legte er viel Wert auf Drill. Disziplin war wichtig für den effizienten Einsatz von Pikenieren sowie das Laden oder Nachladen der eher unhandlichen Musketen. Pikeniere und Musketiere wurden aufeinander abgestimmt, so dass die Infanterie ihre Schussfrequenz erhöhen konnte.

Die Struktur der Regimenter zu dieser Zeit hatte nur entfernt Ähnlichkeit mit denen, die wir heute kennen. Im Laufe des 16. Jahrhunderts entwickelten die Spanier sehr effektive, aus Pikenieren und Musketieren oder Hakenbüchsenschützen bestehende Militäreinheiten, sogenannte *Tercios* (Drittel). Moritz verbesserte diese Anordnung. Er machte daraus eine längliche Aufstellung aus fünf Reihen Pikenieren, flankiert von Trupps aus Musketieren. Die unterteilte er später in Bataillone von 800, noch später in Formationen von etwa 580 Mann. Nach dem Vorbild römischer Legionen bildeten sie ein Schachbrettmuster. Seine kleineren Einheiten ließen sich besser manövrieren als die größeren *Tercios*. Als Unteroffiziere wählte Moritz Niederländer. Er belohnte Talent ungeachtet der Herkunft, was zu dieser Zeit eine radikale Neuerung war. Die meisten Offizierspatente waren bis dahin dem Adel vorbehalten gewesen.

Moritz führte neue Waffen mit Standardkaliber ein, gut geeignet für jene Art von Belagerung, die seine Spezialität war. Eine kleine Armee von etwa 12 000 Mann bildete ein stehendes Heer mit sechs bis acht kleineren Feldgeschützen sowie Kanonen; seit 1589 gab es in Den Haag eine Gießerei. Die Abhandlungen des zeitgenössischen niederländischen Mathematikers Simon Stevin lieferten die Grundlage für die Konstruktion von Festungen.

STRATEGIE UND GESCHICK

Im Verlauf der Revolte zeigte sich, dass die Niederlande in zwei religiöse Lager zerfallen waren. Der Süden, der sich nicht abspaltete, blieb katholisch. Der Norden war calvinistisch. Daher konzentrierte Moritz seine Anstrengungen auf die sieben Nordprovinzen. Zu seinem Machtbereich gehörten die Provinzen Holland, Seeland und Utrecht. Von dort weitete er seine Kontrolle kontinuierlich auf Groningen, Overijssel, Friesland und Gelderland aus. In Absprache mit dem General der Vereinigten Niederlande bestimmte Moritz eine

Die Belagerung von Bergen-op-Zoom im Jahr 1588 durch Alexander Farnese, Herzog von Parma. Weder ihm noch dem spanischen Befehlshaber Ambrosio Spinola (1622) gelang es, die Stadt einzunehmen.

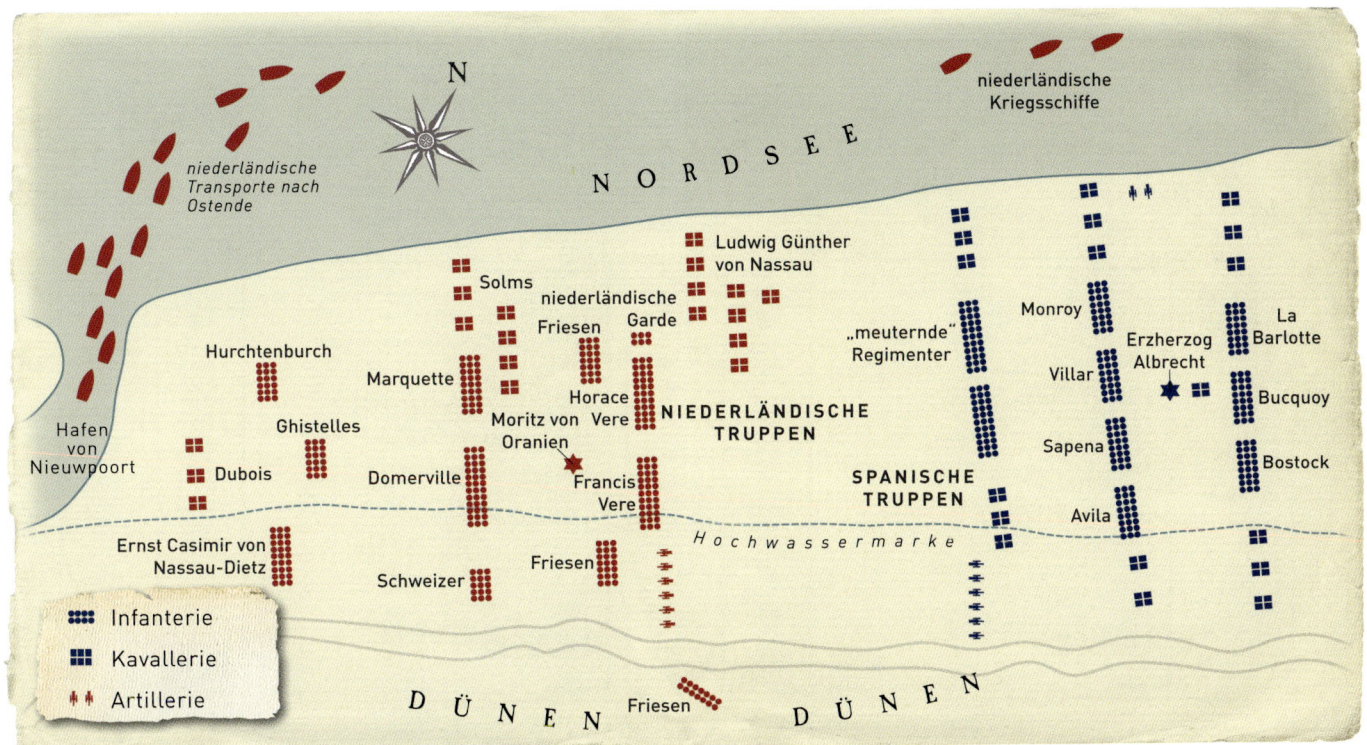

Reihe von Städten, die er belagern wollte. Zwischen 1589 und 1609 wurden unzählige Festungen zurückerobert. Damit konnte er die Erfolge des Herzogs von Parma nach 1587 zunichte machen.

Parmas Wirken wurde 1588 durch das Auslaufen der Spanischen Armada zur Schlacht unterbrochen. Schlechtes Wetter sowie Sir Francis Drakes Flotte vereitelten aber den spanischen Angriff auf England. Parma wurde nun nach Frankreich geschickt, um dort den Kampf der Katholiken gegen die Protestanten zu unterstützten. Moritz nutze die Abwesenheit des Herzogs: Er nahm Breda ein. Schon bald hatte er Zütphen, Hulst sowie Nimwegen, Geertruidenberg und auch Groningen unter seine Kontrolle gebracht. 1598 änderte sich das Gleichgewicht der Mächte durch den Frieden zwischen Frankreich und Spanien. Eine Meuterei spanischer Truppen sowie die Unerfahrenheit des Erzherzog Albrecht von Österreich, des neuen Gouverneurs der spanischen Niederlande, gaben Moritz' Armee wieder Auftrieb.

ENTSCHEIDENDE SIEGE

Wo immer möglich, vermied Moritz die offene Schlacht. Dies war eine Taktik, die er sich wohl bei dem römischen General Quintus Fabius Maximus und dessen Zermürbungskrieg gegen Hannibal abgeschaut hatte. In der Schlacht bei Turnhout 1597 errang er den Sieg über eine spanische Truppe unter Varas, der 2500 Männer gegenüber 100 auf Seiten der Niederländer verlor. Zwei Jahre später rückte Moritz an der flämischen Küste bis nach Ostende vor. Der Hafen am Ärmelkanal wurde von einer holländischen Garnison kontrolliert. Er beabsichtigte, ihn als Operationsbasis für Angriffe auf Dünkirchen und Nieuwpoort zu nutzen. Am 2. Juli 1600 schlug er eine etwas kleinere spanische Armee in den Dünen vor Nieuwpoort zurück. Der Sieg war hart erkämpft, aber Moritz konnte ihn durch die geschickte Koordination der verschiedenen Einheiten seiner Armee wie den Einsatz der Artillerie sichern. Allerdings ließ sich daraus kein Kapital schlagen: Die Armee war nicht stark genug, um Nieuwpoort oder Dünkirchen zu belagern.

Auf Geheiß des neuen spanischen Kommandanten Ambrosio Spinola wurde 1609 ein zwölfjähriger Waffenstillstand vereinbart. Als die Kämpfe in der Region 1621 wieder aufgenommen wurden, waren sie nur mehr ein Nebenschauplatz des Dreißigjährigen Krieges.

Niederländische und spanische Truppen bei der Schlacht von Nieuwpoort. Die niederländische Feldarmee aus etwa 14 000 Fußsoldaten und 1600 Reitern kämpfte gegen eine spanischen Armee aus etwa 10 000 Fußsoldaten und maximal 2000 Reitern.

LUTTER AM BARENBERGE

Johann t'Serclaes von Tilly / Christian IV. von Dänemark
27. August **1626**

FERDINAND II., SPROSS DER HABSBURGERDYNASTIE, wurde 1619 Kaiser des Heiligen Römischen Reichs. Von Jesuiten streng katholisch erzogen, verstand er sich als das „Schwert der Gegenreformation". Sein Ziel war es, die Hegemonie der Habsburger zu sichern sowie das Reich von der „protestantischen Bedrohung" zu befreien. Zunächst wandte er sich Böhmen zu, wo ein Großteil der Bevölkerung protestantisch geworden war, darunter fast der gesamte Adel.

Am 23. Mai 1618 begann der Dreißigjährige Krieg mit dem „Zweiten Prager Fenstersturz". Protestanten warfen die vom Kaiser ernannten katholischen Statthalter aus einem der oberen Fenster des Hradschin, der Prager Burg. Angeführt von Graf Heinrich von Thurn forderten protestantische Adlige die katholische Autorität in Böhmen und Mähren heraus, indem sie einen Protestanten zum König ernannten: Friedrich V. von der Pfalz. Der folgende Konflikt hatte verheerende Folgen für Mitteleuropa. Besonders Deutschland sollte sich in den nächsten 150 Jahren weder kulturell noch wirtschaftlich erholen.

Als Reaktion auf diese Provokation marschierten Kaiser Ferdinands Verbündete in Friedrichs neuem Reich ein: Spanische Truppen besetzten den Süden, bayrische Truppen den Norden. Bei der Schlacht am Weißen Berg vor Prag am 8. November 1620 wurde Friedrichs etwa 15 000 Mann starke Armee von den übermächtigen kaiserlichen Truppen unter Graf Johann t'Serclaes von Tilly und Graf Karl Bonaventura von Bucquoy geschlagen. Die kaiserliche Armee zog weiter nach Böhmen.

DER MÖNCH

Graf von Tilly war Wallone. Er hatte während der Niederschlagung der protestantischen niederländischen Republik unter dem Herzog von Parma gedient. Seine Loyalität zu den katholischen Habsburgern war unerschütterlich. In einer Jesuitenschule erzogen, musste er in seiner Jugend erleben, wie sein Heimatland von Calvinisten verwüstet wurde. Aufgrund seines asketischen Lebenswandels wie seiner religiösen Ausbildung nannte man ihn auch den „geharnischten Mönch".

Nach Parmas Tod stand Tilly weiterhin im Dienst der Habsburger, kämpfte ab 1594 gegen die Osmanen in Ungarn und wurde 1605 zum Feldmarschall befördert. Er verließ die kaiserliche Armee, um Maximilian I. von Bayern zu dienen. 1610 wurde er Befehlshaber der Armee der neu gegründeten „Katholischen Liga".

In Allianz mit der spanischen Armee Flanderns unter Gonzalo Fernández de Córdoba besiegte Tilly die protestantischen Truppen unter dem Markgrafen von Baden-Durlach, dem Grafen von Mansfeld und Herzog Christian von Braunschweig.

ctttuche vovuvuny ver ttghuuhen VICTORI welu de Buff zu 'taff: GENERAL vuwer den König in Dennemarck 22 Aug: j62 6 St: NOVO. erhalten.

A. Northeim wirt vom König entfetzt

B. Gr. Tyllt begibt sich uf Göttingen

C. Tyllische Bataglia.

D. Königs Bataglia.

E. 20. Fähnlein Königisch/so Cer: Tylly erobert

F. Der König falvirt sich naher Wolfenbüttel

Damit brachte er die „kurpfälzische Phase" des Krieges zu einem erfolgreichen Abschluss. Tillys Armee verwüstete dabei die Gebiete, durch die sie zog. Heidelberg etwa wurde nach elf Wochen Belagerung in Schutt und Asche gelegt. In Anerkennung seiner Leistungen wurde Tilly 1623 vom Kaiser in den Grafenstand erhoben.

Der spanische General Ambrosio Spinola spielte in der frühen Phase des Krieges eine wichtige Rolle bei der Bekämpfung der Protestanten. Er hatte deren Versorgungslinien durch das Rheinland gekappt und die niederländische Festung bei Breda eingenommen. Währenddessen hatte Tillys Armee der „Katholischen Liga" in der Pfalz gekämpft. Die österrei-

chischen Truppen des Kaisers waren damit beschäftigt, die Bedrohung durch Fürst Gabriel (Gábor) Bethlen von Siebenbürgen abzuwenden. Im Winter 1624/25 bat Bayern um Unterstützung. Der Kaiser organisierte das Heer neu: Tilly führte weiterhin die „Katholische Liga" an. Doch eine neue, separate kaiserliche Armee kämpfte nun unter dem Kommando des brillanten, aber sprunghaften böhmischen Adligen Albrecht von Wallenstein.

UNBESONNENES ABENTEUER
Ab 1625 wurden die protestantischen Truppen des Niedersächsischen Kreises von Christian IV. von Dänemark angeführt. Der König wollte dabei auch seinen

Zeitgenössische Karte, die den Verlauf und die Folgen der Schlacht von Lutter am Barenberge zeigt. Die Legende am oberen rechten Rand erläutert die verschiedenen Phasen der Auseinandersetzung. Der letzte Punkt lautet: „F: Der König flüchtet sich nach Wolfenbüttel."

Der „Zweite Prager Fenstersturz" von 1618 markierte den Beginn der Aufstände böhmischer Protestanten gegen die katholische Herrschaft. Der Vorfall hatte weitreichende Konsequenzen für den Frieden und die Sicherheit im Europa des 17. Jahrhunderts. Nachkolorierter Stich des Schweizer Kupferstechers Matthäus Merian.

Einfluss auf die wohlhabenden Bistümer Verden, Bremen und Osnabrück ausdehnen. Trotz seines unbestreitbaren persönlichen Mutes fehlte es ihm an guten Beratern. Er setzte zudem zu große Hoffnung auf die Unterstützung der Briten wie Niederländer. Fehlentscheidungen hatten zur Folge, dass der Konflikt und das Unheil, das er mit sich brachte, über die Grenzen Deutschlands ausgeweitet wurden.

Im Juli 1625 überquerte Christians 17 000 Mann starke Armee die Elbe, sie zog auf Hameln. Während des Vormarsches wurde der König von seinem Pferd abgeworfen. Er stürzte einen tiefen Abhang hinunter, was er fast unbeschadet überstand. Christians Männer sahen darin ein gutes Omen für die Schlacht.

Zunächst konnte Tilly den Vormarsch von Christians Armee aufhalten, aber die Protestanten erhielten massiven Beistand: Am 9. November 1625 beschlossen England und Holland in Den Haag, mit ihrem hauptsächlich finanziellen Gewicht die anti-katholische Koalition zu unterstützen.

Graf Ernst von Mansfeld wurde der Oberbefehl über die protestantische Armee erteilt. Er sollte Wallenstein angreifen, die Elbe entlangmarschieren und zu Gabriel Bethlen stoßen, um Österreich von hinten zu attackieren.

TÖDLICHE FALLE

Das war jedoch keine leichte Aufgabe. Mansfeld wurde von Wallenstein in der Schlacht an der Dessauer Brücke im April 1626 geschlagen, er verlor ein Drittel seiner Armee. Eine kleine Armee unter dem Herzog von Braunschweig konnte kaum etwas ausrichten. Kurz darauf erkrankte der Herzog und starb.

In dem Glauben, Tilly sei ernsthaft geschwächt, weil er einen Bauernaufstand in Oberösterreich niederschlagen musste, nahm Christian währenddessen die Verfolgung seines Hauptwidersachers auf. Der dänische König setzte sich mit einer Armee von etwa 21 000 Mann von Wolfenbüttel bei Braunschweig in Bewegung. Seine Marschroute führte ihn durch das Tal der Innerste sowie das Tal der Neile, zwischen den Höhenzügen des Hainbergs wie des Oderwalds hindurch. Tilly hatte allerdings Verstärkung durch etwa 8000 von Wallensteins Männern sowie weitere unter Graf Nikolaus des Fours (auch Desfours) bekommen. Durch Scharmützel mit Christians Vorhut gelang es Tilly, den dänischen König in eine Falle zu locken.

Der Historiker John Childs bezeichnete Lutter am Berenberge als «Tillys größte und professionellste Schlacht». Am 24. August, zu spät, erkannte Christian, dass Tillys verstärkte Armee mit etwa 24 000 Mann nun größer als seine eigene war. Er ließ sich nach Wolfenbüttel zurückfallen. Strömender Regen und das dicht bewaldete Gelände behinderten jedoch seinen Rückzug. Zudem wurde er von Tillys Trupps drangsaliert. Bei Lutter am Barenberge wurde die schmale Straße von einem Versorgungstross blockiert.

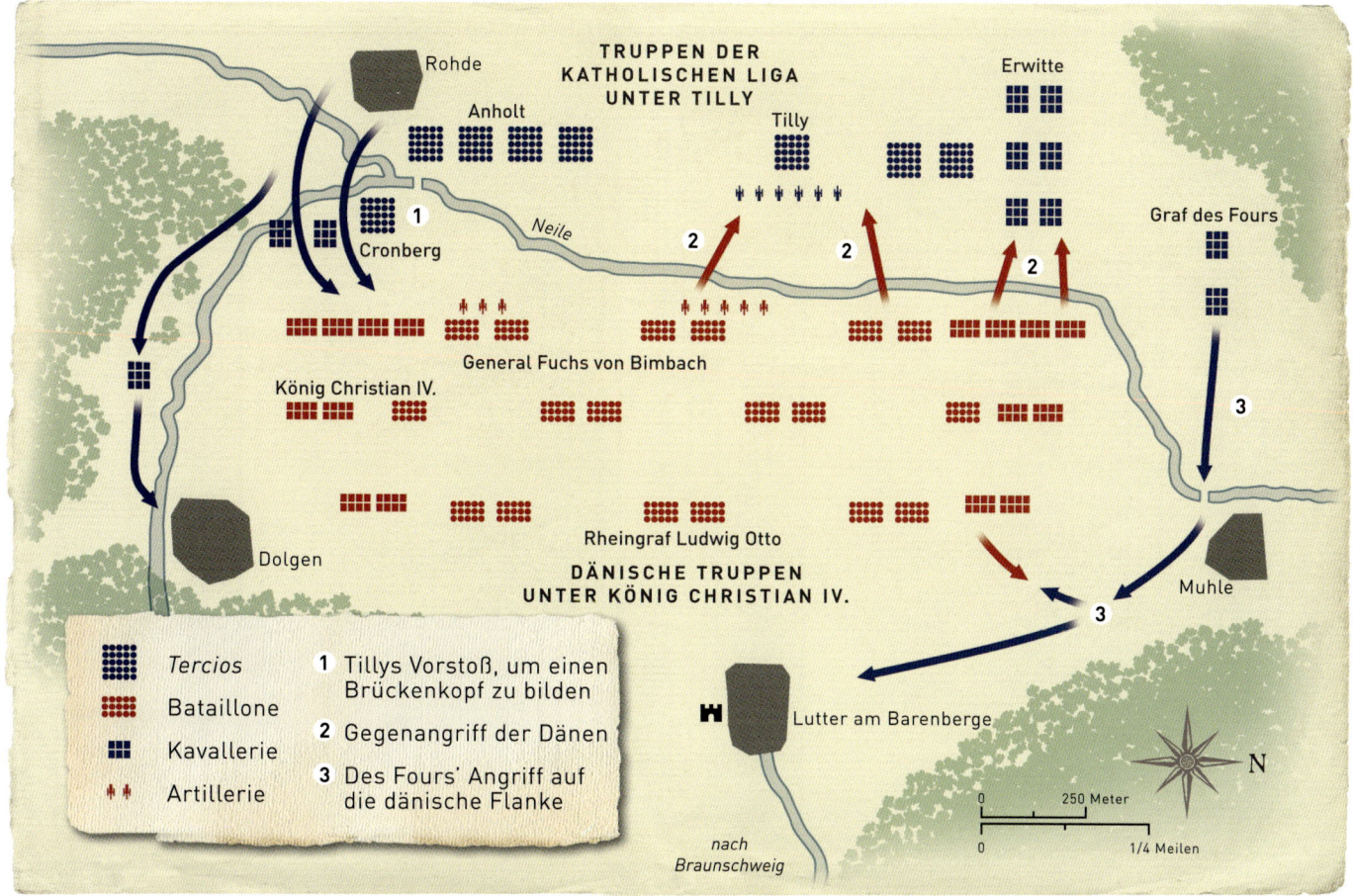

TRUPPEN DER
KATHOLISCHEN LIGA
UNTER TILLY

Rohde

Anholt

Tilly

Erwitte

Cronberg

Neile

Graf des Fours

General Fuchs von Bimbach

König Christian IV.

Dolgen

Rheingraf Ludwig Otto

DÄNISCHE TRUPPEN
UNTER KÖNIG CHRISTIAN IV.

Muhle

Lutter am Barenberge

nach
Braunschweig

Tercios

Bataillone

Kavallerie

Artillerie

1 Tillys Vorstoß, um einen
Brückenkopf zu bilden

2 Gegenangriff der Dänen

3 Des Fours' Angriff auf
die dänische Flanke

0   250 Meter

0   1/4 Meilen

N

Christian blieb keine andere Wahl, als hinter dem Fluss Neile in Stellung zu gehen.

Christians Taktik ging auf Moritz von Oranien zurück: Die Männer wurden zu Bataillonen von 1200 Soldaten in drei gestaffelten Linien formiert, zu beiden Seiten flankiert von der Kavallerie. Tilly hatte seine Männer in fünf altmodischen *Tercios* (Drittel) aufgestellt, die Kavallerie ebenfalls an den Flanken. Als Tilly nun versuchte, einen Brückenkopf auf der Südseite der Neile zu errichten, wurde er von Christians Kavallerie zurückgedrängt. Dies ermutigte die Dänen zu einem unorganisierten Angriff über die Neile hinweg auf Tillys Hauptstellungen.

Sie wurden von Musketen- und Artilleriefeuer in Fetzen gerissen. Die kaiserliche Kavallerie unter Graf des Fours überquerte die Brücke bei Muhle und griff sie über die Flanken an. Es kam zu einem hastigen, ungeordneten Rückzug, bei dem Christian

etwa 4000 bis 8000 Männer verlor. Tillys Verluste waren deutlich geringer.

Deutschland war nun der Gnade der vereinten Armee unter Tilly und Wallenstein ausgeliefert. Wallenstein vertrieb die Dänen aus Schleswig-Holstein und von der Halbinsel Jütland. Sie suchten auf den Inseln Zuflucht. Das Land aber war für den Katholizismus zurückerobert worden. Im Lübecker Frieden vom 22. Mai 1629 erhielt Christian seine Gebiete unter der Voraussetzung zurück, dass er die deutsche Sache unterstützen sowie eine Flotte in Wismar bauen würde. Trotz der Niederlage, die er bei seinem übereilten militärischen Abenteuer erlitten hatte, akzeptierte Christian diese Friedensbedingungen mit Gleichmut. Er spekulierte wohl darauf, dass diese neue Flotte irgendwann zum Einsatz gegen seinen Erzfeind auf der anderen Seite der Ostsee kommen würde, den schwedischen König Gustav Adolf.

Truppenaufstellung

bei Lutter am Barenberge in Niedersachsen. Der entscheidende Moment kam, als Graf des Fours' Kavallerie hinter die dänischen Linien gelangte. König Christians Artilleriestellungen fielen dem Feind in die Hände, es kam zu einer panischen Flucht.

BREITENFELD

Gustav II. Adolf von Schweden / Johann t'Serclaes von Tilly
17. September 1631

DIE ARMEEN DER KATHOLISCHEN LIGA schienen bis 1629 einen entscheidenden Vorteil im Dreißigjährigen Krieg erlangt zu haben. Für die protestantische Sache sah es in Deutschland düster aus, zumal zwei ihrer Hauptverfechter, Christian IV. von Dänemark und Gustav II. Adolf, König von Schweden, erbitterte Feinde waren. Aber Albrecht von Wallenstein, wichtigster Befehlshaber des Kaiserreiches, verausgabte sich bei dem Versuch, einen Kanal zur Ostsee zu sichern. Dadurch wurde König Gustav Adolf 1630 in den Konflikt hineingezogen. Nun wendete sich das Blatt zugunsten der Protestanten.

Gustav II. Adolf war ein herausragender Militärstratege. Wie sein Mentor Moritz von Oranien heuerte er Söldner an. Er führte die Wehrpflicht ein, schuf eine Volksarmee, «die homogenste und kompakteste Infanterie in Europa». Auch er bezahlte seine Truppen, um Plünderungen und Fahnenflucht zu verhindern.

DER ERNEUERER

Gustav legte großen Wert auf Drill, gute Ausrüstung sowie Taktik, auch darin folgte er dem Beispiel seines Mentors. Er ließ die Piken mit Eisenspitzen verstärken, damit sie nicht vom Feind abgeschlagen werden konnten. Zudem führte er leichtere Musketen ein. Die Bataillone bestanden aus etwa 500 Mann und waren zu sechs Reihen in drei bis vier Eskadrons (Schwadronen) aufgestellt, so dass sie eine T-förmige Brigade aus 1500 bis 2000 Mann bildeten. Hinzu kamen Offiziere sowie Unteroffiziere. Die schwedischen Formationen waren deutlich weniger schwerfällig als die von den kaiserlichen Armeen bevorzugten größeren *Tercios*. Seine Brigaden stellte Gustav Adolf in keil- oder pfeilförmigen Formationen auf. Ihre Linien

Panorama des Schlachtfeldes bei Breitenfeld (1637) in einem Kupferstich von Matthäus Merian, dem Älteren. Die schwerfälligen kaiserlichen Formationen (oben) standen zwei Kompanien tief, die der Schweden jedoch nur eine. Daher waren sie beweglicher.

waren nur sechs Mann tief, ein Fünftel der Tiefe des Gegners. Jede Eskadron wurde von zwei bis drei Dreipfünder-Kanonen gedeckt, die Schrotladungen abfeuerten.

Einen effektiven Einsatz der Kavallerie hatte Gustav bei seinen einstigen Feinden in Polen kennengelernt. Andere Armeen wandten noch immer die „Caracolla" an, ein Manöver, bei dem der Reiter sein Pferd zum Stehen brachte, feuerte und dann zur Seite wegritt, um nachzuladen. Gustav hielt das für langsam und gefährlich. Es entstand eine Armee, die «entschlossen im Angriff, unnachgiebig in der Abwehr und zu großer Mobilität imstande» war.

Die meisten Armeen der Zeit setzten auf Musketiere, abgeschirmt von Pikenieren. Gustav war der Erste, der sie auch offensiv einsetzte: Musketiere feuerten Salven in die feindlichen Linien. In die entstandenen Breschen stürmten die Pikeniere und richteten ein Blutbad an. Diese Taktik sollte den *Tercios* zum Verhängnis werden.

KAMPFGETÜMMEL

Seit 1620 war Gustav Adolf in einen langen, kostspieligen Krieg gegen Polen verwickelt. Mit dem Waffenstillstand von

1629 konnten seine kampferprobten Armeen im Dreißigjährigen Krieg intervenieren. Frankreich unter Ludwig XIII. war zwar eine katholische Macht, stand aber dem habsburgischen Reich feindlich gegenüber. Es billigte den Vorstoß des schwedischen Königs nicht nur, sondern wollte ihn unterstützen. Voraussetzung war, dass Bayern, potenzieller Verbündeter Frankreichs, in Ruhe gelassen würde. Gustavs Interesse war das eines gläubigen Lutheraners, zudem hatte aber Kaiser Ferdinand die Polen im Krieg gegen Schweden unterstützt. Auch fürchtete er angesichts eines mächtigen Habsburgerreiches um die Sicherheit Schwedens.

Zur Entscheidung kam es im Mai 1631, als die strategisch wichtige Stadt Magdeburg an die kaiserlichen Truppen unter Johann von Tilly fiel. Seine Truppen und die des katholischen Konvertiten Graf Gottfried zu Pappenheim metzelten fünf Sechstel der aus 30000 Einwohnern bestehenden Stadt Magdeburg nieder. Die Gräueltaten blieben nicht ohne Folgen.

Im September 1631 trieben Versorgungsengpässe die Schweden und die kaiserlichen Armeen nach Sachsen. Johann Georg I., Kurfürst von Sachsen, weigerte sich, Tilly Einlass in sein Reich zu gewähren. Tilly ignorierte es, er erstürmte Merseburg und Leipzig. Daraufhin vereinigte der Kurfürst seine etwa 18000 mit über 20000 Mann der schwedischen Armee.

DIE SCHLACHT

Die Schlacht wurde am 17. September 1631 auf leicht hügeligem Gelände nördlich von

Aufstellung der Heere zu Beginn der Schlacht bei Breitenfeld. Der bedeutende Sieg der Protestanten im Dreißigjährigen Krieg trug maßgeblich dazu bei, dass bis dahin unentschlossene Länder ihre Sache zu unterstützen begannen.

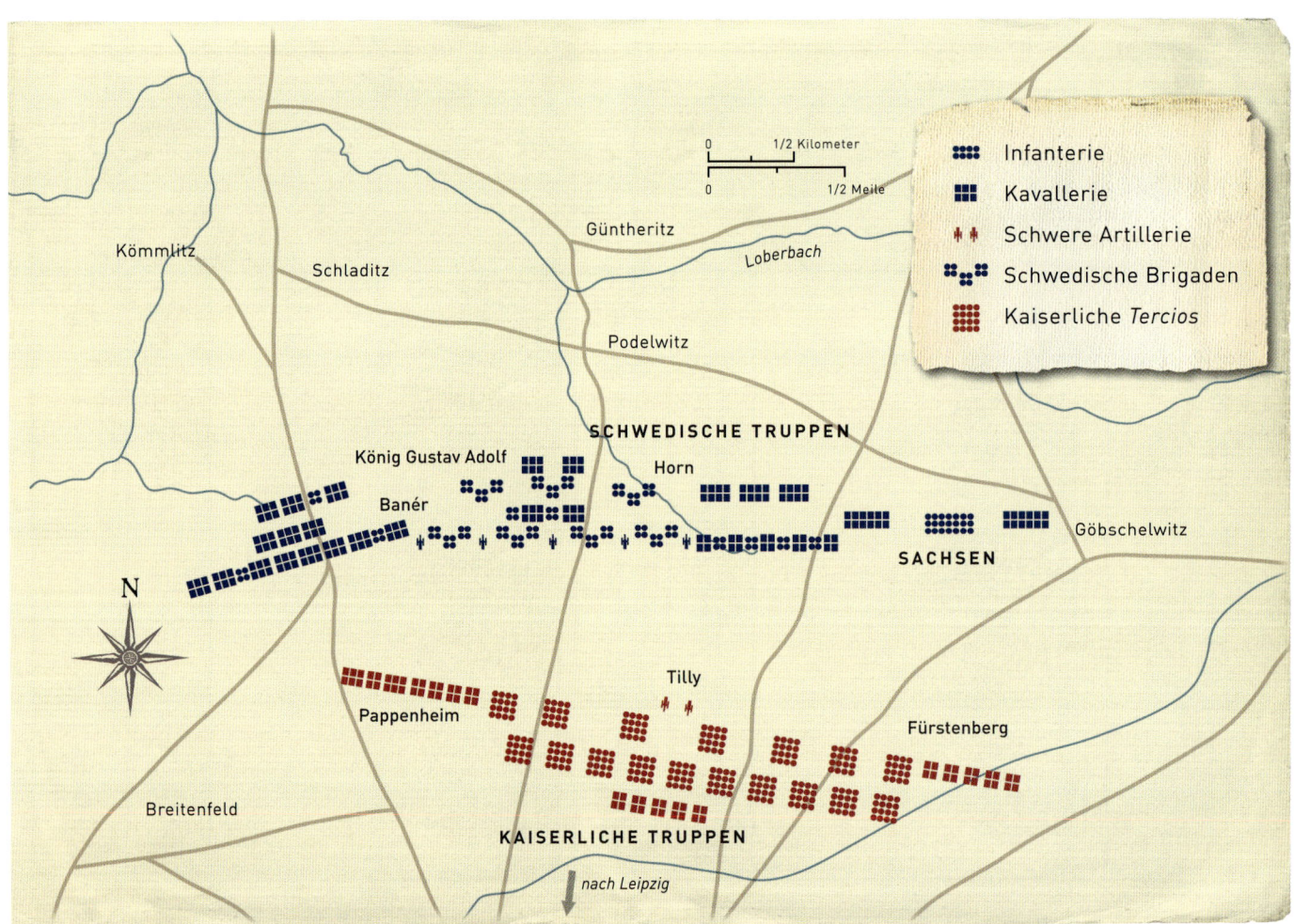

Leipzig ausgefochten. Gustav Adolf stand eine kaiserliche Armee von etwa 32 000 Mann gegenüber, nun unter dem alleinigen Kommando des inzwischen 71-jährigen Tilly. Wallenstein war zuvor wegen Befehlsverweigerung entlassen worden.

Es begann mit einem Duell der Artillerie. Gustav Adolf hatte mehr als 50 schwere Feldgeschütze, Tilly kam wohl auf etwa 30. Tillys Kommandant Pappenheim mit seinen gefürchteten Kürassieren gelang es nicht, in die unorthodoxe schwedische Reihe einzufallen, aus der tödliche Musketensalven abgefeuert wurden. Ihre Reiter preschten immer weiter nach vorne. Pappenheims Männer gerieten in Panik, sie flüchteten. Später sammelten sie sich unter seinem Befehl wieder und konnten zumindest Tillys Rückzug decken.

Gustav Adolf setzte die Prinzipien von Moritz von Oranien wirkungsvoll um. Tilly hatte es effektiv mit zwei Armeen zu tun, den Schweden sowie den Sachsen unter Hans Georg von Arnim. Jede wurde flankiert von ihren eigenen Kavallerie-Einheiten. Tillys Kavallerie auf dem rechten Flügel, kommandiert von Egon VIII. von Fürstenberg, wehrte schon bald die sächsische Reiterei ab. Tillys *Tercios* machten kurzen Prozess mit der Infanterie des Kurfürsten. Es schien, als würde Tilly einen weiteren großen Sieg erringen.

Zwar war die linke Flanke der Schweden unter Gustav Horn gefährlich offen. Aber Tilly gelang es nicht, sie aufzureiben, als er sie mit 20 000 Infanteristen und 2000 Reitern angriff. Die flexiblen Schweden bildeten nun eine neue Front gegen den kaiserlichen Angriff, mobilisierten ihre Reserven. Als sich Tillys 17 *Tercios*, 50 Reihen breit und 30 Glieder tief, nach ihrem fehlgeschlagenen Angriff mühsam wieder sammelten, fielen die Schweden über sie her: Musketiere, Pikeniere, Kavallerie und Feldgeschütze stürmten die Linien, arbeiteten sich zu den Lücken vor. Als Tillys Truppen ins Taumeln gerieten, wur-

den sie von Gustav Adolfs finnischer Kavallerie an den Flanken attackiert. Sie erbeutete die kaiserlichen Geschütze und nahm die kaiserliche Armee unter Beschuss. Es war eine vernichtende Niederlage: über 7000 Tote, 9000 Verwundete bzw. Gefangene; weitere 4000 Mann desertierten. Die Schweden und Sachsen verloren jeweils zwischen 1500 und 2500 Männern.

Tilly gelang es in der Folge zwar, seine Truppen neu zu formieren. Er wurde aber erneut von Gustav Adolf in der Schlacht bei Rain am Lech in Bayern geschlagen. Dabei wurde er tödlich verwundet. Der katholische Feldmarschall starb im April 1632 in Ingolstadt. Sein Gegner Gustav Adolf lebte nur wenig länger. Als er in der Schlacht von Lützen am 16. November 1632 kurz vor dem Sieg stand, wurde er durch einen Schuss in den Rücken getötet.

König Gustav II. Adolf in der Schlacht bei Breitenfeld, nach einem zeitgenössische Gemälde von J. Walter. Der schwedische König führte den Angriff der finnischen leichten Reiterei, der „Hakkapelittas", auf die kaiserlichen Linien persönlich an.

MARSTON MOOR

Parlamentarier / Royalisten
2. Juli **1644**

DER BÜRGERKRIEG VON 1642 BIS 1648/49 war der kostspieligste, der je auf britischem Boden ausgetragen wurde. Er forderte das Leben von über zehn Prozent der Bevölkerung. Er begann, als König Karl I. den Schotten seine Religion aufzwingen wollte, was vom Parlament nicht gebilligt wurde. Im Verlauf der Auseinandersetzungen stellte Karl 1642 eine Armee auf. Ihm gegenüber standen die Truppen des Grafen von Essex. Doch als der Konflikt sich ausweitete, wurde der Puritaner Oliver Cromwell zur führenden Figur.

Oliver Cromwell kämpfte erst mit über 40 Jahren seine erste Schlacht. Er hatte Recht studiert, bevor er ins Parlament gewählt wurde, als Abgeordneter für Huntingdon, dann für Cambridge. Der passionierter Reiter stellte 1643 eine leichte Kavallerie zusammen, um sich den Truppen der „Eastern Association" des Grafen von Manchester anzuschließen. Cromwells Elitetruppe wurde „Ironsides" genannt, in Anlehnung an seinen Spitznamen „Old Ironsides" (der Eisenharte). Früh zum Puritanismus bekehrt, strebte Cromwell auf dem Schlachtfeld wie im Leben nach «gottseliger Disziplin». Die Freiheiten, die andere Feldherren ihren Soldaten ließen, waren bei ihm undenkbar: Fluchen, Hurerei oder Plünderungen wurden nicht ge-

duldet. Aber Gottesfurcht allein reichte nicht gegen die Gegner. Die wohlhabenderen Royalisten waren mit Schwertern, Brustpanzern und Pistolen bewaffnet. Wie König Gustav Adolf lehnte auch Cromwell das Kavalleriemanöver der „Caracolla" ab, er bevorzugte den Nahkampf, den harten, direkten Angriff der Reiterei.

Die erste Feldschlacht im englischen Bürgerkrieg wurde 1642 bei Edgehill nahe Banbury geschlagen. Keine Seite konnte den Sieg für sich beanspruchen. Obwohl der Graf von Essex das Feld am Ende kontrollierte, wurde Karls Vormarsch auf London nicht verhindert. Doch der König zögerte; als er schließlich Turnham Green erreichte, erwartete ihn die über 20000 Mann starke Armee des Parlaments.

Bei Marston Moor, in der größten Schlacht, die je in Großbritannien geschlagen wurde, standen sich 27000 Parlamentarier und 18000 Royalisten gegenüber. Bis Cromwell dank seiner entschlossenen Führung den Sieg davontrug, war die Schlacht ein heilloses Durcheinander, wie dieses Gemälde des Künstlers John Barker aus dem 19. Jahrhundert zeigt.

Frontispiz einer Streitschrift gegen den Royalismus. Gezeigt wird Prinz Ruprecht von der Pfalz mit seinem berühmten Pudel „Boy". Ruprecht wurde wegen seiner „barbarischen Grausamkeit" gegen die Stadt Birmingham kritisiert. Seine Truppen hatten im April 1643 brutal Vergeltung geübt und 80 Häuser in Brand gesteckt.

Karl ritt nach Oxford, um dort zu überwintern. Inzwischen schlugen Sir Ralph Hoptons und Lord Wilmots Armeen die parlamentarischen Truppen unter Sir William Waller. Die Parlamentarier verloren die Kontrolle über Severn Valley. Bristol und Gloucester drohten ebenfalls an den König zu fallen.

Im Norden waren Karls Befehlshaber William Cavendish, Herzog of Newcastle, Sir Marmaduke Langdale sowie Lord Goring erfolgreich. Das 6000 Mann starke Parlamentsheer unter Lord Fairfax und seinem Sohn, Sir Thomas Fairfax, wurde im Juni 1643 bei Adwalton Moor geschlagen. Man trieb sie nach Hull zurück.

Die Königin schickte Karl 3000 Mann Verstärkung nach Oxford, so dass seine Armee jetzt der von Essex überlegen war. Inzwischen nahm Prinz Ruprecht von der Pfalz Bristol ein. Ruprecht, Sohn des „Winterkönigs" Friedrich V. und von

Karls Schwester Elisabeth, war eine imposante Erscheinung mit dem Ruf der Unbesiegbarkeit. Dem König gelang es zwar nicht, London einzunehmen, aber er konnte Gloucester belagern. Essex befreite die Stadt wieder, wurde aber auf dem Rückweg von Karl aufgehalten. Beide Armeen lieferten sich bei Newbury eine Schlacht ohne klaren Sieger, in der viele royalistische Kavalleristen ihr Leben ließen.

Im Januar 1644 überquerte Graf von Leven mit etwa 20 000 Schotten den Fluss Tweed, um die Armee der Parlamentarier zu verstärken. Karl warb daraufhin um die Unterstützung der Iren, ohne sich über den dort aufkommenden Nationalismus oder den Katholizismus Gedanken zu machen. So konnte er seine Truppen aufstocken, besonders die Infanterie.

SAMMELN ZUR SCHLACHT

Marston Moor war die größte und wichtigste Schlacht des englischen Bürgerkriegs. Levens Schotten waren nach Süden gezogen. Sie hatten sich mit der Nordarmee von Fairfax zusammengetan, die sich mit den Truppen von Essex aus East Anglia vereinigte. Lord Manchester kam mit seiner großen Kavallerie dazu.

Der Herzog von Newcastle, der die königlichen Truppen im Norden kommandierte, hatte sich nach York zurückgezogen. Karl I. befahl Prinz Ruprecht, York um jeden Preis zu unterstützen. Daraufhin überquerte Ruprecht mit seinem Entsatzheer die Pennines, um die parlamentarische Armee auszumanövrieren und auf Newcastle vorzudringen.

Die Parlamentarier beschlossen, die Männer des Königs auf ihrem Marsch nach Süden aufzuhalten. Am 2. Juli, einem Tag, an dem immer wieder heftige Regenschauer niedergingen, befand sich ihre Nachhut bei Marston Moor, südwestlich von York. Die Royalisten stürmten aus York heraus, um zu kämpfen. Aber Newcastle zog die Entscheidung in die Länge.

Ruprecht konnte den Feind erst angreifen, als die Royalisten ihre Linie aufgestellt hatten. Es wurde Nachmittag, bis beide Armeen in Stellung gegangen waren: Fußtruppen in der Mitte, Reiterei an den Flanken, einschließlich der Dragoner, die als aufgesessene Artillerie fungierten. Zwischen ihnen lag die Straße von Long Marston nach Tockwith. Die Front der Parlamentarier war etwa 2,5 Kilometer lang, die der Royalisten ein wenig länger. Vor den Königlichen lagen Felder sowie ein Graben, während sich die Parlamentarier auf leicht ansteigendem Gelände befanden. Insgesamt zählte die royalistische Armee nun um 18 000 Mann. Sie war damit den alliierten Truppen der Schotten und Parlamentarier mit etwa 27 000 Mann deutlich unterlegen. Unter ihnen waren 2000 Reiter von Fairfax sowie eine schottische Reserve plus 3000 Mann unter Cromwell. Fairfax stand die Kavallerie unter Goring gegenüber, während General Byron es mit Cromwells Reitern zu tun hatte.

Die Artillerie eröffnete gegen 14 Uhr das Feuer, aber je weiter der Nachmittag fortschritt, desto unwahrscheinlicher schien es, dass es zur Schlacht kommen würde. Newcastle kehrte zu seinem Wagen zurück. Gegen 18 Uhr zogen sich die meisten royalistischen Kommandeure zum Abendessen zurück. Kurz darauf folgte ihnen Prinz Ruprecht. Beide Seiten tauschten Beleidigungen aus, schürten ihren Kampfgeist und hielten sich bereit.

VERWIRRUNG

Royalistische Musketiere hatten den Graben besetzt, als es gegen 19 Uhr zu regnen begann. Dies war die ideale Deckung für die Parlamentarier, um nach vorne zu stürmen. Ein Geistlicher, der bei der Schlacht dabei war, erinnerte sich, dass sie sich «wie dichte Wolken» den Hügel hinabbewegten. Auf der linken Seite der Linie griffen Cromwells „Ironsiders" Ruprechts Kavallerie an, und die beiden Kommandeure trafen zum ersten Mal im Gefecht aufeinander.

Ruprecht hatte klugerweise Gruppen von Musketieren zwischen seinen Reitern postiert, die Cromwells Angriff abwehren konnten. Als er sah, dass Cromwell in Schwierigkeiten war, griff der stellvertretende Kommandeur der Schotten, David Leslie, Ruprechts Flanke an.

In seinem Buch über das Leben Oliver Cromwells betont der Staatsmann John Morley, wie entscheidend diese Intervention war: «Dank dieser Ablenkung konnte Oliver, der am Hals verwundet worden war, seinen zurückweichenden Männern befehlen, kehrtzumachen … Mit Leslies Hilfe schlugen sie Ruprecht und seine Kavallerie in die Flucht.»

«Beide Armeen waren durcheinandergeraten, sowohl Reiterei als auch Fußtruppen, keine Seite hielt ihre Positionen ein. Hier fand … [ein royalistischer Augenzeuge] eine Schar Schotten, deren Wehklagen so laut waren, als habe sie der Tag des Jüngsten Gerichts ereilt. Anderswo sah er eine auf vier reduzierte, zerlumpte Truppe und einen Fahnenjunker, dann einen Offizier zu Fuß, ohne Hut und so außer Atem, dass er gerade noch nach dem Weg zur nächsten Garnison fragen konnte.»

DER STAATSMANN UND AUTOR JOHN MORLEY IN „OLIVER CROMWELL" (1900)

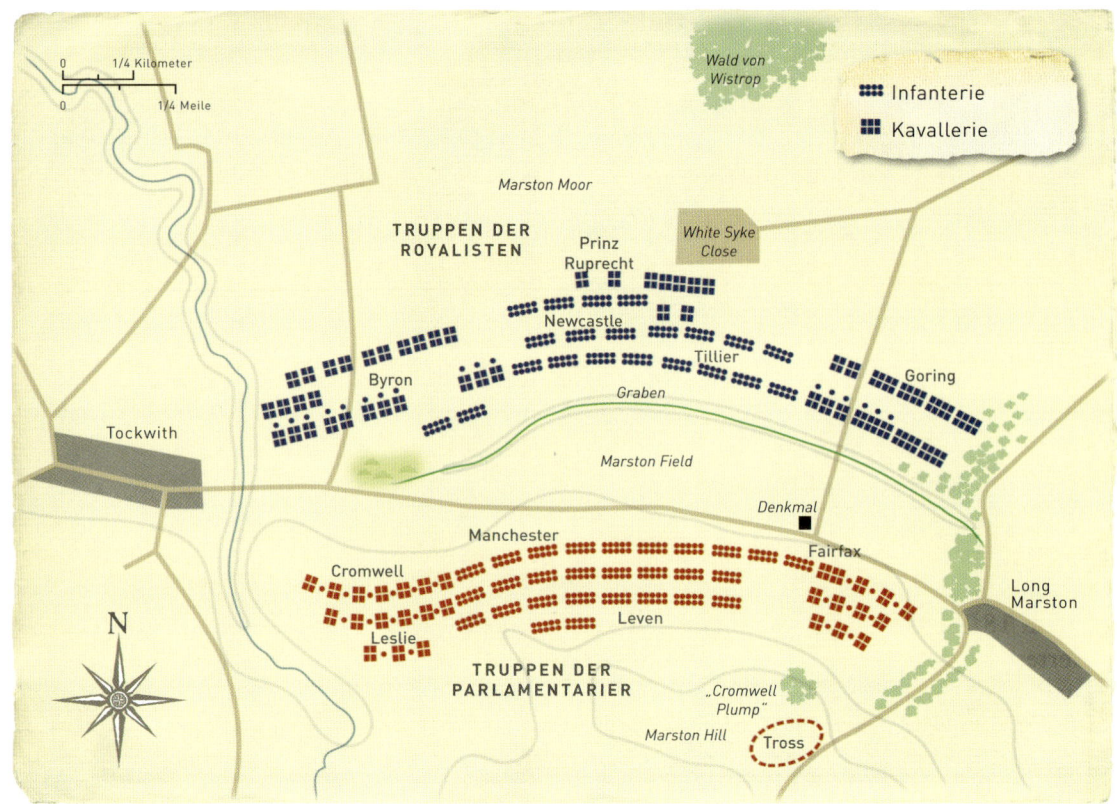

Am 2. Juli 1644

traten beiden Armeen zwischen den Dörfern Long Marston und Tockwith, südwestlich von York, gegeneinander an. Zwei Faktoren waren entscheidend für das Ergebnis: der hartnäckige Widerstand der schottischen Infanterie in der Mitte der alliierten Linie sowie das Überflügeln der royalistischen Infanterie durch Cromwell und Fairfax.

Die royalistische Kavallerie begann nun, erbittert zu kämpfen. Sie hätte durchaus die Oberhand gewinnen können, wäre nicht der hartnäckige Widerstand zweier schottischer Regimenter gewesen. Nach zwei Stunden Kampf war Fairfax verwundet worden. In dem Glauben, alles sei verloren, verließen Leven, Lord Fairfax sowie viele ihrer Männer das Schlachtfeld.

Die Kämpfe gingen bis tief in die Nacht. Cromwell sammelte seine Truppe. Im Trab holten sie zu einem entscheidenden Schlag gegen eine Einheit von Gorings royalistischer Kavallerie aus. Dieser hatte die Reiterei von Sir Thomas Fairfax auf der rechten Seite auseinandergetrieben. Danach hatte er das Feld verlassen, um auf Plünderungszug zu gehen.

DER COUP
Aber der verwundete Fairfax war nun zu Cromwell gestoßen. Gemeinsam griff die Kavallerie die königliche Infanterie von hinten an, die völlig überrascht wurde. Militärhistoriker verglichen diesen Coup mit dem Angriff des preußischen Reitergenerals von Seydlitz bei Zorndorf im Siebenjährigen Krieg. Der Sieg wurde dem Feind aus den Händen gerissen.

Die Royalisten schlugen sich tapfer. Eines von Newcastles Regimentern, die „Whitecoats", kämpfte bis zum bitteren Ende am nordöstlichen Ende des Schlachtfeldes. Ein Hauptmann der Alliierten gestand, ihm seien »noch nie so tapfere und entschlossene Kerle begegnet». Auch Einheiten von Ruprechts Kavallerie kämpften weiter, als die Schlacht schon lange verloren war.

Prinz Ruprecht soll sich angeblich in einem Bohnenfeld versteckt haben, als Cromwell vorbeiritt. Manche Parlamentarier nutzten diese schmachvolle Wendung der Ereignisse später für ihre Feindpropaganda aus. Die Royalisten hatten mindesten 4000 Tote sowie 1500 Gefangene zu beklagen. Wie Cromwell es formulierte: «Gott machte sie unter unseren Schwertern zu Stoppeln auf dem Schlachtfeld.» An die 2000 Parlamentarier und Schotten verloren ihr Leben. Der Herzog von Newcastle ging ins Exil, Ruprecht flüchtete mit 6000 Männern, York kapitulierte.

KÖNIGSMORD

Die Niederlage bei Marston Moor hatte zwar die Macht der Königlichen im Norden gebrochen, aber im Süden war die Situation eine andere. Der Graf von Essex scheiterte wiederholt bei dem Versuch, die royalistischen Truppen unter Sir Ralph Hopton in Cornwall auszulöschen. Im August zogen die Royalisten die Schlinge um Essex zu. Er konnte zwar aus Lostwithiel entkommen, aber 6000 seiner Infanteristen ergaben sich. Es wurde der größte Sieg der Royalisten.

Von Essex und seinen Leistungen enttäuscht, forderte Cromwell nun die Aufstellung einer Armee nach „neuem Muster", die „New Model Army". Er unterstellte sie dem Kommando von Sir Thomas Fairfax. Gemäß der „Self-Denying Ordinance" von 1644 hätte Cromwell für die Zeit des Bürgerkriegs eigentlich von seinem militärischen Amt zurücktreten müssen, wie Aristokraten oder Presbyterianer, wurde aber vorübergehend zum Generalleutnant ernannt. Cromwells Intervention wurde auch in der Schlacht von Naseby 1645

entscheidend. Ein wichtiger Erfolg war zudem die Beschlagnahmung der Briefe Karls I. für die Parlamentarier. Aus ihnen ging hervor, dass er mittlerweile versucht hatte, eine Rebellion in Irland anzufachen.

Weiterhin gelang es den Parlamentariern, Widerstandsnester auszuheben. Nach einer Gefangennahme 1647 floh der König, er verbündete sich vorübergehend mit den Schotten. 1648 brach ein zweiter Bürgerkrieg aus. Eine vom Herzog von Hamilton angeführte royalistische Truppe wurde von Cromwell bei Preston besiegt. Das fortgesetzte Doppelspiel sowie die Weigerung des Königs, einen Kompromiss zu schließen, führten zu dessen Anklage sowie seiner Hinrichtung 1649.

Cromwell führte sein erstes unabhängiges Kommando in Irland. Sein Ruf wurde aber für alle Zeiten durch die Massaker befleckt, die seine Truppen bei Drogheda und Wexford anrichteten. Nach dem Strafzug gegen Irland ernannte man ihn zum Oberbefehlshaber der Armee.

Der Schlacht von Marston Moor wird mit einem Obelisken an der Straße zwischen Tockwith und Marston Moor gedacht. Nach der Schlacht sagte Cromwell: «England und der Kirche Gottes hat der Herr mit diesem Sieg, den er uns geschenkt hat, einen wahrhaft großen Dienst erwiesen.»

HÖCHSTÄDT

Große Allianz / französische und bayrische Armeen
13. August 1704

IM 17. JAHRHUNDERT herrschte in Europa fast ununterbrochen Krieg. Grund waren auch die Expansionsbestrebungen des französischen Königs Ludwig XIV. Von 1688 bis 1697 sammelten sich in der „Augsburger Allianz" die meisten Länder Europas zu einem Bund gegen den Monarchen. Zudem unterstützten die Franzosen den im Zuge der „Glorreichen Revolution" in England abgesetzten katholischen König Jakob II. Vor allem Ludwigs Anerkennung des Sohnes von Jakob II., James Stuart, als rechtmäßiger König von Großbritannien und Irland zwang England, gegen ihn vorzugehen.

Die Schlacht von Höchstädt in einem Gemälde des Künstlers Jan van Huchtenburg von 1705. Der holländische Maler begleitete Armeen bei Feldzügen. Von Prinz Eugen und anderen Befehlshabern erhielt er den Auftrag, die wichtigsten Ereignisse ihrer Schlachten festzuhalten.

Bedeutendster Kommandant der „Augsburger Allianz" war John Churchill, Graf von Marlborough. Geboren 1650, tat sich der junge Offizier erstmals im Dritten Englisch-Holländischen Krieg (1672–1674) hervor. Er befehligte ein englisches Regiment, das unter dem bedeutenden französischen Marschall Vicomte de Turenne im Elsass kämpfte. Für seine Verdienste in der „Glorreichen Revolution" wurde Churchill 1689 zum Grafen von Marlborough ernannt. Er besiegte die Franzosen am 25. August desselben Jahres in der Schlacht bei Walcourt in Flandern.

GEGEN LUDWIG

Kurz nach dem Krieg gegen die „Augsburger Liga" brach im September 1701 der Spanische Erbfolgekrieg aus. England, die österreichischen Habsburger, die Vereinigten Niederlande, Brandenburg-Preußen sowie fast alle kleineren deutschen Staaten schlossen sich in der sogenannten Großen Allianz zusammen. Denn Ludwigs Enkel Philipp von Anjou sollte dem letzten spanischen Habsburger, Karl II., auf den Thron folgen. Ludwig wurde von Savoyen, Spanien, Bayern sowie Mantua und dem Erzbischof von Köln unterstützt.

Schauplatz der ersten Feldzüge waren Italien wie das Elsass, alliierter Befehlshaber war Prinz Eugen von Savoyen. Nachdem man ihm einen Posten in der französischen Armee verweigert hatte, bot er seine Dienste dem österreichischen Kaiser Leopold I. an. Eugen war ein furchtloser Kämpfer. Er trieb die Osmanen zurück, als sie versuchten, Westeuropa zu überrennen. Seine Partnerschaft mit dem Grafen von Marlborough sollte eine der dynamischsten in der Geschichte der Kriegsführung werden.

Die Invasion der Spanischen Niederlande Anfang 1702 durch Ludwig stellte eine Bedrohung der benachbarten Vereinigten Niederlande dar. Die Allianz unter Marlborough eroberte die französischen Festungen an der Maas später in diesem Jahr. Seine militärischen Verdienste dieser Zeit führten zur Ernennung zum Duke.

Im Frühjahr 1703 verlagerte sich der Hauptkriegsschauplatz nach Süden. Die Franzosen und ihre bayrischen Verbündeten beabsichtigten, Wien einzunehmen. Maximilian Emanuel II. von Bayern war zur Bekämpfung eines Volksaufstandes nach Tirol ausgeschert. Der französische Kommandant Marschall Villars wartete ungeduldig, wehrte alliierte Truppen im

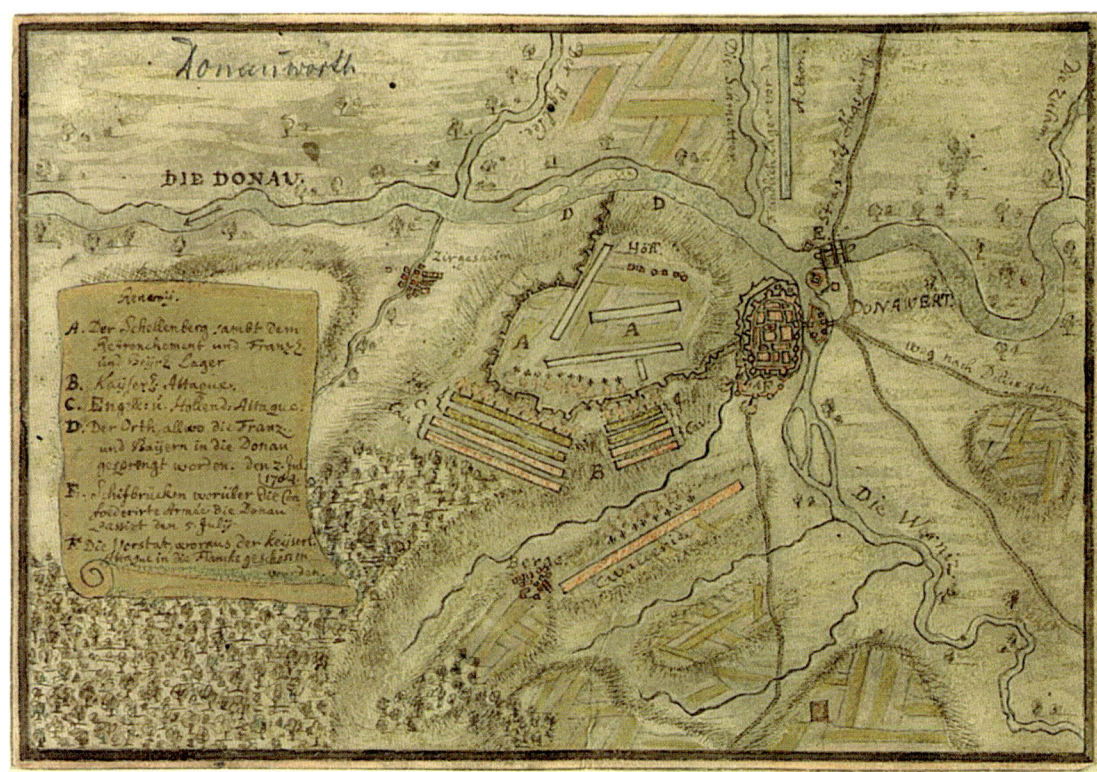

Donautal ab und versuchte, Maximilian wieder zu dem eigentlichen Einsatz zurückzuholen. Die französisch-bayrischen Truppen vereinigten sich schließlich Anfang 1704, sie waren bereit, auf Wien vorzurücken.

MANN DES AUGENBLICKS
Während die englische Flotte Anfang August die Kontrolle über den Fels von Gibraltar an sich riss, versuchte Marlborough, die Franzosen von der Straße nach Wien fortzulocken. Marlborough machte sie glauben, er werde sie an der Mosel angreifen. Dann verließ er sein Basislager in Holland. Er marschierte mit seinen Männern etwa 400 Kilometer, um seinen Feind in Bayern zu verfolgen. Marlboroughs Truppen mussten sehr schnell diese große Strecke zurücklegen, konnten aber dank günstiger Bedingungen großzügige Ruhepausen einlegen. Bei Frankfurt erhielten alle neue Stiefel. Im Juni vereinte Marlborough seine Truppen in Süddeutschland mit denen von Markgraf Ludwig von Baden und Prinz Eugen, den anderen Befehlshabern der Allianz. Die Truppe von Prinz Eugen sollte zunächst die

Franzosen unter Marschall Villeroy davon abhalten, zum Kriegsschauplatz in Bayern vorzudringen. Die Männer Ludwigs von Baden schlossen sich hingegen mit denen Marlboroughs zusammen.

Marborough setzte alte und neue Methoden der Kriegsführung ein: Während sich seine Kavallerieangriffe an den Taktiken von König Gustav Adolf von Schweden im Dreißigjährigen Krieg vor 70 Jahren orientierten, war fast seine gesamte Armee mit modernen Bayonetten ausgestattet. Pikeniere wurden nicht mehr gebraucht. Die Grenadiere, von denen jeder drei Granaten trug, waren mit neuen Steinschlossgewehren bewaffnet. Die Artillerie feuerte inzwischen nicht mehr nur Kanonenkugeln ab, sondern auch Kartätschen (Schrotladungen), eine verheerende gegen Personen gerichtete Munition.

Ihren ersten verlustreichen Sieg errang die alliierte Armee am 2. Juli, als sie den Schellenberg bei Donauwörth erstürmte. Auf der Südseite der Donau sollte ein Brückenkopf errichtet werden. Die Artillerie spielte eine wichtige Rolle. Sie würde die Angreifer aus dem „Todeswinkel" in den

Befestigungsmauern der Stadt abwehren. Marlborough plante, in der Stadt ein Magazin für seine Armee einzurichten. Er und Prinz Eugen steckten Dörfer in der Nähe in Brand, um die französisch-bayrischen Truppen zum Kampf herauszulocken.

Im August schloss sich Prinz Eugen mit Marlboroughs Truppen südwestlich von Donauwörth zusammen. Insgesamt verfügten sie nun über rund 52 000 Mann. In den Reihen der Preußen befand sich auch ein junger Leutnant namens Kurt-Christoph von Schwerin, der im Jahr 1741 in der Schlacht bei Mollwitz zu Ruhm gelangen sollte.

Die französische Armee, die den Alliierten mit ihren 56 000 Mann nun überlegen war, wurde von Marschall Tallard angeführt, dem ehemaligen französischen Botschafter am britischen Königshof.

Marlborough und Prinz Eugen überraschten die Franzosen am Morgen des 13. August. Tallard musste seine Männer hastig zwischen Blindheim an der Donau und Lutzingen zu seiner Linken aufstellen. In der Mitte lag das Dorf Oberglau. Der Marschall hatte die drei Dörfer in seiner Linie befestigt.

Marlborough mangelte es an Fußsoldaten, aber er hatte einen klaren Vorteil bei der Kavallerie. Erfreut sah er, dass Tallard seine Reiterei auf idealem Kavallerieterrain zwischen Blindheim und Oberglau konzentriert hatte. Er hatte vor, einen großen Teil der französischen Truppen dort einzukesseln.

SCHWIERIGES TERRAIN

Prinz Eugen stand dem Grafen de Marsin sowie dem Kurfürsten mit 74 Eskadrons (Schwadronen) kaiserlicher Reiter und 18 Infanterie-Bataillonen (zwei Drittel Preußen, ein Drittel Dänen) auf der anderen Seite eines Sumpfes gegenüber. Marlborough war links vor Tallard postiert. Eugens Truppen starteten wiederholt Angriffe über den Morast. Das hinderte den

Kurfürsten und Marsin daran, Tallard zu helfen, der dringend Verstärkung brauchte. Marsins Kavallerie war im Sumpfgebiet nur von geringem Nutzen.

Eugens Kavallerie unter dem Kommando des Herzogs von Württemberg gelang es, den Nebelbach zu überqueren, der die beiden Armeen trennte. Dieser führte durch sumpfiges Gelände in die Donau. Aber die Einheit traf auf eine zweite Linie, sie wurde über den Fluss zurückgetrieben. Als Nächstes rückte die preußische Infanterie vor, wurde aber abgeschmettert. Eugens Armee war wieder da, wo sie angefangen hatte. Er startete

Aufstellung zur Schlacht: Auf dem rechten Flügel der alliierten Truppen führte Prinz Eugen seine kaiserliche Infanterie und Kavallerie trotz einiger Rückschläge wiederholt nach vorne.

jetzt einen zweiten Kavallerieangriff, der ebenfalls scheiterte. Der zweite Angriff der Infanterie war jedoch ein Treffer. Unterstützt vom Sperrfeuer seiner 14 Geschütze ließ Eugen seine Männer auf Lutzingen los, während die Dänen die französisch-bayrischen Geschütze überrannten. Aber ohne Unterstützung der Kavallerie mussten sie wieder den Rückzug antreten.

Marlborough suchte nach einem Ort, wo er eine zahlenmäßige Unterlegenheit des Gegners ausnutzen könnte. Zu diesem Zweck würde er Ablenkungsmanöver starten. Sobald die Franzosen ihre Truppen neu formiert hatten, um diesen Angriffen zu begegnen, könnte er seine eigenen Streitkräfte konzentrieren und einen vernichtenden Schlag landen.

Oberglau wurde von französischen Infanterie-Bataillonen gehalten, darunter irische Emigranten. Die Holländer unter dem Herzog von Holstein-Beck versuchten das Dorf zu stürmen, aber die Franzosen waren in der Überzahl. In dieser Phase der Auseinandersetzungen schien es, als würden die Franzosen die Oberhand gewinnen und die Allianz in zwei Teile spalten.

Marlborough versammelte die Holländer. Er schickte die Kaiserlichen Kürassiere des Grafen Fugger ins Feld, die die Franzosen in der Flanke erwischten.

DIE LAGE SPITZT SICH ZU

Die eigentliche Schlacht begann, als Lord Cutts Blindheim zweimal mit seiner Division angriff. Die erste Welle der Truppen unter Brigadegeneral Rowe wurde übel zugerichtet. Die Franzosen eroberten ihre Farben, bevor sie zurückgedrängt wurden. Dann griffen Cutts Reserven unter dem Kommando von Oberst Wilkes an. Sie verteidigten die Elite-Gendarmen und holten deren Farben zurück. Tallard war jetzt so alarmiert, dass er die französischen Reserven nach vorne befahl, um die Linie zu verstärken. Dadurch war seine Front so dicht gedrängt, dass die Männer nicht ein-

mal Platz hatten, ihre Gewehre abzufeuern. Noch schlimmer wurde es dadurch, dass die Franzosen die drei Dörfer in Brand gesteckt hatten. Ihre Soldaten kämpften nun zusätzlich gegen das Feuer.

Ein holländischer Vorstoß auf das Zentrum der französischen Linie bei Oberglau wurde durch Marsins Kavallerie abgewehrt. Marlborough befahl nun den Kaiserlichen Kürassieren, Marsins Flanke anzugreifen, um sie abzuschneiden und Oberglau isoliert zu halten. Dann stürmte Eugen die französische Kavallerie mit ihren 16 Geschützen, wurde aber erneut zum Rückzug gezwungen. Da Tallard davon abgelenkt war, was zu seiner Linken passierte, griff Marlborough auf Belagerungstechniken zurück: Er ließ „Faschinen", lange Reisigbündel zur Stabilisierung des Bodens, auslegen sowie fünf Brücken aus Blechpontons bauen. Gleichzeitig setzte er die alte, von den Franzosen zerstörte Steinbrücke wieder instand. Jetzt konnte die englische Infanteriegarde unter General Charles Churchill, dem Bruder des Herzogs, über den Nebelbach vorrücken. Gegen Mittag begann Eugen seine Ablenkungsangriffe auf Marsin sowie den Kurfürsten auf der Linken der französisch-bayrischen Truppen. Er setzte sie fest und hinderte sie daran, Tallard zu Hilfe zu kommen.

Die französischen Gendarmen kämpften gegen drei englische Kavallerieeinheiten unter Colonel Frances Palmes. Er trotzte dem feindlichen Pistolenfeuer und rückte mit gezücktem Schwert vor. Nachdem er sie in die Flucht geschlagen hatte, machte er kehrt, um den ersten Trupp von Gendarmen in der Flanke anzugreifen. Dabei improvisierte Palmes, denn offiziell war es der englischen Kavallerie verboten, Pistolen auf diese Art einzusetzen. Die Reiter durften sie nur abfeuern, wenn sie einen geschlagenen Feind auf der Flucht verfolgten. Frische Einheiten wurden geschickt, die sich um Palmes kümmern

sollten, aber er befahl Major Oldfield und Major Creed, auszuscheren und sie anzugreifen.

Doch nun führten Tallards Reaktionen auf die Angriffe auf Blindheim zu einer Schwächung des Zentrums der Front. Mit einer Formation aus zwei Linien Infanterie zwischen zwei Linien Kavallerie konnte Marlborough die französischen Attacken abwehren. Die Infanterie sollte sich als Erste in Bewegung setzen, um das Vorrücken der Kavallerie zu decken. Tallard prahlte, je mehr Männer den Bach überquerten, desto mehr würden getötet. Aber er hatte seine Gelegenheit verpasst. Marlborough trieb nun so schnell wie möglich seine gesamte Kavallerie über den Fluss.

DER DURCHBRUCH

Der erste französische Angriff war effektiv, aber Marlboroughs Reiterei sammelte sich, sie trieb die Gendarmen zurück. Marlborough schaffte es, 8000 Reiter und 14 000 Fußsoldaten über den Nebelbach zu bringen. Der 54-jährige englische General führte persönlich einen Angriff. Gegen 17 Uhr hatte er die zermürbte Reiterei in Tallards Zentrum durchbrochen, seine Truppen preschten durch die Lücke. Die französische Infanterie wurde im Kugelhagel niedergemäht. Tallards Kavallerie drehte um und floh. Marlboroughs Reiterei war ihnen auf den Fersen. Die Franzosen rannten in Richtung Donau. Viele stürzten die Schlucht hinab in den Tod.

Die andere Hälfte von Marlboroughs Kavallerie unter dem Kommando von General Hompesch ritt in Marsins Flanke, während Prinz Eugen frontal angriff. Charles Churchill kesselte das schwelende Dorf Blindheim ein, wo sich ihm 27 Bataillone ergaben. Die französischen Gar-nisonen in Oberglau und Lutzingen konnten sich geordnet unter Deckung durch die französisch-bayrische Kavallerie zurückziehen, mussten aber ihre Geschütze zurücklassen. Tallards Männer hatten weniger Glück. Seine Armee wurde vollständig zerschlagen. Insgesamt legten 28 französische und bayrische Regimenter die Waffen nieder. Tallard selbst wurde bis 1711 in Nottingham gefangen gehalten.

WAFFENBRÜDER

Die alliierten Armeen waren perfekt koordiniert gewesen. Marlborough und Prinz Eugen hatten so gut zusammengearbeitet, dass nach der Schlacht Münzen geprägt wurden, die sie als die Zwillingsbrüder Castor und Pollux aus der römischen Mythologie zeigten.

Die Schlacht hatte das Leben von etwa 20 000 Männern auf Seiten der französisch-bayrischen Armee und von etwa 12 000 Soldaten der Alliierten gefordert. Wien war sicher, die Franzosen zogen sich aus Deutschland zurück. Maximilian ging ins Exil, Bayern wurde von Österreich annektiert. Die Schlacht von Höchstädt war die erste Niederlage von Ludwig XIV.

John Churchill, Herzog von Marlborough, war berühmt für seinen Mut und seine Entschlossenheit. Er zog in die Schlacht, als die meisten Generäle lieber eine defensive Position beibehalten hätten. Das Porträt des Herzogs ist Teil eines Wandteppichs im Blenheim Palace, Marlboroughs prächtiger Landsitz in Oxfordshire. Er erhielt ihn zum Dank für seine Erfolge von der englischen Königin Anne Stuart.

RAMILLIES

Herzog von Marlborough / französische und bayrische Armeen

23. Mai 1706

„CASTOR UND POLLUX", Marlborough und Prinz Eugen, gewannen weitere Schlachten gegen die vereinten Mächte Frankreich und Bayern. Einige waren gemeinsame Erfolge, wie die Schlacht bei Oudenaarde. Andere Siege errang Marlborough allein, wie im Fall Ramillies. Der Triumph über Marschall Villeroy und den Kurfürsten von Bayern ebnete den Alliierten den Weg zur Eroberung von Antwerpen, Gent, Ostende und Brügge.

Bis zum fünften Jahr des Spanischen Erb-folgekrieges war es der Allianz nicht ge-lungen, Frankreich die Niederlande wieder zu entreißen. Den Alliierten, insbesondere den Holländern, ging das Geld aus. Viele Fürsten weigerten sich zu kämpfen, bevor sie nicht ausbezahlt wurden.

Ludwig XIV. wollte Frieden, aber zu seinen Bedingungen. Er war entschlossen, den Alliierten zu zeigen, dass er sie noch immer schlagen konnte. Er befahl seinem Kommandanten, Marschall de Villeroy, einen Angriff. Marlborough hatte seiner-seits die französische Abwehr an der Gren-ze von Brabant durchdrungen sowie einen ganzen Abschnitt zwischen Zoutleeuw

und Merdorp zerstört. Er wollte Mar-schall Villeroy zum Kampf herausfordern, bevor er Verstärkung erhielt.

Villeroy hob die Belagerung von Zout-leeuw auf. Er rückte vor, um sich dem Gegner zu stellen, in dem Glauben, er würde es nur mit den Holländern zu tun haben. Schließlich hatte Marlborough aber die Dänen überreden können, ihre Kavallerie zu schicken, die am Tag vor der Schlacht eintraf. Es fehlte daher nur die preußische Infanterie, die bei Höch-städt seine rechte Flanke verstärkt hatte.

Am Pfingstsonntag, den 23. Mai 1706 machte Marlborough ein für seine Zwecke geeignetes Schlachtfeld ausfindig. Die

Zeitgenössische Dar-stellung des alliierten Sieges in der Schlacht bei Ramillies. Der be-deutende Erfolg machte die Ambitionen Lud-wigs XIV. in den Spani-schen Niederlanden zunichte. Das Gebiet blieb für mehr als ein Jahrhundert in der Hand der österreichischen Habsburger.

Franzosen postierten sich im offenen Gelände hinter den Sümpfen der Kleinen Geete. Der rechte Flügel lag am Fluss Mehaigne, das Zentrum beim Dorf Ramillies. Der linke endete beim Dorf Autreglise. Marsins Kavallerie war zu ihnen gestoßen, nicht aber seine Infanterie. Die französischen Stellungen hatten Ähnlichkeit mit denen, die sie zwei Jahre zuvor bei Höchstädt eingenommen hatten. Hier gab es aber keinen Nebelbach mit seinen Sümpfen. Zudem befand sich auf der linken Seite der Franzosen der Fluss Geete, der die Alliierten zurückhalten würde. Zu ihrer Rechten erstreckte sich allerdings nur offenes Gelände.

Beide Armeen verfügten über ungefähr 60 000 Mann. Als sich am Morgen der Nebel lichtete, sah Marlborough eine etwa sechs Kilometer lange französische Front in ihren neuen Uniformen. Marlborough verfügte über eine deutlich stärkere Artillerie. Ludwig hatte seine Armeen hingegen mit neuen, leichten Feldgeschützen ausgestattet, die sorgfältig verborgen wurden.

Der Herzog stellte die holländische und die dänische Kavallerie gegen die der Franzosen. Es war die *Maison du Roy*, die Haustruppe des Königs. Marlborough eröffnete das Feuer mit einem Artillerie-Bombardement über die Geete. Er drängte den rechten Flügel der Franzosen zurück, während Lord Orkney mit den englischen Regimentern den Fluss überquerte. Sie durchbrachen die linke Flanke bis zu den Dörfern Autreglise und Offuz. Villeroy verstärkte seinen Flügel nun von der Mitte aus, ließ dort aber noch Truppen zurück.

WIRKUNGSVOLLE LIST

Der Angriff auf die französische Linke entpuppte sich jedoch als eine Finte. Die Attacke auf Autreglise und Offuz wurde wieder abgeblasen.

Geschickt gelang es Marlborough zu verschleiern, dass er Truppen von seiner rechten Seite abzog und sie auf die linke verlagerte. Der rechte Flügel der Franzosen wurde zurückgedrängt, während Villeroy noch immer seine Linke verstärkte. Er glaubte, er habe es mit dem Hauptteil von Marlboroughs Truppen zu tun. In Wirklichkeit handelte es sich nur um einen kleinen Teil. Die Kavallerie wurde zwischen Ramillies und Taviers verschoben. Die französische Linke wurde somit geschwächt, während die Stellung der Alliierten verstärkt wurde.

Auf der südlichen Hälfte des Schlachtfeldes bestand der größte Teil von Marlboroughs Männern aus Holländern unter dem Kommando von Heinrich von Nassau-Ouwerkerk. Andere kamen aus dem protestantischen Europa: Schotten, Schweizer, Skandinavier. Der Ort Taviers war nur schwach verteidigt. Während Villeroy sich in Offuz aufhielt, fiel das Dorf schon nach kurzer Zeit an die Alliierten. Eine Entsatztruppe, die zur Verteidigung herbeigeeilt war, wurde von dänischen Reitern zurückgetrieben. Jetzt konnte die dänische Kavallerie die französische Flanke bei Ramillies angreifen. Sie positionierte sich hinter der französischen Linie.

Der *Maison du Roy* gelang es, die ihr gegenüberliegende Linie der holländischen Kavallerie zwischen Taviers und Ramillies

«Die Streitkräfte Frankreichs hatten bei Höchstädt einen schweren Schlag erlitten. Aber das militärische Prestige des Landes war teilweise wiederhergestellt worden, weil die Alliierten es 1705 versäumten, aus ihren großen Chancen Kapital zu schlagen.»

<small>DER HISTORIKER GEORGE M. TREVELYAN</small>

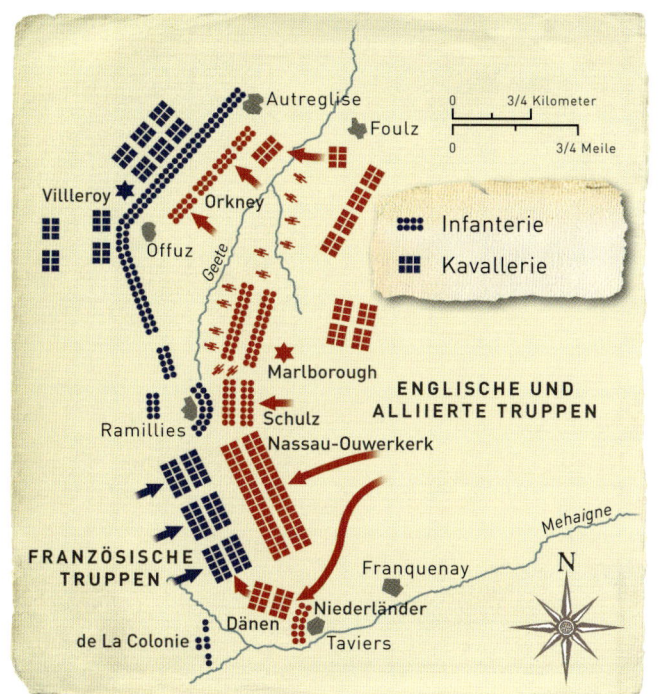

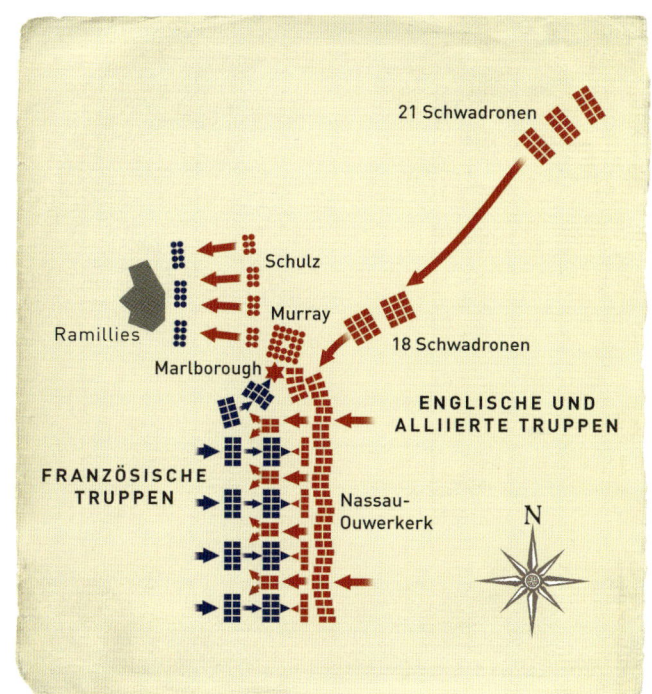

Map 1 labels:
Autreglise
Foulz
0 — 3/4 Kilometer
0 — 3/4 Meile
Villleroy
Orkney
Offuz
Geete
Infanterie
Kavallerie
Marlborough
ENGLISCHE UND
ALLIIERTE TRUPPEN
Ramillies
Schulz
Nassau-Ouwerkerk
Mehaigne
N
FRANZÖSISCHE
TRUPPEN
Franquenay
Niederländer
Dänen
de La Colonie
Taviers

Map 2 labels:
21 Schwadronen
Schulz
Murray
Ramillies
18 Schwadronen
Marlborough
ENGLISCHE UND
ALLIIERTE TRUPPEN
FRANZÖSISCHE
TRUPPEN
Nassau-Ouwerkerk
N

zu durchbrechen. Ihr Angriff wurde aber durch Sperrfeuer von vier Fußregimentern abgewehrt. Marlborough war zu diesem Zeitpunkt in höchster Gefahr. Wie der Historiker George M. Trevelyan beschreibt, war er vom Pferd gefallen und musste sich «behindert von seiner schweren Perücke und den Stulpenstiefeln» in Sicherheit bringen. General Murray eilte mit einem Trupp Schweizer Infanteristen herbei, um Marlborough zu retten. Als die französische Kavallerie ihre Beute verfolgte, wurde sie von Schweizer Bajonetten aufgespießt. Während Marlborough auf ein frisches Pferd stieg, wurde Oberst Bringfield, der ihm die Steigbügel hielt, der Kopf von Kanonenfeuer weggeschossen.

Ramillies fiel noch am Abend nach schweren Gefechten. Es war mit französischen und schweizerischen Bataillonen sowie einem Dutzend Kanonen bewehrt. Es ergab sich einer Einheit unter dem holländischen General Schulz, darunter schottische sowie englische Bataillone. Währenddessen führte Marlborough immer mehr Truppen von seiner Rechten heran. Der Versuch der Franzosen, eine zweite Linie zu bilden, wurde von Marlboroughs Kavallerie vereitelt. Nun flüchteten sie, wurden aber von den Dänen aufgehalten. Der Kurfürst von Bayern wie auch Villeroy entgingen nur knapp der Gefangen-

schaft. Offuz und Autreglise ergaben sich kampflos, denn die Infanterie der *Maison du Roy* legte die Waffen nieder.

Am nächsten Morgen war die Armee der Franzosen deutlich dezimiert. Ihre Verluste beliefen sich auf etwa 12 000 Tote und Verletzte sowie 7000 Gefangene. Alle französischen Kanonen sowie 80 Standarten waren in Feindeshand. Die Spanischen Niederlande sollten bis zur Französischen Revolution dem Habsburgischen Reich angehören. Die Franzosen wurden an ihre Grenzen zurückgedrängt. Wichtige Häfen wie Antwerpen oder Ostende fielen, ohne dass ein Schuss abgegeben wurde.

VERZWEIFELT

König Ludwig erfuhr von der Niederlage am 26. Mai. Der Herzog de Saint-Simon berichtete später: «Nie sah ich ihn so besorgt und bestürzt. Das Schlimme war, dass er nur den Kern der Sache wusste und sechs Tage ohne Nachricht war, weil die Post aufgehalten worden war. Die Tage vergingen wie Jahre. Es quälte ihn, weder die Einzelheiten noch die Folgen der unseligen Schlacht zu kennen. Nicht zu wissen, was aus seiner Familie und seinen Freunden geworden war. Dem König blieb nichts anderes übrig, als jeden, dem er begegnete, zu fragen, aber unter ihnen war niemand, der ihn ins Bild setzen konnte.»

Die Truppenaufstellung bei Ramillies (links) und die entscheidende Intervention des Herzogs von Marlborough (rechts).

LAUFFELDT

Wilhelm August, Herzog von Cumberland / Moritz Graf von Sachsen
2. Juli **1747**

AUCH IM 18. JAHRHUNDERT war Europa im Streit um Herrschaftsansprüche gefangen. 1740 musste nach dem Tod Karls VI. ein Nachfolger für die Habsburgermonarchie gefunden werden. Da der Kaiser ohne männlichen Erben war, sollte seine Tochter Maria Theresia auf ihn folgen. Das wurde durch die Erbfolgeregelung der „Pragmatischen Sanktion" von 1713 möglich, der die Nationen des Reiches zugestimmt hatten. Eine Kaiserin des Heiligen Römischen Reiches Deutscher Nation war nach Salischem Recht eigentlich unmöglich. Karl hatte darauf gesetzt, dass die deutschen Staaten an ihrer Stelle ihren Ehemann wählen würden.

Die Familie der Habsburger selbst war in der Frage der Thronfolge uneins. Die beiden Töchter von Kaiser Josef I., Karls Bruder und Vorgänger, weigerten sich, Maria Theresias Anspruch anzuerkennen. Denn damit wurden ihre eigenen Ansprüche aufgehoben. Die eine war mit dem Kurfürsten von Sachsen, die andere mit dem Kurfürsten von Bayern verheiratet. Letztere lehnten die „Sanktion" ab, als sie 1732 vom Reichstag ratifiziert wurde. Als Karl starb, hielten viele der deutschen Fürsten ihr Versprechen nicht, allen voran der neue preußische König Friedrich II., „der Große". Seit das alte schlesische Herzogshaus im Jahr 1675 ausgestorben war, beanspruchten die Hohenzollern als dessen engste Verwandte das reiche Schlesien für sich. Nun sah Friedrich seine Chance gekommen und annektierte das von Österreich verwaltete Herzogtum ohne große Gegenwehr. Nachdem er sein Ziel erreicht hatte, zog er sich zurück. Europa stürzte in den Krieg.

Briten und Habsburger standen wieder den Franzosen und ihren Verbündeten (Preußen, Sachsen, Bayern) gegenüber, denn Frankreich unterstützte den im Exil lebenden jakobitischen Thronanwärter Charles Edward Stuart, „Bonnie Prince Charlie".

Die meisten Auseinandersetzungen in der zweiten Hälfte des Österreichischen Erbfolgekriegs fanden in Flandern statt. Die französischen Armeen wurden von Marschall Moritz von Sachsen befehligt, dem illegitimen Halbbruder des Kurfürsten von Sachsen. Zunächst kämpfte er in der sächsischen Armee bei Malplaquet. Da seine Ambitionen in seinem Heimatland aber durchkreuzt wurden, verdiente er sich die Sporen in der französischen Armee.

DIE KÄMPFENDEN IREN

Moritz war nicht der einzige Ausländer, der Frankreich diente. Die Irische Brigade spielte ebenfalls eine entscheidende Rolle. Dank ihrer Intervention gewannen die Franzosen 1745 die Schlacht von Fontenoy. Als die französischen Linien unter dem englischen Angriff ins Wanken gerieten, trieb Moritz sie nach vorne. Die Irischen Brigaden bestanden aus sechs Infanterie-Regimentern sowie der Kavallerie.

Die Iren verwandelten eine drohende Niederlage in einen Sieg, als sie die englischen Brigaden vom Feld trieben. Es heißt, ein gewisser Captain Anthony McDonagh sei der Erste gewesen, der den Feind angegriffen habe, wobei er seine Männer mit

folgendem aufwühlenden Schlachtruf an-
trieb: «Erinnert euch an Limerick! Erin-
nert euch an die Niederträchtigkeit der
Engländer!» Die Brigade verzeichnete 750
Tote und Verletzte. Mit einem keltischen
Hochkreuz setzte man ihnen auf dem Feld
von Fontenoy ein Denkmal. Die Engländer
zogen sich ungeordnet zurück. Zurück
blieben 60 Geschütze, die Fahnen des 2nd
Regiment of Foodguards (Coldstream
Guards) und andere Regimentsstandarten.
Die Engländer beklagten 7500 Tote und
Verwundete, die Franzosen etwa 7200.

Moritz von Sachsen konnte weitere
Siege für sich verbuchen. Im Juli nahm er
Mons, im September Namur ein. Im Ok-
tober schlug er Karl von Lothringen bei
Rocoux. Anfang 1747 wurde er zum Ge-
neralmarschall Frankreichs ernannt, ein
Rang, den zuvor nur Henri de Turenne und
der Herzog von Villars innegehabt hatten.

DOPPELTER BLUFF

Der berühmteste, aber auch kontroverses-
te Sieg von Moritz von Sachsen war der
bei Lauffeldt in der Nähe von Maastricht.

Das Schlachtfeld
bei Lauffeldt: Marschall
Moritz von Sachsen (Mit-
te rechts) berät sich mit
König Ludwig XV. Das
zeitgenössische Gemäl-
de von Pierre L'Enfant
ist im Schloss von Ver-
sailles ausgestellt.

Prinz Wilhelm, Herzog von Cumberland, der jüngere Sohn von Georg II. von England, hatte das Kommando über die sogenannte Pragmatische Armee der Verbündeten Maria Theresias. Die meiste Zeit befanden sich beide Armeen über die Ufer des Flusses Demer hinweg in Sichtweite zueinander. Ludwig XV., der die französische Armee begleitete, drängte Moritz, die imposante Festung Maastricht in der Nähe einzunehmen, aber sein Kommandant wollte zuerst den Sieg sichern. Dafür wandte er zwei brillante Täuschungsmanöver an: Er sorgte dafür, dass Cumberland die falschen Truppen bewachte, während er das Gros seiner Armee auf eine Position westlich von Maastricht verschob. Dann machte er Cumberland glauben, die meisten seiner Truppen befänden sich auf den Hügeln von Herderen, die jedoch nur mit 12 000 Mann besetzt waren.

«Sire, ich präsentiere Euch einen Mann, der all meine Pläne äußerst ruhmreich vereitelt hat.»

Moritz von Sachsen über John Ligonier

Für die bevorstehende Schlacht waren etwa 80 000 Franzosen und über 60 000 Alliierte auf engem Raum eingezwängt. Die Franzosen waren an einer etwa acht Kilometer langen Front von Elderen nach Herderen, von Montenaken bis zu den Ausläufern von Wilre nach Norden ausgerichtet. Die Alliierten blickten nach Süden. Ihre aus Österreichern bestehende Rechte links von Grote Spouwen war durch eine kleine Klamm von der Hauptarmee getrennt. Die Holländer bildeten das Zentrum von Grote Spouwen bis Vlijtingen. Ihre linke Flanke aus Briten, Hannoveranern und Hessen verlief östlich von Lauffeldt, so dass von dort bis zur Festung Maastricht eine Lücke blieb.

Auf diese Lücke richtete Moritz seine ganze Aufmerksamkeit: Er hatte vor, in das linke Zentrum bei Lauffeldt vorzusto-

ßen, während seine Kavallerie und Infanterie die Flanke am westlich gelegenen Fluss Jaar angreifen sollten, um die Alliierten von Maastricht abzuschneiden. Trotz des aufgeweichten Bodens und des Regens gab er den Befehl zum Angriff. Das Eröffnungsfeuer seiner Artillerie steckte Lauffeldt in Brand. Moritz nahm an, die „Pragmatische Armee" habe das Dorf verlassen und sich dahinter formiert. Aber Sir John Ligonier, ein französischer Hugenotten-Kommandant im Dienst der britischen Armee, schlug Cumberland eine Strategie vor, die er in der Schlacht von Fontenoy gelernt hatte. Hier hatten die Franzosen ihre Truppen in den Ruinen der Stadt versteckt. Cumberland zögerte, nahm aber schließlich die kleinen Dörfer ein. Als die französischen Grenadiere Lauffeldt angriffen, mussten sie feststellen, dass es vor Waffen strotzte. Ganze fünf französische Angriffe schlugen fehl.

Cumberland verstärkte seine Stellungen. Gegen 14 Uhr entschied Moritz, einen Angriff auf die rechte Seite der Linie zu starten. Nach vier Stunden konnte er in Lauffeldt und Vlijtingen Fuß fassen. Als er mit seiner Kavallerie auf Vlijtingen losstürmte, befahl Cumberland den holländischen Reitern, ihre Flanke zu attackieren. Der Angriff der Holländer war jedoch zu chaotisch. Das ermöglichte es der französischen Infanterie, weiter vorzudringen.

Wieder war es Ligonier, der die Lage rettete, zumindest vorübergehend. Moritz befahl der französischen Kavallerie, auf die alliierte Flanke bei Wilre zu reiten. Er schickte 140 Eskadrons unter dem Kommando des Grafen d'Estrées. Sir John, der auf eigene Initiative handelte, führte die alliierte Kavallerie heran. Die Ebene oberhalb der Jaar war hervorragendes Kavallerie-Terrain. Es kam zu einer gewaltigen Schlacht, in der die Alliierten die Franzosen zurückschlugen. Sie hinderten sie daran, die Lücke zwischen Maastricht und der alliierten Armee zu besetzen. Andernorts

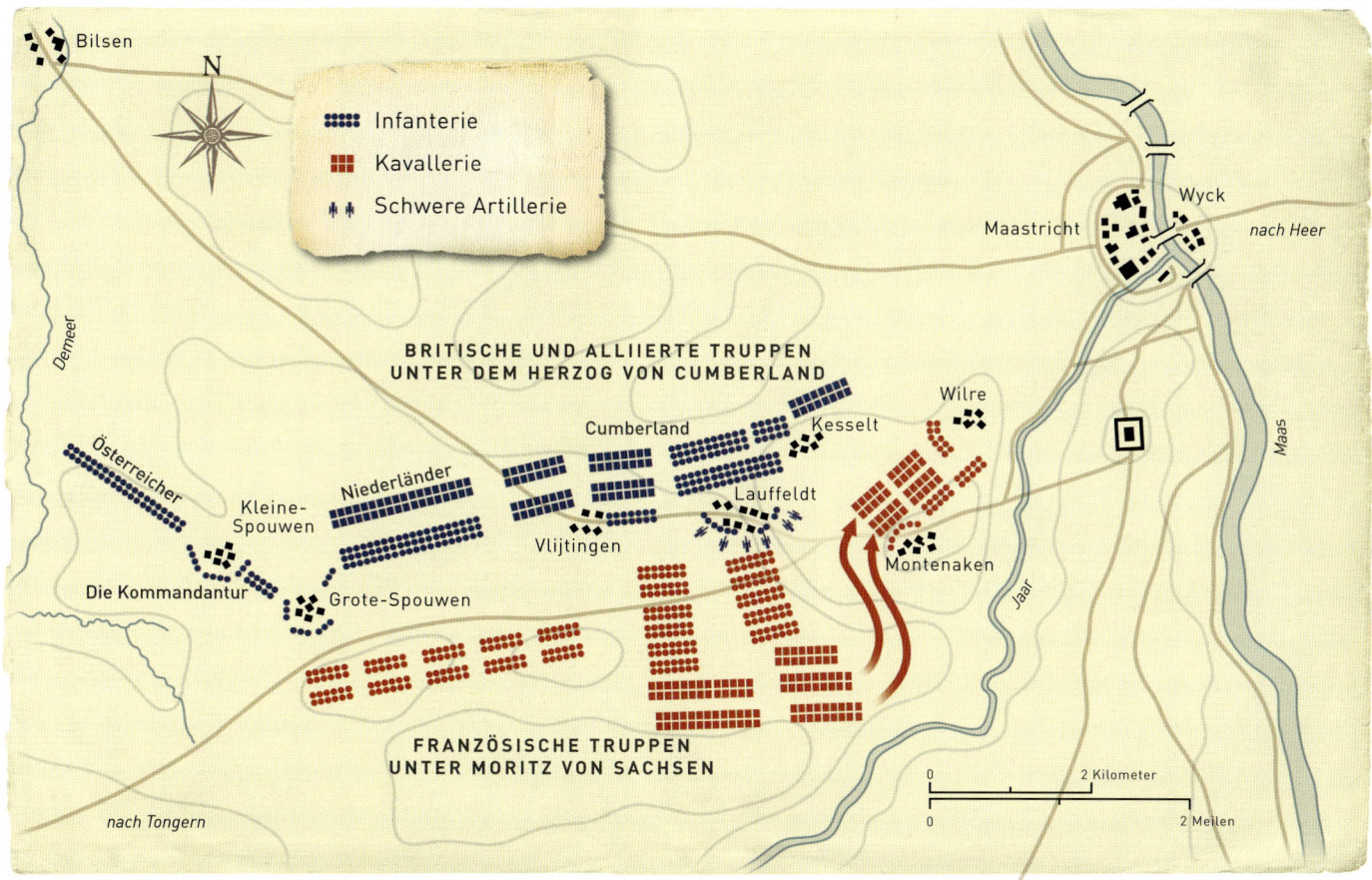

Im Kartenbild:

Bilsen

Infanterie
Kavallerie
Schwere Artillerie

N

Österreicher

Kleine-
Spouwen

Niederländer

Die Kommandantur

Grote-Spouwen

Vlijtingen

BRITISCHE UND ALLIIERTE TRUPPEN
UNTER DEM HERZOG VON CUMBERLAND

Cumberland

Lauffeldt

Kesselt

Wilre

Montenaken

FRANZÖSISCHE TRUPPEN
UNTER MORITZ VON SACHSEN

Maastricht

Wyck

nach Heer

Demeer

Maas

Jaar

nach Tongern

0   2 Kilometer
0   2 Meilen

hielten die französischen Truppen stand. Cumberland befahl Ligonier, erneut anzugreifen, um den allgemeinen Rückzug der Alliierten zu decken. Ligoniers Angriff war zwar erfolgreich und drang direkt durch die französische Kavallerie, aber auf der anderen Seite lief er mit seinen Männern der französischen Infanterie in die Arme. Ligonier versuchte zu flüchten, er gab sich als französischer Offizier aus. Sein britischer Verdienstorden verriet ihn jedoch. Man nahm ihn gefangen. Inzwischen war die österreichische Kavallerie vorgerückt, um den Rückzug der „Pragmatischen Armee" zu decken.

Moritz von Sachsen stellte Ligonier seinem König nach der Schlacht mit folgenden Worten vor: «Sire, ich präsentiere Eurer Majestät einen Mann, der all meine Pläne äußerst ruhmreich vereitelt hat.» Fortan nutzten die Franzosen den Hugenotten als Friedensbotschafter.

EIN PYRRHUSSIEG?

Moritz' Erfolg bei Lauffeldt war letztlich alles andere als durchschlagend. Die französischen Verluste waren mit etwa 10 000 Toten, Verwundeten und Vermissten sehr hoch, wahrscheinlich deutlich höher als die der Alliierten mit etwa 4000 bis 6000. Entsetzt über das Blutbad war Ludwig XV. bemüht, Frieden zu schließen. Moritz hatte seine gewaltige Armee auf beeindruckende Art geführt, doch nun wurde Kritik laut. Im Nachhinein hieß es, der Sachse sei wohl oft auf eher schwache Gegner getroffen. Aber selbst Friedrich II. bewunderte den französischen Kommandeur.

Das eigentliche Ziel blieb unerreicht: Nachdem er sich der Gefangennahme entzogen hatte, gelang es dem Herzog von Cumberland zu fliehen. Maastricht wurde eingenommen. Am 16. September eroberte Moritz noch die strategisch wichtige Stadt Bergen-op-Zoom. Mit dem „Frieden von Aachen" beschloss das kriegsmüde Europa dann am 8. Oktober 1748 das Ende der Auseinandersetzungen. Frankreich erklärte sich einverstanden, die Niederlande zu räumen. Maria Theresias Ehemann, Franz Stephan von Lothringen, wurde letztlich als Kaiser anerkannt.

Französische und alliierte Truppen

in der Schlacht bei Lauffeldt. Trotz eines technischen Sieges gelang es Moritz von Sachsen nicht, Maastricht einzunehmen und die „Pragmatische Armee" aus Briten, Hannoveranern, Österreichern und Holländern zu zerschlagen.

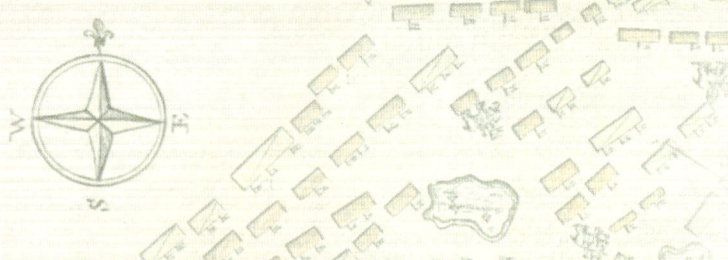

PLASSEY

Robert Clive / Siraj ud-Daula
23. Juni **1757**

DIE SCHLACHT VON PLASSEY war kaum mehr als ein Scharmützel. Durch sie erlangten die Briten jedoch die Kontrolle über Bengalen, die reichste Provinz Indiens. Dort begann ihre Herrschaft über den Subkontinent. Hintergrund des Konfliktes war der Siebenjährige Krieg, in dem Frankreich seine Vormachtstellung in Europa und den Kolonien einbüßte.

Der Sieg bei Plassey (auch Palashi) war das Werk des schwierigen, aber ehrgeizigen Robert Clive. Mit 18 Jahren trat er 1744 als Sekretär in den Dienst der Britischen Ostindien-Kompanie. Im Jahr nach seiner ersten Reise nach Madras war er so deprimiert und mittellos, dass er sogar versuchte, sich das Leben zu nehmen.

Die Ambitionen der Franzosen, in Südindien unter Joseph-François Dupleix Fuß zu fassen, führten 1746 zur Eroberung von Madras. Clive und seine Kameraden flüchteten, als Inder verkleidet, aus der Stadt. Er wurde nun Fähnrich in der Armee der Ostindien-Kompanie, wo er sich durch einen Angriff auf die französische Garnison in Pondicherry hervortat.

TATENDRANG
Clive hatte seine wahre Berufung in der Armee gefunden. Er besaß zwar nur eine ungenügende militärische Ausbildung, erwies sich aber als vorbildlicher Offizier. Die unter ihm dienenden Sepoys (indische Soldaten) verliehen ihm den Ehrentitel *sabit jan* („standhaft in der Schlacht").

Schon seit Beginn des Jahrhunderts hatte eine Rivalität zwischen der britischen Ostindien-Kompanie und ihrem französischen Pendant um die Handelsrechte in Indien bestanden. Mitte des Jahrhunderts gewannen die Franzosen die Oberhand. Mit ihrem Verbündeten Chanda Sahib,

dem Herrscher von Karnataka, belagerten sie 1751 den wichtigen britischen Stützpunkt in Trichinopoly (Tiruchirapalli). Clive gehörte zu den britischen Entsatztruppen, überzeugte aber seinen Kommandanten von einer anderen Strategie. Er wollte die Festung von Arcot, Chandas Hauptstadt weiter nördlich, einnehmen. Der Herrscher wurde gezwungen, die Belagerung von Trichinoploy aufzugeben. Clive musste nun Chandas anschließender Belagerung von Arcot standhalten. Er befehligte zwar nur etwa 300 Mann, aber es gelang ihm, Angriffe sowohl der 10 000 Mann starken feindlichen Truppen als auch der Bevölkerung in der Stadt abzuwehren. Als Chanda versuchte, die Stadttore mit Elefanten niederzureißen, beschossen Clives Männer diese mit Musketen. Die Tiere rannten in die eigenen Truppen hinein.

In England verfolgte man die Belagerung aufmerksam. Sie wurde zu einem „nationalen Epos". Die französische Bedrohung war zurückgeschlagen worden. Die endgültige Einnahme von Trichinopoly durch Clive unter Oberst Stringer Lawrence bedeutete das Ende für Chanda Sahib. Clive fuhr 1753 nach Hause, angeblich mit einer Belohnung in der Tasche.

EIN NEUER GEGNER
Clive kehrte 1755 als Oberstleutnant nach Indien zurück, als der neue Nawab von

Robert Clive führt seine Männer in der Schlacht bei Plassey gegen die Truppen von Siraj ud-Daula, Nawab (Statthalter) von Bengalen. Detail eines Drucks aus dem 19. Jahrhundert.

Bengalen, der 21-jährige Siraj ud-Daula, sich gegen die Fremdherrschaft auflehnte. Siraj war seinem Großvater Alivardi Khan nachgefolgt, der dem Mogul den Titel Nawab (oder Nabob: Vizekönig) mit Waffengewalt entrissen hatte. Alivardi Khan wollte Franzosen wie Briten daran hindern, ihre Handelsniederlassungen in seinem Herrschaftsgebiet zu befestigen. Er fürchtete, Bengalen könne in die Kämpfe verwickelt werden, die in Karnataka wüteten. Im Sommer 1756 besetzte Siraj Kalkutta sowie den britischen Stützpunkt Fort William, der von seinem Statthalter aufgegeben worden war. Er ließ einige Engländer in das „Schwarze Loch" werfen, ein Gefängnis eigens für europäische Häftlinge. Schätzungen, wie viele Gefangene dort festgehalten wurden, schwanken zwischen 23 und 140, etwa 20 von ihnen starben.

Eine Truppe von etwa 600 Europäern und 900 Sepoys wurde aufgestellt und auf fünf Kriegsschiffen unter dem Kommando von Admiral Charles Watson nach Kalkutta gebracht. Am Neujahrstag 1757 nahm

Clive Kalkutta sowie die Stadt Hugli-Chunchura ein und sicherte sich damit die Kontrolle über den Fluss Hugli. Ziel war es Siraj abzusetzen, um ihn durch einen gefügigeren Herrscher auszutauschen.

DOPPELTES SPIEL
Clives wichtigste Waffen hierbei waren List und Täuschung. Durch Vermittlung trat er an den Adligen Mir Jafar heran, Kommandant unter Siraj. Dieser wurde von Kaufleuten wie bengalischen Dissidenten hinduistischen Glaubens favorisiert. Clive überzeugte ihn, sich von Siraj abzuwenden. Im Gegenzug sollte er zum neuen Statthalter ernannt werden. Es wurden auch Bestechungsgelder gezahlt.

Clive brauchte eine Schlacht, um Siraj loszuwerden sowie Mir ins Amt zu heben. Im Februar 1757 startete er einen Präventivschlag auf Sirajs Lager vor Kalkutta. Der Nawab zog sich den Fluss Hugli hinauf zurück, er verbündete sich mit dem französischen Handelskontor in Chandannagar. Clive bombardierte die Niederlassung und nahm sie ein. Aber Siraj entkam.

Nachdem er von Kasimbazar losmarschiert war und den Bhagirathi, einen Nebenfluss des Hugli, überquert hatte, konnte Clive am 23. Juni Siraj bei Plassey endlich stellen. Es war Monsunzeit, die Flüsse waren angeschwollen. Clive hatte seine einzige Rückzugsmöglichkeit abgeschnitten. Mit etwa 3200 Mann, ein Drittel davon Europäer, sowie zehn Geschützen traf er auf einen Gegner, der über 50 000 Mann und 53 Geschütze verfügte, an denen die Franzosen standen. Die Europäer bewegten sich mit Booten fort, um sich vor der Hitze des Hochsommers zu schützen, die das Marschieren zur Qual machte.

FOLGENREICHER SIEG
Der britische Kommandant versteckte seine Männer in einem Wäldchen, auf jeder Seite ein Geschütz. Die Europäer standen in der Mitte, die Sepoys an den Flanken.

Gegen eine Übermacht triumphierte das kleine Expeditionskorps von Robert Clive bei Plassey. Clive kamen schlechtes Wetter und Verrat im feindlichen Lager zugute.

Clive und Mir Jafar
nach der Schlacht bei
Plassey. Das Gemälde
des britischen Künstlers
Francis Hayman stammt
aus dem 18. Jahrhun-
dert. Plassey wurde lan-
ge als große militärische
Leistung der Briten ge-
feiert, aber der Sieg war
überwiegend Clives List
und Tücke zu verdanken,
womit er dafür sorgte,
dass Mir Jafar seinen
früheren Herren verriet.

Am Morgen begann die Schlacht mit Salven der französischen Geschütze. Die Briten reagierten und dezimierten mit ihren
Geschützen Sirajs Truppen. Dann öffnete
der Himmel seine Schleusen. Die Briten
mussten Planen über ihre Munition werfen. Der Gegner versäumte dies, so dass
das Schießpulver bald unbrauchbar war.

Auch wenn Siraj versuchte, Clive zu
überflügeln, war die Schlacht nur ein
chaotisches Scharmützel. Hauptsächlich
wurden auf beiden Seiten Geschütze abgefeuert. Die Inder zogen dabei den Kürze-
ren: Ihre 24- und 32-Pfünder standen auf
Plattformen, die von Ochsen gezogen und
von Elefanten in Position geschoben wurden. Als drei Elefanten dem Sperrfeuer der
Briten zum Opfer fielen, brachen weitere
aus, gefolgt von den panischen Ochsen.
Doch ohnehin waren viele von Mir Jafars
Männern bestochen worden, den Kampf
frühzeitig aufzugeben. Selbst einige der
indischen Kanoniere spielten Clive unfrei-

willig in die Hände, als sie ihr Pulver in
Brand steckten. Mir Jafar ließ Clive mit-
teilen, er sei bereit, die Seite zu wechseln.
Clive setzte die Bombardierung fort. Die
indischen Linien lösten sich auf. Der Nawab ergriff die Flucht.

Clives Verluste beliefen sich auf etwa
25 Tote und über 50 Verwundete. Er hatte
Bengalen erobert. Siraj wurde ermordet,
Mir Jafar zum Nawab ernannt.

Im Jahr 1760 segelte Clive nach Hause, wo er zum Parlamentsabgeordneten für
Shrewsbury gewählt wurde und den Titel
Baron Clive erhielt. 1765 kam er als Gou-
verneur von Bengalen wieder nach Indien,
kehrte aber 1767 endgültig nach England
zurück. Seine Gesundheit war stark angegriffen. Zudem war er wohl auch opium-
süchtig geworden. Man fand ihn 1774
tot in seinem Haus in London: Er war entweder unbeabsichtigt an einer Überdosis
oder bei einem letzten erfolgreichen Selbst-
mordversuch gestorben.

LEUTHEN

Friedrich der Große / österreichische und sächsische Truppen
5. Dezember 1757

FRIEDRICH DER GROSSE VON PREUSSEN war Nutznießer des Österreichischen Erbfolgekriegs, als seine Annektierung der Provinz Schlesien durch den „Frieden von Aachen" legitimiert wurde. Beim Tod von Karl VI. im Oktober 1740, nur einige Monate nach seiner eigenen Thronbesteigung, startete er einen Blitzkrieg. Damit konnte er bis 1745 seine Ziele erreichen und genoss elf Jahre Frieden. Doch dann wurde Preußen so wie fast das gesamte übrige Europa in den sogenannten Siebenjährigen Krieg verwickelt.

Die elfjährige Friedenszeit gab Friedrich Gelegenheit, über die Strategie sowie Fehler des Schlesienfeldzugs nachzudenken. Diese Überlegungen sind in seinem Buch „Les principes généraux de la guerre" von 1748 festgehalten. Hierin erläuterte er auch die Idee der „schiefen Schlachtordnung": Diese Taktik erlaubte es, das Gros seiner Truppen an einer der feindlichen Flanken zu konzentrieren und sie über die ganze Länge aufzustellen. Sobald der Angriffspunkt gefunden war, konnten die Armeen den Feind von der ausgewählten Flanke „aufrollen". Diese Taktik wurde erstmals in der Schlacht bei Hohenfriedberg im Januar 1745 angewendet.

UMGEBEN VON FEINDEN

Friedrich war überzeugt, dass die Habsburger ihre Ansprüche auf Schlesien nicht aufgegeben hatten. 1756 versuchte er durch das Bündnis mit seinem Cousin Georg II. von Großbritannien, der „Konvention von Westminster", seine Interessen abzusichern. Die bewirkte jedoch, dass Frankreich in eine Allianz mit Österreich getrieben wurde. Dem österreichischen Staatskanzler Wenzel von Kaunitz war es gelungen, sich die Hilfe der Russen zu sichern. Dafür versprach man ihnen Ostpreußen.

Friedrich wusste, dass er einen Präventivschlag landen musste, wollte er nicht von seinen mächtigen Feinden umzingelt werden. Er teilte seine Armee in drei Teile. Die Armee, die es mit Österreich aufnehmen sollte, wollte er selbst führen. Zuerst besetzte er 1756 Sachsen, das nach außen hin neutral war, aber ebenfalls mit Wenzel von Kaunitz verhandelt hatte. Darauf verfolgten die Preußen die Österreicher bis Prag. Die Schlacht, die im Mai 1757 vor Prag geschlagen wurde, bestätigte Friedrichs Ruf als General. Doch seine Gegner entkamen in die Festung.

Friedrich begann mit der Belagerung, worauf die Österreicher ein Heer schickten. Im Juni kam es zur Schlacht bei Kolin. Die Preußen hatten es mit einem überlegenen Gegner zu tun, der zudem einen Höhenvorteil hatte. Sie erlitten herbe Verluste. Erst die nächsten beiden Schlachten des preußischen Feldzugs sollten erfolgreicher sein: Roßbach und Leuthen.

Bei Roßbach stand am 5. November 1757 eine 21 000 Mann starke preußische Armee einer französisch-kaiserlichen Armee gegenüber, die etwa doppelt so stark war. Friedrich errang hier einen grandiosen strategischen Sieg. Dabei hatte er nur wenige Verluste zu beklagen.

„Schlacht von Leuthen, Sturm auf das Kirchenportal", Gemälde von Carl Röchling. Der Maler stellt den Mut im Kampf sowie die eiserne Disziplin dar, für die die preußischen Truppen in der Zeit Friedrichs des Großen bekannt waren.

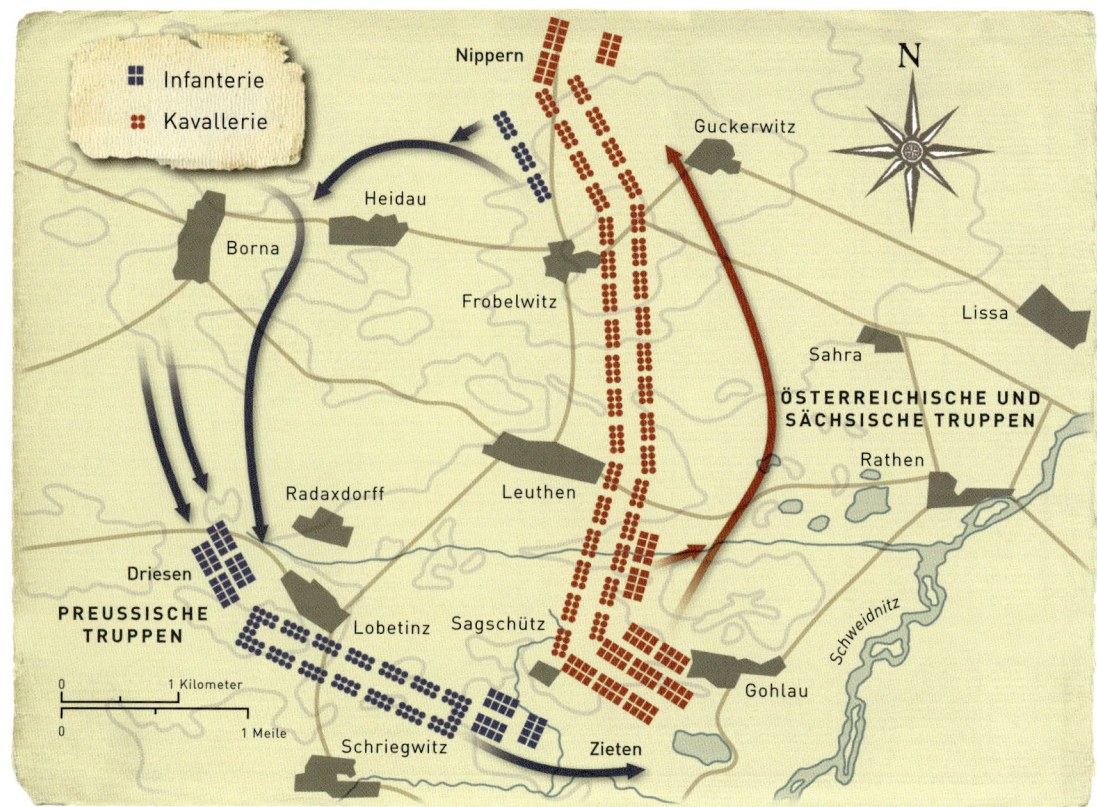

In der Schlacht bei Leuthen wandte Friedrich seine bevorzugte Taktik der „schiefen Schlachtordnung" an. Er attackierte den linken Flügel der Österreicher nach einer Finte auf der rechten Seite. Der Feind interpretierte dies fälschlicherweise als einen Rückzug.

Die Schlacht von Leuthen fand nur einen Monat später in Schlesien statt. Karl von Lothringen, Schwager Maria Theresias, und Graf Leopold von Daun hatten weite Teile Schlesiens überrannt. Friedrich lief Gefahr, seine schwer erkämpfte Beute zu verlieren. Ende November hatten sie Schlesiens Hauptstadt Breslau eingenommen. Friedrichs Armee setzte sich von Thüringen aus in Marsch. Er schickte den Reitergeneral Hans Joachim von Zieten voraus, um seine verbliebenen Truppen in Schlesien zu verstärken.

DIE GROSSE REDE

Am 3. Dezember berief Friedrich seine Kommandanten zu einer Versammlung in Parchwitz ein. Er sprach zu ihnen: «Wir müssen den Feind schlagen oder uns alle vor seinen Geschützen begraben lassen. Meine Herren, denken Sie daran, dass wir für unseren Ruhm, die Bewahrung unserer Heime, für unsere Frauen und Kinder kämpfen … Jene, die mir zur Seite stehen, können versichert sein, dass ich mich um ihre Familien kümmern werde, sollten sie fallen. Wer sich zurückziehen will, der

kann nun gehen, wird aber keinen weiteren Anspruch auf mein Wohlwollen haben …» Mit über 35 000 Mann stand er einer österreichischen und sächsischen Armee von etwa 65 000 Mann gegenüber.

Die Österreicher bezogen vor dem Dorf Leuthen Stellung. Die gegnerische Front war etwa acht Kilometer lang; ihre linke Flanke befand sich außerhalb von Gohlau, die rechte bei Nippern. Die Österreicher und Sachsen kontrollierten die Anhöhen. Sie verfügten über 210 Geschütze, Friedrich über 170. Die Kavallerie wurde im Zentrum postiert, zwischen den Dörfern Leuthen und Frobelwitz.

Friedrichs Armeen marschierten seit fünf Uhr morgens. Bei Borna traf die Vorhut auf ein paar österreichische und sächsische Kavallerie-Truppen und zerstreute sie. Friedrich besah sich die Linie der Österreicher von einer Anhöhe aus. Er stellte fest, dass sie es versäumt hatten, ihre Linke in einer Reihe von Weihern und Sümpfen zu verankern. Er startete einen Scheinangriff auf den rechten Flügel zwischen Frobelwitz und Nippern. Der Gegner sorgte daraufhin mit neun Regimentern aus seiner Reserve für Verstärkung; vom Zentrum südlich von Sagschütz war es eine Stunde Marsch. Später gelangten die Österreicher zu der Überzeugung, dass es ein Rückzug war: «Unsere Freunde verlassen uns», sagte Karl von Lothringen, «lasst sie in Frieden ziehen.»

TRUPPENVERSCHIEBUNG

Friedrich kannte das Terrain gut. Von seiner Kavallerie sowie einer kleinen Hügelkette abgeschirmt, konnte er seine Infanterie verschieben. Mittels eines komplizierten Systems aus Stopps und Vormarsch überflügelte er die Österreicher. Als sie ihre neue Linie aufstellten, verfolgten die Österreicher das Manöver verblüfft und nannten es „Potsdamer Wachtparade". Friedrich setzte seine „schiefe Schlachtordnung" auf der Linken ein, unterstützt von Zietens Kavallerie sowie drei Infanterie-Bataillonen. Die protestantischen Württemberger in der alliierten Frontlinie machten kehrt und flüchteten.

Der preußische Fürst Moritz von Anhalt-Dessau, der das 26. Pommersche Regiment befehligte, teilte seinen Männern mit, sie hätten genug getan. Sie könnten sich nun zurückfallen lassen. Die Soldaten wollten nichts davon wissen: «Wir wären Hasenfüße, ließen wir uns jetzt zurückfallen! Patronen! Patronen!» Sie rückten vor und feuerten.

Nun schlugen auch Zietens Reiter zu. Die Österreicher mussten ihre Front neu ausrichten, wodurch sie ihre zahlenmäßige Überlegenheit aufhoben. Die gesamte Armee vollzog einen Linksschwenk. Dieses

langwierige Manöver ermöglichte es Friedrich, in das Dorf Leuthen einzudringen. Währenddessen wurden Österreicher und Sachsen unter Beschuss genommen. Der finale preußische Angriff begann am Nachmittag. Die Österreicher starteten eine massive Kavallerie-Attacke, wurden aber vom Kavallerieflügel mit Kürassieren, Dragonern und Husaren unter Wilhelm von Driesen aufgerieben.

Die Preußen hatten gewonnen. Auf Seiten der Österreicher gab es fast 10 000 Tote und Verletzte, 12 000 Mann wurden gefangen genommen. Friedrich hatte 6000 bis 8000 Tote und Verletzte in den eigenen Reihen. Nach der Schlacht suchte er im nahe gelegenen Schloss Lissa Schutz vor dem Schnee. Als er ankam, fand er es von österreichischen Offizieren besetzt. «Guten Abend, meine Herren», soll er trocken gesagt haben, «Sie haben zweifellos nicht erwartet, mich hier zu sehen.» Die Verwundeten auf dem Schlachtfeld begannen «Nun danket alle Gott!» zu singen, zuerst leise, dann im lauten Chor. Später wurde die Hymne als „Choral von Leuthen" bekannt.

Napoleon nannte Leuthen «ein Meisterstück der Truppenbewegung, des Manövers und der Entschlossenheit». Politisch war allerdings Roßbach der größere Sieg, weil er die Franzosen im europäischen Krieg außer Gefecht setzte. Friedrich hatte den Siebenjährigen Krieg in der Hoffnung begonnen, seine Feinde zu vernichten, das war ihm nicht gelungen. So war Leuthen eine von zahlreichen Schlachten in einem langen Zermürbungskrieg, in dem letztlich Hinhaltetaktiken zum Erfolg führten.

«Wir müssen den Feind schlagen oder uns vor seinen Geschützen begraben lassen. Meine Herren, denken Sie daran, dass wir für unseren Ruhm, die Bewahrung unserer Heime, für unsere Frauen und Kinder kämpfen …»

FRIEDRICH DER GROSSE VOR DER SCHLACHT VON LEUTHEN

QUÉBEC

General James Wolfe / Marquis de Montcalm
13. April 1759

JAMES WOLFE, Sohn, Enkel und Urenkel von Armeeoffizieren, ging mit 14 Jahren zur Armee. Mit 16 erhielt er 1743 seine Feuertaufe in der Schlacht bei Dettingen. Als er 18 war, kämpfte er gegen die Jakobiten unter Charles Edward Stuart. Mit 22 wurde er bei Lauffeldt verwundet. Im darauf folgenden Jahr, 1748, wurde er zum Oberstleutnant befördert.

Zu dauerhaftem Ruhm gelangte Wolfe im „French and Indian War" (Franzosen- und Indianer-Krieg), in dem Großbritannien und Frankreich, unterstützt von ihren einheimischen Verbündeten, um die koloniale Vorherrschaft in Nordamerika stritten. 1754 waren die seit langem schwelenden Konflikte zwischen Briten und Franzosen in einen offenen Krieg umgeschlagen. Der „French and Indian War" ging in den Siebenjährigen Krieg (1756–1763) über, den ersten „Weltkrieg" der Geschichte, mit Kriegsschauplätzen in Amerika, Europa, Westafrika und Indien.

Besonders umkämpft war das Gebiet von Akadien an der Einfahrt zum Sankt-

Lorenz-Strom, das etwa den heutigen kanadischen Provinzen New Brunswick und Nova Scotia entspricht. 1755 begannen die Briten mit der Vertreibung der französischen Siedler, der sogenannten *Acadiens*. Im Gegenzug nahmen die Franzosen 1757 mithilfe des Indianerstamms der Huronen das Fort William Henry ein. Im nächsten Jahr verteidigten etwa 4000 Franzosen das Fort Ticonderoga gegen eine fast viermal so starke britische Armee. Auch das französische Fort Duquesne südlich des Erie-Sees wehrte einen britischen Angriff ab.

DER HELD VON LOUISBOURG

Trotz seiner Beteiligung an einem fehlgeschlagenen Angriff auf den französischen Atlantikhafen Rochefort im September 1757 war der Ruf von James Wolfe untadelig. So teilte man ihn 1758 dem wichtigen Angriff auf Louisbourg zu, der letzten französischen Festung in Akadien. Wegen seiner Unbezwingbarkeit auch als „Gibraltar des Nordens" bekannt, beherrschte Louisbourg den strategisch wichtigen Zugang zum Sankt-Lorenz-Golf. Ohne die Kontrolle über die Festung konnten die Briten es nicht wagen, in das Kerngebiet der Franzosen um Québec vorzustoßen.

An der Spitze einer handverlesenen Truppe von 1220 Mann besetzte Wolfe den Leuchtturm von Louisbourg und brachte seine Geschütze gegen die gefürchteten Befestigungen der Stadt in Stellung. Nach anderthalb Monaten kapitulierte die französische Garnison. Das Kriegsglück der Franzosen begann sich zu wenden. In Anerkennung seines durchschlagenden Erfolgs wurde Wolfe zum Brigadier und ein Jahr später zum Generalmajor befördert. 1759 erhielt er das Kommando über den britischen Angriff auf Québec.

Im Mai 1759 landete Wolfe wieder in Louisbourg. Doch er verfügte über nicht einmal 8000 Mann. Hinzu kamen 49 Schiffe unter dem Kommando von Vizeadmiral

Der Angriff auf Québec in seinen verschiedenen Phasen auf einem zeitgenössischen Druck. Zu sehen sind die Landung der Briten in der Anseau-Foulon, die Überwindung der Abrahamhöhen und schließlich der entscheidende Kampf mit den französischen Soldaten, Kanadiern und Indianern vor den Toren Québecs. Der Sieg Woltes führte zur Kapitulation von Québec, der Hauptstadt der französischen Kolonie Neufrankreich (*Nouvelle France*).

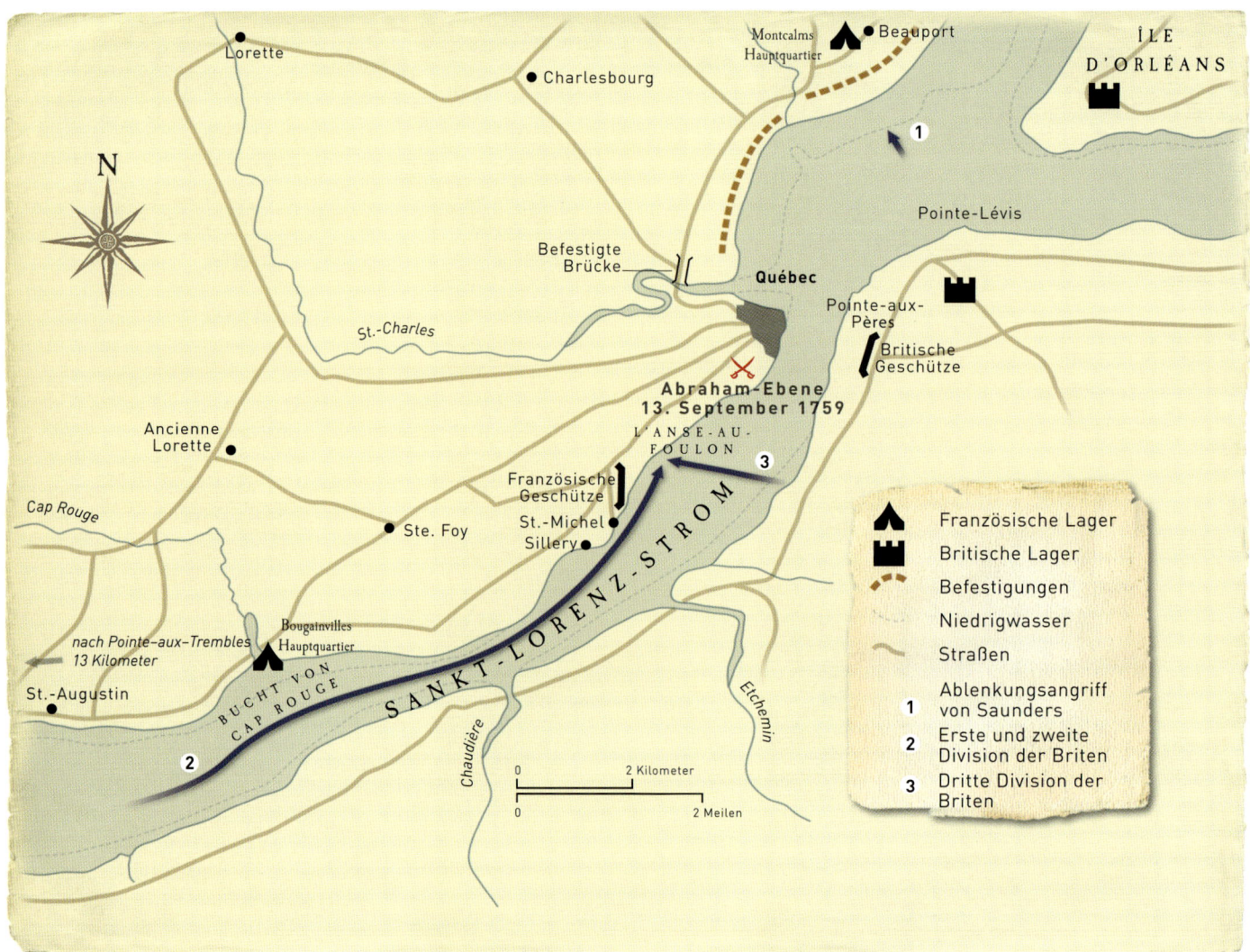

Wolfes Angriff auf die Anse-au-Foulon war eine sorgfältig geplante und ausgeführte militärische Operation. Innerhalb von vier Stunden konnte Wolfe eine Armee von etwa 5000 Rotröcken plus Artillerie in der Abraham-Ebene vor den Toren Québes postieren.

Charles Saunders. Wolfe fuhr den Sankt-Lorenz-Strom hinauf zur Île d'Orléans, die er am 28. Juni erreichte. Hier traf er auf Feuerschiffe, die die Franzosen flussabwärts geschickt hatten, aber britische Seeleute in Langbooten nahmen Wolfes Schiffe ins Schlepptau und brachten sie in Sicherheit. Schließlich konnte Wolfe eine Geschützgruppe in Pointe-Lévis aufstellen. Von dort aus zerstörten seine Kanonen große Teile der Unterstadt von Québec.

Monatelang ankerten die britischen Schiffe vor Québec. Einer der britischen Marineoffiziere war der junge James Cook, der den Fluss nach möglichen Angriffspunkten absuchte, während der berühmteste französische Entdecker des 18. Jahrhunderts, Louis-Antoine de Bougainville, zu den Verteidigern Québecs gehörte.

Die Garnison der Stadt bestand aus 12 000 Mann unter dem Kommando von Louis-Joseph, Marquis de Montcalm. Wolfes erster Versuch, die Stadtmauern mit 5000 Mann zu durchbrechen – die sogenannte Schlacht von Beauport – scheiterte erbärmlich. Die Angreifer wurden vom französischen Musketenfeuer übel zugerichtet. Erst im Schutz eines Unwetters konnte Wolfe seine Einheiten zurückziehen. Seine Verluste betrugen 450 Tote und Verletzte, die der Franzosen nur 60.

GEWAGTES ÜBERFALLKOMMANDO

Nun verlegte sich Wolfe auf eine Politik der verbrannten Erde. Er verjagte die Bauern und steckte ihre Höfe in Brand, um Montcalm zum Kampf aus Québec herauszulocken – doch ohne Erfolg. Schließlich sah Wolfe seine einzige Chance in einem waghalsigen Überraschungsangriff. Die Franzosen hatten das Ufer des Sankt-

«Gott sei gelobt, nun werde ich in Frieden sterben.»

DER VERWUNDETE GENERAL JAMES WOLFE, ALS ER VON SEINEM SIEG BEI QUÉBEC ERFUHR.

Lorenz-Stroms stark gesichert. Doch Wolfe hatte eine Schwachstelle entdeckt: die Anse-au-Foulon, eine Bucht südwestlich von Québec am Fuß eines angeblich unbezwingbaren, 52 Meter hohen Felsens.

Während Vizeadmiral Saunders die Franzosen weiter flussaufwärts durch einen Angriff ablenkte, überquerten am 12. September ab 14 Uhr britische Landungsschiffe immer wieder den Sankt-Lorenz-Strom. Um 16 Uhr standen zwei Divisionen plus Waffen und Vorräte in der Anse-au-Foulon. Ein von Colonel William Howe angeführtes Vorauskommando kletterte den Felsen hinauf, um die Straße zur Abraham-Ebene vor den Toren Québecs für Wolfes Hauptmacht zu sichern. Die Franzosen hatten keinen Angriff aus dieser Richtung erwartet. Ihre kleine Wachmannschaft wurde von einem britischen Offizier in die Irre geführt, der „Vive le roi!" anstelle eines Passwortes rief. Howe konnte die Wachen überwältigen und in das Lager von Louis Du Pont Duchambon de Vergor einfallen. Wolfe folgte eine Stunde später über die Straße. Als es dämmerte, hatte er seine Truppen in der Abraham-Ebene aufgestellt.

Als die Franzosen den Ernst der Lage erkannten, war es zu spät. Statt in Québec auf Bougainville zu warten, der mit Verstärkungstruppen herbeieilte, ließ sich Montcalm in die Abraham-Ebene hinauslocken. Wolfe hatte knapp 5000 Mann, während die Franzosen über mehr als 15 000 verfügten. Die Briten stellten sich in einer zwei Reihen tiefen Hufeisen-Formation auf. Intensives Geschützfeuer wirbelte Staubwolken auf, die die Franzosen verwirrten.

Als ihnen die Kugeln der französischen Geschützsalven um die Ohren pfiffen, befahl Wolfe seinen Männern, sich im hohen Gras der Ebene auf den Boden zu legen. Montcalm ordnete einen sofortigen Angriff in Kolonnen an. Den Anfang machten indianische und französische Scharfschützen. Dann folgte Montcalm zu Pferd an der Spitze seiner Truppen. Wolfes Vorteil war, dass die Franzosen von höher gelegenem Gelände herabkamen, in der Mitte jedoch einen kleinen Anstieg überwinden mussten, der ihren Vormarsch aufhielt. Wolfe wies seine Männer an, nur zweimal zu feuern. Die Briten warteten, bis die Franzosen bis auf wenige Meter herangekommen waren, dann drückten sie ab. Die erste Salve ließ die Franzosen zurücktaumeln, die zweite trieb sie auseinander.

EIN HOHER PREIS

Sowohl Montcalm als auch Wolfe fielen in der Schlacht. Wolfe wurde von zwei Kugeln getroffen; eine drang in seinen Unterbauch ein, die zweite, tödliche in die Brust. Er lebte gerade noch lange genug, um zu erfahren, dass er einen Sieg errungen hatte. Montcalm wurde von einer Kartätsche getroffen und starb am nächsten Tag. Mit Schwertern bewaffnet verfolgten schottische Highlander die flüchtenden Franzosen, während Bougainvilles Verstärkungstruppen zurückgeschlagen wurden. Die Franzosen hatten 644 Mann verloren, die Briten nur 14 mehr.

Québec fiel in die Hände der Briten, 1760 nahm William Howe auch Montreal ein. Aus „Neufrankreich" wurde die britische Kolonie „Lower Canada". Am Ende des Siebenjährigen Krieges, das 1763 mit dem Pariser Frieden besiegelt wurde, erhielt Großbritannien alle Territorien der Franzosen im heutigen Kanada und kontrollierte bis zum Amerikanischen Unabhängigkeitskrieg fast ganz Nordamerika.

AUSTERLITZ

Napoleon Bonaparte / Feldmarschall Kutusow
2. Dezember 1805

SELBST DAS TIMING WAR KÜHN bei dieser Schlacht, dem größten Sieg Napoleons. Nur selten wurden Schlachten so spät im Jahr ausgefochten. Winterwetter machte das Gelände unwegsam und den Nachschub praktisch unmöglich. Auch die Moral der Soldaten war in den kalten Monaten schlecht. Im 20. Jahrhundert konnten Armeen dank Schotterstraßen und Panzern das ganze Jahr über kämpfen. Aber noch 1941 vereitelte der russische Winter die Operation Barbarossa, Hitlers Invasion der Sowjetunion.

Austerlitz wird auch die Dreikaiserschlacht genannt: Napoleon, der neue, selbstgekrönte Kaiser der Franzosen, kämpfte gegen Franz I. von Österreich und Alexander I. von Russland. Die alliierten Armeen unterstanden dem Feldmarschall Michail Illarionowitsch Kutusow, einem alten Haudegen, der in einem Dutzend Schlachten manche Blessuren davongetragen hatte.

HERAUSFORDERUNG

Als er von dem neuen Bündnis zwischen Alexander und Franz erfuhr, verwarf Napoleon seine Pläne einer Invasion Großbritanniens, brach sein Lager bei Boulogne ab und marschierte nach Deutschland. Er kam gerade rechtzeitig, denn Kutusow war auf dem Weg nach Ulm, um den Österreichern unter General Mack nach ihrer Niederlage in der Schlacht bei Elchingen nördlich von Ulm beizustehen. Doch am 20. Oktober hatten Napoleon und seine bayrischen Verbündeten Ulm umzingelt und die Kapitulation der etwa 30 000 Österreicher erzwungen. Kutusow wollte eine offene Schlacht vermeiden und zog sich nach Mähren zurück. Um Zeit zu gewinnen, ließ er Wien ungeschützt zurück – eine Beute, die sich Napoleon nicht entgehen lassen konnte.

Preußen hatte sich der sogenannten Dritten Koalition gegen Napoleon nicht angeschlossen, stand jedoch unter erheblichem Druck der Russen. Daher wollte Napoleon eine Entscheidung herbeiführen, bevor Preußen doch noch in den Krieg eintrat. Also folgte er Kutusow mit seiner 73 000 Mann starken Grande Armée nach Mähren. Bei Austerlitz, etwa 24 Kilometer östlich von Brünn, traf er auf die Russen und Österreicher mit ihren etwa 86 000 Mann. Die Geschwindigkeit von Napoleons Vormarsch ist legendär; die Vorhut der Franzosen unter Marschall Davout legte in 46 Stunden 113 Kilometer zurück. Napoleon wählte den Ort der Schlacht mit Bedacht. Mit den Worten des Historikers Alistair Horne bewies er «sein außergewöhnliches Auge für Topographie, sein Einfühlungsvermögen für das, was der Feind tun würde, und seine Fähigkeit, mit absoluter Entschlossenheit zu handeln». Auch das Datum war vielversprechend: Der 2. Dezember war der erste Jahrestag von Napoleons Krönung.

EFFEKTIVE FINTE

Die Franzosen positionierten sich zunächst auf zwei Erhebungen in der Mitte des Schlachtfeldes, dem Santonhügel und dem

Trotz ihrer Niederlage machten viele alliierte Truppen in der Schlacht bei Austerlitz ihre Sache gut. Rechts: Eroberung eines französischen Regimentsadlers durch die russische Gardekavallerie. Gemälde des russischen Künstlers Bogdan Pawlowitsch Willewalde (1818–1903).

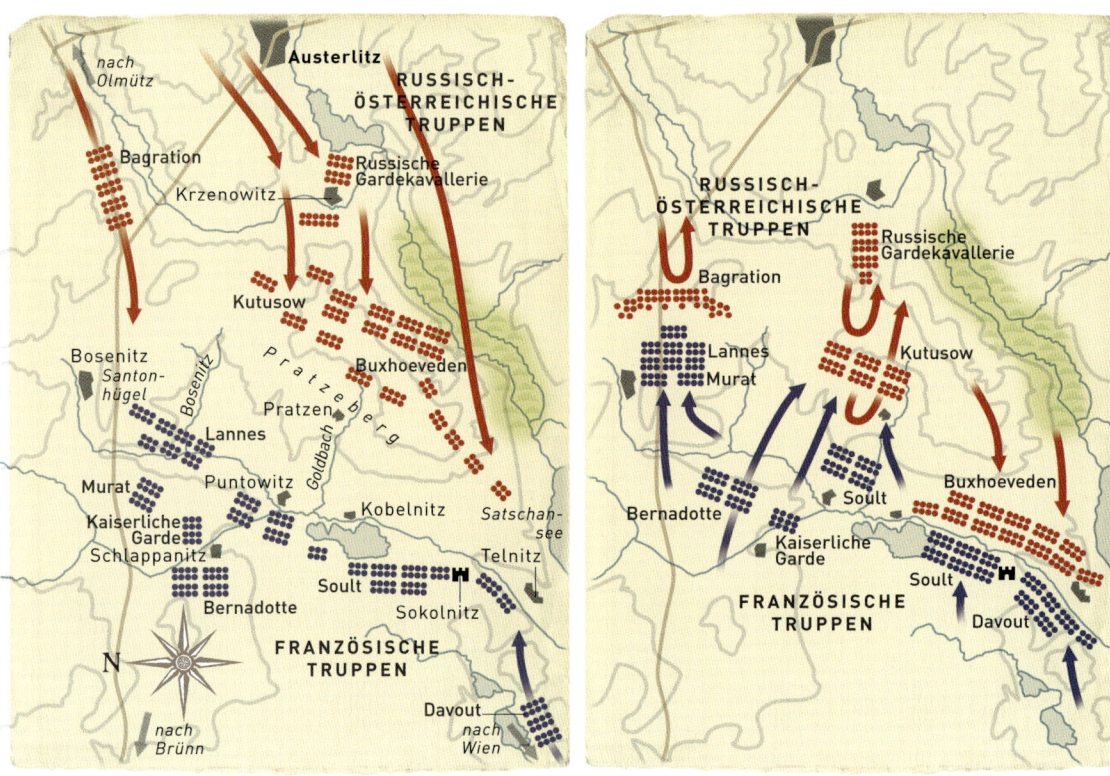

Napoleon war den alliierten Armeen bei Austerlitz zwar zahlenmäßig unterlegen, ging aber ein kalkuliertes Risiko ein und verließ sich auf seine große Feldherrenkunst und die bevorstehende Ankunft von Verstärkungstruppen. Die Karten rechts zeigen den Verlauf der Schlacht, sorgfältig choreographiert von „Europas Meister des Manövers".

Pratzeberg. Südlich davon lagen zwei seichte Seen. Beim Anrücken der Alliierten täuschte Napoleon einen Rückzug vor und verließ die Anhöhen. Außerdem verteilte er seine Kräfte so, dass sein rechter Flügel als Schwachstelle erscheinen musste. Ähnlich wie Caesar in Pharsalos hatte Napoleon den Hauptteil seiner Kavallerie an der linken Seite versteckt, zusammen mit Oudinots Grenadieren, der Kaiserlichen Garde und dem Korps von Bernadotte. Außerdem war ihm aufgefallen, dass sich der dichte morgendliche Nebel vor Ort erst am Mittag auflöste. Bis dahin verbarg er die wahre Truppenstärke der Franzosen.

Die Alliierten fielen auf Napoleons List herein. Sie wollten mit insgesamt 59 000 Mann den rechten Flügel Napoleons durchbrechen und die Franzosen so von

ihrem Nachschub aus Wien abschneiden. Fürst Bagration sollte die andere Flanke übernehmen, die von den Marschällen Lannes und Murat kommandiert wurde. Sobald die französische Linie nachgab, würde er die Mitte angreifen. Aber wie so viele Pläne davor und seitdem schlug auch dieser in der Ausführung fehl.

DIE SONNE VON AUSTERLITZ
Der Angriff der Alliierten misslang, als der rechte Flügel der Franzosen von einer Division unter Louis Friant verstärkt wurde; Davout und seine Armee trafen später ein. Nun verlagerten die Alliierten ihren Vorstoß auf das Zentrum. In diesem kritischen Augenblick befahl Napoleon seinem Zentrum und der Linken anzugreifen. Die Sicht war schlecht, und die Truppen gerie-

«... einer der bemerkenswertesten Siege der Geschichte ..., der Napoleons ganzes Genie demonstrierte.»

DER HISTORIKER ALISTAIR HORNE ÜBER DEN SIEG DER FRANZOSEN BEI AUSTERLITZ

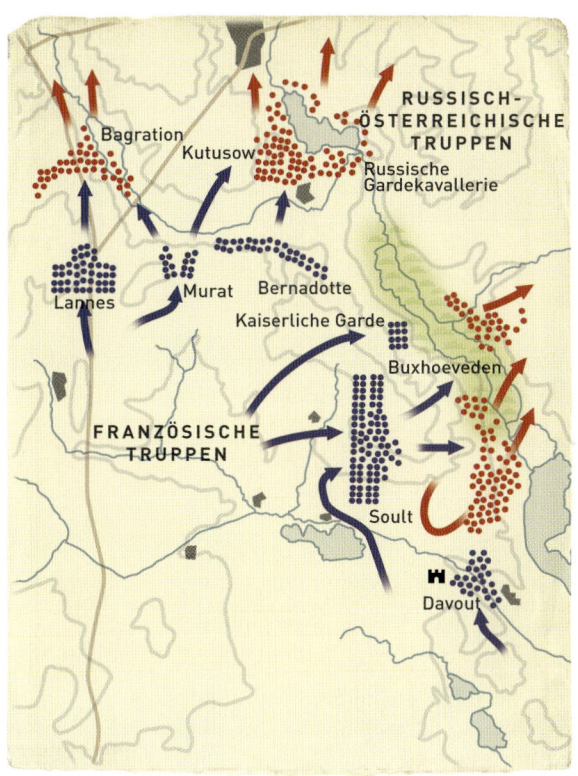

ten in Verwirrung. Aber wie Napoleon gehofft hatte, begann sich der Nebel zu lichten. Nun zeigte sich, dass die Alliierten zweigeteilt waren mit ungeschützter Flanke. Als die Sonne durch den Nebel brach, rief Napoleon Marschall Soult auf den Pratzeberg. Gegen 11 Uhr, am entscheidenden Moment der Schlacht, sicherten sie gemeinsam das Plateau.

Die aufgehende Sonne verkündete den Sieg. Noch oft schwärmte Napoleon von der «beau soleil d'Austerlitz». Um die Niederlage abzuwenden, schickte Kutusow seine besten Truppen in den Kampf, die russische Gardekavallerie. Die Wucht ihres Angriffs brachte Napoleons Männer ins Wanken, aber der französische Kaiser sandte seine Reserven, denen es gelang, die Russen zu vertreiben. Um 15:30 Uhr hatten Napoleons Truppen die Anhöhen endgültig eingenommen und feuerten von oben

auf den Feind. Die Russen brachen ein. Der Angriff Soults verwandelte ihren Rückzug in eine verzweifelte Flucht. Viele versuchten, über die zugefrorenen Satczaner und Mönitzer Teiche zu fliehen, aber die Eisdecke brach unter dem Beschuss der Artillerie. Etwa 16 000 Männer wurden getötet oder verwundet, weitere 2000 ertranken in den Teichen, ungefähr 11 000 wurden gefangen genommen. Kutusow konnte fliehen, zog sich dabei aber eine weitere Kriegsverletzung zu.

Napoleon hatte die Dritte Koalition ausgeschaltet. Die Russen zogen sich bis nach Ostpreußen zurück. Mit dem Frieden von Pressburg Ende Dezember 1805 verlor Österreich Gebiete in Italien und Deutschland. Das Heilige Römische Reich, das seit dem neunten Jahrhundert bestanden hatte, fand 1806 sein Ende. Die politische Karte von Mitteleuropa musste neu gezeichnet werden, ein Prozess, der sich nach der Niederlage der Preußen bei Jena bald darauf fortsetzte.

Das Friedensdenkmal auf dem Pratzeberg in der Nähe von Brno wurde 1910–1912 zum Gedenken an die Schlacht von Austerlitz errichtet. Die vier weiblichen Figuren an der Basis repräsentieren Frankreich, Österreich, Russland und Mähren.

JENA UND AUERSTEDT

Napoleon Bonaparte / Herzog von Braunschweig und Fürst Hohenlohe

14. Oktober 1806

NAPOLEONS MILITÄRISCHE SCHLAGKRAFT erreichte in den frühen Jahren des 19. Jahrhunderts ihren Höhepunkt. 1806 wandten sich die Franzosen gegen Preußen und fügten der einstigen Militärmacht eine katastrophale Niederlage zu – nur 20 Jahre nach dem Tod des Nationalhelden und Meisterstrategen Friedrich des Großen.

Nach seinem Sieg über Österreicher und Russen bei Austerlitz im Dezember 1805 übte Napoleon immer stärkeren Druck auf Friedrich Wilhelm III. von Preußen aus. Der König musste auf seine Besitzungen in Süddeutschland verzichten und erhielt dafür Hannover. Da der hannoversche Kurfürst gleichzeitig König von Großbritannien war, führte die preußische Besetzung Hannovers zum Bruch mit den Briten. Das isolierte Preußen suchte Rückendeckung bei Russland. Gleichzeitig näherten sich Briten und Franzosen an: Anfang 1806 war Napoleons erbitterter Gegner, der Premierminister William Pitt der Jüngere, verstorben. Frankreich bot Großbri-

tannien die Rückgabe Hannovers an, doch dem wollte Preußen nicht zustimmen. Friedrich Wilhelm III. stellte Frankreich ein Ultimatum und entzündete damit den Vierten Koalitionskrieg.

Bis Oktober 1806 hatte Napoleon seine Truppen in Deutschland auf 160 000 Mann verdoppelt. Ihm gegenüber stand ein preußisch-sächsisches Heer, dessen Befehlshaber, Herzog Karl Wilhelm Ferdinand von Braunschweig und Fürst Friedrich Ludwig zu Hohenlohe-Ingelfingen, untereinander zerstritten waren. Auch sonst waren die einst so schlagkräftige preußische Armee und ihre Generäle denkbar schlecht vorbereitet. Preußen hatte sich nicht den militä-

Das Schlachtfeld bei Jena am 14. Oktober 1806 in einer Lithografie der französischen Künstler Charles Horace Vernet und Jacques François Swebach. Die vernichtende Niederlage, die Napoleon einer veralteten preußischen Armee zufügte, führte zur Besetzung Preußens und der Reduzierung des Königreichs auf die Hälfte seiner ehemaligen Größe.

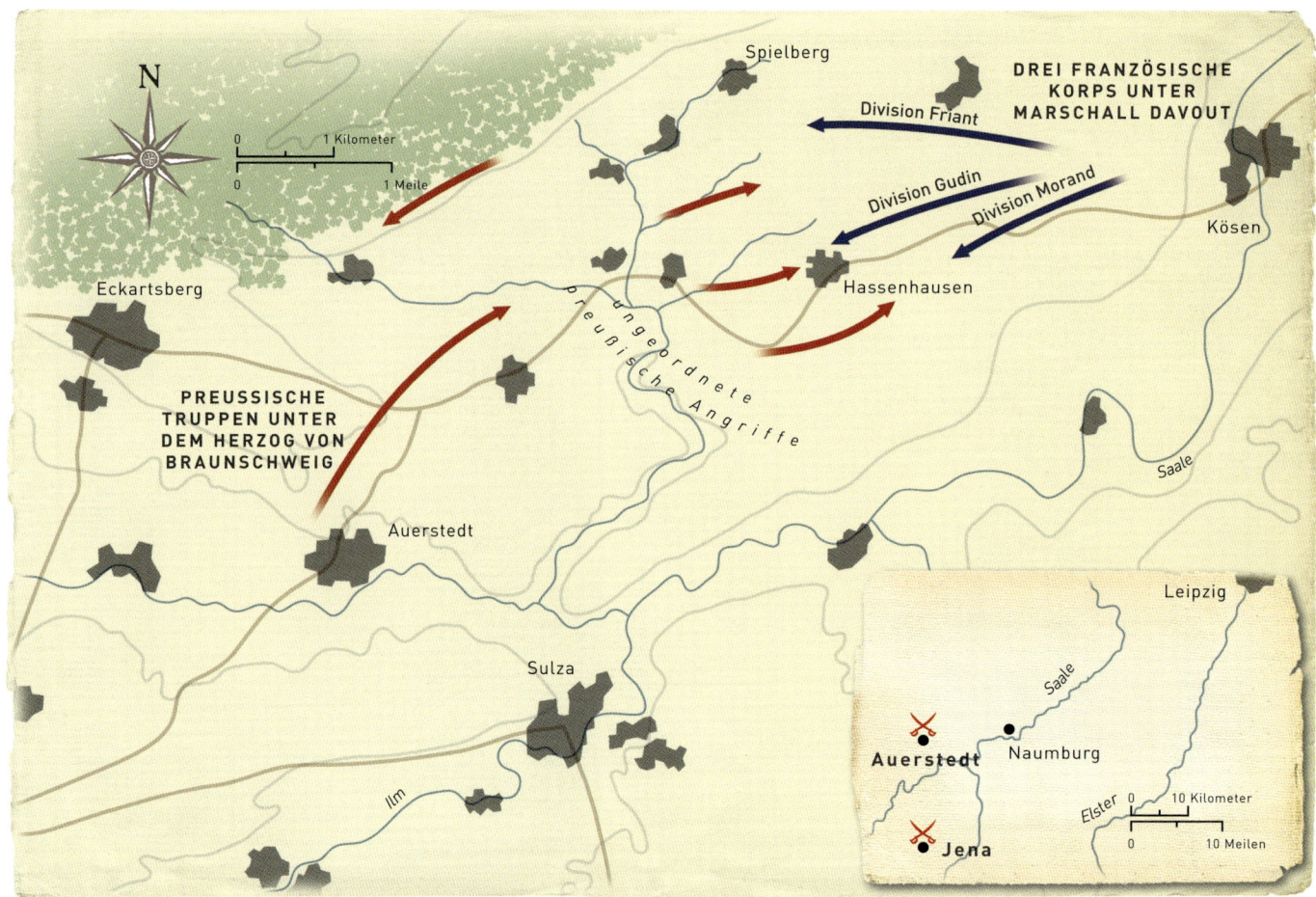

Karte der Schlacht
bei Auerstedt. Es sind
keine Schlachtaufstel-
lungen eingezeichnet,
weil es sich um eine
„Begegnungsschlacht"
handelte, bei der beide
Seiten unerwartet aufei-
nander trafen. Nach sei-
nem Sieg zog Napoleon
mit seiner Armee am
27. Oktober in Berlin ein.

rischen Entwicklungen angepasst, die von
den Revolutionskriegen seit 1792 eingeleitet
worden waren. Der preußische Generalstab
war überaltert und nicht mit der modernen
französischen Kriegstaktik vertraut. Der
spätere preußische Heeresreformer Gerhard
von Scharnhorst schrieb vor der Schlacht:
«Wir sind in allem zu langsam gewesen …
wir müssen unser Schicksal annehmen und
dürfen auf keinen Fall aufgeben.»

ZUFÄLLIGE BEGEGNUNG
Napoleon zog mit seinen Truppen von
Süddeutschland durch den Thüringer
Wald nach Norden. Am 8. Oktober über-
querte der französische Kaiser mit etwa
120 000 Mann die Grenze nach Sachsen.
Am 13. Oktober erreichten die Franzosen
die Stadt Jena. In der Nähe der Stadt
lagerte der von Fürst Hohenlohe befehligte
Teil der preußischen Truppen. Im Schutz
der Dunkelheit und des morgendlichen
Nebels besetzte Marschall Lannes, einer

von Napoleons fähigsten Befehlshabern,
den Landgrafenberg oberhalb von Jena.
Von dort aus griffen die Franzosen die
überraschten Preußen am Morgen des
14. Oktober an. Hohenlohe unterliefen
Fehler, die von den Franzosen sofort aus-
genutzt wurden. Als 20 000 Preußen auf
das Dorf Vierzehnheiligen vorrückten,
wurden sie von den Franzosen unter heftigen Beschuss genommen und vertrieben.

Zu diesem Zeitpunkt wusste Napoleon
noch nicht, dass der Herzog von Braunschweig weitere 63 000 Mann im 19 Kilometer entfernten Auerstedt stationiert hatte.
Als sie die aus Jena flüchtenden Preußen
verfolgten, trafen die Marschälle Davout
und Bernadotte bei dichtem Nebel auf die
Truppen Braunschweigs. Bernadotte weigerte sich, Davout zu helfen, und wurde
dafür später beinahe vor ein Kriegsgericht
gestellt. Aber auch allein errang Davout
mit seinen 26 000 Mann einen brillianten
Sieg über die preußische Übermacht. Von

«Meine Herren, wenn er noch leben würde, wären wir heute nicht hier.»

NAPOLEON ERWEIST FRIEDRICH DEM GROSSEN NACH DEM SIEG BEI JENA UND AUERSTEDT SEINE EHRERBIETUNG.

7 bis 10:30 Uhr schickte er seine drei Infanteriedivisionen abwechselnd in den Kampf. Die Preußen schlugen sich wacker, waren aber schlecht geführt. Als der 71-jährige Herzog von Braunschweig verwundet wurde, wollte Friedrich Wilhelm III. den Oberbefehl nicht selbst übernehmen und überließ die einzelnen Kommandeure sich selbst. Schließlich startete Davout eine Frontaloffensive und rieb die zurückweichenden Preußen auf.

Davout verlor bei diesem Angriff ein Viertel seiner Männer. Doch nun griff Bernadotte ein und verfolgte preußische Einheiten bis zur Ostsee. Anfang November nahm er bei Lübeck General Gebhard von Blücher gefangen. Blücher, der später entscheidend zu den Niederlagen Napoleons bei Leipzig und Waterloo beitrug, war einer der wenigen ranghohen preußischen Befehlshaber, die sich bei Jena und Auerstedt gut geschlagen hatten.

EIN SCHLAG FÜR DEN PREUSSISCHEN STOLZ

Insgesamt gerieten 25 000 preußische Soldaten in Gefangenschaft. 200 Geschütze fielen in die Hände des Feindes. Hohenlohe leitete noch den Rückzug der Armee über die Oder ein, bevor er kapitulierte. Während Friedrich Wilhelm III. und seine Frau Königin Luise nach Ostpreußen flohen, zog Napoleon an der Spitze seiner Truppen am 27. Oktober in Berlin ein. Nur das Eingreifen Russlands rettete Preußen vor der vollständigen Auflösung. Im Frieden von Tilsit 1807 musste Preußen jedoch die Hälfte seines Gebietes abtreten. Der Ruf der preußischen Militärmacht war zerstört. Als Napoleon die Gruft von Friedrich dem Großen in der Garnisonkirche in Potsdam besuchte, sagte er: «Meine Herren, wenn er noch leben würde, wären wir heute nicht hier.»

Erst im Angesicht der Niederlage wurden in Preußen die längst überfälligen Reformen in Militär, Verwaltung und Bildungswesen eingeleitet – verbunden mit Namen wie Stein, Hardenberg, Scharnhorst, Gneisenau und Humboldt. Sie schufen die Grundlage für den Wiederaufstieg Preußens und damit auch für die Einigung Deutschlands unter preußischer Führung, die mit der Gründung des deutschen Kaiserreichs 1871 ihren Abschluss fand.

Den Schauplatz der Schlacht bei Jena markiert eine einfache Steintafel, auf dem die Entfernungen zu anderen bedeutenden Schlachtfeldern und Orten in Napoleons Laufbahn angegeben sind. Die letzte Ortsangabe ist Longwood House auf der Insel St. Helena. Nach seiner endgültigen Niederlage bei Waterloo wurde der französische Kaiser auf die britische Insel im Südatlantik verbannt. Dort starb er im Mai 1821.

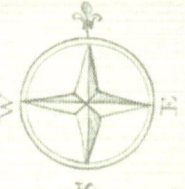

BORODINO

Napoleon Bonaparte / Feldmarschall Kutusow
7. September 1812

IM JAHR 1812 BEHERRSCHTE NAPOLEON fast ganz Kontinentaleuropa. Nur Russland widersetzte sich seinem Machtanspruch. Vom 23. auf den 24. Juni 1812 überquerten französische Truppen mit einer Stärke von über einer halben Million Mann die russische Grenze. In der Grande Armée dienten neben Franzosen auch Polen, Preußen, Österreicher, Holländer, Westfalen, Schweizer und Italiener, die von Napoleon zwangsrekrutiert worden waren. Die meisten sahen ihre Heimat nie wieder. Zuerst stieß das französische Heer kaum auf Widerstand, aber im Herbst befahl Zar Alexander I. seinen Generälen, Napoleons Vormarsch aufzuhalten. In der Nähe des Dorfes Borodino, 124 Kilometer westlich von Moskau, wollte sich Feldmarschall Michail Kutusow für seine Niederlage bei Austerlitz revanchieren.

„Die Schlacht von Borodino". Das Gemälde des russischen Malers Franz Roubaud aus dem Jahr 1913 zeigt das Durcheinander und Gemetzel während der Schlacht, bei der auf beiden Seiten eine Viertelmillion Männer beteiligt waren.

Kutusow auf seinem Pferd muss einen eigenartigen Anblick geboten haben: Er war inzwischen 67 Jahre alt und bei schlechter Gesundheit, korpulent und von Rheuma gezeichnet. Er hatte 120 000 Mann unter seinem Kommando und verfügte über die beachtliche Zahl von 640 Geschützen. Ihm gegenüber hatte Napoleons Grande Armée etwa 130 000 Mann und 587 Geschütze. Das Getöse der vereinten Feuerkraft der beiden Armeen orchestrierte der Komponist Tschaikowsky später in seiner berühmten „Ouvertüre 1812".

Am 3. September stellte sich Kutusow über eine acht Kilometer lange Front auf und blockierte damit die beiden Wege nach Moskau – die Alte und die Neue Smolensker Straße. Seine Rechte war in der Kolotscha, einem Nebenfluss der Moskwa, verankert, seine Linke durch den dichten Wald von Utitza. Auf der Linie lagen vier Dörfer: Borodino am linken und Gorki am rechten Ufer der Kolotscha sowie Semenowskoje und Utitza. Der Fluss Semenowka und die Wälder verbargen Kutusows Reserven. Auf den nahe gelegenen Anhöhen in der Mitte der Front wurde eine große Feldschanze (Redoute) aufgeworfen, mit Gräben versehen und mit Geschützen bewehrt.

Die rechte Flanke der Russen wurde von General Michail Miloradowitsch, die linke von Fürst Pjotr Bagration kommandiert, während General Barclay de Tolly am steilen Südufer der Kolotscha die Stellung hielt und Gorki deckte. Von dort aus griff er später das französische Zentrum mit fast allen Geschützen an, die den Russen zur Verfügung standen. Weitere drei Feldschanzen (Flèches) wurden zwischen zwei Seitenarmen der Semenowka angelegt. Die russische Stellung konnte wegen des Flusses und des Waldes nicht überflügelt werden; zudem war die französische Kavallerie wegen der dichten Büsche und Wälder praktisch unbrauchbar.

SELBSTMORDMISSION

Nur ein Verrückter hätte eine solche Stellung angegriffen, aber Kutusow wusste, dass Napoleon unbedingt einen Sieg erringen wollte. Seine Armee blutete aus, die Soldaten erlagen den Folgen der langen

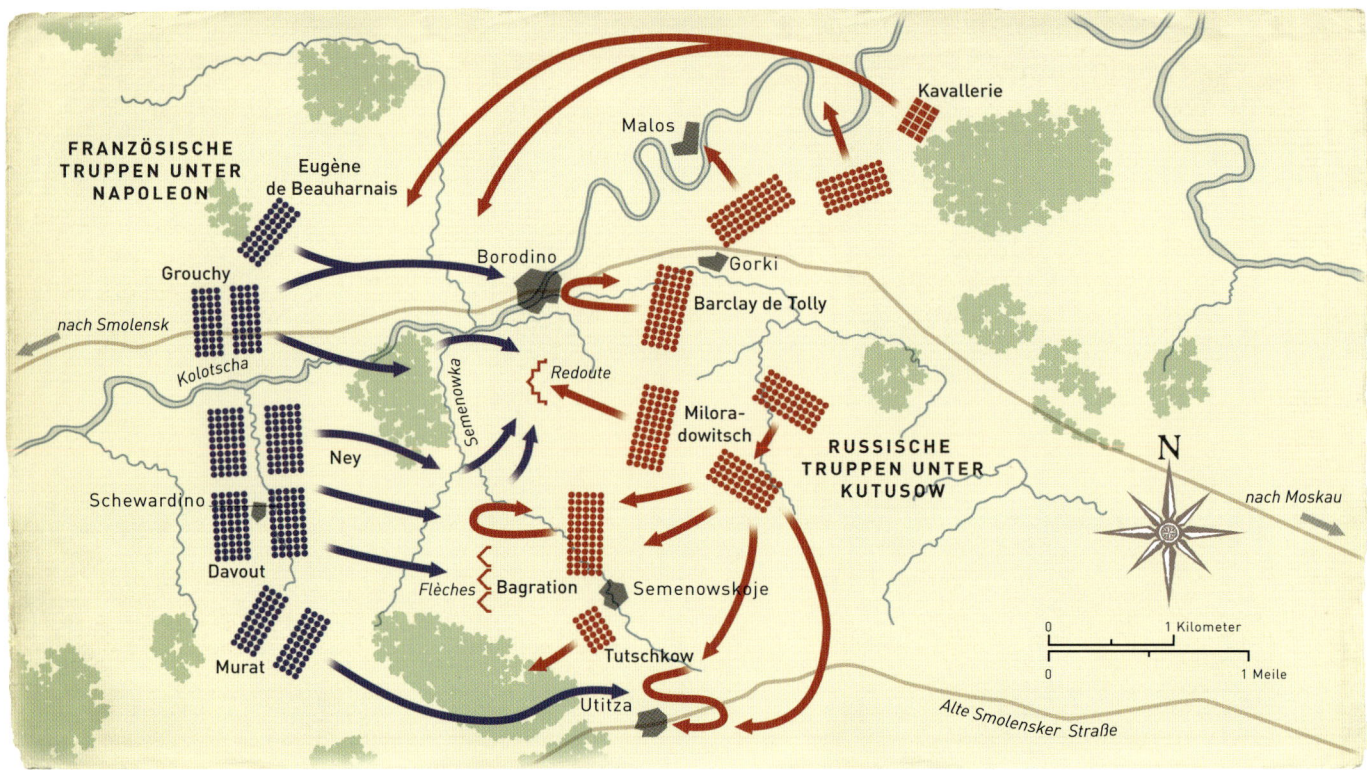

Map labels:
FRANZÖSISCHE TRUPPEN UNTER NAPOLEON — Eugène de Beauharnais — Grouchy — nach Smolensk — Kolotscha — Ney — Schewardino — Davout — Murat — Borodino — Semenowka — Redoute — Flèches — Bagration — Semenowskoje — Tutschkow — Utitza — Malos — Kavallerie — Gorki — Barclay de Tolly — Miloradowitsch — RUSSISCHE TRUPPEN UNTER KUTUSOW — N — nach Moskau — 0 1 Kilometer — 0 1 Meile — Alte Smolensker Straße

Der Pyrrhussieg

bei Borodino kostete Napoleon ein Drittel seiner bereits stark geschwächten Armee. Doch die Schlacht war nur das Vorspiel für den Rückzug der Franzosen aus Russland, bei dem „Väterchen Frost" das Leben Hunderttausender hungernder und schlecht bekleideter Soldaten forderte.

Märsche, der Krankheiten oder der Sommerhitze. Viele Männer desertierten. Auf ihrem Rückzug hatten die Russen eine Politik der verbrannten Erde praktiziert, so dass sich die Franzosen nicht vor Ort versorgen konnten und auf lange Nachschublinien angewiesen waren.

Der französische Kaiser hatte viele seiner wichtigsten Generäle bei sich, darunter Murat, Ney, Davout, Junot und Eugène de Beauharnais, außerdem sein Elitekorps, die Kaiserliche Garde. Napoleons Stiefsohn Eugène sollte das Dorf Borodino angreifen, um den Eindruck zu erwecken, der Hauptvorstoß werde auf die russische Rechte geführt, während Napoleon der Mitte und der Rechten einen Schlag versetzen würde. Davout würde Bagration attackieren. Der polnische Kavalleriekommandant Fürst Poniatowski sollte versuchen, Bagration zu überflügeln und von hinten aufzureiben.

Im Vorfeld der Schlacht trafen am 5. September 40 000 Franzosen bei Sche-

wardino auf 12 000 Russen, wurden aber zurückgeschlagen. Kutusow wusste jetzt, von wo aus die Franzosen angeifen wollten, und verstärkte seine Stellung noch weiter. Er unterstützte auch Bagrations Linie. Dort begann Napoleons Angriff am 7. September um 5 Uhr morgens. Hundert französische Kanonen waren auf das Zentrum der Russen gerichtet. Eugène de Beauharnais nahm plangemäß Borodino ein und Poniatowski Utitza im Süden. Im Verlauf von drei Stunden wurden sieben russische Angriffe zurückgeschlagen, aber der achte erreichte sein Ziel. Feuer aus 300 russischen Geschützen hielt den französischen Vorstoß auf Semenowskoje auf. Murat ritt währenddessen einen Angriff auf die drei Flèches im Süden der russischen Linie. Davout erlitt eine Schusswunde am Bauch und fiel ohnmächtig vom Pferd. General Rapp übernahm das Kommando, bis auch er getroffen wurde und von General Desaix ersetzt wurde, der ebenfalls fiel.

Ney gelang es, die südlichste Geschützstellung einzunehmen und sie gegen drei russische Gegenangriffe zu verteidigen. Napoleon schickte Murat zu seiner Unterstützung. Nachdem Eugène Borodino eingenommen hatte, brachte er Geschütze in Stellung, um die große Redoute der Russen südlich des Dorfes unter Beschuss zu nehmen. Anschließend schickte er drei Divisionen zum Sturm auf die Schanze aus.

Im Süden wollte Ney die Kaiserliche Garde auf die drei Flèches ansetzen, wo Pjotr Bagration inzwischen tödlich verwundet am Boden lag. Doch Napoleon wollte nicht seine letzten Reserven riskieren und schickte stattdessen 400 neue Geschütze.

DER FALL DER SCHANZEN

Gegen 18 Uhr gaben die erschöpften Soldaten den Kampf allmählich auf; die Geschütze waren inzwischen seit zehn Stunden im Einsatz. Die Russen lagerten noch immer im Osten und konnten die Schlacht am nächsten Tag wiederaufnehmen. In der Mitte des Schlachtfelds, dort, wo die Franzosen durch die Schießscharten der Redoute gebrochen waren und Mann gegen Mann mit den Kanonieren gekämpft hatten, türmten sich die Toten. Die russischen Schanzen fielen schließlich am späten Nachmittag in einem gemeinsamen Angriff von Eugène, Ney und Murat.

DER LANGE RÜCKZUG

Beide Armeen verloren in der Schlacht etwa je ein Drittel ihrer Männer. Borodino wird traditionell als französischer Sieg dargestellt, aber es war bestenfalls ein Pyrrhussieg. Zuerst beanspruchten die Russen die Lorbeeren für sich; zweifellos versetzte ihr Widerstand der Grande Armée einen herben Rückschlag. Um seine Kräfte zu schonen, gab Kutusow nach der Schlacht Moskau auf, steckte es in Brand und zog sich zurück. Napoleon war durch den Verlust von 50 000 Toten und Verwundeten stark geschwächt. Borodino war eine der verlustreichsten Schlachten der Napoleonischen Kriege, nur noch übertroffen von der Völkerschlacht bei Leipzig im darauffolgenden Jahr.

Die Einnahme des zerstörten Moskau nützte Napoleon wenig. Es war klar, dass die Russen nicht aufgeben würden. Als der Winter einsetzte, trat Napoleon den langen Marsch zurück nach Westen an. Kutusow setzte den Franzosen nach und griff sie immer wieder an. In den harten Wintermonaten starben 400 000 von Napoleons Soldaten an Hunger und Krankheiten, nur ein Viertel fiel in Kämpfen; lediglich 50 000 Mann überlebten den Russlandfeldzug. Mit einem Schlag war die Grande Armée ausgelöscht worden. Die unterworfenen Völker und Staaten erhielten neuen Auftrieb, sich gegen Frankreich zu erheben.

«Napoleon war in den Fängen jener Depression, die einen Spieler befällt, der nach einer langen Glückssträhne, während der er unbekümmert mit seinem Geld um sich geworfen und jedes Mal gewonnen hat, plötzlich feststellt, dass er, gerade wenn er alle Chancen des Spiels sorgfältig kalkuliert hat, je sicherer verlieren wird, desto mehr er über sein Spiel nachdenkt.»

LEO TOLSTOIS BEURTEILUNG NAPOLEONS IN DEM ROMAN „KRIEG UND FRIEDEN" (1868/69)

WATERLOO

Napoleon Bonaparte / Herzog von Wellington und Feldmarschall von Blücher

18. Juni 1815

ZWISCHEN SEINER NIEDERLAGE in der Völkerschlacht bei Leipzig im Oktober 1813 und seiner Abdankung am 6. April 1814 kämpfte Napoleon wie ein Löwe, um sein Reich zu retten. Er sicherte sich einige Siege, bevor ihn der preußische Feldmarschall von Blücher und der österreichische Fürst Schwarzenberg auf französisches Territorium zurückdrängten. Im März erlitt Napoleon bei Laon eine schwere Schlappe und wurde schließlich vor Paris geschlagen. Da er ahnte, dass seine Marschälle ihn im Stich lassen würden, erklärte er sich einverstanden, als Herrscher der kleinen Insel Elba vor der italienischen Küste ins Exil zu gehen.

Ein Jahr später, am 1. März 1815, sah Napoleon seine Chance gekommen und kehrte nach Frankreich zurück – für die berühmte Herrschaft der „Hundert Tage". Die Diplomaten und gekrönten Häupter, die auf dem Wiener Kongress damit beschäftigt waren, die Karte Europas neu zu zeichnen, eilten in ihre Heimatländer zurück. Als König Ludwig XVIII. von Frankreich erfuhr, dass Napoleon auf seinem Vormarsch nach Norden von Bevölkerung und Armee begeistert gefeiert wurde, floh er ins Ausland. Wieder wurden die alliierten Armeen herbeigerufen, um Bonaparte ein für alle Mal aufzuhalten.

Im März versammelten die Verbündeten große Armeen in den Niederlanden, um auf Paris zu ziehen. Die Österreicher stellten 200 000, die Russen 150 000 und die Preußen über 100 000 Mann. Hinzu kamen noch holländische und britische Truppen, so dass Napoleon seinen Gegnern zahlenmäßig weit unterlegen war. Seine einzige mögliche Strategie bestand also darin, ihre Vereinigung zu verhindern und einen nach dem anderen zu erledigen. Die Kommunikationslinien der Alliierten wiesen darauf hin, dass sie sich in verschiedene Richtungen bewegen würden: Die Briten und Holländer zum Meer, die Preußen ins Rheinland.

Napoleon verließ Paris am 12. Juni. Am 16. Juni traf er in Ligny im heutigen Belgien mit seiner etwa 70 000 Mann starken Armee auf ein preußisches Heer von über 80 000 Mann unter Gebhard von Blücher. Es war Napoleons letzter Sieg,

„Die Schlacht bei Waterloo" (1874) des französischen Malers Félix Philippoteaux. Der Herzog von Wellington bezeichnete diese folgenschwere, 14 Stunden dauernde Schlacht, die Napoleons Macht beendete, als «die knappste Sache, die man je gesehen hat».

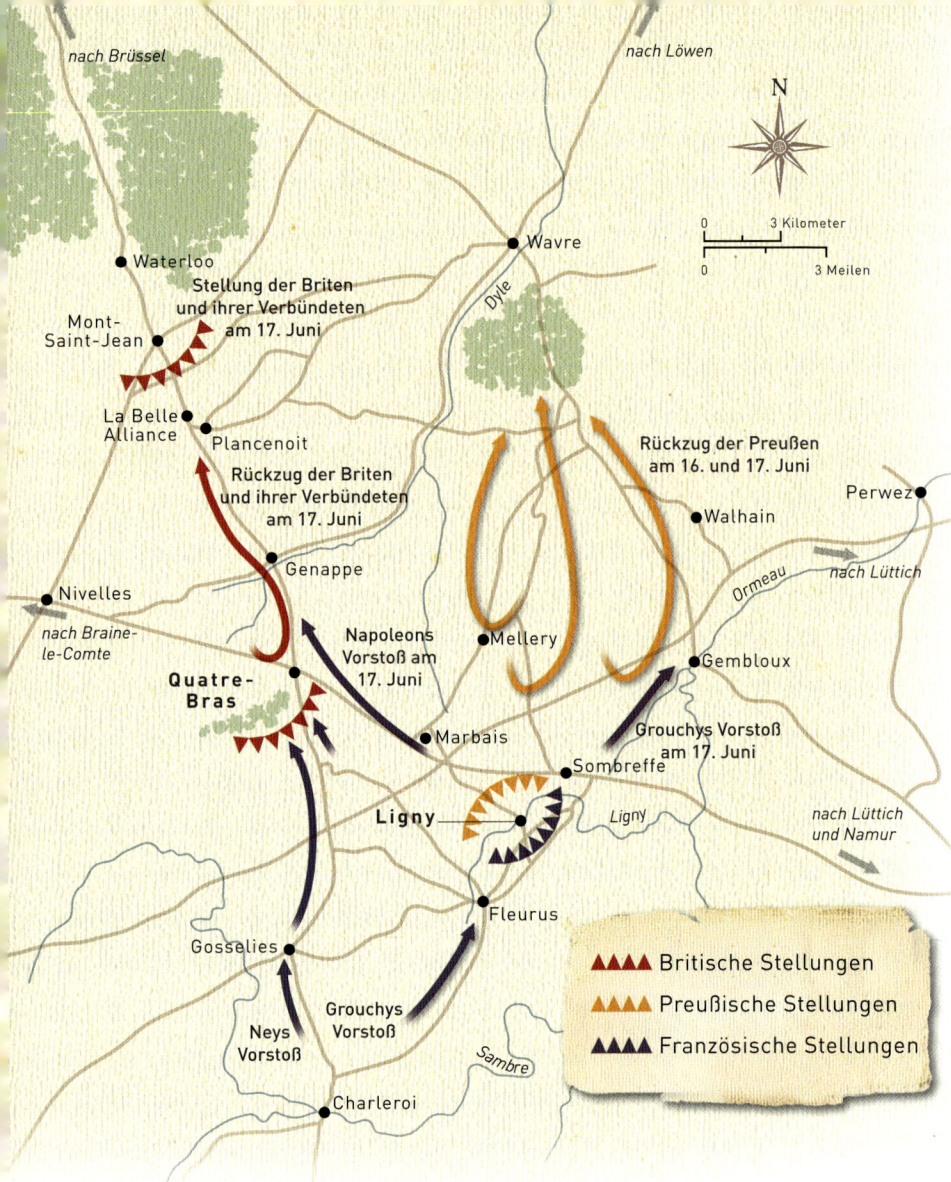

N

0   3 Kilometer

0   3 Meilen

Waterloo

Stellung der Briten
und ihrer Verbündeten
am 17. Juni

Mont-
Saint-Jean

Wavre

Dyle

La Belle
Alliance

Plancenoit

Rückzug der Preußen
am 16. und 17. Juni

Perwez

Rückzug der Briten
und ihrer Verbündeten
am 17. Juni

Walhain

Nivelles

Genappe

Ormeau

nach Lüttich

nach Braine-
le-Comte

Napoleons
Vorstoß am
17. Juni

Mellery

Gembloux

Quatre-
Bras

Marbais

Grouchys Vorstoß
am 17. Juni

Sombreffe

Ligny

Ligny

nach Lüttich
und Namur

Fleurus

▲▲▲▲ Britische Stellungen

▲▲▲▲ Preußische Stellungen

▲▲▲▲ Französische Stellungen

Gosselies

Grouchys
Vorstoß

Neys
Vorstoß

Sambre

Charleroi

Das Ende der „Hundert Tage": Die napoleonische Armee von ihrem allerletzten Sieg bei Ligny am 16. Juni bis zur schicksalhaften Schlacht bei Waterloo zwei Tage später.

doch entgegen seinen Plänen konnte er die zurückweichenden Preußen nicht vollständig vernichten – ein fatales Versäumnis. Blücher, der zwar vom Pferd geschlagen worden war, sich aber der Gefangennahme entzogen hatte, führte nun ein gefährliches Flankenmanöver auf Wavre und Waterloo.

Inzwischen, ebenfalls am 16. Juni, marschierte Arthur Wellesley, der Herzog von Wellington, im nahegelegenen Quatre-Bras in die sogenannte Armée du Nord unter Marschall Michel Ney. Aber Ney zögerte und beging den Fehler, den Angriff erst am Nachmittag zu befehlen, als Wellington bereits Verstärkung erhalten hatte.

AUFSTELLUNG DER TRUPPEN

Wellington bekam die ganze Stärke von Napoleons Armee erst am 18. Juni zu spüren, als Napoleon selbst ihn auf dem Feld

von Waterloo, einem wenige Kilometer südlich von Brüssel gelegenen Dorf, in die Enge trieb. Bis Napoleon ihn einholte, hatte der britische General jedoch genug Zeit, seine Stellung vorzubereiten.

In der Annahme, die Preußen hätten sich von den Briten getrennt, glaubte Napoleon, mit Letzteren leichtes Spiel zu haben. Aber Wellington hatte eine klare Absprache mit Blücher getroffen, der später an diesem Tag eine entscheidende Rolle spielen sollte. Blüchers Rückkehr auf das Schlachtfeld führte zu einer Einkreisung der Franzosen, die Napoleon absolut nicht vorausgesehen hatte, obwohl es eine seiner bevorzugten Strategien war. Als sein Bruder Jerôme ihn auf diese Möglichkeit hinwies, tat Napoleon dies brüsk ab. Wellington befehligte eine Armee aus Briten, Holländern, Hannoveranern und anderen Deutschen, die etwa 67 000 Mann und 156 Geschütze umfasste. Napoleon verfügte über 72 000 Mann und 346 Geschütze.

Wellington hatte seine Männer in einer starken Verteidigungsposition entlang des Höhenzuges Mont-Saint-Jean aufgestellt, um die Straße nach Brüssel zu blockieren. Im Rücken hatte er den dichten Wald von Soignes. Er war Napoleon ebenbürtig, was die Einschätzung von Schlachtfeld-Terrain betraf, und hatte seine Stellung sehr sorgfältig gewählt. Bei Hougoumont und dem Gutshof von La Haye Sainte hatte er jeweils befestigte Positionen eingerichtet.

EIN EPISCHER KAMPF

In der französischen Armee waren viele Veteranen der Napoleonischen Kriege, die ihren Kommandeur verehrten, und die Moral war ausgezeichnet. Napoleon richtete sein Hauptquartier bei Le Caillou ein, nicht weit von dem Bauernhof La Belle Alliance. Er vertraute den linken Flügel Ney an, der tapfer, aber auch undiszipliniert war und keinen erkennbaren Angriffsplan besaß. Ney sollte jedoch später die Verantwortung für die gesamte Schlacht übernehmen, da Napoleon erkrankt war. Wellington hingegen befand sich für die bevorstehende, 14 Stunden dauernde Schlacht in körperlicher Bestform.

Heftige Regenfälle in der Nacht hatten den Boden nicht nur für Napoleons geplante Kavallerie-Angriffe ungeeignet gemacht, sondern auch für die Aufstellung seiner Artillerie. Erst um 11:30 Uhr war der Boden soweit getrocknet, dass die große Batterie von 84 Geschützen aufgestellt werden konnte. Zwischen den Franzosen und den Alliierten lag ein langes, flaches Tal. Es war später Vormittag, als Jerôme Bonaparte den Bauernhof bei Hougoumont attackierte, wo Wellington seinen rechten Flügel und die Gardeinfanterie verankert hatte. Wellington wusste, dass Hougoumont Napoleon im Weg stand, um eines seiner aufwendigen Flankenmanöver durchzuführen. Das Gefecht, an dem etwa 9000 Mann beteiligt waren, zog sich über den ganzen Tag; die 3000 Verteidiger

hielten bis zum bitteren Ende durch, auch wenn ihre Stellungen zeitweise von den Franzosen durchbrochen wurden.

Napoleon hatte es auf das Zentrum der Alliierten abgesehen, denn er glaubte, dass Wellington seine Reserven von dort nach Hougoumont verlegen würde. Aber trotz sieben französischer Angriffe zwischen 11:30 und 19:30 Uhr zog Wellington die Reserven nicht ab. In einem letzten verzweifelten Versuch, den Bauernhof einzunehmen, musste Napoleon schließlich seine Reservetruppen einsetzen.

Ab 13 Uhr feuerte Napoleons Hauptbatterie auf Wellingtons Zentrum, das aber dank der verstärkten Defensivstellung kaum in Gefahr war. Währenddessen zogen zwei französische Kolonnen von insgesamt 16 000 Mann unter Graf d'Erlon auf der Straße Brüssel–Charleroi Richtung Osten. Sie wollten eine Bresche in Wellingtons linkes Zentrum schlagen und dann beide Seiten seiner Front aufrollen. Unterwegs

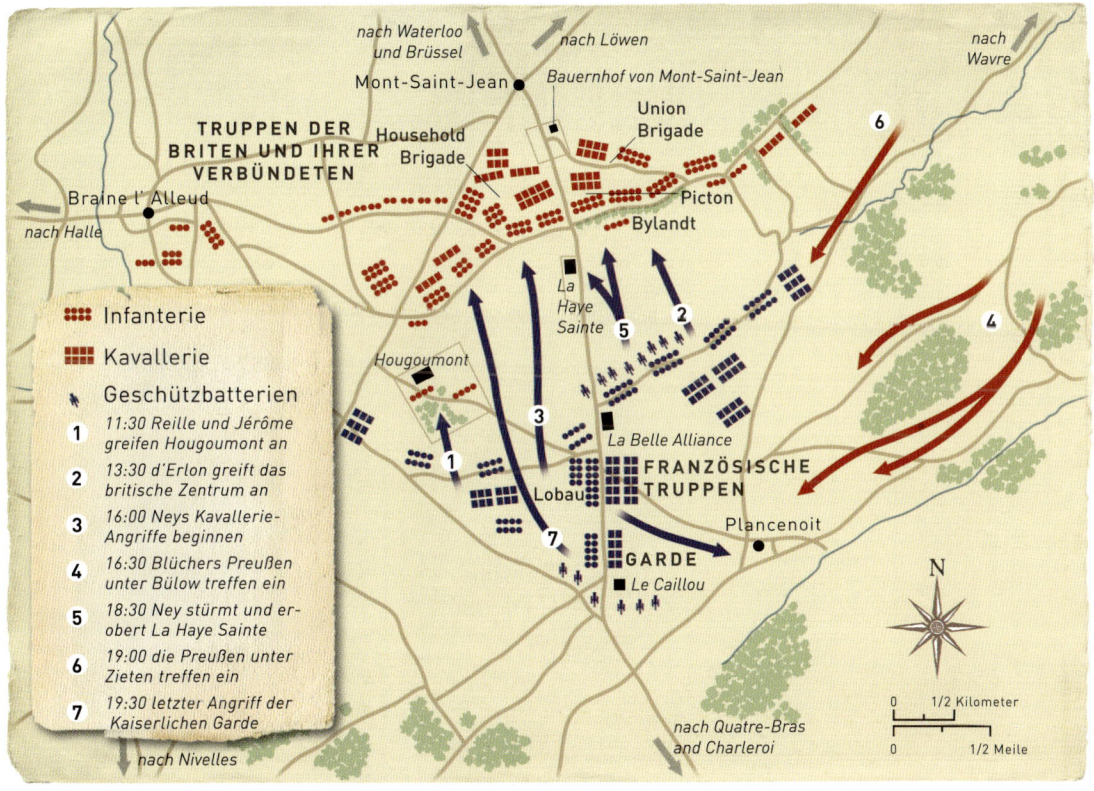

Das Schlachtfeld bei Waterloo. Die Schlüsselposition des befestigten Bauernhofes bei Hougoumont, die einen Flankenangriff der napoleonischen Truppen unmöglich machte, musste von den Briten unbedingt gehalten werden. Eine gemischte Garnison aus englischen, schottischen und deutschen Truppen vereitelte alle französischen Versuche, die Stellung einzunehmen.

Kartenlegende

nach Waterloo und Brüssel
nach Löwen
nach Wavre
Mont-Saint-Jean
Bauernhof von Mont-Saint-Jean
Union Brigade
TRUPPEN DER BRITEN UND IHRER VERBÜNDETEN
Household Brigade
Braine l' Alleud
Picton
Bylandt
nach Halle
La Haye Sainte
Hougoumont
La Belle Alliance
FRANZÖSISCHE TRUPPEN
Lobau
Plancenoit
GARDE
Le Caillou
nach Nivelles
nach Quatre-Bras and Charleroi

::: Infanterie
::: Kavallerie
Geschützbatterien

1 11:30 Reille und Jérôme greifen Hougoumont an
2 13:30 d'Erlon greift das britische Zentrum an
3 16:00 Neys Kavallerie-Angriffe beginnen
4 16:30 Blüchers Preußen unter Bülow treffen ein
5 18:30 Ney stürmt und erobert La Haye Sainte
6 19:00 die Preußen unter Zieten treffen ein
7 19:30 letzter Angriff der Kaiserlichen Garde

N

0   1/2 Kilometer
0   1/2 Meile

Der Angriff der Scots Greys bei Waterloo. Mit dem berühmten Ruf «Scotland forever!» preschte dieses schwere Kavallerieregiment der britischen Armee durch die Reihen der Franzosen. Aber nach ihrem erfolgreichen Vorstoß wurden sie isoliert und von französischen Kürassieren und Lanzenreitern niedergestreckt.

gerieten sie von den Höhenzügen aus unter Beschuss des britischen 95th Rifles Regiment sowie der King's German Legion. Trotzdem konnten die Franzosen mit Papelotte und der Sandgrube bei La Haye Sainte zunächst zwei wichtige Stützpunkte auf der Linken der Alliierten einnehmen.

VERGEBLICHE GESTE
Der Druck der Franzosen auf das Zentrum ließ nicht nach und fand erst durch alliiertes Feuer aus kurzer Distanz ein Ende. Auch d'Erlons Stellung wurde durchbrochen. Hier kam die britische Kavallerie zum Einsatz, die unter dem Oberkommando von Lord Uxbridge stand und von General Sir Frederick Ponsonby und Lord Edward Somerset angeführt wurde. Die Regimenter der Union Brigade und der Heavy Brigade einschließlich der berühmten Scots Greys trieben die Franzosen zurück und eroberten zwei französische Standarten.

Die Scots Greys verfolgten ihre Opfer bis auf die andere Seite des Tals, wo sie

jedoch von Neys Kürassieren und Lanzenreitern zur Strecke gebracht wurden. Aber die Überlebenden ritten tapfer weiter auf die große Batterie der Franzosen und gerieten in einen massiven Gegenangriff. Ponsonby wurde gefangen genommen und auf der Stelle getötet. Die restliche Kavallerie ritt zurück zu ihren Linien; für die Schlacht war sie nicht mehr zu gebrauchen.

Wellington tadelte Uxbridge später dafür. Dies war jedoch nur ein schwacher Trost für Napoleon, der bei dem Angriff 5000 Männer verloren hatte. Er zog nun seine Stellung nach La Belle Alliance vor.

Ab 16 Uhr griff Ney mit seiner Kavallerie einen anderen Abschnitt des britisch-holländischen Zentrums an. Er hatte einige Truppenbewegungen falsch interpretiert: Als er sah, wie ein paar Munitionswagen abfuhren, glaubte er, die Alliierten würden sich zurückziehen. Er wollte den vermeintlichen Rückzug in eine Flucht verwandeln. Napoleon schickte ihm die Kaiserliche Garde zu Hilfe, aber der Angriff wurde ohne die Unterstützung der Artillerie und der Infanterie durchgeführt, die ihn womöglich zum Erfolg gebracht hätte. Die Alliierten waren vorbereitet, und Wellington befahl seiner Infanterie, sich zu 13 Karrees zu formieren. Die französische Kavallerie ritt immer wieder um sie herum und wühlte den Boden auf, sah sich aber einem Meer von Bajonetten gegenüber.

Ney konnte die britischen Karrees nicht durchbrechen, machte aber trotzdem weiter, auch wenn es ihm noch immer nicht gelang, Artillerie nachzuführen oder die britischen Kanonen auszuschalten. Vier Pferde wurden unter ihm weggeschossen. Als er schließlich Infanterie-Unterstützung anforderte, verweigerte Napoleon sie ihm.

BLÜCHERS COUP

Napoleon sah sich einer weiteren Bedrohung gegenüber. Er hatte Entsatztruppen von Marschall Grouchy erwartet, aber stattdessen erreichten um 16:30 Uhr Blüchers Preußen unter dem Kommando von General von Bülow das Schlachtfeld. General Georges Mouton de Lobau und die sogenannte Junge Garde vertrieben die Preußen aus dem Dorf Plancenoit, so dass sich das Zusammentreffen von Wellingtons und Blüchers Armeen bis 19:30 Uhr verzögerte. Inzwischen belagerten die Franzosen erneut die alliierte Garnison in La Haye Sainte, der allmählich die Munition ausging. Die King's German Legion sollte ihnen beistehen, wurde jedoch von der französischen Kavallerie aufgehalten. Der Bauernhof fiel um 18:30 Uhr, als die Munition endgültig aufgebraucht war und die Verteidiger aufgaben. Dennoch nutzte Napoleon diesen Vorteil nicht aus, um weiteren Druck auf Wellingtons Zentrum auszuüben. Der Bauernhof wurde später von den Alliierten zurückerobert.

Blüchers Attacke hingegen raubte Napoleon wichtige Reserven. Er musste nun an zwei Fronten kämpfen. Gegen 19 Uhr rückte der Kaiser mit Teilen seiner Garde durch die versprengten Reste von Neys Kavallerie vor. Er führte drei heftige Angriffe, die beinahe Wellingtons Linie erreichten. Der Herzog hatte seine Männer im hohen Weizen versteckt. Mit dem Ruf «Fertig, Garden, los!» befahl er den Männern von Sir Peregrine Maitlands Brigade, sich zu erheben und aus sehr kurzer Distanz zu feuern. Napoleons Vormarsch wurde aufgehalten. Als Sir John Colbornes Light Infantry hinzustieß und ein brillantes Flankenmanöver startete, wurden die Franzosen durch heftiges Geschützfeuer außer Gefecht gesetzt.

Bei der Nachricht, dass die preußischen Truppen in voller Stärke eingetroffen waren, reckte Wellington seinen Hut in die Luft und gab das Signal zum Angriff: «Vorwärts, Männer, sichert den Sieg!» Die britischen Husaren ritten los, und Napoleons Truppen brachen ein. Die Verfolgung des Feindes wurde Blüchers Männern überlassen, die ihn gnadenlos niederstreckten. Wellington und Blücher trafen schließlich um 21:30 Uhr bei Belle Alliance zusammen – in Deutschland wurde die Schlacht bei Waterloo daher früher auch „Schlacht bei Belle Alliance" genannt.

Napoleons Verluste beliefen sich auf 25 000 Tote und Verwundete und 16 000 Gefangene, während Wellington fast 15 000 und Blücher 7000 Männer verlor. Der Kaiser der Franzosen war endgültig besiegt.

«*Wie der Wind einen flammenden Strohhalm davonträgt, ward der Lärm dieser Grande Armée nicht mehr gehört.*»

AUS VICTOR HUGOS „ZÜCHTIGUNGEN" (1853)

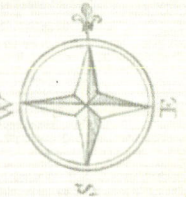

CALATAFIMI

Giuseppe Garibaldi / bourbonische Truppen
15. Mai 1860

GESCHULT IN DEN NEUARTIGEN TECHNIKEN DES GUERILLAKAMPFES kehrte der italienische Freiheitskämpfer Giuseppe Garibaldi im Revolutionsjahr 1848 nach Italien zurück, obwohl ein Todesurteil über seinem Kopf schwebte. Nachdem er verschiedene Armeen der neu entstandenen Staaten in Südamerika geführt hatte, bot er seine Dienste jetzt König Karl Albert von Sardinien-Piemont an, um den Nordosten Italiens von den Österreichern zu befreien. Doch der König lehnte sein Angebot ab.

Das Risorgimento, die „Wiedergeburt" beziehungsweise Vereinigung Italiens, war seit den 1820er Jahren ein heftig umstrittenes Thema unter Politikern und Intellektuellen in ganz Europa. Konservative wollten die Teilung Italiens in verschiedene Monarchien, darunter auch der päpstliche Kirchenstaat, erhalten und fanden Unterstützung vor allem bei den Österreichern, die selbst Teile der Halbinsel beherrschten. Liberale hingegen strebten nach einer Vereinigung Italiens unter demokratischem Vorzeichen. Sie fanden besonders in Großbritannien und Frankreich Gehör.

UNERMÜDLICHER REVOLUTIONÄR

Auch Garibaldi gehörte zu den Vorkämpfern für ein einiges Italien und ließ sich von Karl Alberts Zurückweisung nicht abschrecken. Er stellte eine Armee von 3000 Freiwilligen auf, mit der er im April 1849 zur Verteidigung der neu ausgerufenen Römischen Republik nach Rom marschierte. Er errang einige beachtliche Siege, war dann aber erneut gezwungen, ins Exil zu gehen. Dennoch waren diese Kampagnen ein großer Propaganda-Erfolg. Garibaldi kehrte zwischenzeitlich nach Amerika zurück, bevor er wieder italienischen Boden betrat.

Im Jahr 1859 beteiligte sich Garibaldi an dem Krieg, den Sardinien-Piemont mit französischer Unterstützung gegen Österreich führte. Von Viktor Emanuel II., der 1849 seinem Vater Karl Albert auf den Thron gefolgt war, erhielt Garibaldi das Kommando über die Gebirgstruppen und schlug die Österreicher bei Casale. Doch der Friedensschluss enttäuschte die Nationalisten, denn Venetien verblieb bei Österreich. Zudem erhielt Frankreich für seine Hilfe Savoyen und Nizza. Hierüber war Garibaldi besonders verägert, denn Nizza war seine Heimatstadt.

Im April 1860 fand er einen neuen Fokus für seine revolutionären Bestrebungen, als es in Neapel und Sizilien zu Aufständen kam gegen König Franz II. aus der französisch-spanischen Dynastie der Bourbonen. Um die Proteste zu unterstützen, landete Garibaldi mit 1000 Freiwilligen auf Sizilien. Wegen ihrer Uniformen waren sie bald überall als „Rothemden" bekannt.

Am 5. Mai 1860 brach Garibaldi mit zwei Schiffen von Quarto nahe Genua auf. Im Gepäck hatte er eine Generaluniform, ein paar Geschütze und zumeist veraltete Gewehre. Er wollte leicht und schnell reisen, um den Feind zu überraschen. Seine Männer waren in sieben Kompanien und

eine Art improvisierten Stab unter Nino Bixio aufgeteilt. Ein paar wenige wurden abkommandiert und in den Kirchenstaat geschickt, um auch ihn zu erobern.

Da er nicht einmal eine Karte besaß, hatte Garibaldi noch nicht entschieden, wo seine triumphale Landung stattfinden sollte, und suchte daher nach einer geeigneten Stelle. Sechs Tage nachdem er in See gestochen war, entdeckte er zwei britische Kriegsschiffe im Hafen von Marsala am äußersten westlichen Zipfel Siziliens. Er ging davon aus, dass ihre Anwesenheit die Bourbonen daran hindern würde, sich ein-

zumischen. Die Landung war reine Glückssache: Marsala war ungeschützt, denn die Garnison war in die Provinzhauptstadt Trapani verlegt worden. Die Rothemden gingen sofort an Land. Zwar tauchte irgendwann ein bourbonisches Kriegsschiff auf, doch wie Garibaldi gehofft hatte, intervenierten die Briten zu seinen Gunsten und feuerten eine Salve ab.

Die Garibaldini kappten die Telegraphendrähte nach Trapani. Die Stadtoberen wurden davon überzeugt, das Ende der bourbonischen Herrschaft zu verkünden. Allerdings taten sie dies nur widerstrebend,

Garibaldis Rothemden erstürmen in der Schlacht von Calatafimi die Stellung der bourbonischen Armee auf dem Pianto dei Romani. Der Sieg bei Calatafimi und die anschließenden Kämpfe führten in nur fünf Monaten zum Sturz des bourbonischen Königshauses und zu Garibaldis triumphalem Einzug in Neapel.

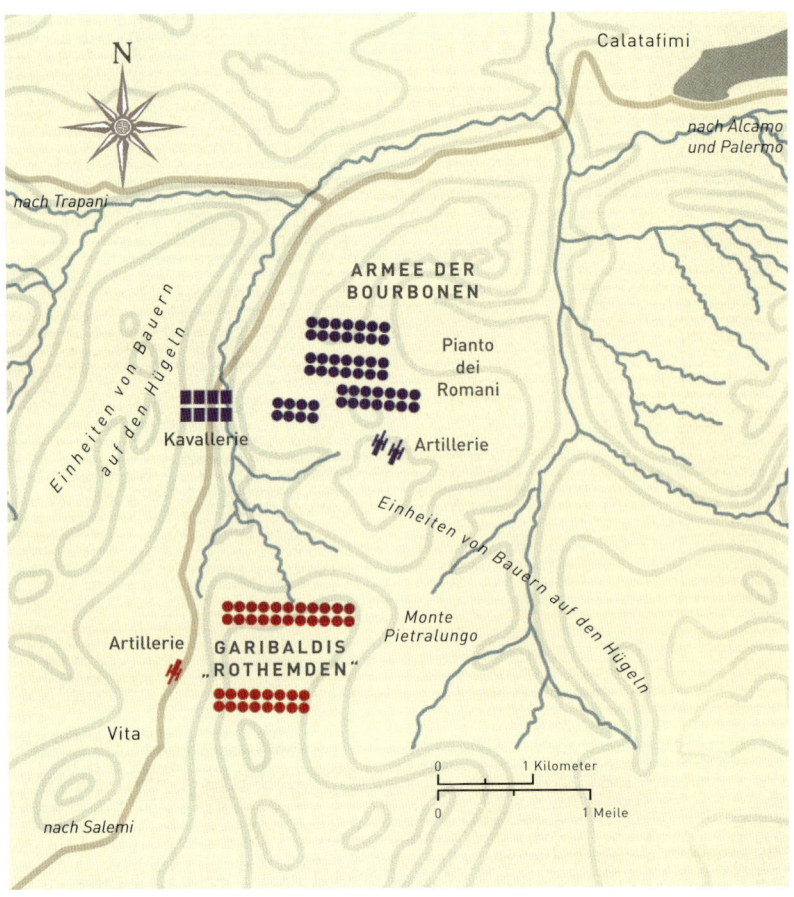

Aufstellung der gegnerischen Armeen bei Calatafimi am 15. Mai 1860. Trotz ihrer überlegenen Position und Ausrüstung fehlte es der bourbonischen Armee am Willen, gegen Garibaldis hoch motivierte Revolutionäre zu kämpfen.

denn die Piemonteser waren ihnen suspekt, da sie aus dem Norden stammten und einen für sie fremden italienischen Dialekt sprachen. Die Szene wird zwar meist anders dargestellt, etwa auf den Gedenktafeln in Marsala, aber auf keiner der beiden Seiten herrschte große Begeisterung.

Am 13. Mai trafen die Rothemden säbelschwingend in Salemi ein. Aber dort stießen sie nur auf ein paar Bauernsoldaten, die sogenannten *picciotti*. Garibaldi verfügte, dass alle Männer zwischen 17 und 50 Wehrdienst zu leisten hatten, und konnte so die Stärke seiner Armee verdoppeln. Dann erfuhr er, dass die Bourbonen 3000 Mann unter General Landi gegen ihn geschickt und bei Calatafimi die Straße nach Palermo blockiert hatten.

FURCHTLOSER FÜHRER

Am 15. Mai traf Garibaldi bei Calatafimi auf die bourbonischen Truppen. Er war zahlenmäßig unterlegen. Zudem standen

die Männer des Königs in einer guten Defensivposition auf einem terrassierten Hügel, dem Pianto dei Romani vor der Stadt. Sie verfügten über zwei Geschütze, Garibaldi nur über eins; er hatte nur eine Handvoll Gewehre, sie etliche mehr plus jede Menge Munition. Aber er trieb seine Truppen mit gezogenem Schwert Stück um Stück den Hügel hinauf und verbarg sich immer wieder hinter den Terrassen. In einem letzten Vorstoß gelangten die Rothemden schließlich auf die oberste Terrasse, wo Garibaldi gerufen haben soll: «Italiener, hier müssen wir sterben!» In einem gewaltigen Bajonett-Angriff – Garibaldis bevorzugte Taktik – stürmten die Rothemden los und schlugen die Soldaten des Königs trotz ihrer Unterlegenheit in die Flucht.

Etwa 30 von Garibaldis Rothemden waren getötet und über 100 verletzt worden. Aber der Weg nach Palermo war jetzt frei. Die Gefechte bei Calatafimi gaben Garibaldis Ruf als furchtloser Führer großen Auftrieb und nährten den Mythos seiner Unbesiegbarkeit. Jetzt strömten von allen Seiten Freiwillige herbei, um sich seiner Sache anzuschließen.

ERSTÜRMUNG PALERMOS

Garibaldi zog über Alcamo weiter nach Palermo. Auf der Hochebene von Renda oberhalb der Stadt schlug er sein Lager auf und arbeitete mit seinen Kommandeuren einen Angriffsplan aus. Sie beschlossen, einen Rückzug vorzutäuschen und ihre Verwundeten die Straße hinunter nach Corleone im Süden zu bringen, während die Garibaldini durch die Berge marschieren würden, um sich bei Misilmeri mit der Armee von Giuseppe La Masa zu vereinen. La Masa gehörte mit Rosolino Pilo und Giuseppe Corrao zu den sizilianischen Revolutionsführern. Ihre *squarde* (Guerillas) waren eine große Hilfe für Garibaldi, denn sie schnitten die Versorgungslinien der Bourbonen ab und kappten Telegraphendrähte. Sie hofften, die Truppen des

Königs zu überraschen und von Südosten in die Stadt eindringen zu können.

Am 25. Mai schlossen sich die Garibaldini mit La Masa zusammen. Gemeinsam marschierte man über einen Gebirgspass bei Gibilrossa nach Palermo. An der Ponte dell'Ammiraglio kam es zu einem Scharmützel, bei dem Garibaldi seine Männer vom Pferd aus antrieb. Sie rissen ein provisorisches Tor an der Porta Termini ein und stürmten durch die Stadt zum Marktplatz Fieravecchia, den sie um 4 Uhr morgens erreichten. Das Ziel war gut gewählt, denn die Markthändler sympathisierten mit den Revolutionären.

Vom Markt schwärmten sie in die engen Gassen aus, nahmen die Piazze Pretorio und Bologni sowie das Rathaus ein. Drei Tage lang wurde in allen Straßen gekämpft. Garibaldi erschien furchtlos in den Wirren der Kämpfe, der Bomben und Granaten, die von den Kriegsschiffen im Hafen abgefeuert wurden.

Am 30. Mai, nach einem Waffenstillstandsangebot der Bourbonen, zog Garibaldi seine Generalsuniform an und traf sich mit seinen Gegnern an Bord eines britischen Kriegsschiffes. Am 6. Juni zog Lanza seine 20 000 Soldaten aus der Stadt ab. Die ungleiche Größe der beiden Armeen mag erstaunen, aber die Unzufriedenheit mit den Bourbonen war ein wichtiger Faktor, der zu Garibaldis Erfolg beitrug: Erst im April hatte es in Palermo einen Aufstand gegeben. «Die Regierung war schwach, isoliert und unbeliebt», so die moderne Historikerin Lucy Riall.

Garibaldis Landung in Marsala löste weitere Aufstände in Agrigent, Messina und Catania aus. Die lokale Verwaltung brach zusammen. Er und seine Männer nutzten die Gelegenheit, das politische Vakuum zu füllen.

VEREINTES ITALIEN

In weiteren Kämpfen bei Reggio und Volturno schlug Garibaldi die bourbonische Armee in die Flucht und erlangte die Kontrolle über ganz Sizilien. Am 22. August überquerte er die Straße von Messina. Im September landete er in Neapel und machte der Bourbonenherrschaft in Süditalien ein Ende. Der König von Sardinien-Piemont schloss sich im Oktober 1860 den Kriegszügen der Rothemden an. Garibaldi, eigentlich ein Republikaner, begrüßte Viktor Emanuel bei ihrem Zusammentreffen als „König von Italien", ein Titel, den dieser ab 1861 auch offiziell führte. Nur Venetien und Rom fehlten seiner Herrschaft. Doch die Einigung Italiens war jetzt nur noch eine Frage der Zeit.

Österreich, das 1866 an zwei Fronten gegen Italien und Preußen kämpfte, errang bei Custozza sowie in der Seeschlacht von Lissa in der Adria zwei Siege über die Italiener. Aber eine vernichtende Niederlage der Österreicher gegen die Preußen bei Königgrätz beendete den Krieg und zwang Österreich, Venetien an Italien abzutreten. Der päpstliche Kirchenstaat hielt bis 1870 stand. Fortan betrachteten sich die Päpste in Rom, der neuen Hauptstadt des vereinten Italien, als „Gefangene im Vatikan".

«Wir Tausend griffen an, der General an der Spitze: Jeder Soldat wurde ohne Pause eingesetzt, ohne Vorsicht und ohne Einschränkung, denn von diesem Tag hing der Ausgang des gesamten Unternehmens ab.»

AUGENZEUGENBERICHT VON EINEM DER ROTHEMDEN GARIBALDIS BEI DER SCHLACHT VON CALATAFIMI

SHENANDOAH-FELDZUG

General Thomas „Stonewall" Jackson / Unionstruppen März–Juni 1862

DER LANGE UND BLUTIGE AMERIKANISCHE BÜRGERKRIEG brach aus, als sich die Südstaaten weigerten, die Wahl von Abraham Lincoln zum ersten republikanischen Präsidenten im Jahr 1860 zu akzeptieren. Lincoln, der die Sklaverei abschaffen wollte, erhielt im Süden nicht eine einzige Stimme. Die Frage der Sklaverei wurde immer brisanter: 1859 war der Abolitionist John Brown zum Tode verurteilt worden, weil er einen Sklavenaufstand angezettelt hatte. Bei seiner Hinrichtung befehligte der zukünftige Südstaatengeneral „Stonewall" Jackson eine Artillerie-Einheit, die die Öffentlichkeit in Schach halten sollte.

Zwischen Dezember 1860 und Februar 1861 erklärten sieben im Süden gelegene Bundesstaaten ihre Sezession (Abspaltung) von den USA. Sie bildeten eine Konföderation mit Jefferson Davis als Präsident. Ihre Milizen wurden einberufen und von der Zentralregierung kontrollierte Lager und Forts besetzt. Der Angriff auf Fort Sumter im Hafen von Charleston am 12./13. April 1861 war das erste Gefecht des Amerikanischen Bürgerkriegs (Sezessionskrieg).

Lincoln wollte die Rebellen mit Waffengewalt in die Union zurückholen, was vier weitere Staaten veranlasste, sich auf die Seite des Südens zu schlagen: North Carolina, Virginia, Tennessee und Arkansas. In militärischer Hinsicht war der Süden im Nachteil, da hier nur gut eine Million Männer gegenüber vier Millionen im Norden zur Verfügung standen. Zudem besaß der Norden praktisch ein industrielles

Monopol; allein die Staaten Massachusetts und Pennsylvania produzierten mehr Güter als der ganze Süden zusammen. Auch die Verkehrswege der Konföderierten waren eingeschränkt, vor allem was das Eisenbahnnetz betraf.

Der amerikanische Bürgerkrieg war der erste vollständig mechanisierte Konflikt der Geschichte; neue Militärtechnologien wurden erstmals in großem Umfang eingesetzt. Dazu gehörten Repetiergewehre, Handgranaten, Landminen, Panzerschiffe und sogar U-Boote. Die Folge war ein fürchterliches Blutbad. Die Amerikaner besaßen weniger Kriegserfahrung als die Europäer, auch wenn viele der führenden Männer im amerikanisch-mexikanischen Krieg von 1846 bis 1848 gekämpft hatten.

Bis zum 1. Juli 1861 hatte Lincoln eine Armee von 300 000 Mann aufgestellt, während Davis nur über zwei Drittel die-

Stellung der Yankees, die während der Ersten Schlacht am Bull Run am 21. Juli 1861 durch einen Kavallerie-Angriff der Konföderierten überrannt wird (Lithografie). In dem Gefecht standen unerfahrene Nordstaaten-Truppen gut geführten und ausgebildeten Einheiten der Südstaaten gegenüber.

ser Stärke verfügte. Als „Bürgerarmeen" unterwarfen sich die Milizen nur widerstrebend einer militärischen Disziplin. Schon früh entwickelte sich die Idee eines Zermürbungskriegs: Die Konföderierten sollten bis zur Aufgabe ausgehungert werden.

Die Hauptstadt der Konföderierten, Richmond in Virginia, lag nur 178 Kilometer südwestlich von Washington. Dies stellte die militärischen Planer des Südens vor ein ernsthaftes Problem. Wenn der Norden sie einnehmen konnte, würde dies die Moral der Südstaaten schwächen.

STRATEGISCHER KORRIDOR

Das Shenandoah-Gebirge, ein Ausläufer der Appalachen, ist eine kaum passierbare Barriere, die die vormals britischen Kolonien an der Küste von denen der Franzosen in der Mississippi-Ebene trennte. Die beste Verteidigung sowohl von Richmond als auch von Washington waren die Wasserwege; die wichtigsten waren der River James, der Rappahannock und der Potomac sowie die große Wasserfläche der Chesapeake Bay. Das Shenandoah-Tal war ein strategischer Korridor von höchster Bedeutung, da es nach Norden zum Potomac und nach Washington führte. Es wird von den beiden Seitenarmen des Shenandoah River durchzogen und ist im Osten von den Blue Ridge Mountains und im Westen vom Shenandoah-Gebirge eingefasst.

Die erste große bewaffnete Auseinandersetzung des Bürgerkriegs war die Erste Schlacht am Bull Run am 21. Juli 1861, auch Schlacht von Manassas genannt. Dort erhielt der Konföderierten-Kommandeur Thomas J. Jackson auch seinen Spitznamen „Stonewall": Als General Bernard E. Bee seinen Kampfgefährten aus Virginia oben auf einem Hügel sah, rief er: «Da ist Jackson, er steht wie eine Mauer. Sammelt euch hinter den Männern aus Virginia!»

Jackson, ehemaliger Dozent am Virginia Military Institute, hatte 1846 die US-Militärakademie West Point abgeschlossen. Dieser Jahrgang brachte nicht weniger als 24 Bürgerkriegsgeneräle hervor, darunter George McClellan, den Oberbefehlshaber der Potomac-Armee aus dem Norden, und den Konföderierten George Pickett, der in Gettysburg zu Ruhm gelangte. Auf diese Weise traf der Bürgerkrieg die Beteiligten auch auf einer persönlichen Ebene. Jacksons berühmte Devise lautete: «Den Feind stets täuschen, irreführen und überraschen.» Hierfür konnte er das Terrain am Shenandoah hervorragend nutzen.

Ab März 1862 führten die Unionisten Truppen für eine Schlacht heran. McClellans Potomac-Armee marschierte auf Manassas zu, während Nathaniel P. Banks und John C. Frémont sechs Divisionen das Shenandoah-Tal hinaufführten. Als sie den Ansturm der Nordstaatler sahen, traten die konföderierten Generäle, die diese Abschnitte befehligten, die Flucht an.

McClellan verfolgte die Konföderierten jedoch nicht. Sein Ziel war es, mit einer großen Offensive, der sogenannten Peninsula Campaign, Richmond einzunehmen. Seine Truppen sollten auf Booten den Potomac hinunterfahren und an der Spitze der Virginia Peninsula landen, um so die konföderierten Truppen zu umgehen, die sich in Manassas aufhielten. Inzwischen brachte Joseph E. Johnston seine Männer auf die Halbinsel, um die Hauptstadt des Südens zu verteidigen.

Während McClellan auf Richmond zog, hatte Jackson den Befehl, Unionstruppen im Shenandoah Valley aufzuhalten, damit sie McClellan nicht zu Hilfe kommen konnten. Angesichts der Konzentration der Unionstruppen im Tal und seiner nur geringen Kräfte gab Jackson den Stützpunkt Winchester im Norden auf. Trotzdem griff er am 23. März die Division von James Shields bei Kernstown an. Er hatte allerdings deren Stärke unterschätzt und musste sich zurückziehen. Kernstown war zweifellos ein Sieg der Union, aber allein die Tatsache, dass Jackson sich für stark genug gehalten hatte anzugreifen, löste in Washington Alarm aus.

BRILLANTE KAMPAGNE

Im Lauf der nächsten Wochen erzielte Jackson eine Reihe brillanter Siege über die Nordstaaten: Front Royal, Winchester, Cross Keys und Port Republic. Diese Schlachten werden seitdem in amerikanischen und britischen Militärakademien studiert. Dazwischen legten seine Truppen enorme Entfernungen zurück, durchquerten immer wieder das Shenandoah-Tal und marschierten zuweilen sogar barfuß.

Am 8. Mai schlug Jackson die Vorhut von Frémonts Divisionen in der Schlacht von McDowell und ließ dann den Rest seiner Armee nach Norden das Tal hinauf abziehen. Am 23. Mai griff Jackson mit zehn Brigaden die Unionisten bei Front Royal an und nahm ein Regiment gefangen. Zwei Tage später schlugen sie drei Brigaden von Banks bei Winchester in die

Flucht. Die Unionisten zogen sich ungeordnet zurück, die Konföderierten immer auf den Fersen, die sie bis zum Oberlauf des Potomac verfolgten. Dort, am Eingang zum Shenandoah-Tal, bedrohte Jackson nun den Ort Harper's Ferry.

Jetzt war es die Hauptstadt der Union, am Unterlauf des Potomac gelegen, die ernsthaft in Gefahr zu geraten schien. McClellan hatte nicht genügend Truppen, um Washington zu verteidigen. Die Regierung der Nordstaaten geriet in Panik. Der Plan der Südstaatler, dass Jackson die Kräfte des Nordens von Richmond ablenken

Karte des Shenandoah-Feldzugs mit den Schauplätzen der acht Schlachten, die zwischen März und Juni 1862 ausgetragen wurden. Bis auf Kernstown, die erste Schlacht, wurden alle von den Konföderierten gewonnen.

sollte, ging auf: Lincoln war über Jacksons Erfolge so besorgt, dass er Einheiten von McClellans Offensive gegen Richmond abzog zur Verstärkung der Truppen, die gegen Jackson kämpften sollten.

KATZ UND MAUS

Die New Yorker Miliz wurde einberufen und ihre noch unausgebildeten Mannschaften nach Harper's Ferry geschickt. Frémont zog mit sechs Divisionen in das Shenandoah-Tal, um Jackson den Weg abzuschneiden. Irvin McDowell, der Verlierer von Bull Run, erhielt Befehl, zwei Divisionen nach Front Royal zu bringen, um Jackson abzufangen.

Die vereinten Truppen McDowells und Frémonts sollten Jackson zurückdrängen und überwältigen. Aber für die Union verliefen die Dinge nicht nach Plan. Das Wetter war schlecht, der Boden in den Bergen nass. Jacksons besser ausgebildete Männer entkamen und versetzten Frémont am 1. Juni bei Strasburg einen schweren Schlag. Nachdem er in Strasburg sein Hauptquartier eingerichtet hatte, setzte sich Jackson weiterhin über die zahlenmäßige Überlegenheit seiner Gegner hinweg. Die Nordstaatler versuchten alles, um ihn zu stellen, aber er entkam ihnen immer wieder.

Am 6. Juni besiegte Jackson bei Harrisonburg Frémont ein weiteres Mal. Nur zwei Tage später schlug Richard Ewell, den Jackson zur Verteidigung des Shenandoah-Tals herbeigerufen hatte, Frémonts Armee bei Cross Keys in die Flucht. Obendrein fügte Jackson den beiden Brigaden von James Shields, seinem Widersacher bei Kernstown, eine vernichtende Niederlage zu. Schließlich mussten sich Frémont und Shields zurückziehen.

Um seine Siege zu konsolidieren, erwog Jackson nun einen Vorstoß nach

> *«Den Feind stets täuschen, irreführen und überraschen.»*
>
> MOTTO VON GENERAL THOMAS „STONEWALL" JACKSON

Pennsylvania. Aber dazu kam es nicht, da er Befehl erhielt, das belagerte Richmond zu entsetzen. Auf der Jagd nach Jackson zog Banks durch das Tal nach Süden und kehrte dann nach Strasburg zurück. Shields wurde in den Osten nach Fredericksburg geschickt, um McDowells Armee für den Angriff auf Richmond zu verstärken. Die Stadt sollte in einem Zangenangriff eingenommen werden. McClellan selbst würde von Osten aus angreifen.

In der sogenannten Sieben-Tage-Schlacht um Richmond zwischen dem 25. Juni und dem 1. Juli 1862 hielten sich Jacksons Männer weniger gut, da sie noch vom Shenandoah-Feldzug erschöpft waren. Trotzdem schlugen die Konföderierten unter dem Oberbefehl von Robert E. Lee die Offensive McClellans zurück und brachten damit die Peninsula Campaign des Nordens endgültig zum Scheitern.

Zwei Monate später fand Jackson sein taktisches Gespür jedoch wieder, als er am 29./30. August 1862 erneut einer Nordstaaten-Armee bei Manassas Junction in der sogenannten Zweiten Schlacht am Bull Run gegenüberstand und sie besiegte.

SCHMERZLICHER VERLUST

Im Frühling des darauffolgenden Jahres errangen Jackson und Lee einen brillanten Sieg in der Schlacht von Chancellorsville. Als „Stonewall" Jackson im Verlauf der Kämpfe das Gelände auskundschaftete, wurde er versehentlich angeschossen und starb acht Tage später an einer Lungenentzündung. Die Konföderierten litten sehr unter dem Verlust eines so talentierten

Generals. Lee sagte, der Tod Jacksons sei, als hätte er seinen rechten Arm verloren.

Der Shenandoah-Feldzug war für die Südstaaten von ungeheurer strategischer Bedeutung. Nur weil Jackson acht Divisionen der Union gebunden hatte, war es McClellan letztlich nicht gelungen, Richmond einzunehmen. Die Kommandanten in Washington waren am Rande der Verzweiflung. Solange Jackson lebte, waren die Konföderierten scheinbar nicht zu schlagen.

Jackson operierte mit relativ kleinen Armeen in der Größe zwischen vier und zehn Brigaden. Die Nordstaaten hingegen schickten bei dem Versuch, das Shenandoah-Tal und Zentral-Virginia zu besetzten, bis zu 30 Brigaden ins Feld. Jacksons Shenandoah-Feldzug ist oft mit jenem von Friedrich dem Großen im Jahr 1760 verglichen worden wegen der brillanten Täuschungsmanöver, mit denen der Feind mürbe gemacht wurde.

Unionsgeneral George McClellan, Jacksons Gegner und wie er West-Point-Absolvent des Jahrgangs 1846, wird im September 1862 von den Einwohnern der strategisch wichtigen Stadt Frederick in Maryland begrüßt.

CHANCELLORSVILLE

General Robert E. Lee / General Joseph Hooker
1.–4. Mai 1863

DER SIEG VON ROBERT E. LEE, dessen Vater im Unabhängigkeitskrieg George Washingtons Leichte Kavallerie angeführt hatte, über eine wesentlich größere Nordstaaten-Armee gilt als eine der taktisch bemerkenswertesten Schlachten der Geschichte. Trotzdem erlitten die Konföderierten nicht wiedergutzumachende Verluste.

1863, im dritten Jahr des amerikanischen Bürgerkriegs, erzielten die Nordstaaten Erfolge am Mississippi. Sie versäumten es aber, das Landesinnere der Ostküste zu sichern – Virginia, Maryland und Pennsylvania. Darüber hinaus war es der US Navy immer noch nicht gelungen, Charleston zu erobern, den wichtigsten Hafen des Südens.

Die größte Bedrohung für den Norden war die Stellung der Konföderierten in Fredericksburg, Virginia, auf halbem Weg zwischen Washington und Richmond. Die Truppen des Südens unter General Lee waren eine Bedrohung für Maryland und Pennsylvania. Immer wieder griff der Norden Lees Verteidigungsnetzwerk bei Fredericksburg an. Die Offensiven, bei denen es zu großen Verlusten kam, nahmen den Grabenkrieg im Ersten Weltkrieg vorweg.

«BRINGT UNS SIEGE»

Lees Aufgabe war es vor allem, die Union an der Einnahme Richmonds zu hindern, der Hauptstadt der Konföderation. Sie sollte drei Jahre den Angriffen des Nordens standhalten. Die Potomac-Armee der Union wurde von Joseph („Fighting Joe") Hooker angeführt. Lincoln hatte ihn anstelle von Ambrose Burnside berufen, dem Hauptverantwortlichen für das sinnlose Blutvergießen in Fredericksburg. Die unmissverständliche Nachricht des Präsidenten an Hooker lautete: «Bringt uns Siege.»

Hooker war kein schlechter General, hatte aber, so der Militärhistoriker Sir John Keegan, das besondere Pech, dass er Lee «in einem Manöverkrieg» herausfordern musste, «eine Kunst, in der Lee bereits ein Meister und vielleicht der führende Experte in der westlichen Welt war».

Die Vorbereitungen begannen mit der Beschaffung von Waffen und Munition. Pferde mussten beschlagen und ausreichende Vorräte sichergestellt werden. Außerdem musste Hooker die Versorgungslinien des Gegners unterbrechen und ihn so zwingen, Fredericksburg zu verlassen. Zu diesem Zweck sandte er seine Kavallerie aus, die die Eisenbahnstrecke nach Fredericksburg besetzen sollte. Aber sein Vorhaben scheiterte, denn der Fluss Rappahannock, an dem die Stadt lag, führte Hochwasser und behinderte so den Vorstoß der Unionstruppen.

Trotzdem waren die Ausgangsbedingungen für die Nordstaatler günstig: Sie verfügten über etwa 125 000 Mann gegenüber Lees zerlumpten, zum Teil sogar barfüßig kämpfenden 60 000. Hooker teilte seine Armee, sandte drei Korps zum Rappahannock und vier Richtung Chancellorsville, eine kleine Siedlung 16 Kilometer westlich von Fredericksburg. Es hätte für Hooker ein leichtes Spiel sein müssen, aber Lees Stellungen zwischen Hookers Truppen waren sehr stark. Unverständli-

General Thomas Jackson wird auf dem Höhepunkt der Schlacht von Chancellorsville durch Kugeln aus den eigenen Reihen versehentlich getroffen und tödlich verwundet. Lees größter militärischer Triumph wurde durch diese Tragödie getrübt.

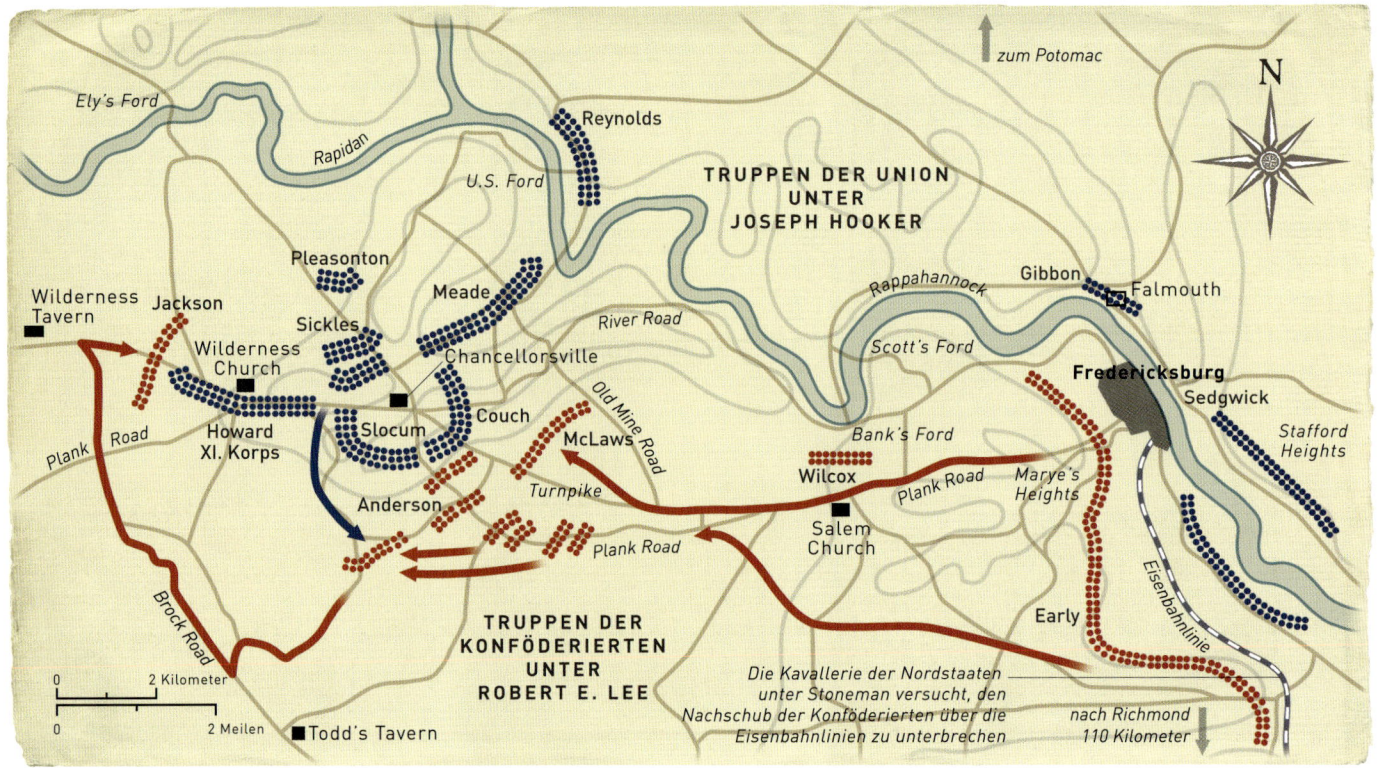

The map labels (reading across the illustration):

zum Potomac · N

Ely's Ford · Rapidan · U.S. Ford · Reynolds · TRUPPEN DER UNION UNTER JOSEPH HOOKER

Pleasonton · Meade · Rappahannock · Gibbon · Falmouth

Wilderness Tavern · Jackson · Sickles · Chancellorsville · River Road · Scott's Ford

Wilderness Church · Howard XI. Korps · Slocum · Couch · Old Mine Road · Fredericksburg · Sedgwick

Plank Road · Anderson · McLaws · Turnpike · Bank's Ford · Wilcox · Marye's Heights · Stafford Heights

Brock Road · Plank Road · Salem Church · Plank Road · Early · Eisenbahnlinie

0 2 Kilometer · 0 2 Meilen · Todd's Tavern · TRUPPEN DER KONFÖDERIERTEN UNTER ROBERT E. LEE · Die Kavallerie der Nordstaaten unter Stoneman versucht, den Nachschub der Konföderierten über die Eisenbahnlinien zu unterbrechen · nach Richmond 110 Kilometer

Die Truppen der Nord- und Südstaaten in der Schlacht von Chancellorsville. Sie wurde oft als Lees „perfekte Schlacht" bezeichnet. Trotz Lees Fähigkeiten trug jedoch auch die Inkompetenz seines Gegners Joseph Hooker maßgeblich zu dem Sieg der Konföderierten bei. Einige von Hookers untergebenen Generälen stellten dessen Entscheidungen offen in Frage und weigerten sich, weiterhin unter ihm zu dienen.

cherweise ließ Hooker aber dann die Gelegenheit ungenutzt, seine Kavallerie unter Major George Stoneman loszuschicken, um Lee von Richmond im Süden abzuschneiden. Trotz des lauten Protests seiner Offiziere befahl er seiner Armee stattdessen, sich nach Chancellorsville zurückfallen zu lassen. Selbstgefällig nahm Hooker an, er habe den Südstaaten-Kommandeur genau dort, wo er ihn haben wollte.

VERLUST DER INITIATIVE

Noch schlimmer war es, dass Hooker seinem Gegner die Initiative überließ. Dadurch konnte Lee das Kampfgeschehen allein bestimmen. So ließ der Nordstaaten-General auch zu, dass Lee zwei oberste Regeln der Kriegsführung ungeschoren brechen konnte: Nie mit einer Armee über die feindliche Front marschieren und nie eine Armee vor dem Feind teilen. Lee und sein fähigster Kommandeur, Thomas „Stonewall" Jackson, der sich im Shenandoah-Tal ausgezeichnet hatte, waren von Hookers Taktik erstaunt und beschlossen, auf Risiko zu spielen. Zumindest hatte Hooker für seine Stellung ein topographisch sehr günstiges, von Dickicht umgebenes

Gelände gewählt. Der einzige Haken war, dass seine rechte Flanke aus dieser Wildnis hervorragte und damit anfällig war. Folglich befahl Lee, Jackson solle Hookers Flanke von hinten angreifen.

Jackson brach am 2. Mai um 7:30 Uhr auf. In der Abenddämmerung erreichte er die Stellung von Oliver Howards XI. Korps, das vor allem aus Deutschamerikanern bestand. Die meisten der Unions-Soldaten bemerkten verblüfft, wie aufgescheuchte Rehe und Hasen an ihrer Stellung vorbei liefen. Das Nächste, was sie hörten, war der berühmte *rebel yell*, der Rebellenschrei, als Jacksons Männer von hinten über sie herfielen. Irgendwie schafften es die Unionstruppen, wieder eine Linie zu bilden. Aber die Konföderierten kesselten die Nordstaatler weiter ein. Hooker war vollständig ausmanövriert.

TOD EINES HELDEN

Die Konföderierten erlitten kurz darauf jedoch einen schweren Schlag. Am Abend des 2. Mai erkundete Jackson mit einigen seiner Männer die Gegend. In der Dunkelheit wurden sie von ihren eigenen Kameraden für Nordstaatler gehalten und unter

Beschuss genommen. Jackson wurde am Arm und an der Hand verwundet. Als Chirurgen seinen Arm amputierten, klagte sein Vorgesetzter Lee: «Er hat seine linke Hand verloren, aber ich meine rechte.»

Die Prognose der Ärzte war optimistisch, denn es waren keine lebenswichtigen Organe verletzt worden. Aber nur eine Woche später, am 10. Mai, bekam Jackson eine Lungenentzündung und starb.

SCHOCKIERENDER RÜCKSCHLAG

Lee verstärkte jetzt seinen Angriff auf Hooker, der eine Einheit unter John Sedgwick ausgeschickt hatte, Fredericksburg einzunehmen. Hooker hätte selbst in die Offensive gehen müssen; seine Armee war stark genug. Stattdessen aber verschanzte er sich und verkürzte seine Linie. Er hatte nicht nur all seine Vorteile ungenutzt gelassen, sondern rief auch Sedgwick zurück, der Fortschritte bei Salem Church gemacht hatte, um seinen Rückzug zu decken.

Als die Nordstaatler ihre Stellungen verließen, nahmen die Konföderierten ihren Platz ein und drängten weiter nach vorne, um den Hügel Fair View einzunehmen. Dies führte zu erbitterten Kämpfen in einem Gelände, das von undurchdringlichem Gestrüpp und Wald bestimmt war.

In einem mörderischen Gefecht gelang den Konföderierten tatsächlich die Einnahme von Fair View. Die Rebellen hatten ihre Artillerie herangeführt, die sich auf Chancellorsville und Chancellor House, Hookers Hauptquartier, einschoss. Am 5. Mai befahl Hooker seinen Truppen, sich hinter den Rappahannock zurückzuziehen – ein klares Eingeständnis der Niederlage.

Zwar schafften es Sedgwick und Hooker schließlich, die Höhen von Fredericks-

burg einzunehmen und Lee abzulenken, der etwas gegen die Bedrohung seiner Nachhut unternehmen musste. Aber zu diesem Zeitpunkt waren die Unionstruppen bereits zu erschöpft, um ihren Vorteil auszunutzen. Sie verloren 17 000 Männer gegenüber 13 500 auf Seiten der Konföderierten. Der Süden hatte zwar gesiegt, doch anders als der Norden konnte er so hohe Verluste auf Dauer nicht verkraften.

Lincoln war schockiert, als er am 6. Mai von dem Rückschlag bei Chancellorsville erfuhr. Die Niederlage führte fast zum Sturz seiner Regierung. Später hielt er eine Versammlung mit seinen ranghohen Offizieren ab. Lincoln folgte schließlich ihrem Rat und ersetzte Hooker durch George Meade, der bei Chancellorsville nur 700 Männer eingebüßt hatte.

Der Triumph der Konföderierten wäre ohne die Unfähigkeit Hookers wohl kaum denkbar gewesen. Lange konnten sie dem Norden nicht mehr widerstehen.

Schwere Verluste: Konföderierte Gefallene hinter einer Verteidigungsmauer auf Marye's Heights vor Fredericksburg nach der Schlacht von Chancellorsville. Auch wenn der Süden als Sieger aus dieser Schlacht hervorging, besaß er letztlich nicht die Mannschaftsstärke, um solch große Verluste zu verkraften.

«Mein Gott, mein Gott. Was wird das Land sagen?»

US-PRÄSIDENT ABRAHAM LINCOLN NACH DER NIEDERLAGE BEI CHANCELLORSVILLE

GETTYSBURG

General Robert E. Lee / Generalmajor George Meade
1.–3. Juli 1863

DER SÜDSTAATEN-GENERAL ROBERT E. LEE WAR ENTSCHLOSSEN, den Krieg in den Norden zu bringen und in Pennsylvania einzumarschieren. Er hatte es schon einmal versucht, aber die Schlacht am Fluss Antietam in Maryland am 17. September 1862 hatte ihn aufgehalten. Lees Ziele waren nie ganz klar. Vielleicht hoffte er, ein Sieg auf dem Boden der Nordstaaten würde die europäischen Nationen dazu bringen, die Legitimität der Konföderation anzuerkennen, oder sogar die Union zwingen, ein Friedensangebot zu machen.

Lees Vormarsch nach Norden löste in Washington Alarm aus. Als der unberechenbare Unionsgeneral Joseph Hooker die Konföderierten selbst dann nicht angriff, als Lee den Potomac bei Harper's Ferry erreicht hatte, übertrug Präsident Lincoln am 28. Juni das Kommando über die Potomac-Armee George Meade. Dieser ergriff sofort die Initiative und forderte Lee am 29./30. Juni mit einem Gegenangriff in Pennsylvania heraus.

LEES INVASION WIRD AUFGEHALTEN

In Gettysburg trafen Lee und Meade aufeinander. Die Stadt war solide gebaut und lag in hügeliger, wenig bewaldeter Landschaft. Im Süden befanden sich zwei Bergzüge. Direkt südlich lag der Cemetery Ridge, der im Cemetery Hill endete mit einem separaten Höhenzug, dem Culp's Hill, östlich davon. Im Südwesten verlief der Seminary Ridge bis zum Round Top und zum Little Round Top. Vor den Bergen erstreckte sich felsiges Gelände – Devil's Den, Wheatfield und Peach Orchard.

Lee hatte seine Kavallerie unter dem fähigen General „Jeb" Stuart verloren, die nach der Schlacht von Chancellorsville die

Verfolgung feindlicher Truppen aufgenommen hatte, aber nicht zurückgekehrt war. Stuart war am 9. Juni in der Schlacht bei Brandy Station, dem größten Kavallerie-Gefecht des gesamten Krieges, schwer verwundet worden.

Die Konföderierten erreichten Gettysburg von Norden und griffen Einheiten von Meade vor der Stadt an. Anfangs lief es gut für die Südstaatler, die die Yankees durch die ganze Stadt trieben. Am Ende sammelten sich die Unionstruppen in einer konkaven Formation, die Rechte verankert im Culp's Hill und im Cemetery Hill, das Zentrum auf dem Cemetery Ridge.

VERPASSTE GELEGENHEIT

Es folgte eine dreitägige, erbitterte Schlacht. Lee war krank und führte das Kommando nicht mit seiner gewohnten Souveränität. Als er hörte, dass das Hauptkontingent von Meades Truppen anrückte, wollte er die Unionstruppen noch weiter nach Süden drängen und selbst den Cemetery Hill einnehmen, bevor sich der Gegner verschanzen konnten. Lee verfügte über etwa 75 000 Mann, Meade über 85 000.

Richard Ewell erhielt von Lee den Befehl, den Cemetery Hill zu stürmen,

Die Schlacht von Gettysburg von dem amerikanischen Illustrator Henry Alexander Ogden (1856–1936). Gettysburg markierte den Wendepunkt des Bürgerkriegs. In einem Konflikt, der ohnehin für unzählige Tote stand, stach diese Schlacht wegen des grausamen Blutbads, für das beide Seiten verantwortlich waren, besonders hervor.

Während des Rückzugs von Lees Armee nach der Niederlage bei Gettysburg trugen die Konföderierten zwei Nachhut-Gefechte aus, das erste am 14. Juli bei Falling Waters am Potomac und das zweite neun Tage später bei Wapping Heights. Bei beiden Auseinandersetzungen wurde die Unionsarmee lange genug aufgehalten, damit der Großteil von Lees Nord-Virginia-Armee entkommen konnte.

aber Ewells II. Korps war zu desorganisiert, und so beschloss er, nichts zu unternehmen. Inzwischen festigten die Unionstruppen ihre Stellung und legten Gräben an. Am Morgen des nächsten Tages, am 2. Juli, standen sich die gegnerischen Armeen entlang der beiden Höhenzüge des Cemetery und des Seminary Ridge gegenüber, zwischen ihnen ein gut einen Kilometer breites Tal.

Nun verlangte Lee von James Longstreet („Lee's Old Warhorse"), einen Frontalangriff auf den Cemetery Ridge zu starten, aber auch Longstreet weigerte sich. Er wollte seine Truppen nach Süden führen und im offenen Gelände kämpfen oder warten, bis die Nordstaatler angriffen. Longstreet behauptete, es sei nicht ratsam anzugreifen, da Meade genau das von

ihnen erwarte, aber Lee bestand darauf: «Sie sind dort in Stellung gegangen, und ich werde ihnen eins verpassen oder sie werden mir eins verpassen.»

Trotzdem zögerte Longstreet. Auch griff er dann nicht den von Lee bestimmten Sektor an. Statt die Stellungen Meades von Süden her aufzurollen, startete er einen wilden Angriff auf die beiden Round Tops und Devil's Den. Auf dem Little Round Top gab es einen Beobachtungsposten oberhalb des Schlachtfelds. Wenn die Artillerie dort hinaufgelangen konnte, würde dies die Schlacht entscheiden. Der Hügel wurde von Colonel Joshua Chamberlain und seinen 386 Mann verteidigt. Sie bewahrten die Unionsarmee an diesem Tag wahrscheinlich vor einer Niederlage. Nachdem er 125 Männer verloren hatte und ihm die Munition ausgegangen war, befahl Chamberlain, Bajonette aufzupflanzen und anzugreifen. 300 gegnerische Soldaten nahm er so gefangen.

Auch Daniel Sickles erntete Lorbeeren, als er sein III. Korps vom Cemetery Ridge herunterführte, um Peach Orchard und Wheatfield zu besetzen. Damit verdoppelte er die Linie der Nordstaatler genau dort, wo Lee sie durchbrechen wollte.

Am Ende des 2. Juli hatten die Konföderierten die Unions-Linien im Norden und im Süden angegriffen. Bei einer Besprechung mit seinen Kommandanten sagte Meade in dieser Nacht voraus, dass Lee am folgenden Tag ihr Zentrum angreifen würde.

PICKETTS ANGRIFF

Am 3. Juli ritt Lee den Seminary Ridge entlang und beobachtete die gegenüberliegenden Unionstruppen. Er beschloss, den Cemetery Hill anzugreifen, und befahl seinem eigenen I. Korps sowie den unerfahrenen Rekruten von General George Pickett, den Berg zu erstürmen. Longstreet kritisierte den seiner Meinung nach undurchführbaren Plan, machte sich dann aber an die Arbeit und führte 160 Geschütze heran, um die Stellungen der Nordstaatler vor dem Angriff zu bombardieren. Das zweistündige Sperrfeuer der Artillerie führte letztlich nur dazu, dass die Gegner den geplanten Angriffspunkt genau vorhersehen konnten. Pickett bat Longstreet um Erlaubnis, vorzurücken und ein kleines Wäldchen auf dem Cemetery Ridge ins Visier zu nehmen. Zusammen mit General James Pettigrew und 12 500 Mann marschierte Pickett gut anderthalb Kilometer über Gelände, auf das die Verteidiger, von einem Steinwall geschützt, Musketen- und Geschützfeuer abgaben.

Dieser Angriff, auch „Picketts Charge" genannt, war aus der Sicht der Konföderierten eine der großen Katastrophen der Schlacht. Pickett verlor dabei 85 Prozent seiner Männer. Einer der Unionssoldaten, die den Cemetery Hill verteidigten, berichtete später: «Sie rückten auf den Gipfel vor und gingen in einer dicht gedrängten, stürmenden Linie unter, die viele Reihen tief war.» Als sie vor den gegnerischen Linien auftauchten, wurden die Südstaatler von einem tödlichen Kugelhagel getroffen und schienen sich vor den Augen der Verteidiger aufzulösen. Lees Urteil lautete: «Ich habe noch nie Truppen gesehen, die sich so glorreich verhalten haben wie Picketts Virginia Division an diesem Tag.»

NACH DER SCHLACHT

Lees Armee zog sich in der Nacht vom 4. auf den 5. Juli in strömendem Regen nach Süden zurück. Meade hatte gewonnen. Nur zwei seiner drei Divisionen verfolgten die Konföderierten, während seine Hauptarmee nach Maryland marschierte, um ihnen den Rückzug abzuschneiden. Der über die Ufer getretene Potomac behinderte die Konföderierten, aber Meade hielt sie immer noch für zu stark, um sie anzugreifen, so dass sie sich schließlich davonmachen konnten.

In einer Schlacht, die sich durch kostspielige Fehler auf beiden Seiten auszeichnete, war fast ein Drittel von Lees Armee getötet oder verwundet worden. Meade verlor fast ebenso viele Männer, etwa 23 000. Die Union nutzte ihren Vorteil gegenüber der Konföderation nicht. Für die Südstaaten war die Niederlage bei Gettysburg zwar schwerwiegend, aber nicht endgültig, auch wenn sie so viele Männer eingebüßt hatten. Dennoch sollte der Süden nie wieder die Oberhand gewinnen.

Gettysburg gehörte nicht zu Lees Glanzleistungen. Am gleichen Tag eroberte Ulysses S. Grant die Stadt Vicksburg für die Nordstaaten. Die meisten modernen Historiker sind von Lees Fähigkeiten nicht mehr so überzeugt, wie es ihre Kollegen noch vor einem Jahrhundert waren, denn er kämpfte zumeist gegen schwächere Gegner.

Eine 12-Pfünder-Kanone der Nordstaaten im National Military Park bei Gettysburg, der zur Bewahrung des berühmten Schlachtortes eingerichtet wurde.

VICKSBURG

General Ulysses S. Grant / Truppen der Konföderierten
4. Juli 1863

DAS BLATT WENDETE SICH ZUM NACHTEIL DES SÜDENS. Einen Tag nach der Niederlage bei Gettysburg eroberte Ulysses S. Grant die strategisch wichtige Stadt Vicksburg am Mississippi. Die inzwischen gespaltene Konföderation war sowohl im Osten als auch im Westen geschlagen worden und sollte nie wieder die Initiative ergreifen.

Grant schien nicht gerade ein Naturtalent zu sein, denn er schloss die US-Militärakademie West Point ohne größere Auszeichnung ab und entging später nur knapp einer Verurteilung durch das Kriegsgericht wegen Trunkenheit. Dennoch avancierte er zum besten General der Union im Bürgerkrieg und wurde später sogar Präsident der Vereinigten Staaten (1869–1877). Er war nicht nur ein hervorragender Kommandant auf dem Schlachtfeld, sondern hatte auch ein sehr gutes Verständnis für moderne Kriegsführung. Er wusste, dass es ebenso wichtig war, die wirtschaftlichen Ressourcen des Feindes zu zerstören, wie seine Männer zu töten.

«VICKSBURG IST DER SCHLÜSSEL»

Zum ersten Mal machte Grant beide Seiten des Bürgerkriegs auf sich aufmerksam, als er im Februar 1863 Fort Henry und Fort Donelson an einem Nebenfluss des Mississippi einnahm. Im Sommer 1863, nach der Kapitulation von New Orleans über ein Jahr zuvor, waren Vicksburg und Port Hudson die einzigen Schlüsselpositionen, die die Konföderierten noch am Mississippi hielten.

Allerdings reichte ein Angriff vom Wasser nicht aus, um Vicksburg einzunehmen; es bedurfte der Unterstützung durch eine große Armee am Ostufer des Flusses. Da Vicksburg im Herzen des Konföderierten-Territoriums in Mississippi lag, hätte sich Grant außerdem zuerst einen Weg bis zur Stadt erkämpfen müssen. Vicksburgs Eroberung war von entscheidender Bedeutung. Solange die Stadt in der Hand der Konföderierten blieb, war sämtlicher Handelsverkehr der Union mit New Orleans blockiert. «Vicksburg ist der Schlüssel», wie Lincoln sagte.

EINE HARTE NUSS

Vicksburg, auch „Gibraltar des Westens" genannt, galt praktisch als uneinnehmbar. Es erstreckte sich auf einem Höhenzug am rechten Ufer des Mississippi, umgeben von zahlreichen Nebenarmen des Flusses. Zudem hatten die Konföderierten große Erdwälle angelegt, das Fort selbst befand sich auf den steilen Walnut Hills mit ihren Wäldern und Schluchten. Die Talsohle dieser Schluchten war eine unpassierbare Wildnis, bewachsen mit hohen Bäumen. Vorstöße wurden wegen der Sümpfe und Seitenarme zu einer gefährlichen Angelegenheit. Dort, wo der Mississippi seinen Lauf änderte, bildeten sich Altwasserseen, die im Sommer austrockneten, aber im Frühjahr zu morastigen Sümpfen wurden. Hinzu kamen das feucht-heiße Wetter im Sommer und riesige Moskitoschwärme.

General Ulysses S. Grant (vorne rechts) und seine Männer überwachen Grabungsarbeiten während der Belagerung von Vicksburg. Der fantasievolle Druck wurde von den Chicagoer Druckern Kurz und Allison im Jahr 1888 angefertigt.

Das Fort war in der Tradition Vaubans mit Redouten, Redans, Lünetten und Artillerieplattformen ausgebaut und wurde von General John C. Pemberton befehligt. Bis dahin waren alle Angriffe auf die Befestigung gescheitert. 1862 beispielsweise hatte Grant versucht, Kanäle für Kanonenboote ausheben zu lassen, um die Befestigungsanlagen zu umgehen. Dabei kam es unterhalb von Miliken's Bend zu einer Springflut, bei der alle Arbeiter ertranken.

ARMY-NAVY-OPERATION

Angesichts dieses Misserfolges entwickelte Grant im April 1863 den Plan, Vicksburg von Osten und Süden aus einzunehmen, wo die Stadt kaum verteidigt war. Um seine Truppen von ihrer Position nördlich von Vicksburg zu bewegen, ohne die Männer den über 23 Kilometer langen Geschützstellungen der Konföderierten am rechten Ufer auszusetzen, musste Grant das Westufer hinuntermarschieren. Unterhalb von Vicksburg wollte Grant dann seine Truppen an das Ostufer des Mississippi übersetzen.

Während Grants Tennessee-Armee bei Bruinsburg den Fluss überquerte, startete Colonel Benjamin Grierson mit seiner Kavallerie einen Ablenkungsangriff auf die Südstaatler. Dabei legte er 966 Kilometer zurück und verwüstete große Teile des Bundesstaats Mississippi.

> «*Der Fall der Konföderation war mit dem Fall von Vicksburg besiegelt.*»
>
> ULYSSES S. GRANT

Sobald er den Fluss überquert hatte, schickte Grant zwei seiner Korps unter McPherson und McClernand gegen Joseph E. Johnston, der gerade in Jackson, der Hauptstadt des Bundesstaats, eine neue Armee von 20 000 Mann aufstellte. Die Nordstaatler kamen schnell voran und konnten die Konföderierten überraschen. Am 14. Mai wurde Jackson eingenommen und niedergebrannt. Zwei Tage später attackierten die Unionstruppen Champion Hill, 32 Kilometer östlich von Vicksburg. Gegen den Rat des Konföderierten-Präsidenten Jefferson Davis hatte der Stadtkommandant Pemberton seine große Armee aus Vicksburg herausgeführt, um Grant auf offenem Gelände zu konfrontieren. Klar geschlagen, ließ sich Pemberton nun zurückfallen. Nach einem weiteren Zusammenstoß an der Big Black River Bridge am 17. Mai brachte er sich in Vicksburg in Sicherheit.

Grant schloss den Belagerungsring um Vicksburg und griff am 19. Mai an. In Erwartung eines raschen Sieges schickte er immer mehr Männer in den Kampf, musste sich aber nach vier Tagen zurückziehen. Er hatte 3000 Mann verloren.

Die Garnison von Vicksburg hoffte auf Unterstützung durch Johnston, der jedoch nie erschien. Alles war knapp: Brot, Mehl, Fleisch und Gemüse. Die Einwohner aßen Maultiere, Erdnüsse und Ratten, während Grant die Stadt von Schiffen und von Land aus mit Kanonen bombardierte. Am 25. Mai erklärte Pemberton einen Waffenstillstand, um die Toten zu begraben. Während der Zeit der Belagerung kam es immer wieder zu Verbrüderungen, bei denen Kaffee und Tabak getauscht wurden.

UNTERMINIERUNG DER FESTUNG

Als die Verteidiger immer noch nicht aufgaben, schickte Grant Pioniere aus, die die Festung unterminieren sowie Annäherungsgräben und Sappen anlegen sollten. Mit jedem Meter, den sie vordrangen, kamen die Geschütze näher. Am 7. Juni war die nächste Batterie der Nordstaatler nur noch 70 Meter vom Fort entfernt. Um sich vor dem Feuer der Verteidiger zu schützen, arbeiteten die Pioniere hinter Baumwollballen, die jedoch von den Konföderierten immer wieder in Brand geschossen wurden. Am 22. Juni hatten sie das Fundament der Brustwehr von Fort Hill erreicht. Colonel Andrew Hickenloper fand eine Möglichkeit, die Stellung der Konföderier-

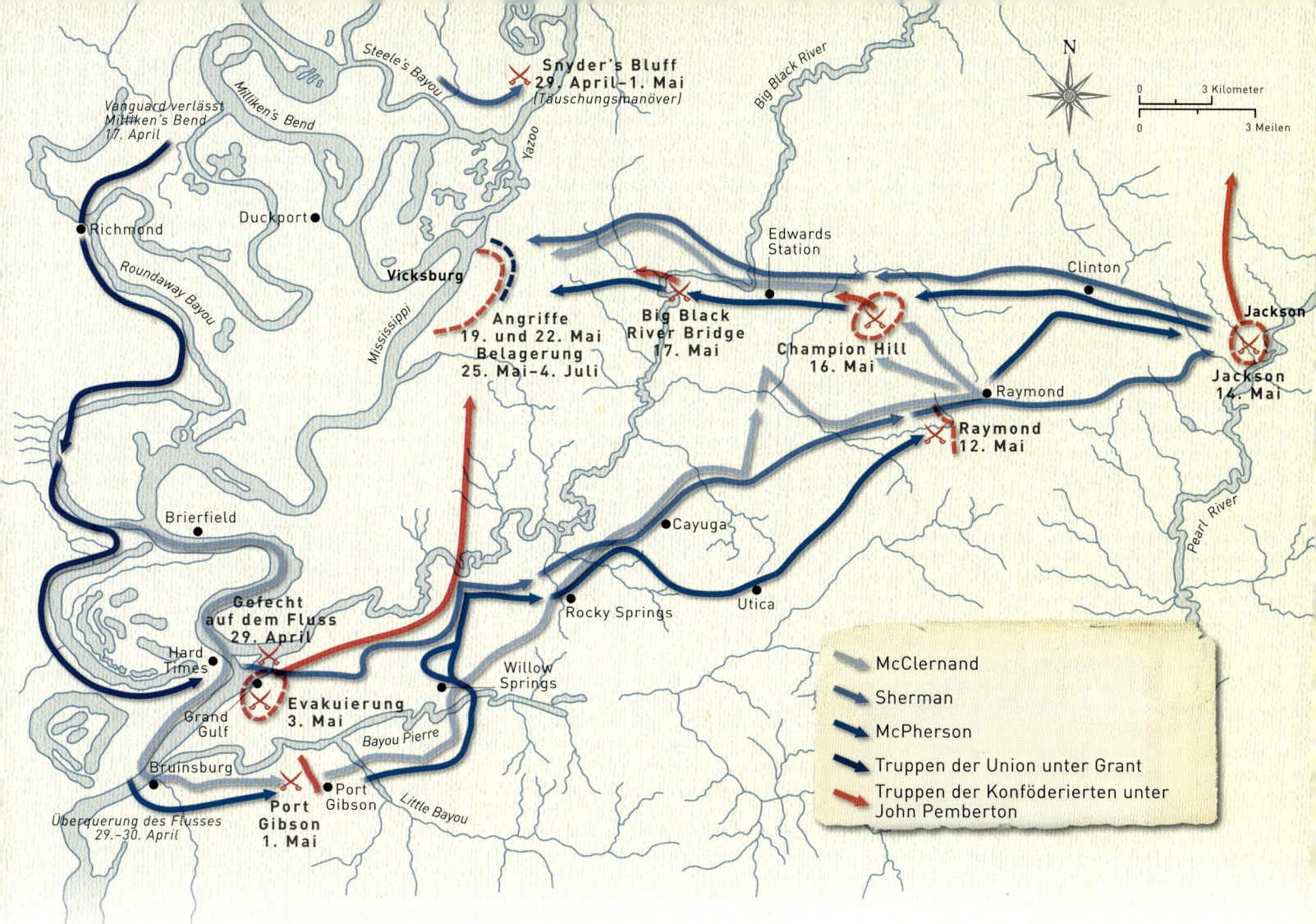

Map labels:

Steele's Bayou · Milliken's Bend · Snyder's Bluff 29. April–1. Mai (Täuschungsmanöver) · Big Black River · N

Vanguard verlässt Milliken's Bend 17. April

Richmond · Duckport · Edwards Station · Clinton

Roundaway Bayou · Vicksburg · Big Black River Bridge 17. Mai · Champion Hill 16. Mai · Jackson · Jackson 14. Mai

Angriffe 19. und 22. Mai Belagerung 25. Mai–4. Juli · Mississippi

Raymond · Raymond 12. Mai

Brierfield · Cayuga · Pearl River

Gefecht auf dem Fluss 29. April · Rocky Springs · Utica

Hard Times · Willow Springs

Grand Gulf · Evakuierung 3. Mai · Bayou Pierre

Bruinsburg · Port Gibson · Little Bayou

Überquerung des Flusses 29.–30. April · Port Gibson 1. Mai

0   3 Kilometer
0   3 Meilen

Legende:
McClernand
Sherman
McPherson
Truppen der Union unter Grant
Truppen der Konföderierten unter John Pemberton

ten zu untertunneln. Die freigelegten Stollen ließ er mit 900 Kilogramm Schwarzpulver füllen. Am 25. Juni wurde die Mine gezündet, und Fort Hill wurde zum Teil zerstört. Aber die Verteidiger hatten die Gefahr erkannt und einen neuen Wall gebaut, von dem aus sie die Belagerer unter Beschuss nehmen konnten.

Die Arbeiten am Tunnel wurden wieder aufgenommen, und am 1. Juli war ein neuer Stollen fertiggestellt. Bei einer weiteren Explosion flog eine Redan in die Luft und mit ihr die Sklaven, die zum Reparieren der Befestigungen eingesetzt worden waren. Alle verloren ihr Leben – bis auf einen, der durch die Luft geschleudert wurde und hinter den Linien der Nordstaatler landete.

In der Hoffnung entkommen zu können, ließ Pemberton Schiffe bauen. Seine Männer hungerten und drohten zu meu-

tern. Grant ahnte, dass eine Kapitulation unmittelbar bevorstand. Selbst als er hörte, dass Johnston auf dem Weg war, glaubte er nicht, dass dessen kleine Armee in der Lage wäre, die Belagerten zu befreien. Am 3. Juli erschienen die ersten weißen Fahnen über dem Verteidigungswall. Zwei konföderierte Offiziere überbrachten ein Waffenstillstandsersuchen. Zuerst wollte Grant nur eine bedingungslose Kapitulation akzeptieren, besann sich dann jedoch und erlaubte den Offizieren, ihre Schwerter zu behalten. 31 600 gefangene Soldaten wurden auf Ehrenwort entlassen. Die Unionssoldaten teilten ihre Rationen mit den geschlagenen Südstaatlern. Die Nachricht vom Fall Vicksburgs veranlasste am 8. Juli auch die Garnison von Port Hudson zu kapitulieren. Damit fiel auch die letzte Stellung der Konföderierten am Mississippi in die Hände der Union.

Grants Angriff auf Vicksburg von April bis Juli 1863. Die Einnahme der befestigten Stadt verschaffte der Union die Kontrolle über den Mississippi und spaltete die Konföderation in zwei Teile. Fortan waren Arkansas, Louisiana und Texas vom Rest der Südstaaten abgeschnitten.

KÖNIGGRÄTZ

Helmuth von Moltke / Ludwig von Benedek
3. Juli 1866

IM KRIEG VON 1866 ZWISCHEN PREUSSEN UND ÖSTERREICH wurden die preußischen Truppen nominell von König Wilhelm I. befehligt, der jedoch mit Helmuth von Moltke über einen brillanten Stabschef verfügte. Nach seiner Ernennung 1857 hatte Moltke den Generalstab radikal reformiert. Wie der Militärtheoretiker Clausewitz glaubte auch Moltke an die vollständige Vernichtung des Gegners. Er wurde unterstützt vom „Eisernen Kanzler" Otto von Bismarck, der Krieg als Fortsetzung der Diplomatie betrachtete.

Preußische Infanteristen in der Schlacht bei Königgrätz; Ausschnitt eines Aquarells von Carl Röchling. Ihre von Johann Nikolaus von Dreyse entwickelten Zündnadelgewehre ließen sich im Vergleich zu den österreichischen Vorderladern wesentlich schneller abfeuern und spielten für den Ausgang der Schlacht eine entscheidende Rolle.

In den Jahrzehnten nach Napoleons Tod war es zu zahlreichen neuen Entwicklungen in der Kriegsführung gekommen. Moltke nutzte insbesondere die neuen Eisenbahnen, um Truppen zu transportieren und sie frisch in die Schlacht zu bringen. Seine Männer bewaffnete er mit dem neuen Dreyse-Zündnadelgewehr, einem Hinterlader, der die Feuergeschwindigkeit verdreifachte. Moltkes bevorzugte Strategie war es, seine Armeen entsprechend dem Grundsatz „getrennt marschieren und vereint angreifen" zu Beginn einer Kampagne zu teilen. Ein Heeresteil hatte die Aufgabe, den Feind zu binden, während der andere seine Flanken attackieren sollte. Wie viele Militärplaner strebte auch Moltke danach, wie Hannibal in Cannae den Gegner einzukesseln und aufzureiben, aber bei Königgrätz erreichte er dieses Ideal nicht.

DROHENDE KATASTROPHE

Im Kampf um die Vormachtstellung unter den deutschsprachigen Staaten mangelte es Preußens Hauptgegner Österreich nicht nur an einem Führer vom Kaliber Moltkes, die Donaumonarchie besaß auch eine hoffnungslos veraltete Armee, die ein erstarrtes politisches System verteidigte.

Ohne klare Kommandostruktur, eingeschränkt durch engstirniges Denken in den oberen Befehlsebenen und schlecht ausgerüstet, konnten es die österreichischen Truppen mit der preußischen Kriegsmaschinerie nicht aufnehmen.

Preußen hatte Österreichs Verbündete in Hannover und Kurhessen schnell unterworfen. Insgesamt verfügte das Königreich über rund 245 000 Mann, die einer etwas kleineren österreichisch-sächsischen Armee bei der Festung Königgrätz in Böhmen gegenüberstanden. Die Österreicher hatten einen Vorteil durch ihre Geschütze, von denen sie mehr besaßen als die Preußen. Aber der österreichische Feldmarschall Ludwig von Benedek war unsicher und telegraphierte noch am 30. Juni seinem Kaiser Franz Joseph, er solle sich um Frieden bemühen: «Eine militärische Katastrophe ist unabwendbar.»

Die preußische Armee war dreigeteilt: Die Elbarmee unter General Herwarth von Bittenfeld rückte von Torgau vor, das Erste Armeekorps unter dem Kommando von Prinz Friedrich Karl von Preußen kam aus der Lausitz, während das von Kronprinz Friedrich geführte Zweite Armeekorps von Neisse in Schlesien aufgebrochen war.

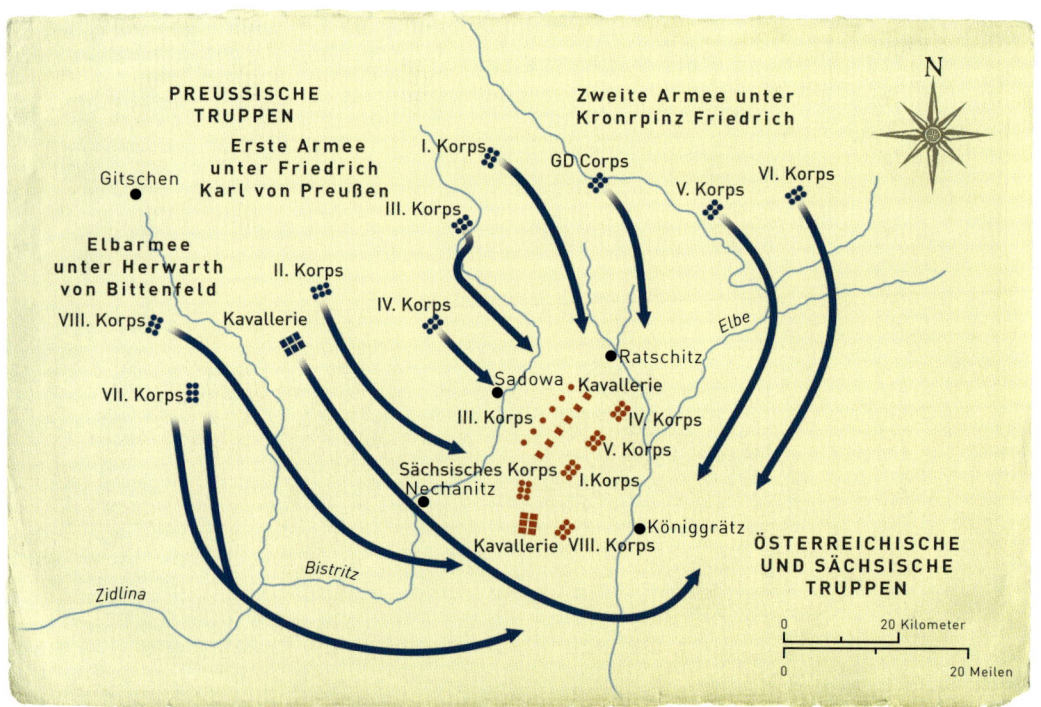

PREUSSISCHE
TRUPPEN

Zweite Armee unter
Kronrpinz Friedrich

Erste Armee
unter Friedrich
Karl von Preußen

I. Korps

GD Corps

V. Korps

VI. Korps

Gitschen

III. Korps

Elbarmee
unter Herwarth
von Bittenfeld

II. Korps

IV. Korps

VIII. Korps

Kavallerie

Elbe

VII. Korps

Ratschitz

Sadowa

Kavallerie

III. Korps

IV. Korps

V. Korps

Sächsisches Korps
Nechanitz

I. Korps

Kavallerie

VIII. Korps

Königgrätz

ÖSTERREICHISCHE
UND SÄCHSISCHE
TRUPPEN

Bistritz

Zidlina

0   20 Kilometer

0   20 Meilen

Moltkes Taktik, drei Armeen auf dem Schlachtfeld zu vereinen, war nicht zuletzt der neuen Mobilität zu verdanken, die die Eisenbahn bot. Aber es war eine knappe Angelegenheit, da eine der preußischen Armeen erst spät eintraf und dadurch die gesamte Operation gefährdete.

Moltkes Truppen waren bei starkem Regen marschiert und erreichten Königgrätz am 3. Juli. Am Morgen der Schlacht regnete es noch immer, und eine seiner drei Armeen fiel zurück, so dass die Preußen insgesamt eine Stärke von 135 000 Mann besaßen. Aber Benedek nutzte diese Schwäche nicht aus, indem er einen sofortigen Angriff befahl. Er wies sogar den Vorschlag seiner Generäle zurück, die beiden preußischen Armeen vor dem Eintreffen der dritten Heeresgruppe zu überflügeln.

ARTILLERIE GEGEN NADELGEWEHR

Als die Preußen westlich des Flusses Bistritz in Stellung gingen, eröffnete die österreichische Artillerie das Feuer und konnte so die Rechte der Preußen binden. Prinz Friedrich Karl übernahm die Initiative und schickte seine 75 000 Infanteristen gegen 180 000 gut verschanzte Österreicher. Das preußische Zentrum, das durch einen Wald vorrückte, wurde aufgehalten und zurückgedrängt. In dieser Phase der Schlacht erwies sich die österreichische Artillerie als so effektiv, dass die preußische Armee durch einen gut geführten Kavallerie-Angriff hätte geschlagen werden können. Aber davon wollte Benedek nichts wissen.

Die neuen Kanonen in den österreichischen Batterien besaßen eine größere Reichweite als die preußischen Geschütze. Sobald die Preußen jedoch weit genug vorrücken konnten, zeigten deren Nadelgewehre ihre volle Wirkung.

Um 11 Uhr war das preußische Zentrum zurückgedrängt worden, aber die Österreicher hatten ihre rechte Flanke dem gegnerischen Feuer ausgesetzt. Das Zweite Armeekorps unter Kronprinz Friedrich von Preußen traf um 14 Uhr ein, und eineinhalb Stunden später waren alle drei preußischen Armeen gemeinsam im Vormarsch. Um 14:30 Uhr war der Kronprinz mit 100 000 Mann in Position. Die preußische Artillerie war nun nahe genug herangekommen, um das österreichische Zentrum unter Beschuss zu nehmen.

Moltke entschied nun, dass der Kronprinz die österreichische Flanke attackieren solle. Als Führer des Generalstabs verfolgte er die Schlacht in Gesellschaft von Bismarck und König Wilhelm I. von Preußen von einem Hügel aus – ein Sinnbild für die enge Zusammenarbeit zwischen Preußens militärischer, monarchischer und politischer Führung. Immer wieder sammelten sich die Artillerie und die Kavallerie der Österreicher. Moltke war zwar ein äußerst fähiger Kommandant, profitierte aber in dieser Schlacht auch sehr von der schwachen Führung Benedeks.

Die österreichische Nordarmee wurde nun von allen Seiten unter Beschuss genommen, und trotz der Tapferkeit der Kavallerie und der hervorragenden Artillerie der Österreicher war die Katastrophe unabwendbar. Als das preußische Erste Infanterieregiment die österreichischen

Geschütze erreichte, nahmen die Verteidiger Reißaus. Die Österreicher verloren ihre Geschütze ebenso wie ihre erhöhte Stellung. Auch ihr Zentrum war aufgerollt worden. Dann durchbrach das Zweite Armeekorps die österreichischen Linien, während die Elbarmee die Sachsen auf der linken Flanke der Österreicher ausschaltete. Um 15 Uhr trat die österreichische Kavallerie den geschlossenen Rückzug an.

PREUSSISCHE VORMACHT- STELLUNG

Mit der Elbarmee im Nacken hatte Benedek keine Rückzugsmöglichkeit; an diesem Punkt hätten die Kampfhandlungen durchaus zu einem Cannae werden können. Moltke versicherte seinem König: «Eure Majestät wird heute nicht nur eine Schlacht, sondern eine Kampagne gewinnen.» Aber Moltke konnte den Feind nicht schnell genug verfolgen, da seine Truppen im Schlamm steckenblieben. Zudem waren die preußischen Reihen durch Cholera und Erschöpfung stark dezimiert.

Das Versäumnis, den Feind zu vernichten, mag auch politische Motive gehabt haben. Bismarck war gewiss daran gelegen, den Österreichern eine untergeordnete Rolle in der deutschen Politik zuzuweisen, aber eingedenk ihres potenziellen Nutzens als zukünftige Verbündete wollte er nicht, dass sie vollständig gedemütigt wurden.

Um 18 Uhr war der Sieg der Preußen gesichert. Der Kronprinz und sein Vater begrüßten einander mit einer stummen Umarmung, und der König hängte seinem Sohn den hohen preußischen Verdienstorden *Pour le Mérite* um den Hals.

Die Österreicher fielen hinter die Elbe zurück. Sie hatten über 20 000 Tote, Verwundete und Vermisste zu beklagen. Weitere 22 000 Österreicher gerieten in Gefangenschaft. Die Preußen hingegen büßten nur 9500 Männer ein.

Nun konnte Bismarck einen Frieden zu seinen Bedingungen diktieren. Anders als viele Mitglieder der preußischen Führungselite wollte er Österreich und seine Verbündeten schonen. Trotzdem sollte die Frage nach der Zukunft Deutschlands endgültig im Sinne der „kleindeutschen Lösung" entschieden werden: ein deutscher Staat unter der Vorherrschaft Preußens unter Ausschluss der Donaumonarchie.

Am 22. Juli stimmte der österreichische Kaiser einem Waffenstillstand zu. Im Frieden von Prag trat Österreich seine Rechte an Schleswig-Holstein an Preußen ab. Zudem annektierte Preußen unter anderem das Königreich Hannover sowie Teile Hessens und Sachsens. Politisch hatte die Schlacht weitreichende Konsequenzen: Österreich wurde aus Deutschland ausgeschlossen. Innerhalb der Donaumonarchie musste Kaiser Franz Joseph den Ungarn weitgehende Rechte zugestehen. Damit wurde die letzte Phase des Habsburgerreichs eingeläutet. Der Sieg, den Moltke 1870 bei Sedan über die Franzosen erringen sollte, führte schließlich am 18. Januar 1871 zur Gründung des Zweiten Deutschen Kaiserreichs. Die Einigung der deutschen Staaten unter preußischer Führung war abgeschlossen.

Gedenkmedaille zu Ehren des preußischen Siegs bei Königgrätz. Bei den Friedensverhandlungen mit den Österreichern in Prag musste Preußen noch die Machtinteressen des französischen Kaisers Napoleon III. berücksichtigen. Vier Jahre später wurden die Franzosen von der militärischen Stärke Preußens in die Knie gezwungen.

«Ich habe die undankbare Aufgabe, Wasser in den schäumenden Wein zu gießen und klarzumachen, dass wir nicht allein in Europa leben, sondern zusammen mit drei anderen Mächten, die uns hassen und beneiden.»

OTTO VON BISMARCK ÜBER SEINE SCHWIERIGE POSITION NACH DEM KRIEG VON 1866

TEL EL-KEBIR

Sir Garnet Wolseley / Arabi Pascha
13. September 1882

DER KRIMKRIEG VON 1853 BIS 1856 GEGEN RUSSLAND offenbarte eklatante Mängel in der Organisation und Ausbildung der britischen Armee. Die Praxis, Offizierspatente zu kaufen, statt sie auf Grundlage von Begabung zu erwerben, führte zu einer Flut von inkompetenten Befehlshabern aus dem Adel. Zudem war die Ausrüstung der Armee in einem bedenklichen Zustand. Reformen waren dringend nötig. Die Rettung sollte ausgerechnet in Person von Garnet Wolseley kommen, dem Sohn eines protestantischen Krämers aus Irland.

Bevor Wolseleys Vater sich dem Kolonial-warenhandel widmete, hatte er als Major gedient. Dennoch war der Aufstieg aus einem so bescheidenen Hintergrund in den Rang eines Feldmarschalls und Oberbe-fehlshabers der britischen Armee selbst heute nicht alltäglich, geschweige denn im 19. Jahrhundert. Seine Karriere verdankte Wolseley teilweise auch dem Vertrauen, das Edward Cardwell in ihn setzte, der reformorientierte Kriegsminister in Glad-stones liberaler Regierung von 1868–1874.

Eine von Cardwells zentralen Maß-nahmen war die Einrichtung von weltweiten Militärbasen, um den Kriegen und Aufständen zu begegnen, die in dem expandierenden Britischen Empire immer zahlreicher wurde. Wolseley, der sein Offi-zierspatent 1852 in der Infanterie erlangt hatte, machte sich in den Kolonien einen Namen. Er diente in Burma, auf der Krim, in Indien und China. Am wichtigsten waren jedoch die Erfahrungen, die er ab 1861 in neun Jahren Dienst in Kanada sammelte. Die Niederschlagung einer Rebellion in Manitoba 1869/70 brachte ihm den Ruf eines effizienten und voraus-schauenden Kommandanten ein.

1873 übernahm Wolseley den Oberbe-fehl im Krieg gegen die Ashanti im heuti-gen Ghana. In dieser Zeit entstand der „Wolseley-Ring", ein Netzwerk gleichge-sinnter Offiziere, der allen, die nicht dazu-gehörten, ein Dorn im Auge war.

Im Krieg gegen die Zulu in Südafrika löste Wolseley 1879 Lord Chelmsford als

Die Schlacht von Tel el-Kebir aus der Vogelper-spektive. Auf der linken Seite der zeitgenössi-schen Illustration sieht man den Kanal und die Eisenbahnlinie, die die ägyptische Hauptstadt Kairo mit Ismailia am Sueskanal verbinden. Beide Transportwege wurden von Wolseley genutzt, um sich vor der Schlacht mit Vorräten einzudecken.

Kommandeur ab. Von W. S. Gilbert im Libretto von „The Pirates of Penzance" als «Modell des modernen Generalmajors schlechthin» verspottet, war es dennoch Wolseley, der Chelmsfords Fehler wiedergutmachte und den Krieg zugunsten der Briten entschied. 1884 wurde Wolseley von Gladstone in den Sudan geschickt, wo der Mahdi-Aufstand gegen die britische Herrschaft tobte. Wolseley sollte General Gordon beistehen, doch diesmal hatte er keinen Erfolg. Gordon wurde 1885 in Khartoum getötet, zwei Tage vor dem Eintreffen der Entsatztruppen.

ÄRGER IN ÄGYPTEN

Auch im benachbarten Ägypten regte sich Widerstand gegen die europäischen Kolonialmächte und ihre einheimischen Marionettenherrscher. 1879 folgte Tawfiq Pascha seinem Vater Ismail Pascha als Khedive (Vizekönig) von Ägypten, das nominell noch immer zum Osmanischen Reich gehörte. Ismail Pascha hatte lange eine den europäischen Mächten freundlich gesinnte Politik verfolgt und den Bau des Sueskanals unterstützt. Der von dem französischen Ingenieur Ferdinand de Lesseps entworfene Kanal war 1869 eröffnet worden. Er erleichterte die Seeverbindung von Europa nach Asien, da er den Schiffen die lange und gefährliche Route um das Kap der Guten Hoffnung ersparte. Großbritannien erkannte die große Bedeutung des Kanals für die Verteidigung seiner Gebiete in Indien und kaufte 1875 die Anteile des Khediven an dem Unternehmen.

In Ägypten wuchs die Opposition gegen den Einfluss der Europäer. Da der Khedive auf die Spannungen kaum reagierte, drängten Briten und Franzosen den osmanischen Sultan, Ismail Pascha durch dessen Sohn Tawfiq zu ersetzen. Dieser, so hoffte man, würde den europäischen Interessen besser dienen. Die passive Haltung des

> *«… Modell des modernen Generalmajors schlechthin.»*
>
> W.S. Gilbert verspottet Wolseley

neuen Khediven gegenüber den Kolonialmächten löste schließlich im Januar 1881 einen Aufstand von Armeeoffizieren aus, an deren Spitze der Oberst Ahmad Arabi Pascha stand. Arabi verlangte die Abschaffung der Privilegien, die Europäer und die osmanische Oberschicht genossen. Außerdem stoppte er die Zahlungen des hochverschuldeten Landes an ausländische Gläubiger. Briten und Franzosen verfassten daraufhin eine gemeinsame Mitteilung, in der sie dem Khediven ihre Unterstützung im Falle innerer Unruhen zusicherten. In der osmanischen Hauptstadt Konstantinopel wurde eine Krisensitzung einberufen, während vor der ägyptischen Küste ein Marinegeschwader kreuzte.

Als Kriegsminister an der Spitze einer nationalistischen Regierung bestand Arabi auf der Aufrechterhaltung der ägyptischen Autonomie. Ein Versuch des Khedive, Arabi zum Rücktritt zu zwingen, sorgte am 11. Juni für Unruhen in Alexandria, die sich gegen die europäischen Einwohner richteten. 50 Europäer wurden getötet, darunter auch französische Matrosen; der britische Konsul wurde schwer verletzt. Andernorts griff der Mob Griechen und Juden an. Der britische Premierminister Gladstone, der einen Krieg vermeiden wollte, geriet unter massiven Handlungsdruck; zwei seiner Minister drohten mit Rücktritt, bevor er Befehl gab, Alexandria zu bombardieren.

Die Ägypter begannen, den Hafen zu befestigen. Am 3. Juli wies die britische Regierung Admiral Seymour an, die Verteidigungsanlagen zu zerstören, falls die Arbeiten fortgesetzt werden sollten. Als die Briten am 11. Juli das Feuer eröffneten, kam es zu erneuten Unruhen; in der Stadt wurden Feuer gelegt und weitere Menschen getötet. Der Khedive suchte Zuflucht auf einem der Schiffe Seymours, und Arabi ergriff die Macht. Am 13. Juli wurde Alexandria von einer britischen Marinearmee besetzt.

DIE BRITEN IM ALLEINGANG

Die Franzosen waren zwar der Hauptanteilseigner des Kanals, hatten es aber abgelehnt, sich an der Bombardierung zu beteiligen. Gladstone, ein entschiedener Gegner weiterer kolonialer Expansion, stand nun vor der unliebsamen Aufgabe, den Konflikt mit Waffengewalt zu beenden und damit zwangsläufig die Okkupation und Annektierung Ägyptens in Gang zu setzen. Königin Victoria übte Druck auf den liberalen Premierminister aus, der ihr zutiefst unsympathisch war.

Alles war nun bereit für eine umfassende Invasion. Unter Premierminister Léon Gambetta waren die Franzosen eifrig darauf bedacht gewesen, mit Großbritannien zu kooperieren, aber sein Kabinett wurde im Januar 1882 gestürzt. Die neue Regierung weigerte sich, den Briten in Ägypten beizustehen. Als die Neuigkeit bekannt wurde, stieg der Kurs ägyptischer Aktien an der Börse um 35 Prozent. Kurz darauf wurde eine britische Armee unter Wolseley nach Ägypten geschickt.

Das Expeditionskorps von 35 000 Mann war die größte Armee, die Großbritannien seit dem Krimkrieg aufgestellt hatte. Die meisten Soldaten waren Briten und wurden mit Schiffen von der Insel nach Malta und Zypern gebracht, während von Aden aus 7000 Inder eintrafen. Der Prince of Wales, der spätere Eduard VII., wollte gerne an den Kämpfen teilnehmen, wurde aber zurückgehalten. Sein Bruder Arthur hingegen, der Herzog von Connaught und Patensohn des Herzogs von Wellington, durfte eine Gardeeinheit ins Feld führen.

Die Briten versuchten zunächst, direkt auf Kairo zu marschieren, wurden aber fünf Wochen in der Nähe von Alexandria bei Kafr-el-Dawwar aufgehalten, einer gut befestigten Stellung, die

Die Aufstellung der gegnerischen Armeen in der Schlacht von Tel el-Kebir. Statt ein langes und ermüdendes Überflügelungsmanöver durch die heiße Wüste zu riskieren, entschied sich Wolseley für einen Überraschungsangriff auf Arabi Paschas Stellung am Verbindungsweg zwischen Kairo und dem Sueskanal.

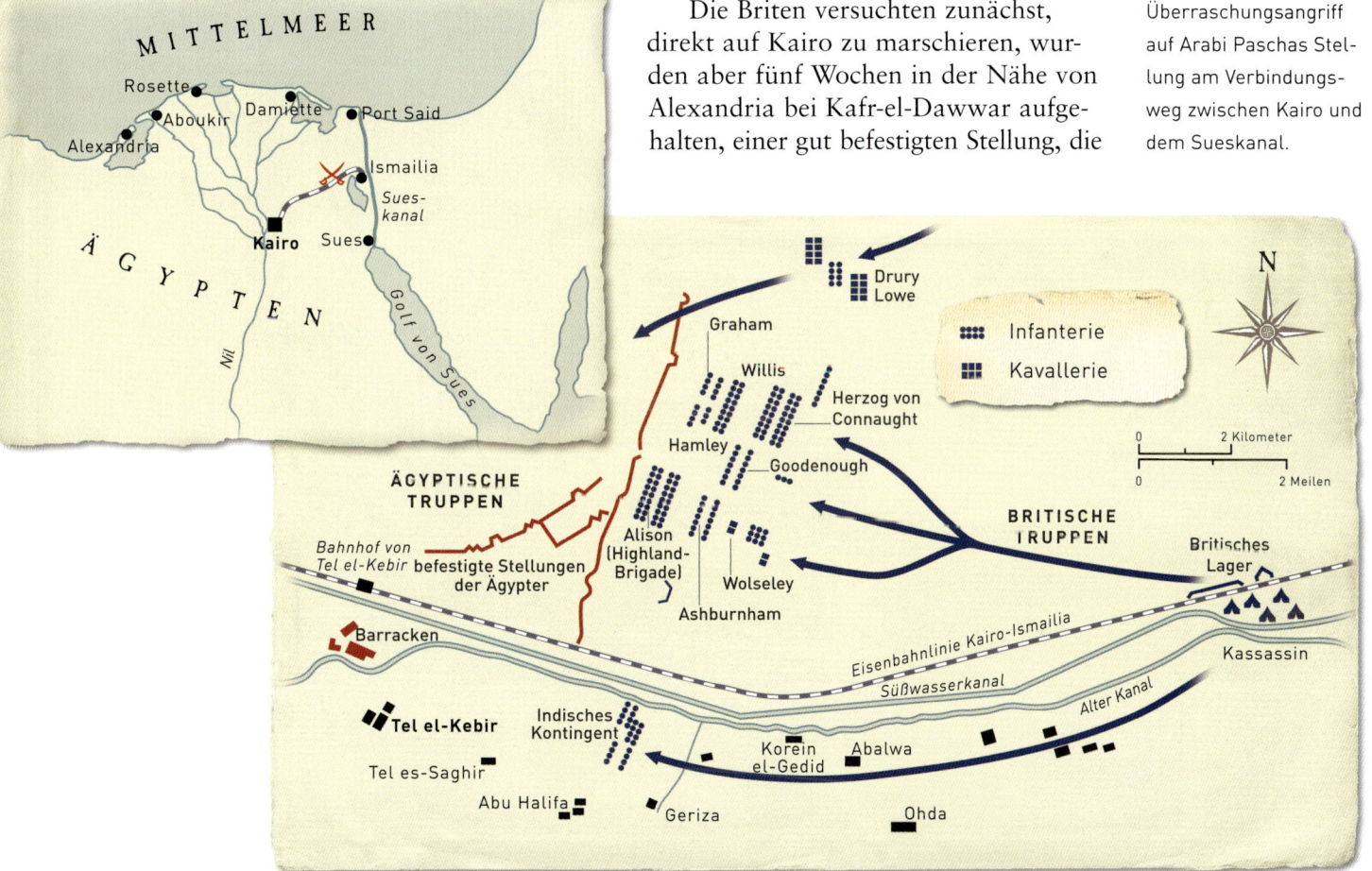

von modernen Geschützen des deutschen
Unternehmens Krupp nur so strotzte. Nun
plante Wolseley, Kairo vom Sueskanal aus
zu erreichen. Ihm gelang es, Arabi Pascha
über seine Absichten zu täuschen. Doch
als die Ägypter ihre Abwehr vernachlässigten, fuhren 40 britische Kriegsschiffe in
den Kanal ein und bezogen Stellung.

PARIEREN UND VORSTOSSEN

Wolseley bediente sich einer Reihe von
Täuschungsmanövern, um Arabi glauben
zu machen, der Angriff werde von Westen
kommen. Vor allem wollte er die Ägypter
daran hindern, den Sueskanal zu blockieren. Arabi schluckte den Köder und dachte,
Wolseley würde erneut aus dem westlichen
Nildelta vorstoßen. Aber in Wirklichkeit
waren die Briten unterwegs nach Osten,
nach Port Said am nördlichen Ende des
Kanals. Dort sicherten sich unterdessen

britische Marineinfanterie und Matrosen
Schlüsselpositionen.

Am 20. August erreichten die Briten
Ismailia auf halber Strecke des Sueskanals.
Von dort führten ein Seitenkanal und eine
Eisenbahnlinie direkt nach Kairo. Dank
der Eisenbahnverbindung konnte sich
Wolseley mit Vorräten eindecken, bevor er
weiter vorstieß. Am 6. September hatte er
die ganze Kanalzone unter seine Kontrolle
gebracht.

Die britische Armee rückte entlang des
Seitenkanals nach Westen vor und erreichte Kassassin, das auf halbem Weg zwischen Ismailia und Kairo lag. Von dort
ging es weiter zu den gut verteidigten
ägyptischen Stellungen bei Tel el-Kebir.
Nachdem Wolseley in der Nacht mit seinen Männern durch die Wüste marschiert
war, traf er in der Morgendämmerung des
13. September auf die ägyptischen Streit-

über Arabi Paschas Armee bei Tel el-Kebir war schnell errungen. Rund 2000 Ägypter und 57 Briten wurden getötet.

BRITISCHES PROTEKTORAT

Am nächsten Tag marschierten die Briten in Kairo ein, besetzten die ägyptische Hauptstadt und machten Tawfiq Pascha wieder zum Marionettenherrscher. Arabi Pascha wurde Mitte Oktober gefangen genommen und nach Ceylon verbannt. Erst 1901 kehrte er nach seiner Begnadigung nach Ägypten zurück.

Wolseley wurde zum General befördert und erhielt den Titel Baron Wolseley of Cairo; später wurde der Krämerssohn zum Viscount erhoben. Der Herzog von Connaught wurde von seiner Mutter Königin Victoria mit dem Bath-Orden ausgezeichnet. Die Queen verlieh noch weitere 330 Orden, darunter auch Auszeichnungen für drei maltesische Soldaten und eine Reihe von Indern.

Lord Salisbury, der konservative Oppositionsführer, verhöhnte Gladstone im britischen Parlament: «Sie haben den Khedive nicht aufrecht erhalten, Sie haben ihn aufgelesen. Er muss aufrechterhalten werden von dem Einzigen, was in diesem Land noch aufrechtgeblieben ist – der Macht Großbritanniens.» Um den britischen Einfluss in Ägypten sicherzustellen, wurde das Land besetzt und zu einem Protektorat erklärt. Erst 1922 erlangte Ägypten seine volle Unabhängigkeit. Der Sueskanal stand bis 1956 unter Kontrolle der Briten und Franzosen. Erst in Folge der Sueskrise gelangte die Wasserstraße unter ägyptische Hoheit.

kräfte unter Arabi Pascha. Wolseley hatte die Entfernung berechnet, die bis zum Tagesanbruch kurz vor 5 Uhr zurückgelegt werden musste. Die Briten hatten ihr Lager nachts um 1:30 Uhr abgebrochen und waren schweigend marschiert, geleitet von den Sternen. Die Ägypter entdeckten die heranrückenden Briten im ersten Morgenlicht. Es kam zu einem heftigen Gefecht, bei dem die Einheiten der britischen Vorhut einen Bajonett-Angriff starteten. Arabi Pascha hatte etwa 15 000 Mann und 75 Geschütze, Wolseley etwa 17 000. Der Sieg

«Sie haben den Khedive nicht aufrecht erhalten, Sie haben ihn aufgelesen. Er muss aufrechterhalten werden von dem Einzigen, was in diesem Land noch aufrechtgeblieben ist – der Macht Großbritanniens.»

LORD SALISBURY VERSPOTTET GLADSTONE WEGEN SEINER INTERVENTION IN ÄGYPTEN

TANNENBERG

Erich Ludendorff / Alexander Samsonow
23. August–2. September **1914**

Für deutsche Nationalisten war die Zweite Schlacht bei Tannenberg eine Rache für die Niederlage, die die Ritter des Deutschen Ordens an gleicher Stelle im Jahr 1410 gegen polnische, russische und litauische Truppen hatten hinnehmen müssen. In Wahrheit wurde die zweite Schlacht über 30 Kilometer von Tannenberg entfernt ausgefochten. Sieht man jedoch von dieser Manipulation zu politischen Zwecken ab, war die Schlacht eine bemerkenswerte taktische Meisterleistung der preußischen Generäle Paul von Hindenburg und Erich Ludendorff.

Russische Maschinengewehrschützen in der Schlacht bei Tannenberg in Ostpreußen. Bei Ausbruch des Ersten Weltkriegs verfügten sowohl die russische als auch die deutsche Armee über im eigenen Land gefertigte Nachbauten des Maxim-Maschinengewehrs. Die von dem amerikanisch-britischen Erfinder Hiram Maxim entwickelte Waffe war jedoch in dem Grabenkrieg an der Westfront effektiver als im mobilen Krieg im Osten.

Der Mythos von Tannenberg erhielt Auftrieb durch Ereignisse, die vor und am Ende des Zweiten Weltkriegs stattfanden. Als Hindenburg 1934 starb, beschloss man, den Reichspräsidenten der Weimarer Republik am Ort seines größten Triumphs zu bestatten. Beim Rückzug der Wehrmacht im Frühjahr 1945 durch Ostpreußen wurde das Tannenberg-Denkmal in die Luft gesprengt und Hindenburgs sterbliche Überreste wurden in Sicherheit gebracht, um sie nicht der Rache der Roten Armee auszusetzen. Einige der Steine blieben jedoch erhalten und wurden von den Sowjets für den Bau des Kultur- und Wissenschaftspalasts in Warschau benutzt.

MANN DES AUGENBLICKS
Hindenburg gehörte zum Generalstab, der seit Moltkes Reformen Ende der 1850er Jahre die intellektuelle Elite der preußischen Armee bildete. Er war ein typischer preußischer Landadeliger, ein Junker. Die Junker, die früher das Rückgrat des Offizierskorps waren, stellten bei Ausbruch des Ersten Weltkriegs nur noch 13 Prozent der Offiziere. Sie konzentrierten sich auf bestimmte Regimenter, ähnlich der Vormachtstellung des britischen Adels in der Kavallerie und den Garderegimentern.

Im Gegensatz dazu war sein jüngerer Mitkommandant Erich Ludendorff, der aus dem Bürgertum kam, ein Vertreter seiner Zeit und seiner Kultur. Die Atmosphäre des wilhelminischen Deutschlands spiegelte sich deutlich in Ludendorffs aggressiver, pangermanischer Haltung wieder.

Geboren 1865 in der Provinz Posen im heutigen Polen, besuchte Ludendorff die Hauptkadettenanstalt in Groß-Lichterfelde bei Berlin. Seine Führungsfähigkeiten in einem Infanterieregiment brachten ihm viel Lob ein, und er wurde in die Kriegsakademie kommandiert. Hier förderten ihn einflussreiche Militärs wie der jüngere Helmuth von Moltke und Alfred von Schlieffen, der ihn 1905 in den Generalstab berief und ihm einen wichtigen Posten im Kriegsministerium sicherte. Ludendorff war auch an der Ausarbeitung des Schlieffen-Plans beteiligt, der für den Fall aufgestellt wurde, dass Deutschland einen Zweifrontenkrieg austragen musste. Angesichts der wechselnden Allianzen im Vorfeld des Ersten Weltkrieges schien ein solches Szenario immer wahrscheinlicher, da sich Russland mit Frankreich und Großbritannien verbündet hatte.

Der Plan sah vor, einen der Gegner in kurzer Zeit zu vernichten, so dass die

Deutsche Infanterie auf dem Marsch durch eine vom Krieg verwüstete Stadt in Preußen, Herbst 1914. Nach dem Schlieffen-Plan sollten durch ein schnelles Ausschalten der Franzosen im Westen genügend deutsche Kräfte freigesetzt werden, um die Russen im Osten zu überwältigen. Doch die schnelle Mobilisierung der Russen zwang die Deutschen, an zwei Fronten gleichzeitig zu kämpfen.

schritte machten, befürchtete man in Berlin, der Feind könne schon bald die deutsche Hauptstadt erreichen.

Im August 1914 überquerten zwei russische Armeen mit 800 000 Mann und 1700 Geschützen die Memel, um die deutschen Truppen in Königsberg vom Rest des Reiches abzuschneiden und dann zur Weichsel vorzurücken. Wie Schlieffen vorausgesagt hatte, rückten die beiden Armeen nördlich und südlich der 80 Kilometer langen Masurischen Seenplatte getrennt voneinander vor. Schlieffens Strategie gegen den Zweifrontenkrieg bestand darin, zuerst die vermeintlich schwächeren Briten und Franzosen im Westen zu schlagen und dann die gesamten Kräfte gegen die Russen im Osten zu mobilisieren.

Wie so viele angeblich perfekte Stabspläne scheiterte auch dieser in der Ausführung. Die Russen kamen in wesentlich größerer Stärke als erwartet. Die in Ostpreußen stationierte 8. Armee verfügte nur über 210 000 Soldaten und 600 Geschütze. Daher beschloss man, die von Nordosten angreifende 1. Armee des russischen Generals Paul von Rennenkampf nur durch einige wenige Truppen zu behindern. Der Großteil der deutschen Kräfte sollte die linke Flanke von Alexander Samsonows 35 Divisionen starker 2. Armee attackieren. Die Truppen mussten wegen des Stroms deutscher Flüchtlinge unter schwierigen Bedingungen 160 Kilometer per Eisenbahn transportiert werden.

Masse der Armeen an die andere Front transferiert werden konnte. Der Schlüssel dieser Strategie war schnelle Mobilmachung und schnelle Aufstellung.

NICHT NACH PLAN

Zu Beginn des Ersten Weltkriegs zeichnete sich Ludendorff bei der Besetzung Belgiens aus. Aber dann geschah etwas, das der Schlieffen-Plan nicht vorhergesehen hatte: Die Russen mobilisierten ihre Truppen schneller als erwartet und rückten in voller Stärke auf die deutschen Ostgrenzen vor, noch bevor Deutschland die Franzosen und Briten geschlagen hatte. Zwar kamen die Deutschen an der Westfront gut voran, aber als die Russen im Osten Fort-

DYNAMISCHES DUO

Am 20. August schlugen die Deutschen die Russen bei Stallupönen, bevor sie selbst bei Gumbinnen eine Niederlage erlitten. Aber die Russen nutzten diesen Sieg nicht. Maximilian von Prittwitz, Kommandant der 8. Armee, wollte Ostpreußen ganz verlassen und sich hinter die Weichsel zurückziehen. Sein Plan sorgte im Hauptquartier der deutschen Armee in Koblenz für solche Bestürzung, dass Paul von Hinden-

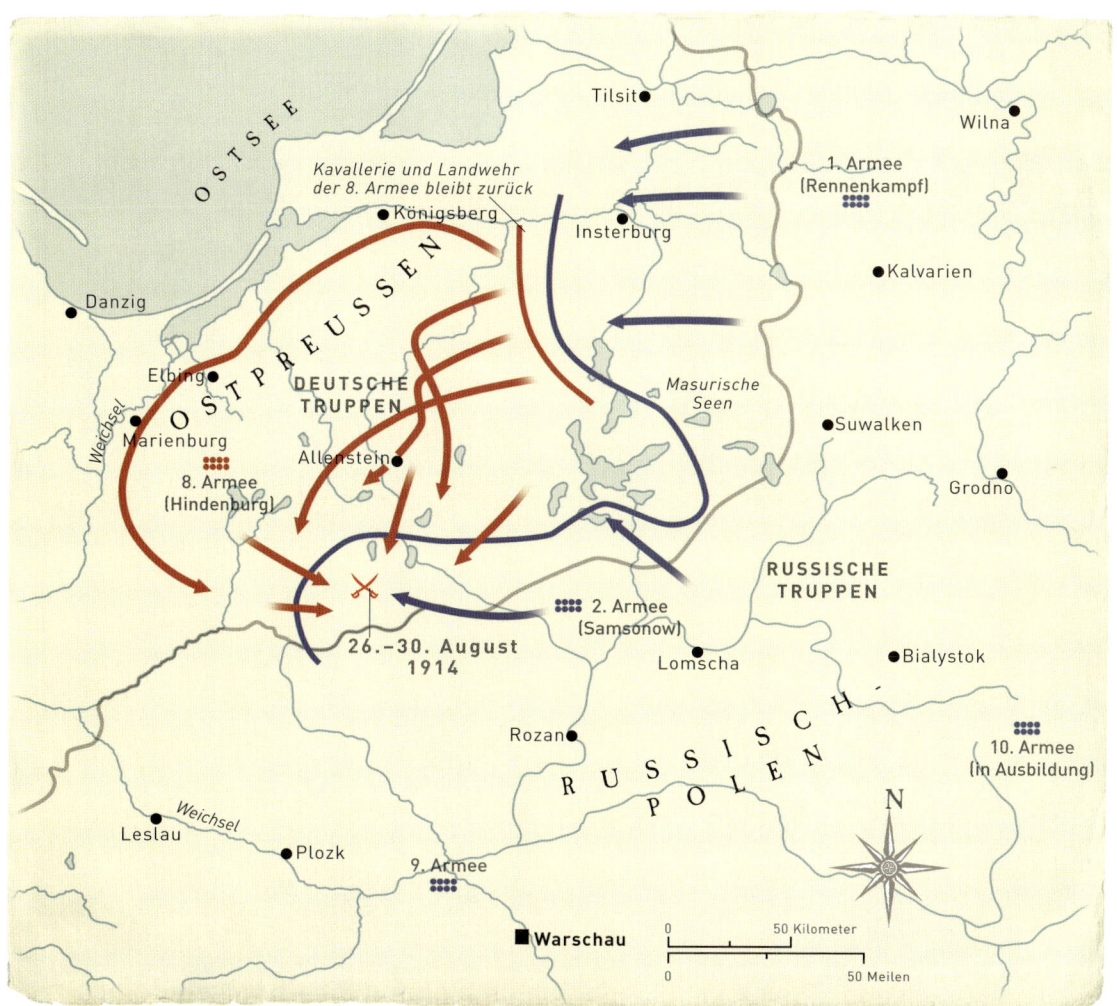

Der Zusammenstoß deutscher und russischer Truppen in Ostpreußen 1914, an dessen Ende die beiden vernichtenden Niederlagen der Russen in Tannenberg und an den Masurischen Seen standen. Ludendorffs Stabsoffizier Max Hoffmann hatte die Idee, die Auseinandersetzungen bei Frögenau in Anspielung auf die historische Niederlage des Deutschen Ordens durch die Hand der „Slawen" als Schlacht bei Tannenberg zu bezeichnen.

burg, Veteran des Deutsch-Französischen Kriegs und bereits im Ruhestand, berufen wurde, um Prittwitz zu ersetzen. Ludendorff wurde zum Stabschef ernannt. Sie sollten die Russen, die alles, was ihnen in den Weg kam, in Schutt und Asche legten, aus Ostpreußen zurückdrängen.

Hindenburg und Ludendorff trafen am 23. August in der Marienburg ein, der früheren Residenz des Deutschen Ordens. Tags darauf berieten sie sich mit Friedrich von Scholtz, der das XX. Armeekorps befehligte und zweifelte, dass er Samsonow abwehren konnte. Wie der ältere Moltke bei Königgrätz nutzten die Deutschen das Eisenbahnnetz, um ihre Armeen so schnell wie möglich in Stellung zu bringen, wurden allerdings durch das späte Eintreffen ihrer Artillerie aufgehalten. Inzwischen rückten die Russen weiter in die Falle vor,

die Ludendorff für sie gelegt hatte. Er rechnete mit einer Umfassungsschlacht, nach der er sämtliche Truppen nach Norden verschieben und die Bedrohung durch Rennenkampfs 1. Armee abwehren wollte.

Schon am 22. August trafen Einheiten von Samsonows Vorhut auf deutsche Truppen, die sich aber zurückzogen. Samsonow erhielt den Befehl zum Angriff, aber die Deutschen hielten ihre Stellung und fingen die Russen ab. Dabei wurden neun von 16 Kompaniekommandanten eines russischen Regiments getötet.

Ludendorff gab am 25. August Hermann von François den Befehl, die Russen mit seinem I. Korps anzugreifen. Doch dieser weigerte sich mit der Begründung, seine Männer seien noch nicht bereit und er benötige mehr Artillerie. Ludendorff war außer sich und suchte François am

26. August persönlich auf. Durch die Untätigkeit von François ermutigt, griff nun Samsonow selbst das deutsche Zentrum an, während Otto von Below und August von Mackensen mit der russischen Rechten zu kämpfen hatten – die Zweite Schlacht von Tannenberg hatte begonnen. Schließlich beugte sich François dem Befehl Ludendorffs. Das Zentrum der Deutschen wurde ausgedünnt und die Stärke auf die Flügel verlagert. An diesem Tag erfuhr Hindenburg von einem Aufklärer, dass Rennenkampf nicht vorhatte, Samsonow zu entsetzen, sondern Königsberg einnehmen wollte.

EINGESCHLOSSEN UND VERNICHTET

Am 27. August vernichtete das I. Korps der Deutschen die Linke der russischen 2. Armee. Zur gleichen Zeit fügten zwei weitere deutsche Korps General Artamonows I. Korps bei Usdau eine vernichtende Niederlage zu und schlugen die Russen in die Flucht. Am Abend hatte François den Ort Soldau hinter der russischen Linken erreicht. Doch Samsonow rückte mit seinem Zentrum unbeirrt weiter vor und drängte das XX. Korps von Scholtz zurück. Damit öffnete er jedoch seine Flanke für François

im Süden und für Mackensen und Scholtz im Norden. Am 28. August hatten die Deutschen die Russen eingeschlossen.

Ludendorff sah jetzt die Möglichkeit einer perfekten Umfassung. Er befahl François, weiter nach Willenberg zu marschieren. Mackensen sollte den anderen Flügel der Russen angreifen. Inzwischen erstreckte sich das Schlachtfeld über 100 Kilometer Marschland, Wälder und Seen. Auch wenn es keine richtigen Straßen, sondern nur sandige Pfade gab, gelang es Mackensen und François, die Nachhut des russischen Zentrums rechtzeitig zu erreichen. Als Samsonow eingeschlossen war, griffen die deutschen Truppen frontal an. Die Russen mussten feststellen, dass sie in der Falle saßen. Sie gerieten in Panik und warfen die Waffen nieder. In der Schlacht wurden 50 000 russische Soldaten getötet und 90 000 gefangen genommen; nur 10 000 Männer entkamen. Samsanow fand man später tot, wahrscheinlich starb er durch eigene Hand.

Die Verluste der Deutschen hingegen beliefen sich nur auf 5000 Tote und 7000 Verletzte. Einen Monat später erlitt auch die russische 1. Armee eine schwere Niederlage in der Schlacht an den Masurischen

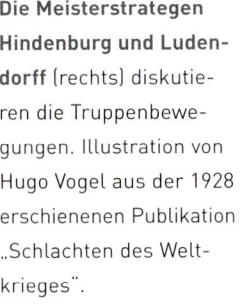

Die Meisterstrategen Hindenburg und Ludendorff (rechts) diskutieren die Truppenbewegungen. Illustration von Hugo Vogel aus der 1928 erschienenen Publikation „Schlachten des Weltkrieges".

Seen. Auch wenn es zwischenzeitlich etliche Pannen gegeben hatte, konnte Ludendorff am Ende die beiden Siege über die Russen als perfekt ausgeführte Strategien des Generalstabs präsentieren, als ein neues „Cannae", was es in gewisser Hinsicht auch war. Aber ebenso wie Cannae konnte auch Tannenberg den Krieg nicht entscheiden.

Die Ostfront war weiterhin ein mobiler Krieg, während der Vormarsch an der Westfront bald stagnierte und zu einem verlustreichen Grabenkrieg wurde. Doch die Siege von Hindenburg und Ludendorff im Osten sorgten im Deutschen Reich für Erleichterung und stärkten den Glauben an die Unbesiegbarkeit deutscher Armeen.

ANGESCHLAGENER RUF

Ludendorff entehrte sich selbst durch seine spätere Laufbahn. Hierzu gehören seine Rolle bei der Entmachtung des Kaisers zu Gunsten seiner eigenen Machtposition in der Obersten Heeresleitung, seine Machenschaften bei der Entlassung von Reichskanzler Bethmann Hollweg, der sich gegen einen uneingeschränkten U-Boot-Krieg ausgesprochen hatte, sein Versuch, seinen eigenen Anteil an der deutschen Niederlage zu leugnen, und seine spätere Nähe zu Hitler – all dies befleckte seinen Ruf als Feldherr. Als er 1937 starb, wurde er vom Dritten Reich in einem Staatsbegräbnis beigesetzt.

Besiegt und gedemütigt: gefangene russische Soldaten sammeln sich am 27. September 1914 am Bahnhof im ostpreußischen Tilsit zum Abtransport nach Westen. Die Führung der russischen Armee sowie Ausrüstung und Versorgung der Soldaten im Ersten Weltkrieg waren mehr als beklagenswert.

GALLIPOLI

Alliierte Expeditionsarmee / osmanische Truppen
25. April 1915–9. Januar 1916

Im ersten umfassenden amphibischen Angriff der Geschichte versuchten britische und französische Kriegsschiffe 1915, die Meerenge der Dardanellen, die Europa und Asien trennt, unter ihre Kontrolle zu bringen. Die Alliierten hofften, sich einen Weg durch die Dardanellen bahnen zu können, Russland zu Hilfe zu kommen und das Osmanische Reich als Verbündeten Deutschlands aus dem Krieg zu drängen. In dieser aufwändigen Operation wurde das gesamte Arsenal moderner Kriegsführung aufgeboten, darunter Flugzeuge (sogar der Prototyp eines Flugzeugträgers), Luftfotografie, eigens angefertigte Landungsschiffe, Funkverkehr, künstliche Häfen und U-Boote. Der osmanische Widerstand erwies sich als unerwartet stark, und die Landungen scheiterten unter viel Blutvergießen. Dennoch sammelten die Alliierten wichtige Erfahrungen, die sich bei der Invasion der Normandie im Juni 1944 auszahlten.

„Midst Shot and Shell we made the narrow Beach": Die Landung der Anzac-Tuppen auf der Halbinsel Gallipoli in einer Illustration von Cyrus Cuneo aus dem Jahr 1916.

Die Dardanellen sind 48 Kilometer lang und an ihrer schmalsten Stelle nur 1,6 Kilometer breit. Sie sind der einzige Zugang vom Mittelmeer zum Schwarzen Meer und damit von großer strategischer Bedeutung. Hier konnten Schiffe leicht von der Küste aus unter Beschuss genommen werden. Während des Ersten Weltkriegs waren die Dardanellen in der Hand des Osmanischen Reichs, das mit Deutschen und Österreichern gegen die Alliierten kämpfte. Ursprünglich kam der Vorschlag, einen neuen Kriegsschauplatz zu eröffnen, von den Franzosen. Daraus einen Seeangriff zu machen war jedoch die Idee von Winston Churchill, damals Erster Lord der Admiralität. Sowohl der Kriegsminister Lord Kitchener als auch der Erste Seelord John Fisher stimmten dem Plan zu. Fischer wollte ihn im November 1914 umsetzen und dafür die ältesten Schiffe der Flotte verwenden. Da die Osmanen zu diesem Zeitpunkt die Dardanellen noch nicht befestigt hatten, hätte die Operation durchaus erfolgreich werden können.

GEWAGTES UNTERNEHMEN

Als die Dardanellen-Operation schließlich im darauffolgenden Jahr bewilligt wurde, war Fisher eher für eine Landung an der deutschen Ostseeküste, überließ Churchill jedoch die alten Schiffe sowie das neue Schlachtschiff Queen Elizabeth, das mit 15-Zoll-Geschützen von gewaltiger Feuerkraft ausgestattet war. Churchill wurden auch die kampferprobten Veteranen der 29. Division zugeteilt sowie die Royal Naval Division und das Australian and New Zealand Army Corps (Anzac). Die Franzosen schickten ihr Corps expéditionnaire d'Orient.

Das erste Bombardement richtete kaum Schaden an. Auch die Landung der Marineinfanterie war wirkungslos. Man beschloss, am 18. März mit zwölf britischen und vier französischen Schlachtschiffen die Meerenge zu stürmen. Die Alliierten kamen nur etwa eine Seemeile voran, bevor ein französisches und ein britisches Schiff durch Minen versenkt wurden. Die Flotte zog sich zurück. Dann entschied man sich, die

Halbinsel Gallipoli auf der europäischen Seite der Dardanellen einzunehmen, um die schwere Artillerie der Osmanen außer Gefecht zu setzen.

Ein Überraschungsangriff war nicht möglich, da die Osmanen schon in Alarmbereitschaft waren. Also versuchte der britische Befehlshaber Sir Ian Hamilton, den Kommandanten der osmanischen 5. Armee, den deutschen Feldmarschall Otto Liman von Sanders, zu täuschen und mit zwei Divisionen auf der weniger gut verteidigten Westseite der Halbinsel zu landen.

Die Truppen wurden am 25. April mit einer Flotte von 200 Handelsschiffen an die Strände gebracht. Das Sperrfeuer begann um 5 Uhr. Zwei Landungen der 29. Division waren erfolgreich. Die Franzosen machten Hunderte von Gefangenen bei Kumkale, aber an anderen Landungspunkten wurden die Alliierten zurückgedrängt.

Die Anzac-Truppen unter dem britischen Generalleutnant William Birdwood setzten von der griechischen Insel Lemnos auf drei Schlachtschiffen über und wurden dann mit zwölf offenen Booten an den Strand gerudert. Birdwood entschied sich gegen ein einleitendes Sperrfeuer und landete bei Nacht, wählte jedoch den falschen Strand, eine kleine Bucht, später „Anzac Cove" genannt, die an drei Seiten von Anhöhen umgeben war. Die Angreifer stießen kaum auf Widerstand und konnten ins Landesinnere vordringen. Sie mussten jedoch die Anhöhen einnehmen, bevor das Hauptkontingent der Osmanen eintraf.

Der Grund für die geringe Zahl von Verteidigern wurde bald klar. Die Osmanen glaubten nicht, dass die Alliierten einen so ungeeigneten Landungspunkt wählen würden. Das Gelände war von Felsgraten, Rinnen und Vorsprüngen durchzogen, und dazwischen wuchsen dichte Ginsterhecken. Die Alliierten mussten vier Kilometer vor-

> *«Ich erwarte nicht von euch, dass ihr angreift, ich befehle euch zu sterben.»*
>
> ATATÜRK ZU SEINEN MÄNNERN

rücken, um den fünf Kilometer langen und 296 Meter hohen Bergrücken von Sarı Bayır oberhalb der Dardanellen zu erreichen. Doch bis zum Nachmittag waren sie nur 2,4 Kilometer vorangekommen, als sie unter Beschuss gerieten. Das Anzac verlor an diesem Tag 2000 Mann.

KEMAL VORAN
Jetzt war der Augenblick gekommen für den Oberstleutnant Mustafa Kemal, der als Begründer der modernen Türkei später den Beinamen „Atatürk" erhielt, Vater der Türken. Als er erkannte, dass eine umfassende Invasion in Gang war, versuchte er, Instruktionen von seinen Vorgesetzten zu erhalten. Da seine Anfrage jedoch unbeantwortet blieb, ergriff er selbst die Initiative. Kemal hatte zwar nicht genügend Munition, stellte sich aber mit dem ganzen Gewicht seines 57. Infanterieregiments den Eindringlingen entgegen. Fast wäre es ihm gelungen, die Alliierten ins Meer zurückzutreiben. Am 4. Mai hatte das Anzac 10 000 Mann gegenüber 14 000 auf Seiten Kemals verloren, die Osmanen waren jedoch gut eingegraben. Birdwood forderte die Evakuierung der Truppen, aber Hamilton weigerte sich. Das Anzac hielt nur noch einen schmalen Landstreifen.

«VON ESELN GEFÜHRTE LÖWEN»
Einige britische Einheiten erlitten besonders hohe Verluste bei dem Versuch, in den Strandabschnitten V und W einen Brückenkopf nahe Kap Helles an der Spitze der Halbinsel zu sichern. Nach dem Historiker Robin Prior sollte ihr Befehlshaber Sir Aylmer Hunter-Weston «als einer der brutalsten und unfähigsten Kommandeure des Ersten Weltkriegs an den Pranger gestellt werden». Die See war rot vom Blut der Toten und Sterbenden.

Im Mai und Juli plagten Hitze, Moskitos, Ruhr und Typhus die alliierten Truppen, während ihre Regierungen zauderten, ob sie Verstärkung schicken sollten. Am 19. Mai starteten die Osmanen eine Offensive gegen das Anzac, um den Brückenkopf zu zerstören. Australier und Neuseeländer waren vorbereitet, da die feindlichen Truppenbewegungen bereits von der Luftaufklärung erfasst worden waren. Drei Kompanien konnten eine gesamte osmanische Division zurückschlagen und erlitten dabei nur einen Verlust von elf Toten und 70 Verwundeten; die Angreifer verloren etwa ein Drittel ihrer Soldaten. Am 24. Mai wurde ein Waffenstillstand vereinbart, um die verwesenden Leichen zu begraben.

Churchill wurde im Mai als Marineminister entlassen. Im August schickte man 20000 Briten und nepalesische Gurkha-Söldner zur Verstärkung des Anzac.

Der Angriff der australischen 1. Division auf den Sarı Bayır am 6./7. August wurde vom britischen Generalmajor Harold Walker geleitet. Zunächst gelang es ihnen, die osmanische Stellung bei Lone Pine einzunehmen. Am ersten Tag fielen 2000, am zweiten noch einmal 1000 Männer. Weitere Truppen besetzten unter schweren Verlusten den Çanak Bayırı. Die Gurkhas nahmen am 8. August den sogenannten Hügel Q ein, bevor sie von einem Bombardement der eigenen Geschütze zurückgetrieben wurden. Am 10. August wurden sie jedoch durch einen von Kemal angeführten Angriff vom Çanak Bayırı vertrieben. Die Operation war gescheitert.

Weitere Landungen in der Suvla-Bucht nördlich der Stellungen des Anzac am 6./7. August waren von Anfang an zum Scheitern verurteilt, da die Bucht sehr gut verteidigt war. Hamilton wurde im Oktober seines Postens enthoben. Sein Nachfolger Sir Charles Monro beschloss, die Armee zu evakuieren. Die Evakuierung war die vielleicht erfolgreichste Aktion der gesamten Kampagne. Von Dezember 1915 bis zum 9. Januar 1916 wurden alle alliierten Soldaten von der Halbinsel abgezogen, wobei nur drei Tote zu beklagen waren.

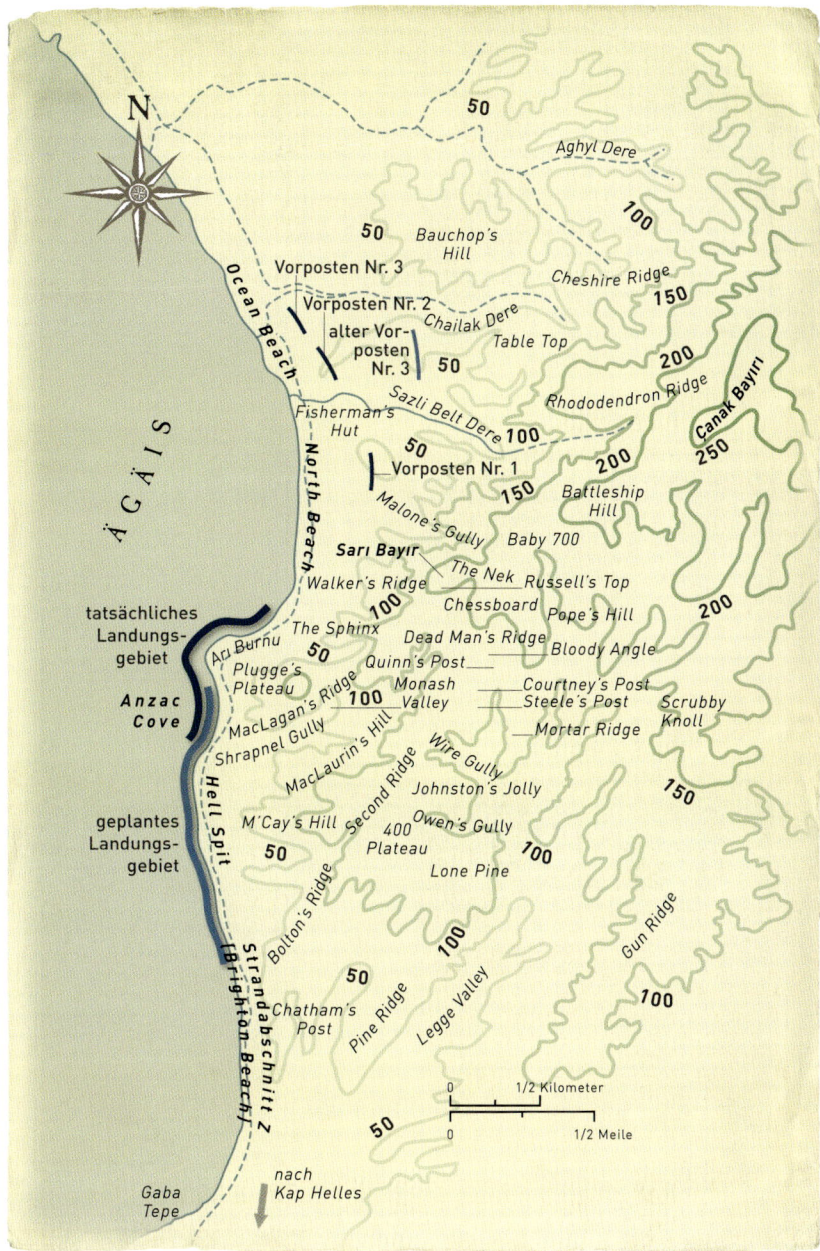

Viele Mythen ranken sich um Gallipoli, allen voran die, dass unfähige britische Generäle die verachteten Anzac-Truppen aus Übersee bewusst als „Kanonenfutter" missbraucht hätten. Auf Gallipoli waren jedoch mehr Franzosen als Australier, und sie verloren auch mehr Männer. Von den insgesamt gut 46 000 Soldaten, die auf alliierter Seite fielen, waren über die Hälfte Briten. Etwas höher waren die Verluste der Osmanen. Der Einsatz der australischen und neuseeländischen Truppen stärkte in deren Heimat das nationale Selbstbewusstsein. In beiden Ländern wird jedes Jahr am 25. April der Anzac Day begangen.

Die Landungsstellen des Anzac auf Gallipoli. Das unwirtliche, mit dichten Hecken bewachsene Terrain aus Höhenzügen und tiefen Gräben machte die Landungen zu einem unmöglichen Unterfangen. Einige der Namen für die topographischen Gegebenheiten wie „Hell Spit" oder „Shrapnel Gully" zeugen von den bitteren Erfahrungen der Soldaten.

VERDUN

Erich von Falkenhayn und Kronprinz Wilhelm / französische Truppen
21. Februar–16. Dezember 1916

VERDUN WAR EINE DER GRAUSAMSTEN SCHLACHTEN ALLER ZEITEN, ein gewaltiger Kampf, der die Widerstandskraft einer Nation beinahe erschöpfte. In dem Blutvergießen haben viele eine Erklärung für Frankreichs rasche Kapitulation von 1940 gesehen.

Verdun liegt an der Maas im Nordosten Frankreichs und war schon in der Römerzeit eine Festungsstadt. Sie wurde von Vauban, dem Festungsbaumeister Ludwigs XIV. und später von Napoleon III., ausgebaut. Nachdem die Franzosen im Deutsch-Französischen Krieg 1870/71 das Elsass und Teile Lothringens verloren hatten, gewann Verdun noch an strategischer Bedeutung, denn seitdem lag die Festungsstadt direkt an der Grenze zum Deutschen Reich.

1885 wurden die Verteidigungsanlagen durch einen Festungsring aus Eisen und Beton verstärkt. Nach dem Fall der Zitadelle im belgischen Lüttich zu Beginn des Ersten Weltkriegs wurde der Nutzen solcher Vorrichtungen jedoch angezweifelt. Man zog die Geschütze aus Verdun ab, um sie im Feld zu verwenden. In der vernachlässigten Festung war nur noch eine relativ kleine Garnison stationiert.

Nachdem der jüngere Helmuth von Moltke, Neffe des Siegers von Königgrätz, mit der Umsetzung des Schlieffen-Plans in Frankreich gescheitert war, wurde er als Chef des Generalstabs durch Erich von Falkenhayn ersetzt, den Favoriten Kaiser Wilhelms II. Falkenhayn wollte den Krieg im Westen mit einem massiven Angriff auf Verdun neuen Auftrieb geben. Er wählte sein Ziel mit Bedacht. Nur ein Angriff auf eine große Festung, so glaubte er, würde Frankreich dazu zwingen, seine britischen Verbündeten im Stich zu lassen, um die

eigene Position zu verteidigen. Zugleich wollte Falkenhayn einem geplanten Angriff der Alliierten an der Somme zuvorzukommen, wo bereits eine britisch-belgische Armee aus 45 Divisionen 30 deutschen Divisionen gegenüberstand.

„DIE HÖLLE VON VERDUN"

Der älteste Sohn des Kaisers, Kronprinz Wilhelm von Preußen, sollte den eigentlichen Angriff auf Verdun übernehmen. Seine 5. Armee bestand aus 400 000 Mann. Die Deutschen verfügten über 1400 Geschütze und 168 Flugzeuge. Zu ihrer Artillerie gehörten großkalibrige Geschosse, die zur Zerstörung der belgischen Zitadellen eingesetzt worden waren, sowie große Mengen an Munition, etwa zweieinhalb Millionen Granaten und Flammenwerfer, eine neue, furchterregende Waffe.

Den Deutschen gegenüber standen zwei Divisionen unter dem General Frédéric-Georges Herr sowie zwei zusätzliche Divisionen von Reservetruppen. Die Waffen der Franzosen konnten mit denen der Deutschen nicht mithalten und waren größtenteils veraltet. Neuere Modelle von Saint Charmand und Le Creusot verließen gerade erst die Gießereien.

Am 21. Februar begann die deutsche Offensive mit einem Angriff der Artillerie, wie ihn die Welt noch nicht gesehen hatte. «Keine Linie darf unbombardiert bleiben, keine Versorgungsmöglichkeit ungestört,

Bajonett-Angriff der Franzosen in der Schlacht um Verdun. Farbdruck aus dem „Petit Journal", März 1916.

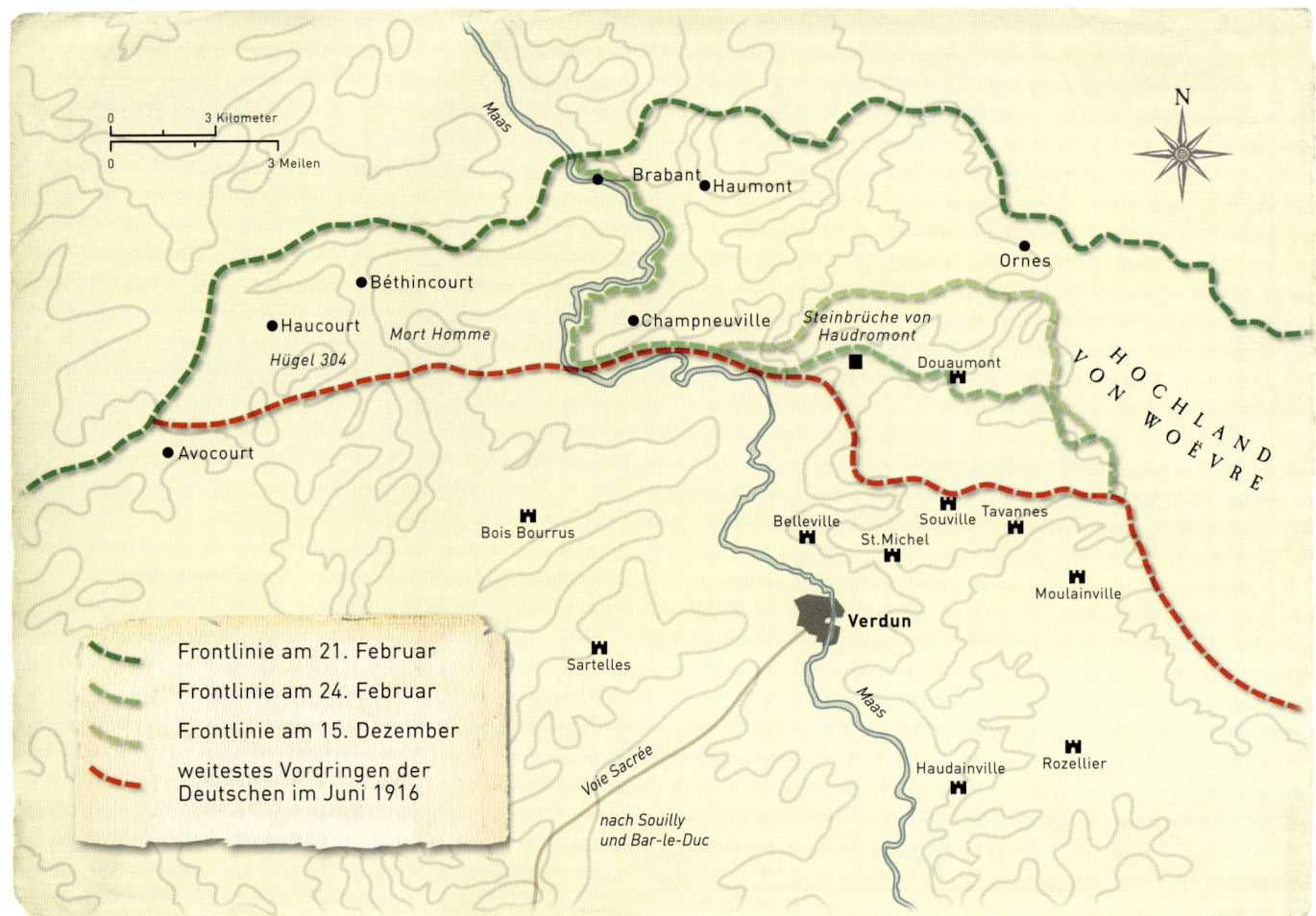

Frontlinie am 21. Februar

Frontlinie am 24. Februar

Frontlinie am 15. Dezember

weitestes Vordringen der
Deutschen im Juni 1916

Karte der wechselnden Schlachtlinien bei Verdun von Februar bis Dezember 1916. Die Stadt war zwar militärisch kaum von Bedeutung, wurde aber wegen ihres hohen symbolischen Werts von den Franzosen bis zum Letzten verteidigt.

nirgends soll der Feind sich sicher fühlen», sagte Falkenhayn.

Philippe Pétain, Kommandant der französischen 2. Armee, schrieb später: «Ein Sturm aus Stahl, Eisen, Granaten und Giftgas ging auf unsere Wälder, Schluchten, Gräben und Schutzbunker nieder; er zerschmetterte alles, verwandelte den Sektor in ein blutiges, stinkendes Feld und trug Feuer in das Herz der Stadt ...»

VERZWEIFELTE LAGE

Nach den Plänen der Deutschen sollte das Bombardement so zerstörerisch sein, dass der anschließende Angriff der Infanterie ein leichtes Spiel wäre. Doch am nächsten Tag stießen die vorrückenden deutschen Truppen auf starken Widerstand zerlumpter französischer Infanteristen, genannt

poilus, die „Bärtigen", die aus den Ruinen auftauchten. Im nahe gelegenen Bois des Caures leistete auch das Jägerbataillon unter Oberst Émile Driant erbitterten Widerstand, doch Driant fiel mit vielen seiner Männer im Gefecht. Am 23. Februar meldete ein französischer Leutnant: «Der befehlshabende Offizier und alle Kompanie-Kommandanten sind getötet worden. Mein Bataillon ist auf etwa 180 Mann reduziert. Ich habe weder Munition noch Lebensmittel. Was soll ich tun?»

Am 25. Februar nahmen die Deutschen Douaumont ein, das stärkste Fort im Umkreis von Verdun. Der französische Generalstab hatte es versäumt, die dortige Garnison zu verstärken. Von Douaumont aus konnten die Deutschen nun Verdun selbst unter Beschuss nehmen.

«Sie werden nicht durchkommen!»

GENERAL ROBERT NIVELLE WIDERSETZT SICH DEN DEUTSCHEN BEI VERDUN

Die französischen Verteidiger gerieten in Panik. Lebensmitteldepots wurden geplündert, und es war die Rede davon, die Maas-Brücken in die Luft zu sprengen. Der französische Oberbefehlshaber, Joseph Joffre, reagierte zu spät, entsendete dann aber die französische 2. Armee, um Verdun zu halten. Sein Stellvertreter, General Noël de Castelnau, genannt „der Kapuziner in Stiefeln", weil er Laienprediger war, sah sich die Lage vor Ort an und entschied, die Stadt müsse um jeden Preis gehalten werden. Er übertrug dem bereits betagten General Philippe Pétain das Kommando über die Operationen und wies ihn an, beide Ufer der Maas zu verteidigen.

„DER HEILIGE WEG"

Über ein Jahrzehnt nach dem Ende des Ersten Weltkriegs rechtfertigte Pétain sein Handeln in der Schlacht: «... Verdun ist nicht nur die große Festung des Ostens, die wie eine Eiche gegen ihre Eindringlinge stehen sollte, es ist das moralische Bollwerk Frankreichs.» Er richtete sein Hauptquartier in Souilly an der Straße nach Bar-le-Duc ein, erkrankte dann aber an einer Lungenentzündung. Allerdings hatte er bereits Versorgungslinien eingerichtet und Befehl gegeben, keine Gegenangriffe mehr zu starten, sondern die Forts mit der Artillerie zu verteidigen. Neue Einheiten wurden aufgestellt und erschöpfte abgezogen. Die

Die Krater der Granateinschläge bei Verdun zeugen auch nach fast 100 Jahren noch von den unerbittlichen Kämpfen, die hier 1916 zwischen Deutschen und Franzosen ausgetragen wurden.

Deutschen hingegen hielten dieselben Divisionen wochenlang in den Linien. Nun wendete sich das Blatt allmählich zugunsten der Franzosen. Später wurde Pétain in der französischen Öffentlichkeit als der „Retter von Verdun" gefeiert.

Die Straße südwärts nach Bar-le-Duc wurde nun zur Lebensader der belagerten Festungsstadt und erhielt den Namen *Voie sacrée*, „der heilige Weg". Über sie gelangten Ende Februar 190 000 französische Soldaten zur Verstärkung nach Verdun, während 3500 Laster die 2000 Tonnen Lebensmittel heranfuhren, die die Garnison täglich benötigte. Später stieg die Zahl der Laster, die auf der Straße verkehrten, noch auf 12 000 an.

ZERMÜRBUNGSSCHLACHT

Nach einem ebenso heftigen Sperrfeuer wie dem ersten starteten die Deutschen am 6. März einen weiteren Angriff, erreichten ihre Ziele aber nicht. Als die Franzosen ihre Rechte verstärkten, nahmen die Deutschen die Linke unter Trommelfeuer. Im April schlugen sie auf der rechten und der linken Flanke gleichzeitig zu und rückten in vier Tagen über eine 15 Kilometer lange Front vor. Es gelang ihnen, die *Mort Homme* („toter Mann") genannte Anhöhe einzunehmen, um den Preis von 100 000 Toten und Verletzten. Die Franzosen hatten ihre Artillerie hinter der Höhe versteckt, und den Deutschen gelang es nicht, die Geschützstellungen auszuschalten. Auch das Fort

Vaux östlich von Douaumont widerstand zunächst den Angriffen. Das unterhalb gelegene Dorf jedoch wurde völlig zerstört. Es wechselte ganze 13 Mal den Besitzer. Inzwischen erlangten die Franzosen die Luftüberlegenheit und konnten dadurch im weiteren Verlauf die deutschen Truppenbewegungen korrekt einschätzen.

Am 8. Mai ermutigte eine Explosion im Fort Douaumont die Franzosen zu einem Rückeroberungsversuch. Am 22. Mai stürmten sie die Außenanlagen, wurden aber zurückgeschlagen. Zwischen dem 1. und dem 7. Juni starteten die Deutschen eine neue Offensive gegen Fort Vaux, umzingelten es und nahmen die Franzosen unter heftigen Beschuss. Der französische Kommandant Major Raynal leistete erbitterten Widerstand, war aber schließlich gezwungen zu kapitulieren, da es im Fort kein Wasser mehr gab.

Die Deutschen stürmten auf Tavanne und behaupteten sich kurzfristig nahe Fort Souville in Sichtweite von Verdun. Am 23. Juni begannen sie mit dem Einsatz von „Grünkreuzen" – Granaten, die eine Mischung aus Chlor und Phosgen enthielten. Ihren letzten Vorstoß unternahmen die Deutschen am 11. Juli, wurden aber erneut bei Fort Souville abgewehrt.

Um die deutsche Truppen von Verdun abzulenken, hatten die Alliierten am 1. Juli ihre Großoffensive an der Somme weiter im Norden gestartet. Die Deutschen gingen nun zu einer defensiven Taktik über. Ende

«Ein Sturm aus Stahl, Eisen, Granaten und Giftgas ging auf unsere Wälder, Schluchten, Gräben und Schutzbunker nieder. Er zerschmetterte alles, verwandelte den Sektor in ein blutiges, stinkendes Feld und trug Feuer in das Herz der Stadt ...»

General Philippe Pétain über den unerbittlichen Beschuss Verduns durch die Deutschen

Deutsches Aufklärungsfoto des Forts Douaumont bei Verdun. Es wurde Anfang 1916, vor der Eroberung durch deutsche Truppen, aufgenommen.

August wurde Falkenhayn an die Front in Rumänien versetzt. Neuer Chef des deutschen Generalstabs wurde Paul von Hindenburg, der Sieger von Tannenberg.

Die Franzosen übernahmen die Initiative. Am 24. Oktober befahl der Artilleriegeneral Robert Nivelle, der zur Unterstützung Pétains nach Verdun abkommandiert worden war, die Rückeroberung Douaumonts durch einen kombinierten Angriff der Infanterie und Artillerie. Die Deutschen hatten mittlerweile kaum noch Munition, und so fielen Douaumont wie auch später Vaux wieder in französische Hand. Nach weiteren Gebietsgewinnen wurde die französische Offensive im Dezember 1916 eingestellt. Aufgrund seiner Erfolge bei Verdun löste Nivelle General Joffre als Oberbefehlshaber der französischen Armee ab.

Die Franzosen hatten einen taktischen Sieg errungen, aber um welchen Preis? Im Laufe der Schlacht wurden nicht weniger als 20 Millionen Granaten abgefeuert, und beide Seiten verloren jeweils weit über 300 000 Mann. Doch den Frontverlauf hatten die Kämpfe kaum verändert. Verdun wurde zum tragischen Symbol für die ganze Sinnlosigkeit des Stellungskriegs.

DER FALL FRANKREICHS

ALS DIE DEUTSCHEN IM MAI 1940 IN FRANKREICH EINMARSCHIERTEN, hielt die Welt den Atem an. Aber dieses Mal sollte es keinen langwierigen Grabenkrieg geben. Die Militärtechnologie, vor allem Panzer und Kampfflugzeuge, war inzwischen so ausgereift, dass der Blitzkrieg der Nazis Frankreich innerhalb weniger Wochen in die Knie zwang.

Panzer waren zum ersten Mal von den Briten in der Schlacht bei Cambrai im November/Dezember 1917 eingesetzt worden. Sie bewährten sich vor allem in den letzten Monaten des Ersten Weltkriegs, als sie dem festgefahrenen Grabenkrieg ein Ende machten. Aber erst im Zweiten Weltkrieg wurden sie zur entscheidenden Waffe auf dem Schlachtfeld und ersetzten die Kavallerie.

Zum Angriff auf Frankreich stellten die Deutschen drei Panzerkorps in drei Gruppen auf, wobei zwei Panzer-Divisionen die Angriffsspitze bildeten und die dritte nachrückte. Auch wenn sie in einer Tiefe von 80 Kilometern östlich des Rheins aufgestellt waren, wurden sie vom Nachrichtendienst der Alliierten übersehen.

BLITZKRIEG

Den Angriffsplan für den Westfeldzug war von General Erich von Manstein ausgearbeitet worden. In der ersten Phase („Fall Gelb") sollten sieben der zehn vorgesehenen Panzerdivisionen zur Heeresgruppe A verschoben werden. In einem Überraschungsangriff sollten sie durch die Wälder der Ardennen in die belgisch-französische Grenzregion an der Maas vorstoßen, die als Schwachpunkt der französischen Verteidigungslinie galt. Währenddessen sollte die Heeresgruppe B durch Belgien und die Niederlande zum Ärmelkanal vorrücken.

Auf den ersten Blick schien sich die deutsche Strategie nicht sonderlich vom Schlieffen-Plan des Ersten Weltkriegs zu unterscheiden. Allerdings hatte dieses Mal die Diplomatie des Außenministers Joachim von Ribbentrop dafür gesorgt, dass Russland nicht am Krieg beteiligt war. Nach dem erfolgreichen Polenfeldzug vom 1. September bis zum 6. Oktober 1939 konnten sich die Deutschen ganz auf ihre Operationen im Westen konzentrieren.

Der deutsche Angriff begann am 10. Mai 1940, als Generalmajor Erwin Rommel die belgische Grenze südlich von Lüttich überquerte. Gleichzeitig besetzten deutsche Truppen die Niederlande, die am 15. Mai ihre Kapitulation erklärten.

An der Maas, wo die Deutschen 1916 vergeblich versucht hatten, Frankreich ausbluten zu lassen, brach die Verteidigung der Franzosen wie erwartet zusammen. Rommel marschierte weiter und überquerte am 17. Mai die Sambre. In nur zwei Tagen hatte er 10 000 Gefangene gemacht bei nur 35 Toten und 59 Verwundeten.

Die Deutschen waren mit 136 Divisionen in Frankreich eingefallen; nur zehn davon waren Panzerdivisionen. Ihnen gegenüber standen 126 französische und 22 belgische Divisionen sowie zehn Divisionen einer britischen Expeditionsarmee. Die Franzosen verfügten über sechs Panzerdivisionen. Sie hatten mit etwa 3300 Pan-

Eine deutsche Panzerdivision fegt während Hitlers Blitzkrieg im Mai 1940 über Nordfrankreich hinweg. Der Rückzug der Alliierten wurde durch die zahllosen Zivilisten behindert, die auf der Flucht vor den deutschen Truppen die Straßen verstopften.

Das bittere Gesicht der Niederlage: Ein Pariser weint beim Einzug der deutschen Truppen in die französische Hauptstadt am 14. Juni 1940. Hitler streute Salz in die Wunden der besiegten Franzosen, indem er darauf bestand, die französische Kapitulation in demselben Eisenbahnwaggon im Wald von Compiègne entgegenzunehmen, in dem auch der Waffenstillstand von 1918 unterzeichnet worden war.

zern etwa 1000 Panzer mehr als die Deutschen, waren aber technisch unterlegen.

Die Alliierten konnten sich auch in der Luft nicht mit den Deutschen messen. Als besonders effektiv erwiesen sich die deutschen „Stukas" (Sturzkampfflugzeuge) vom Typ Junkers Ju 87, die darauf ausgerichtet waren, Bodentruppen auf dem Schlachtfeld zu unterstützen.

Am 12. Mai hatten die Deutschen die Maas an zwei Punkten erreicht. General Heinz Guderian hatte Sedan in Frankreich eingenommen – ein historisch bedeutsamer Ort, denn hier hatten Preußen und seine Verbündeten den entscheidenden Sieg über Kaiser Napoleon III. im Deutsch-Französischen Krieg 1870/71 errungen. Rommel war inzwischen weiter nördlich in Dinant in Belgien angekommen. Am 13. Mai

drangen die Deutschen weiter vor und richteten trotz des Widerstands der Franzosen vier Brückenköpfe ein. Bei der Abwehr der französischen Truppen spielten die Stukas eine entscheidende Rolle.

Die Deutschen richteten ihre Angriffe jetzt auf die 2. und die 9. Armee der Franzosen, die aus schlecht ausgebildeten Reserve-Einheiten bestanden. Ein von General André Corap befohlener Rückzug der 9. Armee wurde zur Flucht, während es der 2. Armee unter General Charles Huntzinger kaum besser erging. Bei dem Versuch, die Brückenköpfe aus der Luft zu zerstören, verloren die Briten 85 ihrer Flugzeuge, exakt die Hälfte.

Am 15. Mai hatten alle deutschen Panzerkorps die Maas überquert und verfolgten ungehindert die Nachhut der französischen 9. Armee. Guderian und Rommel bewegten sich weiter Richtung Küste. Die 2. Panzerdivision erreichte den Ärmelkanal am 20. Mai. Belgien war nun abgeschnitten, ebenso die britische Expeditionsarmee. Am 19. Mai wurde General Maurice Gamelin als Befehlshaber der alliierten Streitkräfte durch Maxime Weygand ersetzt, der einen Gegenangriff befahl, um die deutschen Panzer-Einheiten von ihrer Infanterie abzuschneiden, während die Briten am 21. Mai einen Schlag bei Arras vorbereiteten.

HITLERS „HALTEBEFEHL"
Rommel wurde bei Arras von zwei britischen Panzerkolonnen angegriffen und in der Nähe von Achicourt und Agny von zwei Infanterie-Bataillonen. Der Kampf dauerte zwölf Stunden, bis das tödliche Feuer der deutschen 88-Millimeter-Feldgeschütze und das Auftauchen der Stukas die Briten zum Rückzug zwang. Rommel verfolgte die britischen Panzer bis Acq, wo die Schlacht weiterging. Die Briten verloren sieben Panzer gegenüber neun auf deutscher Seite. Vielleicht gaben die Einbußen den deutschen Generälen Anlass

zur Sorge, jedenfalls kam der deutsche Vorstoß durch Hitlers Eingreifen zum Erliegen.

General Ewald von Kleist stand kurz davor, mit seinen Panzerdivisionen die Hafenstadt Dünkirchen einzunehmen. Doch am 24. Mai erhielt er einen direkten Befehl vom Führer, nicht vorzurücken. Offiziell sollte dieser berüchtigte „Haltebefehl" der deutschen Infanterie die Möglichkeit geben, zu den Panzertruppen aufzuschließen und den Angriff auf die britische Expeditionsarmee bei Dünkirchen vorzubereiten. Guderian war außer sich und bot seinen Rücktritt an. Dieser wurde jedoch nicht akzeptiert.

DAS WUNDER VON DÜNKIRCHEN

Gerd von Rundstedt, Oberbefehlshaber der Heeresgruppe A, beriet sich mit Kleist, der darauf drängte, die Panzer einzuset-

zen, aber Hitler bestand darauf, nicht weiter als nötig vorzurücken, um den Hafen unter Artilleriefeuer zu setzen. Hermann Göring witzelte, er hoffe, die «Tommies können schwimmen», denn seine Luftwaffe würde jedes Schiff versenken, das in den Hafen einfuhr – was ihm jedoch nicht gelang. Die Briten mussten 338 000 Soldaten evakuieren, davon etwa 120 000 Franzosen, die inzwischen durch den deutschen Vorstoß vom Rest der französischen Armee abgeschnitten worden waren.

An der „Operation Dynamo" vom 26. Mai bis zum 4. Juni beteiligten sich fast 700 Kriegs- und zivile Schiffe. Alle waren heftigen Angriffen ausgesetzt, und 200 von ihnen wurden versenkt. Die Royal Air Force verlor 106 Flugzeuge. Die britische Expeditionsarmee büßte zwar ihre gesamte Ausrüstung ein, aber die erfolgreiche Evakuierung der einzigen ausgebildeten

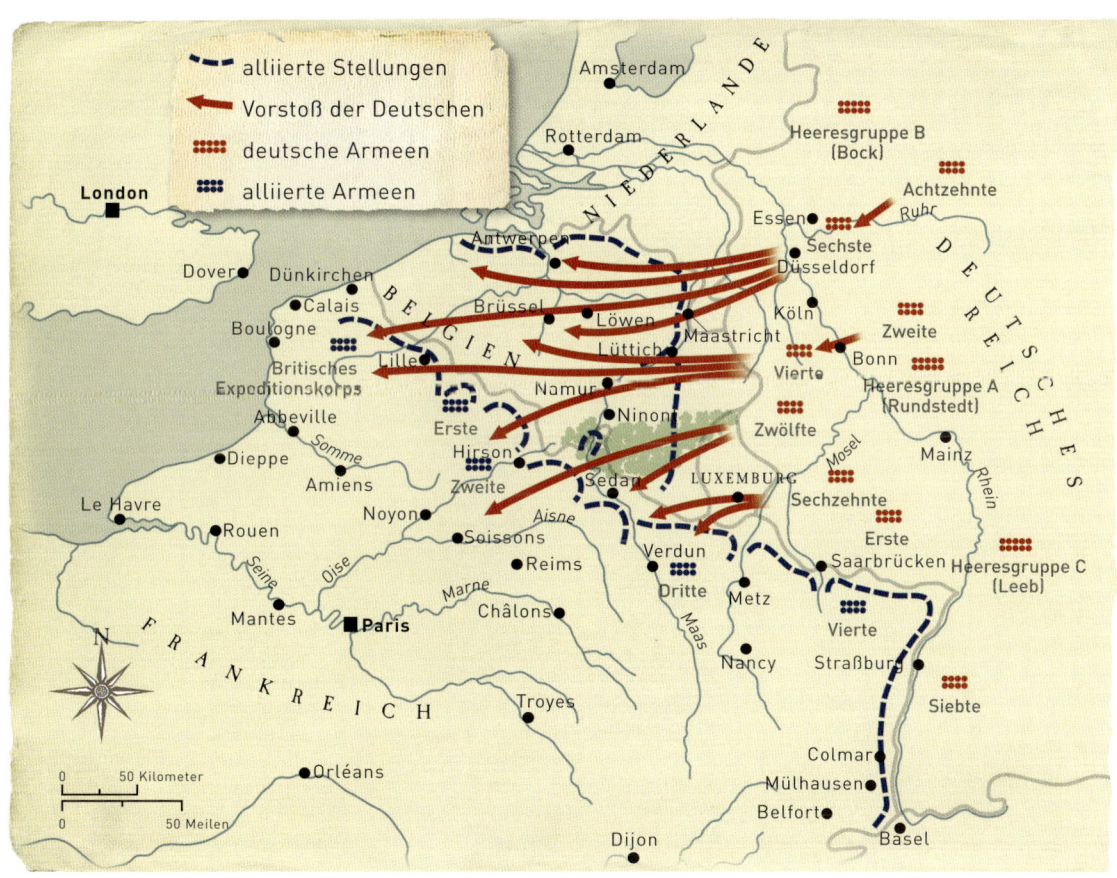

Karte der deutschen Invasion Frankreichs, die den Vorstoß auf Paris und die Hafenstädte am Ärmelkanal zeigt. Weiter südlich, an der deutsch-französischen Grenze, hatten die Franzosen die eindrucksvolle Maginot-Linie als Bollwerk gegen eine Invasion aufgebaut, aber wieder einmal erwies sich Belgien als Achillesferse der französischen Verteidigung.

«Ich hoffe, die Tommies können schwimmen ...»

Hermann Göring

Einheiten der britischen Armee war für den späteren Kriegsverlauf von immenser militärischer Bedeutung und bot auch einen wichtigen moralischen Auftrieb.

ZUSAMMENBRUCH FRANKREICHS

Als die Deutschen auf Paris marschierten, hatten sie bereits eine Million Männer gefangen genommen, während sie selbst „nur" 60 000 Mann verloren hatten, die meisten davon Verwundete. Die belgische und die niederländische Armee waren ausgeschaltet worden. Die Franzosen hatten 30 Divisionen eingebüßt, etwa ein Drittel ihrer Gesamtstärke, und fast alle ihre Waffen.

Weygand verfügte noch über 66 Divisionen, hatte aber keine Unterstützung aus dem Ausland mehr. Die Deutschen leiteten am 5. Juni die zweite Phase des Westfeldzugs ein mit dem Codenamen „Fall Rot".

Guderian kommandierte in der Heeresgruppe A seine eigene Panzerdivision. In der Heeresgruppe B befand sich Rommels 7. Panzerdivision, die an der Somme nach Westen vorrückte. In den letzten Maitagen hatten die Briten und Franzosen um Amiens und Abbeville heftigen Widerstand geleistet. Dann aber gelang es Rommel, die britische 51st Highland Division vom Rest der Alliierten abzuschneiden. Die Highlander waren auf dem Weg nach Fécamp und Saint Valéry-en-Caux an der Kanalküste, um von dort nach England überzusetzen. Die Einschiffung hatte bereits begonnen. In der Nacht vom 10. auf den 11. Juni bezog Rommel Position auf der Anhöhe im Westen von Saint-Valéry und nahm die Stadt unter Beschuss. General Victor Fortune und seine 12 000 Highlander ergaben sich am 12. Juni. Die Briten schickten Verstärkung nach Cher-

bourg, mussten die Truppen aber am 13. Juni wieder zurückziehen.

Am 16. Juni übernahm der betagte Marschall Pétain das Kommando über die französische Armee. Sechs Tage später befahl der „Retter von Verdun" seinen Landsleuten, die Waffen niederzulegen.

BEDEUTENDER SIEG

Hitler und seinen Generälen war in sechs Wochen gelungen, was die kaiserlichen Feldherren des Deutschen Reiches in den vier Jahren des Ersten Weltkriegs nicht erreicht hatten. Frankreich war aus dem Krieg ausgeschieden; die schwer angeschlagenen britischen Truppen hatten sich nur mit Mühe über den Kanal gerettet, Belgien und die Niederlande waren besetzt worden. Hitler war nun bereit, seine Hauptoffensive zu planen: Die Invasion und Vernichtung seines Erzfeindes im Osten, Stalins Sowjetunion.

MOSKAU

Fedor von Bock und Heinz Guderian / Georgi Schukow
Dezember 1941

HEINZ GUDERIAN WAR HITLERS MARSCHALL NEY. Wie Napoleons berühmter Befehlshaber verlor auch er eine entscheidende Schlacht, was ihn Hitler nie vergessen ließ. Es war die Schlacht um Moskau. Heinz Guderian, ursprünglich ein Kavallerie-Offizier, spezialisierte sich nach Deutschlands Niederlage im Ersten Weltkrieg auf die mechanisierte Kriegsführung und wurde zum führenden Verfechter des Einsatzes von großen Panzerverbänden.

Soldaten während einer Gefechtspause in Russland. In den ersten Wochen des „Unternehmens Barbarossa" drangen deutsche Truppen scheinbar unaufhaltsam tief ins Landesinnere der Sowjetunion vor und machten Millionen von Gefangenen. Die Gräueltaten der Wehrmacht und der nachfolgenden SS-Einheiten an der Zivilbevölkerung und die unmenschliche Behandlung der Kriegsgefangenen sollten sich rächen, als die Rote Armee am Ende des Krieges das deutsche Reichsgebiet erreichte.

Guderians Botschaft traf bei den Nationalsozialisten auf offene Ohren. Nach Hitlers Machtergreifung 1933 machte Guderian rasch Karriere in der Wehrmacht. Zu Beginn des „Unternehmens Barbarossa", wie der deutsche Angriff auf die Sowjetunion ab dem 22. Juni 1941 genannt wurde, erhielt er das Kommando über die Panzergruppe 2.

SCHNELLE ERFOLGE

Ziel der ersten Phase des „Unternehmens Barbarossa" war der Vorstoß bis zu einer Linie von Archangelsk am Weißen Meer im Norden bis zur Wolga im Süden innerhalb von drei Monaten. Vorkehrungen für Kampfhandlungen im Winter wurden nicht getroffen. Die deutschen Streitkräfte bestanden aus drei Millionen Mann in 152 Divisionen, darunter 30 gepanzerte und motorisierte Einheiten, 3350 Panzer, 7106 Geschütze und 1950 Flugzeuge. Sie wurden von 14 finnischen Divisionen im Norden und 14 rumänischen Divisionen im Süden unterstützt. Später kamen noch ungarische, italienische, spanische, kroatische und slowakische Armeen sowie kleinere Einheiten aus den von Deutschland besetzten Ländern hinzu. Wie Napoleons Grande Armée bei ihrem Marsch auf

Moskau 130 Jahre zuvor waren auch Hitlers Truppen multinational. Die gesamten Streitkräfte wurden in drei großen Heeresgruppen zusammengefasst: Nord (C), Mitte (B) und Süd (A).

Die Deutschen wandten die gleichen Taktiken an, mit denen Manstein, Guderian, Rommel und Kleist in Frankreich so großen Erfolg gehabt hatten. Mit konzentrierten Panzer-Kolonnen durchbrachen sie die Verteidigungslinien der Sowjets, um sie dann von hinten zu umfassen. Um die eingekreisten Truppen kümmerte sich dann die Infanterie.

DER FALL KIEWS

Erst bei Smolensk, rund 400 Kilometer westlich von Moskau, kam der deutsche Vormarsch zum Erliegen. Hier traf die Heeresgruppe Mitte auf heftige sowjetische Gegenwehr. In einer Kesselschlacht, die vom 10. Juli bis zum 10. September 1941 andauerte, nahmen die Deutschen fast 300 000 Rotarmisten gefangen und erbeuteten große Mengen an Kriegsgerät. Doch trotz ihres Sieges hatte die Wehrmacht wertvolle Zeit verloren, die die Sowjets zur Verteidigung ihrer Hauptstadt nutzten.

Noch während der Kämpfe in Smolensk wurde Guderian zur Heeresgruppe Süd

Wehrmacht
Rote Armee
Panzergruppen

N

22. (Erschakow)

23. (Pschennikow)

25. (Parusinow)

Baltische Flotte
(Tributs)

Leningrad

Tallinn

E S T L A N D

O S T S E E

Pskow

Nordwest
(Kusnezow)

Riga

24. (Kalinin)

18. (Sobennikow)

L E T T L A N D

Düna

27. (Bersarin)

22. (Erschakow)

18. (Küchler)

L I T A U E N

32. (Klykow)

Heeresgruppe Nord
(Leeb)

1. (Morosow)

15. Juli Einnahme
der Stadt durch die
Panzergruppe 2
Smolensk

Moskau

4. (Hoepner)

13. (Filatow)

16. (Busch)

West
(Timoschenko)

P R E U S S E N

3. (Hoth)

Minsk

Mogilew

Tula

3. (Kusnezow)

9. (Strauß)

Oka

10. (Golubew)

20. (Remezow)

Mtsensk

Heeresgruppe Mitte
(Bock)

Orel

4. (Kluge)

Bug

G E N E R A L - G O U V E R N E M E N T

4. (Korobkow)

Gomel

2. (Guderian)

Brest-
Litowsk

21. (Gerasimenko)

1. (Kleist)

6. (Reichenau)

Desna

Kursk

17. (Stülpnagel)

5. (Potapow)

U D S S R

16. (Lukin)

26. (Kostenko)

6. (Muzitschenko)

Kiew

Charkow

12. (Ponedelin)

Südwest
(Kirponos)

Dnjepr

*Frontlinie
22. Juni
1941*

U K R A I N E

U N G A R N

Dnjestr

Don

Heeresgruppe Süd
(Rundstedt)

rumänische 3. Armee
(Dumitrescu)

*Frontlinie
25. August
1941*

Pruth

19. (Tscherewitschenko)

19. (Konew)

11. (Schobert)

R U M Ä N I E N

Odessa

A S O W S C H E S
M E E R

Schwarzmeerflotte
(Oktjabrskij)

rumänische 4. Armee
(Constantinescu)

K R I M

Donau

Sewastopol

S C H W A R Z E S   M E E R

0   50 Kilometer

0   50 Meilen

abkommandiert. Diese kam in der Ukraine nicht so schnell voran wie die Heeresgruppe Mitte weiter im Norden. Am 18. August hatte der sowjetische Diktator Stalin die Anweisung gegeben, dass Kiew, die Hauptstadt der Ukraine, auf keinen Fall in die Hände des Feindes fallen dürfe. Er wies seine Kommandeure an, dass «der Schurke Guderian … und seine ganze Gruppe in Stücke geschlagen werden muss». Aber genau das Gegenteil geschah. Als Kiew Ende September fiel, waren vier sowjetische Armeen vernichtet. Über 260 000 Mann hatten bei den Kämpfen ihr Leben verloren und über eine halbe Million Rotarmisten war in deutsche Gefangenschaft geraten. Es war der Höhepunkt der deutschen Kampagne und die schlimmste Katastrophe Sowjetrusslands.

Guderian war gegen die Verlegung seiner Panzergruppe gewesen. Wie viele Generäle der Wehrmacht drängte er auf einen raschen Vorstoß auf Moskau, so wie in der usprünglichen Kriegsplanung vorgesehen. Doch er konnte sich nicht durchsetzen. Kiew war zwar gewonnen, doch Moskau, das eigentliche Ziel des Angriffs, verloren. Das Oberkommando der Wehrmacht warnte Hitler davor, den Feldzug noch so spät im Jahr fortzusetzen. Doch die Rückschläge der Sowjets ließen den Führer glauben, der Sieg sei zum Greifen nah. Also befahl er seinen Truppen, weiter auf die russische Hauptstadt vorzurücken.

MOSKAU IN GEFAHR

Aber mit jedem sowjetischen Gegenangriff, so kostspielig und verlustreich er auch im Einzelnen war, konnte die deutsche Armee auf ihrem Weg nach Moskau aufgehalten werden. Mit jeder Verzögerung verloren die Deutschen wertvolle Zeit. Der berüchtigte russische Winter rückte immer näher.

Zunächst kamen die Deutschen weiterhin schnell voran und schlossen Anfang Oktober bei Wjasma und Brjansk nicht weniger als sieben sowjetische Armeen mit

einer Million Mann ein und rieben sie auf. Diese neuen Katastrophen für die Sowjets stellten die Verluste von Juni, August und September noch in den Schatten.

Am 18. Oktober erreichten deutsche Panzer das Schlachtfeld von Borodino. Als sie später in diesem Monat ihren Angriff auf Moskau starteten, lag die Verteidigung der Hauptstadt anfänglich in den Händen von Generaloberst Iwan Konew, bevor sie am 10. November Marschall Georgi Schukow übertragen wurde.

Die Deutschen verfügten über 70 Divisionen mit einer Million Soldaten, dazu 14 000 Geschütze, 1700 Panzer und 1000 Flugzeuge. Den Oberbefehl führte General Fedor von Bock. Mitte November waren die vordersten deutschen Einheiten bis auf 64 Kilometer an Moskau herangerückt, aber die Russen leisteten noch immer heftigen Widerstand. Dabei kam vor allem ihr wichtigster Kampfpanzer, der T-34, zum Einsatz. Die Deutschen wollten die Stadt einkreisen und bewegten ihre Armeen daher nach Kalinin im Norden und Tula im Süden von Moskau.

Bei Wintereinbruch blieb der deutsche Vorstoß auf Moskau Ende 1941 buchstäblich im Schnee stecken. Da sie für Gefechte bei Temperaturen weit unter dem Gefrierpunkt schlecht ausgerüstet war, wurde die deutsche Wehrmacht vom gleichen Schicksal ereilt wie Napoleons Grande Armée 130 Jahre zuvor.

Links: Die Ostfront vom 22. Juni bis 25. August 1941. Guderians Panzergruppe drängte schneller vorwärts als jede andere Einheit der Achsenmächte. Doch bei Smolensk erhielt Guderian den Befehl, die Heeresgruppe Süd zu verstärken.

VERTEIDIGUNG VON „MÜTTERCHEN RUSSLAND"

Als der russische Winter einsetzte und die Temperaturen rapide sanken, stockte das Öl in den Motoren und der Boden war vom Frost so hart, dass die Truppen sich nicht mehr eingraben konnten. Inzwischen stellte Stalin östlich von Moskau zehn Reserve-Armeen auf. Außerdem brachte der sowjetische Nachrichtendienst in Erfahrung, dass die Japaner nicht vorhatten, in der Mandschurei anzugreifen oder ihre Kampagnen mit denen ihrer neuen deutschen Verbündeten zu koordinieren. Folglich konnte Stalin dringend benötigte Truppen von der chinesischen Grenze abziehen.

Am 15. Oktober begannen die Russen damit, die Hauptstadt teilweise zu evakuieren; das gesamte Szenario erinnerte an 1812. Ausländische Diplomaten und Journalisten sowie einige Minister wurden nach Kuibyschew geschafft, das 800 Kilometer östlich von Moskau lag, während der Generalstab auf halber Strecke dazwischen, in Arsamas, stationiert war. Geheimdienstchef Lawrenti Beria erhielt Befehl, die Stadt zu verminen, damit die Deutschen sie nicht einnehmen konnten. Diese Maßnahmen veranlassten viele Bewohner der Stadt zu einer panischen Flucht. Am 17. Oktober informierte der Bürgermeister die Moskowiter, Stalin bleibe im Kreml. Zwei Tage später wurde der offizielle Belagerungszustand erklärt. Beria übernahm die Verantwortung für die Sicherheit. Fünf Divisionen von Freiwilligen wurden aufgestellt, um die Stadt zu verteidigen und an den Frontlinien zu kämpfen. Viele fanden dabei den Tod.

Die ursprüngliche Verteidigungslinie verlief 75 Kilometer westlich der Stadt, aber Schukow verlagerte sie nun weiter nach Osten. Am Ende des Monats hatten die Deutschen die ursprüngliche Linie durchbrochen und näherten sich der Stadt nun von Nordwesten und von Südwesten. Anfang November waren sie nur noch 80 Kilometer entfernt.

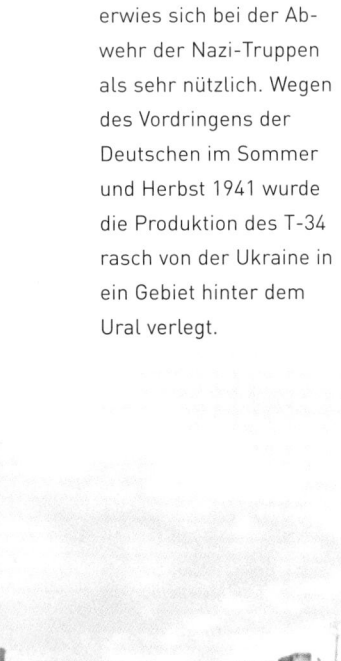

Sowjetische T-34-Panzer. Der robuste Panzer erwies sich bei der Abwehr der Nazi-Truppen als sehr nützlich. Wegen des Vordringens der Deutschen im Sommer und Herbst 1941 wurde die Produktion des T-34 rasch von der Ukraine in ein Gebiet hinter dem Ural verlegt.

«Guderian! Halten Sie die Stellung um jeden Preis! Ich schicke Ihnen Verstärkung! Ich mobilisiere alles, was ich habe! Halten Sie aus, was auch passiert – halten Sie aus!»

<small>ANWEISUNG HITLERS AN HEINZ GUDERIAN IM DEZEMBER 1941</small>

Der Bedrohung trotzend, hielt Stalin Feiern zum Gedenken der Oktoberrevolution ab, auch wenn seine Kundgebung am 6. November unter der Erde in einer Moskauer U-Bahn-Station stattfinden musste. An diesem Tag hielt er eine flammende Rede und erklärte, warum Hitler nicht gewinnen könne: Die Deutschen hätten beim Angriff auf die Sowjetunion zu viel riskiert und die Stärke und Moral der Roten Armee unterschätzt. Außerdem werde das Naziregime früher oder später aufgrund interner Spannungen zusammenbrechen. Aber er vermied es bewusst, einen historischen Vergleich zwischen Hitler und Napoleon zu ziehen, da er seine Zuhörer nicht daran erinnern wollte, dass es dem französischen Kaiser 1812 tatsächlich für kurze Zeit gelungen war, Moskau zu besetzen.

Am nächsten Tag fand die traditionelle Parade auf dem Roten Platz statt. Stalin appellierte an den Patriotismus der Bevölkerung und beschwor den Geist russischer Helden von Alexander Newski bis Feldmarschall Kutusow herauf. Seine Rede wurde gedruckt und unter den Truppen verteilt.

ANFANG VOM ENDE

Am 30. November erreichten die Deutschen den Flughafen Scheremetjewo. Die sowjetische Linie geriet ins Wanken, blieb aber intakt. Nachdem es den Deutschen nicht gelungen war, Tula einzunehmen, ließen ihre Angriffe nach. Hitlers Kammerdiener Heinz Linge erinnerte sich später an die blinde Wut des Führers und die heftigen Angriffe auf die Heeresführer bei den täglichen Konferenzen in der Wolfsschanze,

seinem Hauptquartier in Ostpreußen. Anfang Dezember hörte Linge, wie der Führer im Konferenzraum seinen Panzer-General am Telefon anbrüllte: «Guderian! Halten Sie die Stellung um jeden Preis! Ich schicke Ihnen Verstärkung! Ich mobilisiere alles, was ich habe! Halten Sie aus, was auch passiert – halten Sie aus!»

Während sich Hitlers Stimmung verdüsterte, wurde Stalins Moral immer stärker. Guderians 2. Panzergruppe machte schließlich vor Tula Halt. Am 4. Dezember begann die Gegenoffensive, die zwei Tage später noch intensiviert wurde. Die 1. Armee und die 20. Armee griffen im Norden von Moskau an, während die 10. Armee die Deutschen bei Tula attackierte. Die Russen hatten den Vorteil, dass sie an die winterlichen Bedingungen gewöhnt waren, die Deutschen hingegen waren erschöpft, schlecht ausgerüstet und unterversorgt. Zudem besaßen die Sowjets einen scheinbar unerschöpflichen Vorrat an Männern. Zudem waren hinter den deutschen Linien große Partisanengruppen aktiv. Der erste Ansturm drängte die Deutschen 80 Kilometer zurück. Am Ende der Schlacht hatte die Rote Armee die Deutschen 400 Kilometer weit zurückgetrieben. Der Preis dafür war jedoch hoch: Fast eine Million sowjetische Soldaten verlor ihr Leben.

Am 16. Dezember plädierte von Bock beim Führer für einen taktischen Rückzug. Die Schuld wurde Guderian zugeschoben: Sein Weihnachtsgeschenk vom Führer war seine Entlassung. Der Mythos der unbesiegbaren Wehrmacht war zerstört – es war der Anfang vom Ende.

DER FALL SINGAPURS

General Tomoyuki Yamashita / Generalleutnant Arthur Percival
15. Februar 1942

Premierminister Winston Churchill bezeichnete den Fall Singapurs als «schlimmste Katastrophe und größte Kapitulation in der britischen Militärgeschichte». Auf ihrem Vormarsch durch Thailand und über die Malaiische Halbinsel nahm die Kaiserliche Japanische Armee Singapur durch die „Hintertür" ein, während die britischen Geschütze, die zum Schutz der Insel installiert waren, in die falsche Richtung zielten – hinaus aufs Meer.

Die Briten waren sich schon immer der Bedrohung bewusst gewesen, die das aufstrebende Kaiserreich Japan für den südostasiatischen Raum darstellte. Daher hatten sie beschlossen, einen von schweren Geschützen und Rollfeldern umgebenen Flottenstützpunkt in Singapur einzurichten. Eine permanente Flotte beherbergte der neue Hafen jedoch noch nicht.

UNZUREICHENDE VERTEIDIGUNG

Man rechnete damit, dass die Japaner in Thailand landen könnten, ihrem einzigen Verbündeten in Asien, um von dort aus in das britische Malaya einzumarschieren. Bereits 1936 hatte Generalmajor William Dobbie vor der Gefahr einer solchen Invasion gewarnt. Arthur Percival, der Singapur später an Japan ausliefern musste, war zu dieser Zeit Dobbies Stabsoffizier gewesen. Die Bedrohung wurde wieder aktuell, als die Japaner sich im September 1940 den Achsenmächten Deutschland und Italien anschlossen. Jetzt konnte kaum noch etwas ihren Expansionsdrang in Asien aufhalten. Besonders gefährdet waren Singapur und die Philippinen, die Zentren britischer und amerikanischer Macht im Pazifikraum. Trotzdem meinten die britischen Militärstrategen, dass das wenige Kriegsmaterial, das Singapur besaß, anderswo besser eingesetzt werden könne.

Im Oktober 1940 wurde der oberste britische Luftmarschall Sir Robert Brooke-Popham aus dem Ruhestand geholt und zum britischen Oberbefehlshaber im Fernen Osten ernannt. Die Berufung eines Luftwaffenoffiziers hätte ein neues Engagement zur Verstärkung der Verteidigung Singapurs signalisieren können, aber als Brooke-Popham Flugzeuge anforderte, teilte man ihm mit, es könnten keine erübrigt werden. Die für Singapur bestimmten Panzer waren nach Russland umgeleitet worden, um Stalin bei der Abwehr der deutschen Invasion zu unterstützen.

Im Mai 1941 wurde Arthur Percival zum kommandierenden General von Malaya ernannt. Er bekam nur zwei schwache Divisionen zugeteilt sowie das indische III. Korps. Percival war ein hoch dekorierter Offizier, der sich beim Kampf gegen die irischen Unabhängigkeitsbestrebungen den Ruf der Schonungslosigkeit erworben hatte. Bei seiner Stationierung in Singapur skizzierte er scharfsichtig einen möglichen japanischen Angriffsplan, wie er ähnlich später auch zur Anwendung kommen sollte. Er glaubte, die Japaner würden durch die Hintertür in Malaya einbrechen. Außerdem unterstützte er das Vorhaben, die Verteidigung des Sultanats Johore unmittelbar nördlich der Insel, das unter britischem Schutz stand, zu verstärken.

Am 8. Dezember 1941 landete die japanische 25. Armee unter General Tomoyuki Yamashita bei Kota Bahru in Malaya. Seine Truppen waren eine Elite-Einheit, die in amphibischer Landung und dem Einsatz von Fahrrädern ausgebildet war, um große Entfernungen zu überwinden. Aber Yamashita führte nur einen Ablenkungsangriff. Das Hauptkontingent der japanischen Armee landete bei Singora und Patani im Südosten Thailands.

KOORDINIERTE KAMPAGNE
Schnell erlangten die Japaner die Luftüberlegenheit. Ihre Landung fand parallel zum Angriff auf Pearl Harbor statt. Das abweichende Datum erklärt sich durch die internationale Datumsgrenze. Der Zeitpunkt des Angriffs war gut gewählt. Percival machte am 10. Dezember folgende Mitteilung: «In dieser Stunde der Prüfung ruft

der Kommandierende General alle Dienstgrade der Armee in Malaya zu einer entschlossenen und nachhaltigen Anstrengung auf, Malaya und die angrenzenden britischen Territorien zu sichern. Die Augen des Empire sind auf uns gerichtet. Es geht um unsere Position in Fernost. Der Kampf mag lang und hart sein, aber wir alle sind entschlossen, nicht aufzugeben, komme, was wolle, und uns des großen Vertrauens würdig zu erweisen, das man in uns setzt.»

In Begleitung einer Panzer-Einheit von der Stärke einer Brigade kämpften sich die Japaner über die Hauptverbindungsstraßen nach Süden bis Kuala Lumpur vor und trieben die britischen Truppen vor sich her. Dabei gewannen sie eine Schlacht nach der anderen. Währenddessen drangen einige japanische Truppen in kleinen Booten nach Süden vor. Am 7. Januar landete der britische Oberkommandierende der gesamten Region, General Sir Archibald Wavell, um seine Truppen zu inspizieren. Entsetzt über das,

Japanische Truppen erkämpfen sich hinter einem Panzer den Weg nach Singapur. Das Fehlen einer landwärts gerichteten Verteidigung und der Mangel an Panzern besiegelten das Schicksal der großen britischen Garnison auf der Insel.

was er sah, befahl er der Armee, sich bis nach Johore zurückfallen zu lassen. Wavell konnte auch nicht die Spur eines Plans zur Abwehr der Japaner entdecken und brachte seine Besorgnis in einem Telegramm an Churchill zum Ausdruck.

Ein größeres Desaster hatte die Briten bereits ereilt: Im Oktober war entschieden worden, zwei brandneue Schiffe nach Singapur zu schicken, das Schlachtschiff „Prince of Wales" und den Flugzeugträger „Indomitable". Begleitet wurden sie von dem älteren Schlachtschiff „HMS Repulse". Der Flugzeugträger wurde bei Probeläufen beschädigt, aber die anderen beiden Schiffe liefen unter dem Kommando von Admiral Sir Tom Phillips Richtung Indischer Ozean aus. Doch am 10. Dezember wurden sie von japanischen Bombern angegriffen. Beide Schiffe wurden versenkt und 800 Mann kamen ums Leben, darunter auch Admiral Phillips.

Churchill war entsetzt und befahl Percival, nicht nachzugeben: «Nicht nur die Verteidigung Singapurs muss mit allen Mitteln aufrechterhalten werden, auch um die gesamte Insel muss gekämpft werden, bis jede einzelne Einheit und jeder einzelne Stützpunkt zerstört ist ... Kapitulation kommt nicht in Frage.»

ANGRIFF AUF DIE INSEL

Percival war in einer schwierigen Lage. Die Insel war voller Flüchtlinge und das Trinkwasser wurde knapp, denn 40 Prozent der Versorgung kam über Rohrleitungen vom Festland. Außerdem besaß er nur wenig Munition.

Die Briten zogen sich weiterhin nach Süden zurück. Am 21. Januar hatten alle Truppen die Dammstraße nach Singapur überquert. Der Damm wurde in die Luft gesprengt, aber bei Ebbe war das Wasser darunter nur 1,2 Meter tief.

Die Japaner täuschten Percival mit einer Finte. Eine ihrer Divisionen landete am 7. Februar um Mitternacht mit 400 Mann und zwei Geschützen auf der Insel Pulau Ubin im Nordosten Singapurs und nahm die Festung Changi unter Granatenbeschuss. Die Briten verstärkten hastig ihre Stellungen im Osten. Yamashita hatte jedoch den Großteil seiner Truppen im Nordwesten konzentriert, und hier schlug er am 8. Februar zu. Als 400 Geschütze das Feuer eröffneten, landeten zwei japanische Divisionen in 300 kleinen Booten an der Nordwestküste. In der Nacht drängten sie die Verteidiger zurück und bezogen auf dem Wasserspeicher in der Mitte der Insel Stellung.

Wavell setzte sich der Gefahr aus, von der japanischen Luftwaffe beschossen zu werden, und machte einen letzten Besuch. Er wies Percival wütend wegen seiner Unfähigkeit zurecht und befahl einen sofortigen Gegenangriff.

SIEG DURCH TÄUSCHUNG

In der Nacht vom 10. auf den 11. Februar nahmen Yamashitas Truppen die Höhen von Bukit Timah ein. Inzwischen landeten die Japaner auch mit Panzern an der Küste und sicherten die Kontrolle der Trinkwasserspeicher. Da Yamashita am 12. Februar die Munition ausging, wies er sein Männer an, mit Bajonetten weiterzukämpfen. Die aus unerfahrenen Truppen bestehende britische 18. Division konnte gegen die Japaner nichts ausrichten.

Yamashita wusste, dass sich die Situation mit der Zeit zugunsten Percivals ändern konnte, denn ihm selbst ging die Munition aus. Zudem verfügten die Briten über eine große Anzahl von Geschützen, die allerdings noch auf das Meer ausgerichtet und vor allem für den Beschuss von Schiffen

« ... die Verteidigung Singapurs muss mit allen Mitteln aufrechterhalten werden ... Kapitulation kommt nicht in Frage.»

Winston Churchill

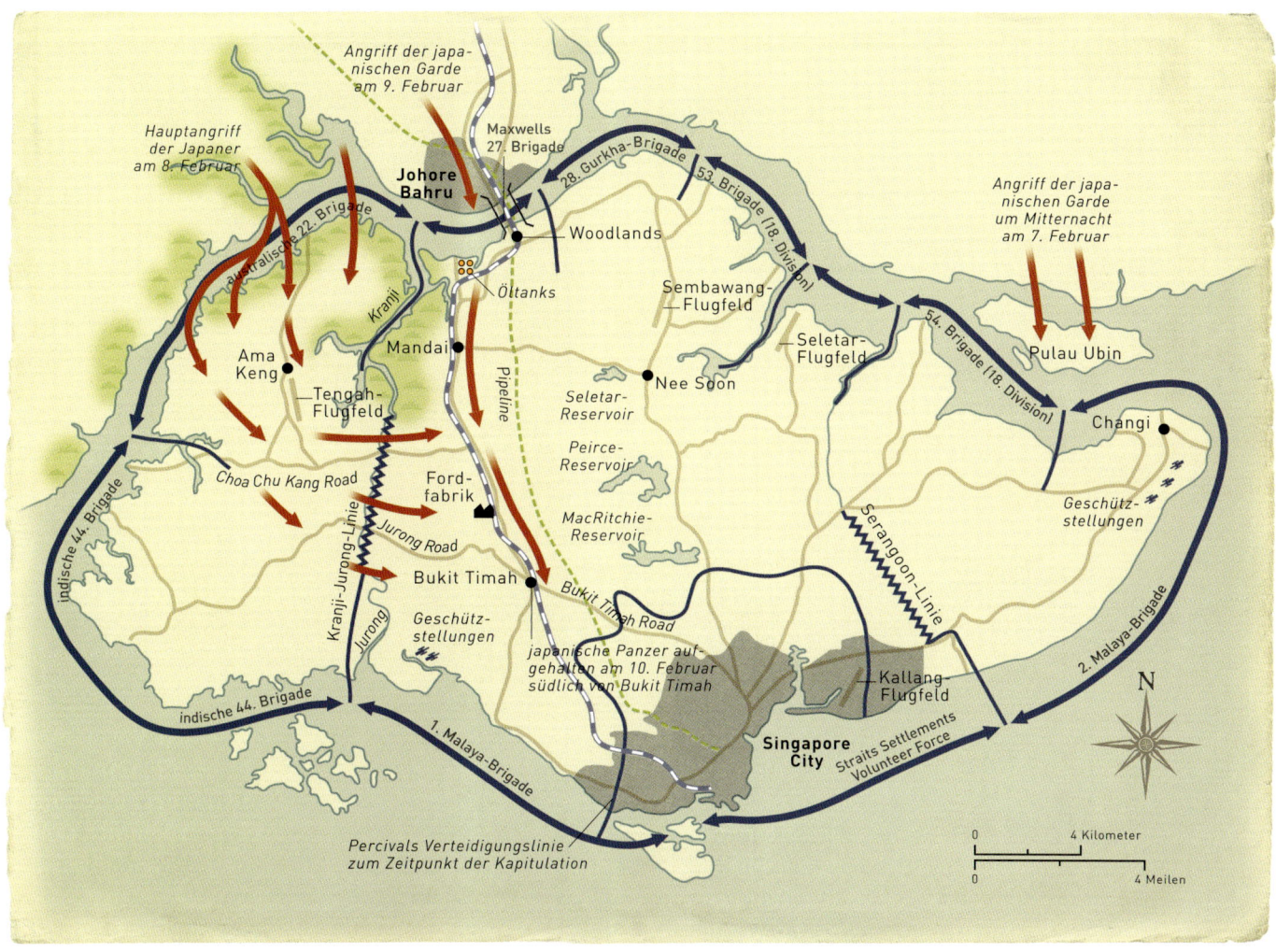

Auf der Karte sind unter anderem folgende Beschriftungen zu erkennen:

Angriff der japanischen Garde am 9. Februar

Maxwells 27. Brigade

Hauptangriff der Japaner am 8. Februar

28. Gurkha-Brigade

53. Brigade

Johore Bahru

Angriff der japanischen Garde um Mitternacht am 7. Februar

australische 22. Brigade

Woodlands

Öltanks

Sembawang-Flugfeld

54. Brigade (18. Division)

18. Division

Pulau Ubin

Ama Keng

Mandai

Seletar-Flugfeld

Kranji

Pipeline

Nee Soon

Changi

Tengah-Flugfeld

Seletar-Reservoir

Geschütz-stellungen

indische 44. Brigade

Choa Chu Kang Road

Kranji-Jurong-Linie

Peirce-Reservoir

Ford-fabrik

Jurong Road

MacRitchie-Reservoir

Serangoon-Linie

Bukit Timah

Jurong

Bukit Timah Road

Geschütz-stellungen

japanische Panzer aufgehalten am 10. Februar südlich von Bukit Timah

Kallang-Flugfeld

2. Malaya-Brigade

indische 44. Brigade

1. Malaya-Brigade

Singapore City

Straits Settlements Volunteer Force

N

0   4 Kilometer
0   4 Meilen

Percivals Verteidigungslinie zum Zeitpunkt der Kapitulation

ausgerüstet waren. Also setze Yamashita die Briten unter Druck. Percival reagierte nicht sofort, sondern hielt am 15. Februar um 9 Uhr in Fort Canning noch eine letzte Besprechung ab. Er teilte seinen Kommandeuren mit, die Situation sei unhaltbar, und schlug vor, sich den Japanern zu ergeben.

An diesem Nachmittag trug Percival persönlich die weiße Fahne nach Bukit Thimah. Yamashita schüchterte ihn am Verhandlungstisch ein. Er war sich noch immer darüber im Klaren, dass die Briten siegen konnten, wenn sie ihre Geschütze zum Einsatz bringen würden: «Der Zeitpunkt des nächtlichen Angriffs rückt näher. Wird sich die britische Armee ergeben? Antworten Sie mit ‹Ja› oder ‹Nein›!» Percival versuchte noch, Zeit zu schinden, willigte aber schließlich ein. Der Waffenstillstand trat um 20:30 Uhr in Kraft.

Vor der Schlacht um Malaya und Singapur standen Percival 140 000 Mann zur Verfügung. Etwa 9000 davon wurden getötet. Beim Fall Singapurs gerieten die übrigen in japanische Gefangenschaft und erfuhren eine äußerst brutale Behandlung. Nur einigen wenigen alliierten Truppen gelang die Flucht. Mit 55 000 Mann besaß die japanische Armee nicht annähernd die Stärke der alliierten Garnison. Etwa 3500 von ihnen fanden in den Kämpfen den Tod. Man hatte Yamashita 100 Tage gegeben, um Singapur einzunehmen; er schaffte es in 70. Danach war er als der „Tiger von Malaya" bekannt.

Nach dem Krieg wurde Percival für die fehlgeschlagene Verteidigung Singapurs degradiert. Dennoch erging es ihm besser als Yamashita: Ein amerikanisches Militärgericht klagte den „Tiger" wegen Kriegsverbrechen an, insbesondere wegen der unmenschlichen Behandlung alliierter Kriegsgefangener. Er wurde zum Tode verurteilt und 1946 erhängt.

Die Operationen der Japaner und Briten beim Fall von Singapur. Während der Schlacht um die Insel beging Percival den Fehler, seine Truppen auseinanderzuziehen, während der japanische Kommandant Yamashita die seinen entlang einer schmalen Front konzentrierte.

EL ALAMEIN

Generalleutnant Bernard Montgomery / Feldmarschall Erwin Rommel
23. Oktober–4. November 1942

EINIGE MILITÄRHISTORIKER HABEN DIE TRADITIONELLE SICHTWEISE in Frage gestellt, der zufolge ein einziger Mann die britische Armee in eine große Streitmacht verwandelte – der umstrittene Generalleutnant Bernard Montgomery. Klar ist jedoch, dass „Monty" ein Talent zur Selbstdarstellung besaß, das unter den britischen Offizieren der Zeit selten war, und dass er seine Untergebenen von sich zu überzeugen wusste.

Vor dem Sommer 1942 hatten sich die Briten in Nordafrika alles andere als gut geschlagen. In einem einzigen Gefecht hatten sie 118 Panzer verloren gegenüber drei auf Seiten der Gegner. Historiker vermuten jedoch, dass die Truppen bereits auf Vordermann gebracht worden waren, bevor Montgomery auftauchte. Sein Vorgänger, Claude Auchinleck, hatte eine starke Verteidigungsstellung in Ägypten geschaffen. Sie bestand aus einer 64 Kilometer langen Linie, die von zwei Divisionen sowie sehr vielen Geschützen gehalten wurde. Die rechte britische Flanke wurde durch das Mittelmeer geschützt, während die linke in dem undurchquerbaren feinen Sand der Qattara-Senke verankert war.

DEN „WÜSTENFUCHS" IN SCHACH HALTEN

Das deutsche Afrikakorps unter dem Befehl von Feldmarschall Erwin Rommel, genannt der „Wüstenfuchs", hatte die Briten in Nordafrika über eine Distanz von 1600 Kilometern von Gazala in Libyen bis auf 100 Kilometer vor Alexandria zurückgedrängt. Aber Rommel machten die weit auseinandergezogenen Nachschublinien zu schaffen. Vor allem blieben die versprochenen Treibstoff-Lieferungen aus. Im Juli

1941 hatten die Briten seinen Vormarsch in einer ersten Schlacht bei El Alamein aufgehalten und 7000 Gefangene genommen. Danach stabilisierte Auchinleck die Front und richtete starke Verteidigungslinien ein. Er riet seinen Vorgesetzten, vor September keine Offensive zu starten.

Winston Churchill hielt jedoch nichts von dem Vorschlag und entließ Auchinleck. Alan Brooke, Leiter des britischen Generalstabs, schlug vor, Harold Alexander zum Oberkommandierenden für den Nahen Osten zu machen und Montgomery den Befehl über die 8. Armee in Ägypten zu übertragen. Zwischenzeitlich hatten die Briten auch eine Lieferung von mehreren Hundert neuen amerikanischen Panzern mit 75-Millimeter-Kanonen erhalten.

Nach Auchinlecks Reformen hatte sich die 8. Armee bereits im August und September 1942 in der Schlacht von Alam Halfa bewährt. Durch abgefangene Funksignale wusste Auchinleck, dass Rommel einen Angriff plante. Rommels Truppen, zu denen auch sechs italienische Divisionen gehörten, waren leicht in der Überzahl. Doch die Briten besaßen nun die benötigten Geschütze und die Luftüberlegenheit, so dass Rommels Afrikakorps gezwungen war, sich zurückzuziehen und

neu zu formieren. Eine Verfolgung scheiterte jedoch. Außerdem legten Deutsche
und Italiener auf ihrem Rückzug ausgedehnte Minenfelder an. Schwer erkrankt
kehrte Rommel kurzzeitig nach Deutschland zurück. Der neue britische Kommandeur Montgomery wartete erst einmal ab.

El Alamein war Teil einer großangeleg-
ten anglo-amerikanischen Kriegsstrategie.
Die Alliierten wollten zuerst Deutschland
und dann Japan ausschalten. Am Anfang
stand die Großoffensive gegen das Afrikakorps, gefolgt von Landungen in Marokko
und Algerien, um die Armeen des französischen Vichy-Regimes zu neutralisieren.

FINTE UND SPERRFEUER

Die „Operation Lightfoot" begann am
23. Oktober. Montgomery führte seine
etwa 200 000 Mann und 1000 Panzer
gegen eine deutsch-italienische Armee
bestehend aus etwa 110 000 Mann und
500 Panzern. Diese stand unter dem Kommando von Rommels Vertreter Stumme.

Die Panzer der Achsenmächte waren
hauptsächlich minderwertige italienische
Fabrikate. Montgomery hingegen verfügte
nicht nur über doppelt so viele Männer, er
hatte vor allem über 500 neue amerikanische Panzer. Neben Australiern und Neuseeländern wurde er auch von französischen

**Pioniere räumen einen
Minenfeld** bei El Ala-
mein, dargestellt auf
einem Gemälde von
Terence Cuneo. Auch
wenn vereinzelt schon
Minenräumpanzer zur
Verfügung standen,
musste diese gefährli-
che Arbeit noch immer
zum größten Teil von
Hand erledigt werden.

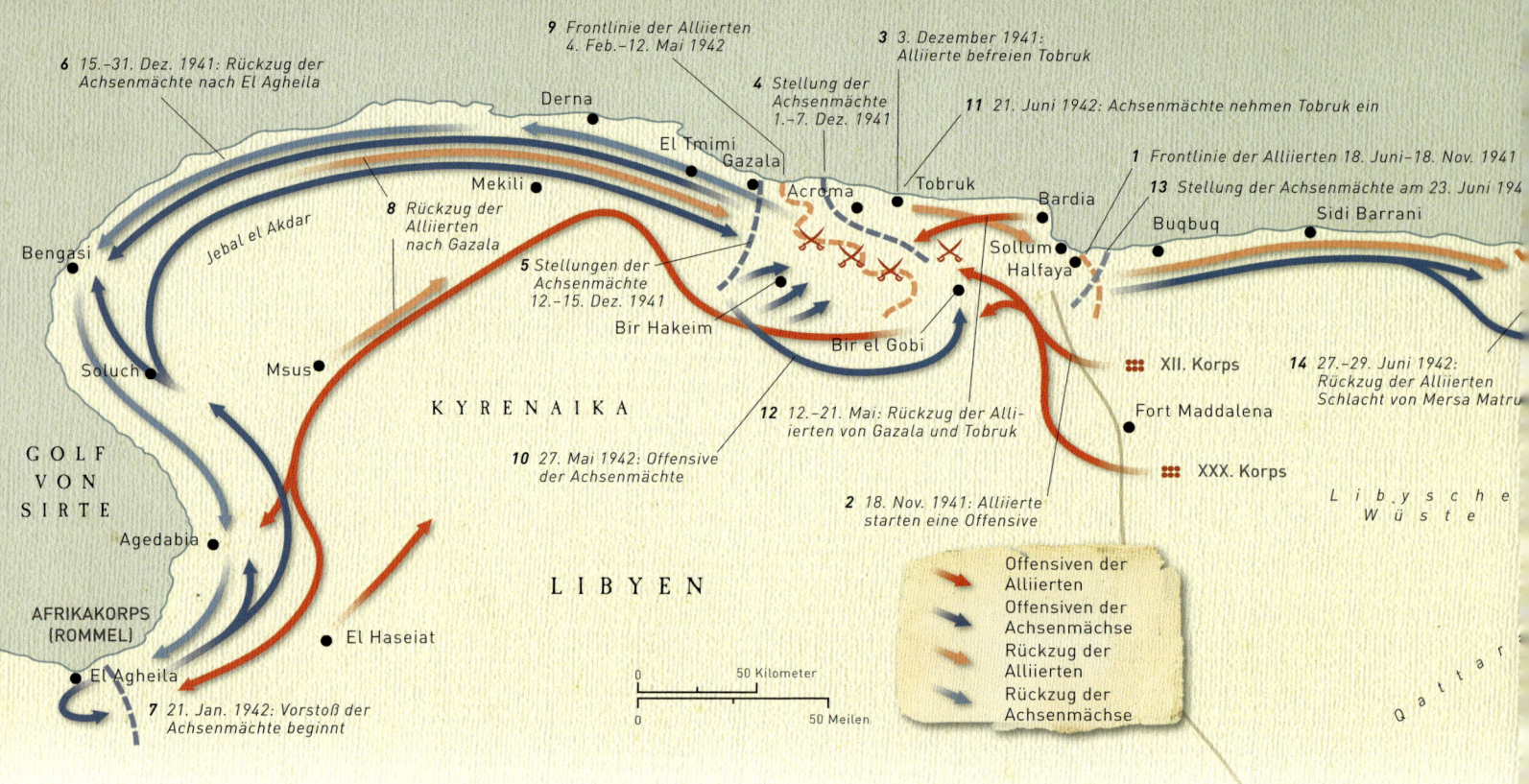

6 15.–31. Dez. 1941: Rückzug der Achsenmächte nach El Agheila

9 Frontlinie der Alliierten 4. Feb.–12. Mai 1942

3 3. Dezember 1941: Alliierte befreien Tobruk

4 Stellung der Achsenmächte 1.–7. Dez. 1941

11 21. Juni 1942: Achsenmächte nehmen Tobruk ein

1 Frontlinie der Alliierten 18. Juni–18. Nov. 1941

13 Stellung der Achsenmächte am 23. Juni 194[...]

8 Rückzug der Alliierten nach Gazala

5 Stellungen der Achsenmächte 12.–15. Dez. 1941

12 12.–21. Mai: Rückzug der Alliierten von Gazala und Tobruk

10 27. Mai 1942: Offensive der Achsenmächte

14 27.–29. Juni 1942: Rückzug der Alliierten Schlacht von Mersa Matru[...]

2 18. Nov. 1941: Alliierte starten eine Offensive

7 21. Jan. 1942: Vorstoß der Achsenmächte beginnt

Derna · El Tmimi · Gazala · Acroma · Tobruk · Bardia · Buqbuq · Sidi Barrani · Sollum · Halfaya · Bengasi · Mekili · Jebal el Akdar · Soluch · Msus · Bir Hakeim · Bir el Gobi · Agedabia · El Haseiat · El Agheila

KYRENAIKA · LIBYEN · GOLF VON SIRTE · AFRIKAKORPS (ROMMEL) · Libysche Wüste · Qattar[...] · Fort Maddalena · XII. Korps · XXX. Korps

Offensiven der Alliierten
Offensiven der Achsenmächse
Rückzug der Alliierten
Rückzug der Achsenmächse

50 Kilometer
50 Meilen

Die Kampagnen der Achsenmächte von Juni 1941 bis August 1942 in Nordafrika. Bevor Rommels Afrikakorps zur Unterstützung der Italiener in der damaligen italienischen Kolonie Libyen eintraf, errangen die Briten mehrere Siege über Mussolinis Truppen.

und griechischen Exiltruppen unterstützt. Das Einzige, was die Achsenmächte in Fülle besaßen, waren Minen, und zu den bereits vorher ausgelegten kam noch eine halbe Million hinzu.

Vor der Schlacht sollte ein aufwändiges Täuschungsmanöver den Feind davon überzeugen, dass Montgomery im Süden angreifen würde. Ein Augenzeuge berichtete: «Hunderte von Panzerattrappen wurden aufgestellt und LKW-Attrappen auf Geschützpositionen platziert, um die Geschütze bei Nacht heranbringen und darunter verstecken zu können. Panzerattrappen und Kanonenattrappen ersetzten zu Beginn des Angriffs die echten Waffen. Falsche Depots wurden im südlichen Sektor angelegt und so langsam gebaut, dass sie unmöglich vor September fertig sein konnten. Ein vorgetäuschtes Funknetzwerk mit vorgetäuschten Nachrichten wurde betrieben. Der Bau einer falschen Pipeline mit Tankstellen-Attrappen und Reservespeichern in falscher Ausrichtung wurde begonnen, aber nie fertiggestellt. Die Bewegung jedes Fahrzeugs wurde kontrolliert, um verräterische Spuren im Sand zu vermeiden.»

El Alamein war eine Schlacht in drei Phasen, der ein gewaltiges Artilleriefeuer vorausging. Die erste Phase war der „Einbruch", als das XIII. Korps unter Generalmajor Sir Oliver Leese das Zentrum der Achse entlang einer 16 Kilometer langen Front über Minenfelder hinweg attackierte, während das VIII. Korps unter Generalmajor Brian Horrocks im Süden angriff. Aber keiner konnte weit genug vorstoßen, um hinter die Streitkräfte der Achsenmächte zu gelangen.

Die zweite Phase war Montgomerys „Dog-Fight", der Nahkampf in der Luft zwischen dem 26. und 31. Oktober inmitten der deutsch-italienischen Stellungen. Die Luftüberlegenheit und die besseren Geschütze der Briten zwangen die Verteidigung der Achse schließlich in die Knie.

ROMMEL KEHRT ZURÜCK

Am 26. Oktober übernahm der aus Deutschland zurückgekehrte Rommel wieder das Kommando über das Afrikakorps. Gegenüber einem seiner Generäle gestand er, der Ausgang der Kampfhandlungen sei klar, versuchte aber dennoch, die deutsche Linie wiederherzustellen. Innerhalb weniger Stunden befahl er eine Gegenoffensive an der rechten Flanke der Briten, die jedoch von deren Artilleriefeuer und Luftbombardement zurückgeschlagen wurde.

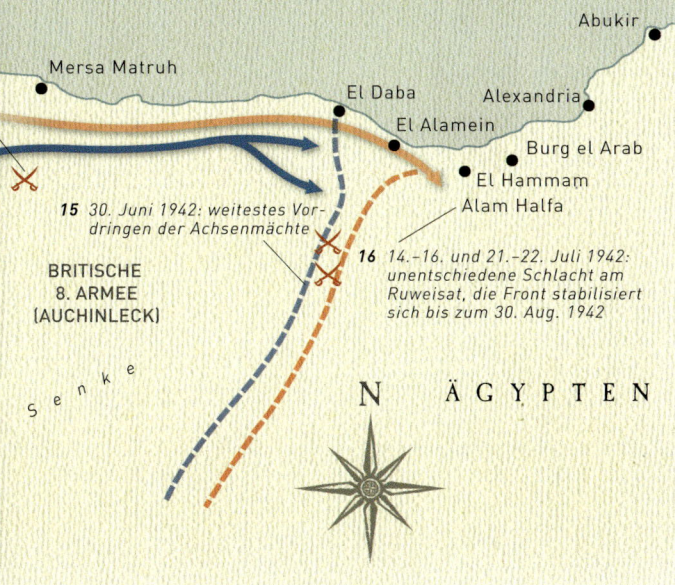

MITTELMEER

Mersa Matruh

El Daba

Abukir

Alexandria

El Alamein

Burg el Arab

El Hammam

Alam Halfa

15 30. Juni 1942: weitestes Vordringen der Achsenmächte

16 14.–16. und 21.–22. Juli 1942: unentschiedene Schlacht am Ruweisat, die Front stabilisiert sich bis zum 30. Aug. 1942

BRITISCHE 8. ARMEE (AUCHINLECK)

Senke

N   ÄGYPTEN

DER AUSBRUCH

Die nächste Phase, der „Ausbruch", dauerte vom 1. bis zum 4. November. Sie wurde von den Neuseeländern und der 9. Panzerbrigade angeführt, die in die Linie der Achse im Norden vorstieß. Vor dem Angriff waren Minenräumpanzer über das Feld gefahren und hatten die Minen unschädlich gemacht. Dennoch verlor die Brigade 87 Panzer. Sie legte einen Weg für das X. Korps an, um zu den hinteren Truppenteilen des Gegners durchbrechen zu können. Das Afrikakorps startete zwar Gegenangriffe, konnte Montgomerys Truppen aber keinen größeren Schaden zufügen. Die mobilen Einheiten zogen sich schnell zurück, aber die Infanterie musste sich den Briten ergeben. Am 2. November ordnete Rommel den Rückzug an. Am nächsten Tag erhielt er jedoch Befehl von Hitler, er solle ausharren. Rommel stand vor einem Dilemma, aber die Briten waren ohnehin bereits im Süden vorgedrungen und hatten die deutschen Linien überrollt. Am 4. November befand sich das gesamte Afrikakorps auf dem Rückzug.

Rommel war kurzzeitig außer Gefecht gesetzt, konnte seine Truppen aber sehr geschickt sammeln und zum geordneten Rückzug führen. Er hatte nur noch eine

Division und acht Panzer gegenüber 600 auf Seiten der Briten. Schwere Regenfälle kamen ihm zu Hilfe, denn sie verwandelten die Wüste in einen unpassierbaren Morast. Doch letzlich war der Siegeszug der Briten nicht mehr aufzuhalten. Am 2. Februar, der Tag, an dem Stalingrad fiel, waren die Briten bereits in Tunesien.

Sobald Rommel sich erholt hatte, fuhr er am 10. März 1943 zu Adolf Hitler in dessen Hauptquartier in der Ukraine. Er hatte zwar Befehle missachtet, aber Hitler empfing den populären Kriegshelden herzlich und zeichnete ihn aus. Rommel war gezwungen gewesen, sich zurückzuziehen, da die Reserven, die Hitler ihm versprochen hatte, an die Ostfront gewandert waren. Er sagte offen, er hätte Alexandria einnehmen können, hätte er genügend Männer gehabt, und dass die Italiener unzuverlässige Verbündete seien. Hitler seinerseits erklärte, er habe versuchen müssen, die Sowjets in Stalingrad aufzuhalten.

Nach dem Krieg stimmte Montgomery seinem alten Gegner Rommel großmütig zu: «Wäre ein Teil der Truppen und Ausrüstung, die gegen die Russen eingesetzt wurden, nach Afrika geschickt worden – besonders die Panzerdivisionen –, hätten die Deutschen durchaus Ägypten und den Sueskanal erringen und möglicherweise einen Stützpunkt im Nahen Osten einrichten können.»

Die große Bedeutung der Schlacht von El Alamein lag in ihrem Zeitpunkt, da sie zusammen mit Stalingrad die Eröffnung der zweiten Phase des Krieges signalisierte, als die Alliierten allmählich die Oberhand gewannen. «Das ist noch nicht das Ende, es ist nicht einmal der Anfang vom Ende, es ist vielleicht das Ende vom Anfang», lautete Churchills berühmter Kommentar. Ein paar Tage nach dem britischen Sieg begannen die Alliierten mit den Landungen in Französisch-Nordafrika, während am 19. November die sowjetische Gegenoffensive in Stalingrad startete.

„Monty" in der Wüste: Der später zum Feldmarschall beförderte Montgomery war ein dynamischer Kommandant, konnte aber auch arrogant und selbstherrlich sein. Churchill sagte über ihn: «In der Niederlage unschlagbar, im Sieg unerträglich.» Im Jahr 1946 erhielt er den Titel Viscount Montgomery of Alamein.

STALINGRAD

Feldmarschall Friedrich Paulus / Rote Armee
17. Juli 1942–2. Februar 1943

DAS „UNTERNEHMEN BARBAROSSA" geriet Ende 1941 ins Stocken und die Einnahme Moskaus scheiterte. Je länger sich der Russlandfeldzug hinzog, desto dringender benötigten die Deutschen Nachschub an Männern und Ausrüstung. Die Russen hingegen verfügten über große Reserven. Um die Treibstoffversorgung der Deutschen zu sichern, befahl Hitler seinen Truppen, sich neu zu formieren und die Ölfelder von Baku im Süden des Kaukasus einzunehmen. Dafür mussten sie jedoch zuerst das Gebiet westlich des Don besetzen.

Stalingrad, das heutige Wolgograd, liegt an einer Biegung der Wolga, die nur 80 Kilometer vom Don entfernt war. Die Deutschen wollten eine Landbrücke zwischen den beiden Flüssen errichten und von dort zu den weiter südlich gelegenen Ölfeldern vordringen. Die Offensive mit dem Codenamen „Operation Blau" startete am 28. Juni 1942. Ende Juli hatte die Wehrmacht weite Gebiete am Unterlauf des Don besetzt und die Ölfelder bei Maikop im Kaukasusvorland erreicht. Am 21. August flatterte die Hakenkreuzfahne auf dem Elbrus, dem höchsten Berg des Kaukasus.

Ende August stand die 6. Armee unter General Friedrich Paulus vor Stalingrad. Das sowjetische Oberkommando hatte die Gefahr bereits erkannt und am 12. Juli die sogenannte Stalingrader Front unter General Timoschenko aufgestellt. Der Kampf um Stalingrad begann am 17. Juli, als die Vorhut der Deutschen am Fluss Tschir mit der 62. und der 64. Armee der Sowjets zusammentraf. Als Ende Juli Rostow im Mündungsgebiet des Don an die Deutschen fiel, gab Stalin seinen berühmten Befehl 227 aus: «Keinen Schritt zurück!»

Die Belagerung Stalingrads begann am 23. August mit einem Luftbombardement. Die Stadt erstreckte sich über etwa 50 Kilometer entlang der Wolga und war in drei Teile gegliedert: die Altstadt im Süden, die moderne Stadt im Zentrum und das Industriegebiet im Norden. Unmittelbar nördlich des Stadtzentrums erhebt sich der etwa 100 Meter hohe Mamajew-Hügel.

Bei dem Versuch, Stalingrad zurückzuerobern, konnte Tschuikows 62. Armee vier Brückenköpfe am linken Wolgaufer halten, die auf einen schmalen Streifen von Gebäuden am Wasser reduziert waren. Das Gemälde des sowjetischen Künstlers V. K. Dimitrijewski von 1958 zeigt Soldaten der Roten Armee vor der Überquerung des Flusses.

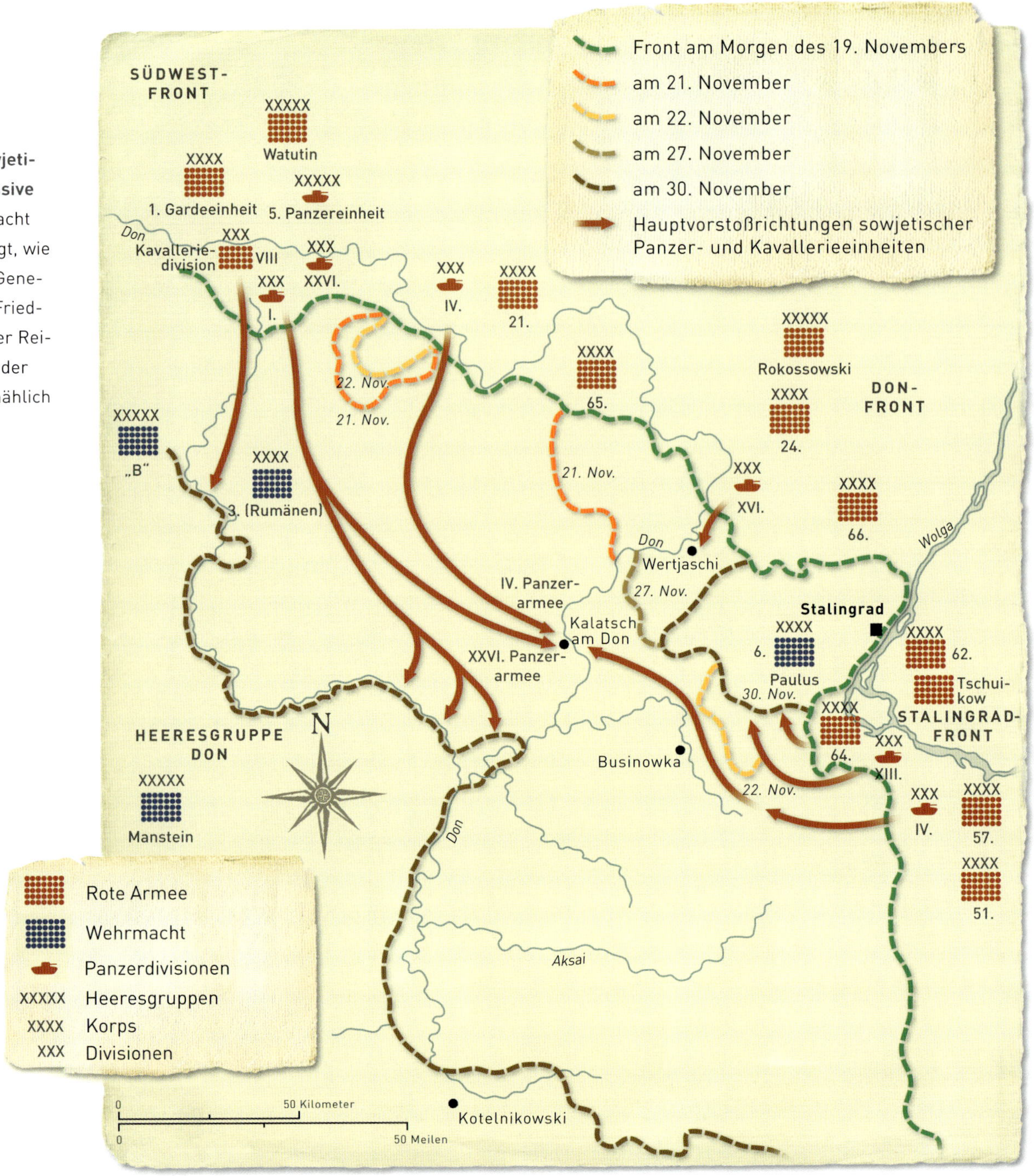

Die Karte der sowjetischen Gegenoffensive während der Schlacht von Stalingrad zeigt, wie die 6. Armee von Generalfeldmarschall Friedrich Paulus in einer Reihe von Offensiven der Roten Armee allmählich eingekesselt wird.

Legende (Front):
- – – – Front am Morgen des 19. Novembers
- – – – am 21. November
- – – – am 22. November
- – – – am 27. November
- – – – am 30. November
- → Hauptvorstoßrichtungen sowjetischer Panzer- und Kavallerieeinheiten

Legende (Einheiten):
- Rote Armee
- Wehrmacht
- Panzerdivisionen
- XXXXX Heeresgruppen
- XXXX Korps
- XXX Divisionen

Kartenbeschriftungen: SÜDWESTFRONT, Watutin, 1. Gardeeinheit, 5. Panzereinheit, Don, Kavalleriedivision, VIII, XXVI., I., IV., 21., 22. Nov., 21. Nov., „B", 3. (Rumänen), Manstein, HEERESGRUPPE DON, N, Don, Rokossowski, DON-FRONT, 65., 24., XVI., 66., Wolga, 21. Nov., Wertjaschi, 27. Nov., Kalatsch am Don, IV. Panzerarmee, XXVI. Panzerarmee, Businowka, Stalingrad, 6. Paulus, 30. Nov., 64., XIII., 62., Tschuikow, STALINGRAD-FRONT, IV., 57., 51., 22. Nov., Aksai, Kotelnikowski, 0 50 Kilometer, 0 50 Meilen

DIE SCHLACHT BEGINNT

Die deutsche Luftwaffe flog 2000 Bombenangriffe in zwei Tagen und tötete dabei 25 000 Menschen. Am nächsten Tag erreichte Paulus die Wolga und trieb einen Keil zwischen die 62. und 64. Armee der Sowjets. Die Truppenstärke der Russen war anfangs nur halb so groß wie die der Deutschen, aber weitere 50 Divisionen und 33 Brigaden sowie 100 000 Marineinfanteristen waren bereits unterwegs nach Stalingrad. Das Kommando über die 62. Armee erhielt am 9. September General Wassili Tschuikow. Er hatte zwar weniger Männer, konnte die Angriffe von Paulus aber erfolgreich abwehren. Vor allem musste Tschuikow das Wolgaufer unter seine Kontrolle bringen, um seine Nachschublinien zu sichern.

Am 26. September hatten die Deutschen den Süden und das Zentrum Stalingrads eingenommen. Ab dem 27. September versuchten sie, auch auf dem Mamajew-Hügel und im Industriegebiet im Norden Fuß zu fassen. Ein neuer Angriff auf die Fabrikanlagen begann am 14. Oktober. Paulus' letzte große Offensive fand am 11. November statt. Bis zur Mitte des Monats kontrollierten die Deutschen über 90 Prozent der Stadt. Paulus' Truppen waren inzwischen erschöpft, denn Tschuikow hatte unermüdlich gekämpft. Die Verluste der Russen waren hoch. Die russische 13. Gardedivision etwa war mit 10 000 Mann in die Schlacht gezogen, von denen nur 320 überlebten.

HÄUSERKAMPF

In den Ruinen der Stadt kam es zu erbitterten Kämpfen. In einer der Fabriken im Norden fand ein Feuergefecht statt, bei dem die Deutschen das oberste, die Russen das mittlere und die Deutschen wieder das untere Stockwerk besetzt hatten.

Im Häuserkampf griffen die deutschen Offiziere auf die im Ersten Weltkrieg bewährte Stoßtrupptaktik zurück. Dabei sollten mit Maschinengewehren, leichten Granatwerfern und Flammenwerfern ausgerüstete Sturmtruppen die in Kellern und Abwasserkanälen verborgenen Rotarmisten außer Gefecht setzen. Die Sowjets wiederum vergruben ihre T-34-Panzer halb im Schutt. Außerdem versuchten sie, deutsche Panzer durch Mörsergranaten von der nachfolgenden Infanterie zu trennen.

Paulus wusste, wie anfällig seine Position war. Auch rechnete er mit einem Gegenangriff der Roten Armee, aber weder er noch das Oberkommando der Wehrmacht waren auf die Wucht der Großoffensive vorbereitet, die am 19. November begann: In der „Operation Uranus" kesselten drei sowjetische Armeen – die Südwestfront, die Stalingrader Front und die Donfront – die deutschen Truppen in Stalingrad ein und führten so die entscheidende Wende im Zweiten Weltkrieg auf dem europäischen Kriegsschauplatz herbei.

Den Anfang machte die Südwestfront unter dem Kommando von Nikolaj Watutin nördlich von Stalingrad mit einem Angriff auf die 3. Armee der mit Nazi-Deutschland verbündeten Rumänen. Am nächsten Tag stieß Generaloberst Andrej Jerjomenko mit der Stalingrader Front südlich der Stadt gegen die rumänische 4. Armee und die deutsche 4. Panzerarmee vor. Mit über einer Million Mann waren die Sowjets von Anfang an überlegen. Ihre beiden Stoßkeile trafen sich am 23. November bei Kalatsch am Don. Damit war die 6. Armee von Paulus eingeschlossen, ebenso wie die übrigen Rumänen, einige Kroaten und 50 000 zum Teil zwangsrekrutierte russische „Hilfstruppen".

TÖDLICHE FALLE

Paulus und seine 20 Divisionen konnten aus eigener Kraft nicht aus dem Kessel ausbrechen. Aber Hitler bestand darauf, die Stellung zu halten. Der 6. Armee fehlte es an Treibstoff, Munition und Transportmitteln. Die einzige Versorgung erfolgte über den Luftweg. Beim Oberkommando des Heeres schätzte man, dass Paulus 700 Tonnen täglich benötigte. Am 24. November versicherte Göring dem Führer, es sei möglich, 500 Tonnen zu liefern, während die Luftwaffe die Zahl eher bei 350 Tonnen ansetzte. Am 19. Dezember wurden 290 Tonnen abgeworfen, aber im Schnitt waren es pro Tag nicht mehr als 100 Tonnen. Mitten im Winter war es meistens so bewölkt, dass die Piloten die deutschen Positionen nicht ausmachen konnten. Zudem mussten die Flugzeuge der Luftwaffe durch schweres Flak-Feuer fliegen, und viele wurden abgeschossen.

Jetzt stand nur noch die deutsche 4. Panzerdivision unter Hermann Hoth zwischen den Sowjets und dem Asowschen Meer. Hoth verfügte nur noch über eine intakte Division, doch zur Befreiung von Paulus sollte er Verstärkung erhalten, während die sogenannte Armeeabteilung

Als Paulus' 6. Armee versuchte, das Industriegebiet im Norden Stalingrads einzunehmen, kam es zu heftigen Häuserkämpfen. Hier feuert eine Gruppe russischer Verteidiger aus den Ruinen einer verlassenen Fabrik auf Nazi-Truppen.

Hollidt vom Norden auf Stalingrad vorrücken sollte. Aber angesichts weiterer Offensiven der Sowjets wurde nichts aus der Rettungsaktion. Einige italienische und rumänische Einheiten im Norden und Süden nutzten die Gelegenheit, sich aus den aussichtslosen Kämpfen zurückzuziehen.

Am 12. Dezember begann die Heeresgruppe Don, zu der auch Paulus' 6. Armee gehörte, mit dem Unternehmen „Wintergewitter" unter dem Oberbefehl von Erich von Manstein. Zur gleichen Zeit rückte jedoch die sowjetische Südwestfront immer dichter an die Heeresgruppe Don heran. Manstein tat sein Bestes, und General Hoth kam bis auf 48 Kilometer an die 6. Armee heran, aber Paulus' Truppen im Kessel von Stalingrad waren zu erschöpft, um ihnen durch einen Ausbruch entgegenzukommen. Ende Dezember wussten die Deutschen, dass sie geschlagen waren.

Ab dem 10. Januar zog der polnische Armeegeneral Konstantin Rokossowski, Befehlshaber der Donfront, in der Operation Kolzo (russ. „Ring") die Frontlinien um den Kessel von Stalingrad immer enger zusammen. Trotzdem weigerte sich Paulus noch immer, die Waffen niederzulegen.

DIE WUT DES FÜHRERS

Generaloberst Kurt Zeitzler bat Hitler am 13. Januar auf Drängen von Paulus, einem Ausbruchsversuch und dem Rückzug aus Stalingrad zuzustimmen. Hitler war außer sich vor Wut: «Paulus soll es nicht wagen, mich mit so etwas zu behelligen. Ich lehne sein Ersuchen ab.» Hitlers Forderung, die Stadt um jeden Preis zu halten, mag auch durch ihren Namen bedingt gewesen sein, denn die Rückeroberung der nach Stalin benannten Stadt wäre für die Sowjets ein großer Propagandaerfolg gewesen.

Doch die Lage der Deutschen im Kessel war aussichtslos. Am 22. Januar bat Paulus um die Erlaubnis zur Kapitulation. Hitler verweigerte sie ihm. Nicht weniger aufgebracht war der Führer, als der ebenfalls in Stalingrad eingeschlossene General von Seydlitz-Kurzbach über Funk mitteilte, er könne die Verantwortung für das ihm unterstellte LI. Armeekorps nicht länger übernehmen: «Verantwortung verweigern – das ist Feigheit! Ich werde Stalingrad nicht freiwillig aufgeben, selbst wenn die ganze 6. Armee dabei zu Grunde geht!»

Am 26. Januar hielt Paulus nur noch zwei kleine Kessel besetzt. Am 31. Januar ernannte Hitler Paulus zum Generalfeldmarschall. Dabei wies er ihn darauf hin, dass bisher noch kein preußischer oder deutscher Generalfeldmarschall in Kriegsgefangenschaft geraten sei. Damit forderte er ihn indirekt zum Selbstmord auf. Paulus ergab sich am nächsten Tag. Zu der an ihn gerichteten Erwartung, sich das Leben zu nehmen, bemerkte er verächtlich: «Ich habe nicht die Absicht, mich für diesen böhmischen Korporal zu erschießen.» Als die Nachricht den Führer erreichte, war seine Wut grenzenlos, und er fegte den Schlachtplan von Stalingrad vom Tisch.

Der Nordkessel hielt noch bis zum 2. Februar aus. Bis zu diesem Zeitpunkt waren über 150 000 Wehrmachtsoldaten gefallen.

AUF BERLIN

Während der Schlacht kam es unter den Kriegsgefangenen auf beiden Seiten zu Fällen von Kannibalismus. Insgesamt 110 000 deutsche Soldaten wurden gefangen genommen. Als die offiziell letzte Gruppe deutscher Kriegsgefangener 1956 in die Heimat zurückkehrte, betrug die Zahl der überlebenden Stalingrad-Veteranen nicht einmal 6000. Einer von ihnen war Friedrich Paulus, der 1957 in Dresden starb.

Nicht nur wegen ihrer Grausamkeit, sondern auch wegen der außergewöhnlichen Hartnäckigkeit auf beiden Seiten erinnerte die Schlacht um Stalingrad an Verdun. Das Vorgehen der Roten Armee erinnerte jedoch auch an die Umfassungstaktik Hannibals bei Cannae, nur besaß Hitler keinen Fabius Maximus, um die Sowjets anschließend zu zermürben. Stalingrad markierte das Ende seiner expansionistischen Träume. Danach war die Wehrmacht zu Rückzugsgefechten gezwungen, als die Rote Armee ihren unaufhaltsamen Vormarsch auf Berlin begann.

«Letzte Nacht hatte ich eine Vorahnung, dass die Russen Paulus gefangen genommen hatten. Infolgedessen wollte ich seine Beförderung zum Generalfeldmarschall widerrufen. Das deutsche Volk soll nicht wissen, dass sich ein deutscher Generalfeldmarschall in russischer Gefangenschaft befindet. In der Geschichte vom Kampf und Zusammenbruch der 6. Armee muss dem deutschen Volk von den Generälen berichtet werden, die Schulter an Schulter mit ihren Männern in den Gräben kämpften und am Ende mit ihnen starben. Ich brauche eine Million neue Soldaten.»

ADOLF HITLERS WÜTENDE REAKTION AUF DIE NACHRICHT VON DER VERNICHTUNG DER 6. ARMEE IN STALINGRAD

KESSEL VON KORSUN-SCHEWTSCHENKOWSKI

General Iwan Konew / deutsche Wehrmacht
24. Januar–16. Februar 1944

IN DEN ERSTEN MONATEN DES JAHRES 1944 musste der Generalstabschef des Heeres Kurt Zeitzler dem Führer beibringen, dass die Deutschen gezwungen waren, sich aus Nikopol in der Ukraine zurückziehen, um ihre Linie zu stärken. Als Hitler dies hörte, warf er sich wütend auf den Tisch, zerknüllte die Stabskarte mit seiner linken Hand und schrie: «Würden die Generäle doch nur endlich verstehen, warum ich so an diesem Gebiet festhalte! Wir brauchen dringend das Mangan aus Nikopol! Das wollen sie einfach nicht verstehen. Und sobald ihnen ein paar Panzer fehlen, rennen sie sofort an ihre Funkgeräte und sagen: ‹Ohne Panzer können wir die Stellung nicht halten. Wir bitten um Erlaubnis zum Rückzug!›»

Als Hitler sich wieder beruhigt hatte, informierte Zeitzler ihn über die anderen Rückschläge der Wehrmacht: Die 8. Armee hatte Probleme im Kessel von Korsun-Schewtschenkowski. Eine Operation zu ihrer Rettung war wegen des heftigen Widerstands der Roten Armee gescheitert.

Am 4. Januar suchte Feldmarschall Erich von Manstein, Oberbefehlshaber der Heeresgruppe Süd, den Führer persönlich auf und drängte ihn auf eine Verkürzung der deutschen Frontlinien. Dafür sollten sich die Truppen aus dem Kessel um die westlich von Tscherkassy gelegene Stadt Korsun-Schewtschenkowski zurückziehen.

Natürlich wollte Hitler davon nichts wissen und verdächtigte Manstein, er habe es auf seinen Posten als Oberkommandierender der Wehrmacht abgesehen. General Iwan Konews 2. Ukrainische Front hatte die Deutschen bis zum Dnjepr zurückgedrängt. Aber rund um Korsun hielt die Wehrmacht ihre Stellungen an dem zugefrorenen Fluss. Der Vorschlag, die Deutschen in die Zange zu nehmen, kam von Marschall Georgi Tschukow. Er wollte innere und äußere Ringe rund um einen Kessel errichten, wobei die inneren den Gegner innerhalb des Kessels aufreiben sollten, während die äußeren alle Versuche der Deutschen abwehren würden, ihre Kameraden zu befreien.

Die Strategie ähnelte der, die in Stalingrad angewandt worden war. Konews 2. Ukrainische Front rückte nach Nordosten vor, die 1. Ukranische Front unter Nikolaj Watutin nach Südosten. Zehn Tage lang wurde erbittert gekämpft, bevor die beiden sowjetischen Armeen am 28. Januar bei dem Dorf Swenigorodka zusammentrafen und damit den Kessel um Korsun-Schewtschenkowski schlossen. Sobald die Deutschen eingekreist waren, wurden sie aus der Luft und mit Artilleriegeschützen bombardiert. Der harte russische Winter belastete die Soldaten zusätzlich.

Bei der Schlacht von Korsun-Schewtschenkowski herrschte eisiges Winterwetter. Das Gemälde des sowjetischen Künstlers Petr Kriwonogow zeigt eine deutsche Kolonne, die an einem Feld voller steif gefrorener Leichen gefallener Soldaten und Pferdekadaver vorbeimarschiert.

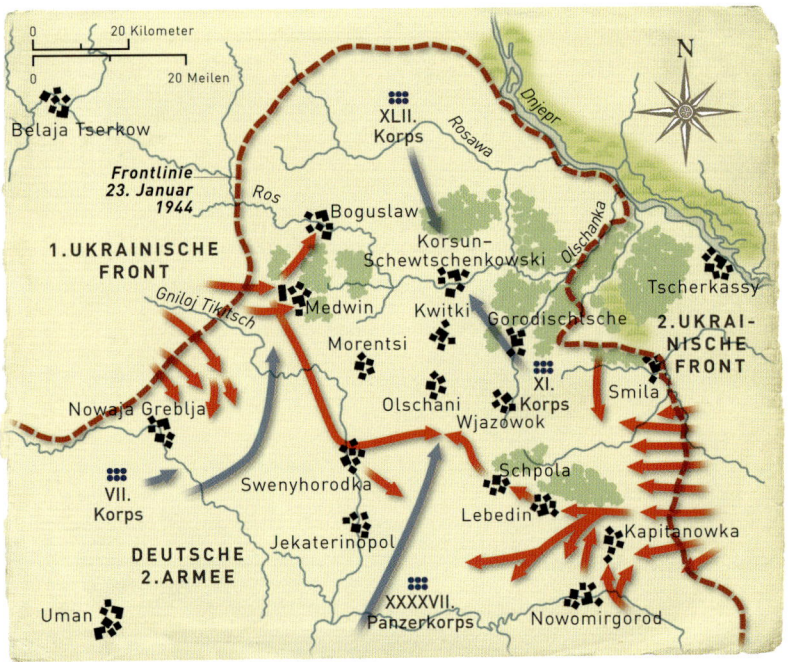

Stellungen sowjetischer und deutscher Truppen
an einer Biegung des Dnjepr in der Ukraine. Erstaunlicherweise gelang es zwei Dritteln der deutschen Armee, aus dieser tödlichen Umschließung zu entkommen.

Zu den deutschen Truppen bei Tscherkassy gehörten die 11. Armee unter Generalleutnant Wilhelm Stemmermann und das 72. Infanterie-Korps unter Generalleutnant Theobald Lieb. Hinzu kamen noch die 5. SS-Panzerdivision Wiking, in der Freiwillige aus den Niederlanden, Belgien, Estland und Skandinavien dienten, sowie einige Tausend russische Hilfswillige. Sie alle saßen jetzt in der Falle – fast 60 000 Mann mit 30 funktionierenden Panzern und 47 Geschützen.

RETTUNGSANGEBOT

Wieder war es Manstein, der die Aufgabe hatte, die belagerten Deutschen zu retten. Aber dem Feldmarschall fehlte es an Ausrüstung, besonders an Panzern und Flugzeugen. So verfügte beispielsweise sein III. Panzerkorps nur über 27 Panzer und 34 Geschütze. Das Wetter war fürchterlich, und die deutschen Fahrzeuge blieben im Morast stecken. Manstein wollte an einem einzigen Punkt der sowjetischen Linie angreifen und mit aller Kraft durchbrechen, aber Hitler befahl ihm, den Angriff über die gesamte Front zu verteilen.

Die Rote Armee versuchte, die deutschen Truppen innerhalb des Kessels zu

teilen, aber Stemmermann erkannte, was sie vorhatten, und befahl der SS-Division Wiking, die Straße nach Korsun zu verteidigen. Doch den Angriff von Manstein konnte Konew abwehren. Am 8. Februar schickte er einen Oberstleutnant und einen Dolmetscher mit einer weißen Fahne, um mit den Deutschen zu verhandeln. Er forderte Stemmermann auf, die Waffen niederzulegen, aber dieser weigerte sich. Stalin fürchtete nun, die Deutschen würden einen Ausbruch versuchen.

Ein großer Unterschied zwischen der Schlacht von Korsun-Schewtschenkowski und Stalingrad war der effiziente Einsatz der deutschen Luftwaffe. Ihre Ju-52-Transportflugzeuge konnten insgesamt 3140 Hektoliter Treibstoff, 868 Tonnen Munition und vier Tonnen Medikamente in den Kessel sowie 4161 Verwundete in Sicherheit bringen.

Am 11. Februar kam das deutsche III. Panzerkorps am Fluss Gniloj Tikitsch zum Stehen. Am nächsten Tag wurde Konew die alleinige Verantwortung für die gesamte Operation übertragen. Manstein unternahm einen neuen Vorstoß auf die Südseite des Kessels und kam bis auf 10 Kilometer an die deutschen Verteidiger heran, bevor er zurückgedrängt wurde. Nun versuchte Stemmermann, die Sowjets in die Irre zu führen, indem er einen Teil seiner Truppen im Norden abzog und gleichzeitig einen Angriff auf die Dörfer im Südwesten des Kessels startete. Am 11. Februar nahm das 105. Grenadierregiment unter Major Robert Kästner das Dorf Nowa-Buda in einem nächtlichen Angriff ein. Am nächsten Tag eroberten die Deutschen Komarowka und dann Chilki. Das Dorf Schanderowka wechselte mehrfach den Besitzer. Sobald das deutsche III. Panzerkorps von diesen Gebietsgewinnen erfuhrt, rückte es vor, um die Kameraden im Kessel zu unterstützen.

Am 15. Februar erhielt Stemmermann folgende Nachricht: «Einsatz des III. Panzerkorps durch Wetter und Versorgungssituation eingeschränkt. Gruppe Stemmermann muss Ausbruch bis zur Linie Dschurshenzy–Höhe 239 aus eigener Kraft schaffen. Dort mit III. Panzerkorps verbinden.»

FLUSS DES TODES

Nachdem er den Befehl erhalten hatte, mit allen zur Verfügung stehenden Mitteln auszubrechen, blieb Stemmermann mit einer Nachhut von 6500 Mann im Norden des Kessels, während Lieb einen Ausbruch im Süden versuchte. Die beiden deutschen Armeen waren an der schmalsten Stelle nur 6,4 Kilometer voneinander entfernt. Schanderowka wurde nun „Höllentor" genannt, da es mit russischem Artilleriefeuer bombardiert und von sowjetischen Jagdbombern unter Beschuss genommen wurde. Am 16. Februar schickte Manstein eine weitere Nachricht an Stemmermann: «Parole Freiheit, Ziel Lysjanka 23 Uhr.» Betreut von Ärzten wurden 1450 Verwundete in Schanderowka zurückgelassen, während die übrigen Deutschen in drei Kolonnen vordrangen.

Gefolgt von Artillerie und Versorgungstrupps brachen die Wehrmachtsoldaten mit aufgepflanzten Bajonetten in dem Glauben auf, sie würden vom III. Panzerkorps in Empfang genommen, trafen aber stattdessen auf schwerbewaffnete Rotarmisten. Trotzdem gelang es ihnen, sich nicht nur durch eine, sondern zwei gegnerische Linien vorzukämpfen, so dass mehrere Bataillone und Regimenter um 4:10 Uhr Oktjabr erreichten.

Major Kästner konnte seine Verwundeten und schweren Geschütze herausbringen. Das 105. Regiment traf um 6:30 Uhr in Lysjanka ein. Dieser Erfolg war der Tatsache zu verdanken, dass Stemmermann im Norden des Kessels blieb und die Sowjets die Stärke der Deutschen in diesem Abschnitt vollkommen überschätzten.

Die linke Flanke rückte auf die von sowjetischen T-34-Panzern besetzte Höhe 239 vor, hatte aber weniger Glück. Die Deutschen ließen ihre schwere Ausrüstung zurück und kämpften sich weiter nach Westen vor. Als sie feststellten, dass der Weg blockiert war, beschlossen sie, nach Süden auszuweichen, wo sie auf den Gniloj Tikitsch stießen. Hier mussten sie auch ihre leichten Geschütze zurücklassen, während die sowjetischen T-34 ihre Hilfstruppen und die Verwundeten in den Konvois des Roten Kreuzes angriffen.

Alle erdenklichen Mittel wurden angewandt, um den Fluss zu überqueren, der durch das Schmelzwasser über die Ufer getreten war. Die Soldaten fuhren mit Lastern, Panzern und Fuhrwerken in die Fluten, fällten Bäume und bauten eilig Brücken. Zaumzeug und Gürtel dienten als Rettungsleinen, aber trotzdem ertranken Hunderte. General Lieb schwamm mit seinem Pferd ans andere Ufer. SS-Kommandant Herbert Otto Gille ließ eine Menschenkette aus Schwimmern und Nichtschwimmern bilden, aber sie riss ab, und zahllose Männer fanden den Tod. Dennoch gelang es 35 000 deutschen Soldaten, sich durch die sowjetischen Linien zu kämpfen.

Das Bemerkenswerte an der Kesselschlacht von Korsun-Schewtschenkowski ist weniger der klare Sieg der Sowjets, sondern vielmehr die Tatsache, dass zwei Dritteln der Deutschen die Flucht gelang.

Konew attackierte die Nachhut und rieb die Deutschen auf, darunter auch Stemmermann, dessen Leiche auf dem Schlachtfeld gefunden wurde. Laut sowjetischen Berichten wurden 77 000 Deutsche getötet, andere Quellen sprechen von 19 000. Nach dem Sieg wurde Konew zum Marschall der Sowjetunion ernannt. Der Weg der Roten Armee in die südliche Ukraine war jetzt frei.

> *«Kein Grund zur Sorge, Kamerad Stalin, der eingeschlossene Feind kann nicht entkommen.»*
>
> GENERAL IWAN KONEW

LANDUNG IN DER NORMANDIE

Alliierte Invasionsarmeen / deutsche Wehrmacht
6. Juni 1944

DIE SOWJETUNION, DIE BISHER DIE HAUPTLAST DES KRIEGS GETRA-GEN HATTE, drängte Briten und Amerikaner, in Westeuropa eine zweite Front gegen Nazi-deutschland zu bilden. Nachdem sie monatelang Truppen und Ausrüstung entlang der Süd-küste Englands gesammelt hatten, starteten die Westalliierten am 6. Juni 1944, dem sogenannten D-Day, unter den Codenamen „Operation Neptun" (zur See) und „Operation Overlord" (zu Land) die Landung an der Küste der Normandie. Die Alliierten wählten die Normandie, da die Deutschen in Erwartung einer Invasion an der schmalsten Stelle des Ärmelkanals, im Pas-de-Calais, eine starke Verteidigungsstellung eingerichtet hattetn.

Amerikanische Invasi-onstruppen verlassen am 6. Juni 1944 ein Lan-dungsschiff am soge-nannten Omaha Beach. Die Verteidigungsstel-lungen der Deutschen waren dort unerwartet stark, und die Amerika-ner erlitten schwere Verluste. Am Ende eines zermürbenden Tages waren an diesem Strandabschnitt keine nennenswerten Fort-schritte erzielt worden.

In dem desaströsen Angriff auf Dieppe hatten die Briten 1942 schmerzlich erfah-ren müssen, dass ein Hafen nicht in einem Frontalangriff von Landungstruppen ein-genommen werden konnte. Für zukünftige Landungsmanöver entwickelte man daher schwimmende Docks, die sogenannten Mulberry-Häfen, mit denen die Einnahme eines echten Hafens umgangen werden konnte. Am 6. Juni wurden diese bemer-kenswerten Konstruktionen in Einzelteilen über den Kanal geschleppt. Zuvor waren die deutschen Besatzungstruppen in Frank-reich durch unablässiges Bombardement geschwächt worden. Außerdem hatte man etwa 60 Prozent des Eisenbahnstrecken zer-stört, damit die Deutschen nicht so schnell neue Truppen heranbringen konnten.

Die Alliierten unterstanden dem Befehl von General Dwight D. Eisenhower, wäh-rend Sir Bernard Montgomery das Kom-mando über die Bodentruppen der briti-schen 21. Heeresgruppe übernahm. Beide mussten mit einer gut verteidigten Küsten-

linie rechnen, denn der sogenannte Atlan-tikwall der Deutschen sollte genau eine solche Art von Operation unterbinden. Allerdings war der deutsche Kommandeur im Westen, Generalfeldmarschall Gerd von Rundstedt, von den befestigten Küs-tenstellungen wenig beeindruckt und bezeichnete sie als «Propagandawall».

DIE INVASION BEGINNT

Am 6. Juni verließ eine Armada von 5000 Schiffen die englische Küste. Insgesamt standen 3200 Flugzeuge in Bereitschaft, und etwa 3 Millionen Mann waren an der Operation beteiligt, auch wenn nur ein Bruchteil davon an dem eigentlichen Angriff teilnahm. Die Briten landeten mit 83 000 Soldaten, die Amerikaner mit etwa 10 000 Mann weniger. Gleichzeitig gingen 23 000 Fallschirmjäger und die Besatzung von Lastenseglern an Bord ihrer Maschinen.

Kurz nach Mitternacht begann die „Operation Tonga", als eine Kompanie der britischen 6. Luftlandedivision unter

Major John Howard die strategisch wichtigen Brücken über den Caen-Kanal und die Orne einnahm. Howards Männer landeten mit Gleitern hinter der gegnerischen Linie und sicherten die Ostflanke, um zu verhindern, dass deutsche Panzer die britische 3. Infanterie-Division erreichten, die später an diesem Tag am Sword Beach genannten Strandabschnitt eintreffen sollte.

Die Truppe landete um 16 Minuten nach Mitternacht sehr dicht bei ihrem Ziel. Sie überraschte die deutschen Verteidiger vollkommen und nahm die Brücken innerhalb von Minuten ein. Kurz darauf trafen weitere Luftlandedivisionen ein. Einige verfehlten ihr Ziel und gingen im

Meer oder in den von heftigen Regenfällen angeschwollenen Flüssen nieder. Dabei ertranken viele der Soldaten. Dennoch gelang es durch diesen Angriff, wie beabsichtigt bei den Deutschen für Verwirrung zu sorgen.

LICHT UND SCHATTEN

Als die „Operation Overlord" begann, war Hitler mit der Ostfront und besonders mit dem Schicksal der Heeresgruppe C beschäftigt, die kurz vor dem Zusammenbruch stand: «Der Weg nach Deutschland führt direkt über diese Heeresgruppe! Wir dürfen hier nicht einen Schritt weichen!» Er war zuversichtlich, dass Rundstedt, der

Die Landungen in der Normandie am 6. Juni 1944, dem sogenannten D-Day, mit den Brückenköpfen und den Angriffszielen der Jagdflugzeuge der Alliierten.

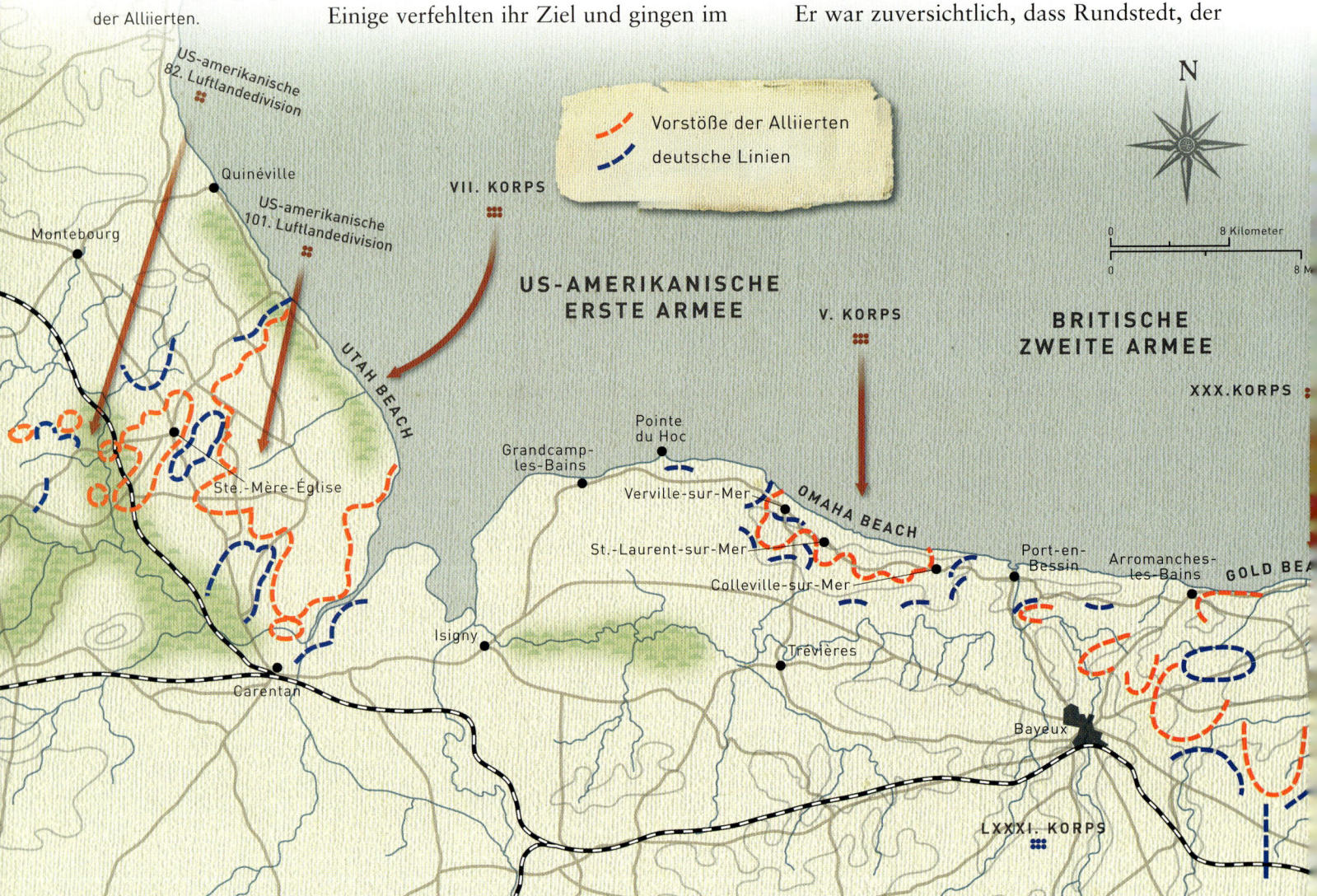

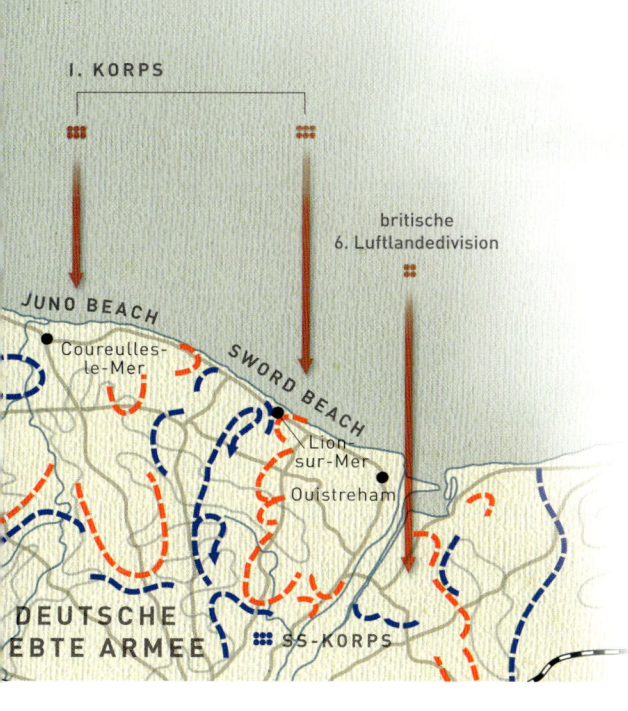

über 59 Divisionen in Frankreich und den Benelux-Ländern verfügte, einschließlich sechs Panzerdivisionen, die Alliierten fernhalten konnte. Zu Rundstedts Truppen gehörten die Heeresgruppe A, kommandiert von Rommel, die Heeresgruppe G unter dem Befehl von Generaloberst Blaskowitz, die Panzergruppe West unter General Geyr von Schweppenburg und die Fallschirmtruppe unter General Kurt Student. Rundstedt wollte die Alliierten aufreiben, sobald sie die Deckung ihrer Seegeschütze verlassen hatten. Rommel war wegen seiner Erfahrungen in Nordafrika weniger zuversichtlich, da er wusste, dass die Luftüberlegenheit der Alliierten die Bewegungen seiner Panzer behindern würde.

Die britischen Landungen am Gold Beach und am Sword Beach verliefen nach Plan. Zu den Neuerungen im Bereich der Landungsfahrzeuge gehörte der Schwimmpanzer Sherman DD mit Luftsäcken aus

Mitte Juni 1944 war die Invasion der Alliierten in vollem Gang. Aus ihrer hartnäckig verteidigten Stellung am Omaha Beach war ein wichtiger Brückenkopf geworden, wo Tausende von Männern, Jeeps, Lastern, Panzern und Halbkettenfahrzeugen unter dem Schutz von Sperrballons landeten. An langen Halterungsseilen befestigt, sollten die Ballons angreifende Kampfflugzeuge auf Abstand abhalten.

Ein Ziel der Alliierten in der Normandie war die Stadt Caen, ein wichtiger Verkehrsknotenpunk am Fluss Orne und am Caen-Kanal. Um die Kontrolle Caens wurde erbittert gekämpft. Erst am 15. August 1944 konnte die Stadt endgültig von den Alliierten eingenommen werden. Oben ziehen kanadische Soldaten am 10. Juli durch einen der Vororte.

Fallschirmleinen und Schrauben für den Vortrieb zur Küste. Bei der Landung wurde die Luft abgelassen und der Panzer konnte sofort auf die sogenannten Igel feuern, die deutschen Verteidigungsstellungen an den Stränden. Die Kanadier, die am Juno Beach landeten, stießen auf heftigen Widerstand. Ein Drittel ihrer Landungsfahrzeuge wurde versenkt oder beschädigt.

KÄMPFE IN DER BOCAGE

Auch nachdem sie den Brückenkopf am Juno Beach errichtet hatten, machten die Kanadier und die Briten nur langsam Fortschritte und erlitten am 7. Juni durch die SS-Panzerdivision unter Standartenführer Kurt Meyer große Verluste. Andernorts wurde der Vorstoß durch die Bocage im Westen der Normandie behindert, eine Landschaft, die von kleinen, durch hohe Wallhecken abgegrenzten Feldern geprägt war und nur wenig Sicht bot. Hier stießen die Alliierten auf die 7. Armee von General Dollmann mit ihren zwölf Infanteriedivisionen. Die britische 3. Division versuchte vergeblich, das 14 Kilometer entfernte Caen einzunehmen, das durch das Bombardement der folgenden Wochen weitgehend dem Erdboden gleichgemacht wurde.

Am Utah Beach schlugen sich die Amerikaner relativ gut, aber am Omaha Beach, der wegen seiner Länge und seines Gefälles besonders gefährlich war, stießen sie auf heftige Gegenwehr. Man hatte gehofft, dass die zumeist aus Polen und Russen bestehenden Verteidiger nicht besonders entschlossen kämpfen würden.

Aber in der Zwischenzeit war die deutsche 352. Infanteriedivision eingetroffen. Viele amerikanische Landungsfahrzeuge und Schwimmpanzer wurden versenkt und 600 Mann getötet – ein Viertel aller Soldaten, die am D-Day ums Leben kamen.

Am 6. Juni landeten über 150 000 alliierte Soldaten. Sie konnten das Überraschungsmoment voll für sich ausnutzen. Von den Deutschen erfolgte kein Gegenangriff. Sogar die 21. Panzerdivision in der Nähe des Sword Beach wurde zu spät eingesetzt, um noch etwas auszurichten.

Dies ermöglichte den Alliierten, einen sicheren Brückenkopf aufzubauen; die Amerikaner übernahmen die rechte und die Briten die linke Seite der Linie. Die Amerikaner rückten weiter auf der Halbinsel Cotentin vor, um den wichtigen Hafen von Cherbourg einzunehmen, der Ende Juni fiel. Montgomery blieb zurück und kämpfte um Caen, wo die Deutschen erbitterten Widerstand leisteten. Zwischen dem 12. und 14. Juni wurden die Briten vor der Stadt Villers-Bocage von der schweren SS-Panzerabteilung 101 unter Hauptsturmführer Michael Wittmann abgefangen. Erst am 4. August konnte Villers-Bocage wieder zurückerobert werden.

Die Kampagne in der Bocage ähnelte den Grabenkämpfen des Ersten Weltkriegs, allerdings mit dem entscheidenden Unterschied, dass die Alliierten stets die Luftüberlegenheit besaßen. Am 18. Juni, als man fürchtete, der Angriff gerate ins Stocken, befahl Montgomery die Einnahme von Caen und Cherbourg. Die Alliierten hatten bereits 61 700 Tote und Verwundete zu beklagen, aber die Deutschen verloren im gleichen Zeitraum 80 000 Männer.

LANGSAMER FORTSCHRITT

Die Moral der Deutschen war schlecht. General Dollmann nahm sich am 28. Juni das Leben. Als Gerd von Rundstedt zu verstehen gab, seiner Meinung nach sei ein Friedensschluss die einzige Lösung, wurde er durch Günther von Kluge ersetzt. Kluge wurde später mit den Verschwörern in Verbindung gebracht, die am 20. Juli ein Attentat auf Hitler verübten. Es gibt Hinweise darauf, dass er versuchte, mit den Alliierten einen Waffenstillstand auszuhandeln, aber scheiterte, weil er deren Hauptquartier nicht finden konnte. Auch er beging Selbstmord und wurde durch Feldmarschall Walter Model ersetzt.

Nach den ursprünglichen Angriffsplänen hätten die Alliierten bis Anfang Juli Alençon, Rennes und St.-Malo erobern sollen, aber nirgends waren sie weiter als 24 Kilometer ins Landesinnere vorgedrungen. Am 17. Juli wurde Rommel von Tiefliegern der Alliierten in seinem Stabswagen beschossen und verwundet. Nach dem Scheitern des Attentats am 20. Juli, in das er ebenfalls verwickelt war, sah auch er sich gezwungen, Gift zu nehmen. Viele auf deutscher Seite hatten genug vom Krieg und waren dafür, mit den Westalliierten ein Abkommen zu schließen. Als die Lage immer aussichtsloser wurde, fürchteten sie vor allem, von den Sowjets im Osten überrannt zu werden.

Schließlich gelang den Alliierten ein erneuter Vorstoß auf Caen, allerdings zu einem sehr hohen Preis. Im Rahmen der „Operation Charnwood" schlug Trafford Leigh-Mallory, Oberbefehlshaber der britischen Luftstreitkräfte, ein Flächenbombardement der Stadt vor; auf diese Art war auch die italienische Festungsstadt Monte Cassino im Februar dem Erdboden gleichgemacht worden. In der Stadt wurde heftig gekämpft, aber bis zum 10. Juli war Caen fast vollständig in der Hand der Alliierten.

Montgomery hatte die Aufgabe, die Deutschen im Osten der Normandie festzuhalten, um den Amerikanern einen Durchbruch im Westen zu ermöglichen. Am 18. Juli startete er östlich von Caen die „Operation Goodwood" und verdrängte die Deutschen mit drei Panzerdivisionen von dem Höhenzug Bourguébus bei Caen. Die Briten kamen jedoch nur elf Kilometer voran und warfen etwa alle zwei Kilometer rund 7000 Tonnen Bomben ab. Montgomerys langsames Vordringen hätte fast zu seiner Entlassung als Befehlshaber der Bodentruppen geführt. Diese Operation forderte 6000 britische Tote und Verwundete und blieb ohne positives Ergebnis.

Am 19. Juli kapitulierte die Stadt St.-Lô, die plangemäß bereits einen Monat vorher hätte fallen sollen. Damit gelang endlich der ersehnte Durchbruch nach Avranches. Inzwischen war der Krieg mobiler geworden. Jetzt traten General George S. Patton und seine 3. US-Armee in Aktion. Die amerikanischen Truppen wandten sich nach Süden und zogen auf Paris, während Briten und Kanadier weiterhin im Norden Frankreichs kämpften.

Überreste eines deutschen Bunkers bei dem Pointe du Hoc genannten Küstenabschnitt westlich vom Omaha Beach. Am D-Day kletterten US-Ranger hier mit Strickleitern auf die etwa 30 Meter hohen Klippen und zerstörten die schweren Geschützstellungen der Deutschen. Entlang der Küste der Normandie sind noch immer viele Überreste des deutschen Atlantikwalls zu sehen.

DIE PHILIPPINEN

Feldmarschall Douglas MacArthur / japanische Armee
20.–27. Oktober **1944**

DIE JAPANER HATTEN DARAUF GEWARTET ZUZUSCHLAGEN. **Nach dem Fall Frankreichs 1940 marschierten sie in Indochina ein und führten einen kurzen, aber sehr blutigen Krieg, bevor die Vichy-Regierung kapitulierte. Die Vereinigten Staaten antworteten mit einem Öl-Embargo und anderen Wirtschaftssanktionen. Zur Sicherung ihrer Treibstoffversorgung fassten die Japaner Malaya und Niederländisch-Indien ins Auge. Im Dezember 1941 war Japan bereit, große Teile der Region seiner sogenannten Großostasiatischen Wohlstandssphäre einzuverleiben. Die Briten hatten diesen Schritt schon lange erwartet, sorgten aber trotzdem nicht für eine ausreichende Verteidigung ihrer Gebiete in Südostasien.**

Am 7. Dezember, dem Tag des berüchtigten Angriffs auf die amerikanische Flotte in Pearl Harbor auf Hawaii, schlugen die Japaner auch auf den Philippinen und in Malaya zu. Die Amerikaner hatten den Spaniern die Philippinen 1898 entrissen. Auch wenn sie seit 1935 nominell unabhängig waren, herrschte auf den Inseln noch immer eine starke amerikanische Präsenz. Bei dem japanischen Angriff wurde ein Drittel der Kampfflugzeuge und die Hälfte der Bomber im US-Flottenstützpunkt bei Clark Field in der Nähe von Manila zerstört. Danach folgten Landungen der Japaner auf der Insel Luzon. Feldmarschall Douglas MacArthur musste am 11. März evakuiert werden und entkam nur um Haaresbreite. Vor seiner Abfahrt gab er sein berühmtes Versprechen: «Ich komme wieder!»

MacArthur ließ General Jonathan Wainwright zurück, der bis zum 7. Mai aushielt. Nachdem die Japaner die Philippinen schließlich erobert hatte, töteten sie Tausende amerikanische und philippinische Kriegsgefangene, etwa beim sogenannten Todesmarsch von Bataan.

„Insel-Hopping": Amerikanische Truppen des 7. Kavallerieregiments rücken am 20. Oktober 1944 Richtung San José auf der philippinischen Insel Leyte vor.

MACARTHUR KEHRT ZURÜCK

Zum Oberbefehlshaber der Alliierten im Südwestpazifik ernannt, arbeitete MacArthur die Strategie des „Insel-Hoppings" aus, nach der zuerst die kleinen, schlecht verteidigten Inseln eingenommen werden sollten, um dann die großen, besser verteidigten anzugreifen. Sein Rückkehrversprechen erfüllte MacArthur am 20. Oktober 1944, als er auf der philippinischen Insel Leyte landete.

Die Invasion der Philippinen war zwar strategisch unnötig, hatte aber eine ungeheure symbolische Bedeutung. So brach die größte Armee, die je im Pazifik-Krieg aufgestellt worden war, im Oktober 1944 nach Leyte auf. Zu der von Admiral William F. Halsey kommandierten Flotte gehörten auch Schiffe der Royal Australian Navy. Die Armada zählte 701 Schiffe, darunter 127 Kriegsschiffe. Die Royal Australian Airforce war ebenfalls an der Operation beteiligt.

Die Japaner unter dem „Tiger von Malaya", General Tomoyuki Yamashita, dem Eroberer Singapurs, entwickelten einen

NÖRDLICHER VERBAND
(Ozawa)

24. Oktober:
Die „USS Princeton"
wird von japanischen
Flugzeugen versenkt

alliierter Vorstoß

alliierter Luftangriff

japanischer Vorstoß

japanischer Luftangriff

wichtige versenkte
japanische Kriegsschiffe

Aparri
Laoag
Gonzago
Tuguegarao
Vigan
Bontoc
San Fernando
LUZON
Lingaven
Tarlac
Cabanatuan
Iba
Clarke
Field
Subic
Balanga
Manila

PAZIFISCHER
PHILIPPINEN
OZEAN

25. Oktober:
Schlacht von Cape Enango mit dem
nördlichen Verband der Japaner

3. FLOTTE
(Halsey)

2. SÜDLICHER VERBAND
(Shima)

San Pablo
Batangas
Atimonap
Lucena
Naga
Tobaco
Legaspi

23. Oktober:
Amerikanische
U-Boote versenken
zwei japanische Schiffe,
ein amerikanisches
U-Boot läuft auf Grund

Kalapau
MINDORO
San Jose

25. Oktober:
Um einem Hinterhalt
zu entgehen, zieht sich
Kurita über die Straße von
San Bernardino zurück

SAMAR

ZENTRALER
VERBAND
(Kurita)

MASBATE
Kapiz
Katbalogam

Pandan

Taytay

San Jose
de Buenavista
PANEY
Iloilo
Bakolod
Cebu

Takloban

LEYTE

24. Oktober:
Der 2. südliche Verband
der Japaner fährt in
die Straße von Surigao
ein und wird von der
US Navy angegriffen

NEGROS

20. Oktober:
Die US-Armee unter General
Krueger erobert Brückenköpfe
an der Ostküste von Leyte

Surigao

Pueto
Princesa

Butuan

7. FLOTTE
(Kinkaid)

SULU-SEE

Del Monte

1. SÜDLICHER VERBAND
(Nishimura)

24. Oktober:
Der 1. südliche Verband
der Japaner zieht sich
zurück, ohne in die Straße
von Surigao einzufahren

Mismus
Iligan
Bislig

MINDANAO

Malabang
Parang
Kabacan
Davao
Kotabat

Zamboanga

Isabela

N

Jolo

CELEBES-SEE

brillanten Plan zur Verteidigung des Archipels, verfügten aber nicht über die nötigen Truppen, um ihn auch umzusetzen. Außerdem unterschätzten sie die Stärke der angreifenden Armee. So landeten die ersten Amerikaner am 17. Oktober bei Suluan an der Einfahrt zum Golf von Leyte. Am

nächsten Tag folgte eine Landung auf der benachbarten Insel Homonhon. Der Weg nach Leyte war nun gesichert. Am 20. Oktober trafen GIs an der Ostküste und auf Samar im Nordwesten ein. MacArthur hatte die Landungen von der Brücke des Kreuzers „Nashville" aus ver-

Die Befreiung der Philippinen begann mit der Landung der Amerikaner auf Leyte vom 20. bis zum 27. Oktober 1944.

folgt. Nach dem Mittagessen zog er eine saubere Uniform an, setzte sich Sonnenbrille und Marschallsmütze auf und ließ sich begleitet von Angehörigen des Pressekorps auf einer Barkasse an den Strand rudern. Publikumswirksam verkündete er: «Volk der Philippinen, ich bin zurückgekehrt! Dank der Gnade des Allmächtigen Gottes stehen unsere Truppen wieder auf philippinischem Boden!»

Die Japaner kämpften verbissen, doch sie konnten die Amerikaner nicht wieder vertreiben, da diese die Luftüberlegenheit besaßen. Zwar kam den Verteidigern eine 13 000 Mann starke Verstärkungstruppe aus Luzon zu Hilfe, als aber später weitere 10 000 Japaner eine Landung versuchten, wurden ihre Schiffskonvois versenkt. Nur einige wenige Männer schafften es ans Ufer.

Aus gut versteckten Stellungen heraus kämpften die Japaner um jeden Quadratzentimeter Boden. Oft tauchten sie wie aus dem Nichts auf, brachten Sprengstoff unter Panzern zur Explosion oder schossen von hinten auf die amerikanischen Angreifer. Im November rückten die Amerikaner gegen japanische Positionen in der Carigara-Bucht vor, die ihren Angriff auf Ormoc City behinderten. Die Japaner wehrten sich mit aller Kraft, aber am 23. November gelang den Amerikanern unter General Sibert schließlich der Durchbruch.

Die ganze Zeit über wurden die amerikanischen Truppen von den berüchtigten Kamikaze-Fliegern angegriffen. Nachdem die Japaner aus den Ebenen vertrieben worden waren, kämpften sie in den Bergen weiter. Am 10. Dezember fiel Ormoc City und am ersten Weihnachtstag der Hafen bei Palompon. Die Entschlossenheit der Verteidiger sorgte dafür, dass sich die Schlacht um Leyte noch monatelang hin-

zog, selbst als die Japaner ihre Truppen nicht mehr effektiv versorgen konnten.

SCHLACHT AM GOLF VON LEYTE

In der Zwischenzeit war es zur größten Seeschlacht des gesamten Pazifik-Kriegs gekommen. Am 25. Oktober sandte Admiral Soemu Toyoda eine große Flotte in den Golf von Leyte, um die Invasion der Amerikaner zu vereiteln. Die Japaner besaßen nur 116 Flugzeuge auf ihren kombinierten Flugzeugträgern und 180

„Göttlicher Wind": Der Flugzeugträger „USS Belleau Wood" mit Torpedo-Bombern vom Typ Grumman TBF Avenger an Bord steht in Flammen. Er wurde bei Kampfhandlungen vor Leyte am 30. Oktober von einem japanischen Kamikaze-Flieger getroffen. Im Hintergrund sieht man den brennenden Flugzeugträger „USS Franklin".

«Better Leyte than never!»

<small>WORTSPIEL AMERIKANISCHER KRIEGSGEFANGENER NACH DER LANDUNG DER US-TRUPPEN</small>

weitere in Manila, um die amerikanischen Landungstruppen abzuwehren. Aber auf ihren Schiffen verfügten sie über die damals größten Geschütze der Welt. Die Schlacht dauerte bis in die Nacht, als der Himmel von Leuchtspurgeschossen erhellt wurde. Die Amerikaner erwiesen sich jedoch als überlegen zu Wasser und in der Luft. Im Lauf der folgenden vier Tage verloren die Japaner 28 Schiffe gegenüber sechs auf Seiten der Amerikaner. Am Ende schickten die Japaner mit 250-Kilogramm-Bomben beladene Kamikaze-Flieger gegen die Flugzeugträger. Zwar konnten sie noch die „USS St. Lo" versenken, aber die Widerstandskraft der kaiserlichen japanischen Marine war trotzdem gebrochen.

Die Kamikaze-Missionen waren von Vizeadmiral Takijiro Onishi entwickelt worden. Er hatte bei seiner Ankunft in Luzon weniger als 100 Flugzeuge zur Verfügung und überlegte, wie er sie am effektivsten einsetzen konnte. Der Begriff *Kamikaze* („göttlicher Wind") bezeichnete ursprünglich Taifune, die im 13. Jahrhundert zwei mongolische Flotten auseinandergetrieben und Japan so vor einer Invasion bewahrt hatten.

Nach der Zerstörung seiner Flotte befahl Tokio eine Großoffensive an Land. Yamashita wollte Feldmarschall Terauchi dazu bringen, den Generalstab umzustimmen, denn Verstärkungstruppen würden große Schwierigkeiten haben, an der amerikanischen Flotte vorbeizukommen. Zudem vermutete Yamashita, dass Leyte

Der Befreier der Philippinen, Douglas MacArthur, bei seiner berühmten Landung auf der zur Inselgruppe Leyte gehörenden Insel Homonhon. Das Bild ist eines der bekanntesten des gesamten Pazifik-Krieges.

eine Finte war und die Amerikaner in Wirklichkeit vorhatten, die Hauptinsel Luzon einzunehmen. Er sollte recht behalten. Am 15. Dezember um 7:32 Uhr landeten die Amerikaner auf der Insel Mindoro, unmittelbar südlich von Luzon.

Auf Mindoro befanden sich nur 1000 Japaner. Yamashita sah die Insel als verloren an. Am 28. Dezember hatten die Amerikaner die beiden Luftwaffenstützpunkte auf der Insel erobert. Yamashita hatte im Stillen auch Leyte aufgegeben, obwohl der japanische Premierminister Kunaiki Koiso seine Landsleute auf einen Sieg eingeschworen hatte. Er wollte eher die Inseln Cebu und Negros halten, die ihm äußerst geeignet für nachhaltige Kämpfe erschienen.

VORMARSCH AUF MANILA

Die Landungen auf Luzon, wo auch die philippinische Hauptstadt Manila liegt, begannen am 9. Januar. Es war Amerikas größte Operation im Pazifik-Krieg. Fast 175 000 Mann landeten im Golf von Lingayen unter dem Kommando von General Walter Krueger, einem der vielen Deutschamerikaner, die sich auf dem Kriegsschauplatz im Pazifik auszeichneten. Beim Eröffnungsbombardement wurden auch einige Transportschiffe getroffen, die amerikanische Kriegsgefangene nach Japan brachten; Hunderte kamen dabei ums Leben. Da sie nur auf symbolischen Widerstand stießen, marschierten die US-Truppen sogleich nach Süden Richtung Manila. Bis zur Morgendämmerung hatten sie 13 Kilometer zurückgelegt. Yamashita hatte zwar starke Verteidigungsstellungen in den Bergen rund um die Bucht eingerichtet, gelangte aber rasch zu der Überzeugung, dass die entscheidende Schlacht in den Bergen im Norden der Insel geschlagen würde.

Die Amerikaner nahmen die japanischen Verteidigungsstellungen von ihren Schiffen aus unter Beschuss, aber einige der Schiffe wurden von Kamikaze-Fliegern versenkt. In der letzten Januarwoche nahmen die Amerikaner Clark Field ein, den Ort ihrer demütigenden Niederlage drei Jahre zuvor.

Am 3. Februar marschierten Truppen der 1st Cavalry Division in Manila ein. Corregidor an der Einfahrt zur Bucht von Manila hielt bis zum 27. Februar aus, und es dauerte bis zum 3. März, die Japaner vollständig aus Manila zu vertreiben. Um dem erbitterten Widerstand von Fort Drum in der Bucht von Manila ein Ende zu bereiten, pumpten die Amerikaner über 11 000 Liter Diesel in die Festung und zündeten sie an. Es gab keine Überlebenden.

Es wurde Zeit aufzuräumen. Die Insel Palawan wurde am 28. Februar angegriffen, als die 8. Armee bei Puerto Princesa landete. Am 17. April landeten die Alliierten auf Mindanao und eroberten von dort aus Cebu sowie Panay und Negros zurück. Wieder zogen sich die Japaner in kleinen Einheiten in den Dschungel zurück und kämpften bis zum 2. September weiter. Auf Lobang, der letzten Insel, die 1942 kapitulierte, wurde der japanische Leutnant Hiro Onoda erst im Jahr 1974 im Dschungel entdeckt. Er behauptete, er warte noch immer auf den Befehl seiner Vorgesetzten, die Waffen niederzulegen.

«*Volk der Philippinen, ich bin zurückgekehrt! Dank der Gnade des Allmächtigen Gottes stehen unsere Truppen wieder auf philippinischem Boden!*»

FELDMARSCHALL DOUGLAS MACARTHUR NACH SEINER LANDUNG AUF DEN PHILIPPINEN

DIEN BIEN PHU

General Vo Nguyen Giap / französische Kolonialtruppen
13. März–7. Mai 1954

FAST WÄHREND DES GESAMTEN ZWEITEN WELTKRIEGS kollaborierte das französische Kolonialregime in Indochina mit den Japanern. Erst gegen Ende des Krieges, als ihre Position immer schwieriger wurde, verdrängten die Japaner die Franzosen. Das entstehende Machtvakuum nutzte der kommunistische Führer Ho Chi Minh aus, der die vollständige Unabhängigkeit seines Landes anstrebte. Schon 1941 hatte Ho den ehemaligen Lehrer und Journalisten Yo Nguyen Giap gebeten, eine vietnamesische Nationalarmee aufzustellen. Diese Armee, die „Liga für die Unabhängigkeit Vietnams", kurz Viet Minh, stellte sich gegen die französischen Kolonialtruppen, die 1946 nach Indochina zurückkehrten.

Vom kommunistischen China ausgebildet und bewaffnet, begann Giap 1946 einen Guerillakrieg gegen die französische Kolonialmacht. Dabei brachte er immer größere Gebiete unter seine Kontrolle. Mit dem Verlust mehrerer Forts entlang der chinesischen Grenze «erlitten die Franzosen ihre größte koloniale Niederlage seit dem Tod von Montcalm in Quebec», so der Kriegsjournalist Bernard Fall.

ENTWICKLUNG AUFHALTEN

Die Viet Minh hatte sich in kürzester Zeit zu einer richtigen Armee mit Regiments- und Divisionsstruktur entwickelt. Als die Befreiungskämpfer 1950 auf Hanoi marschierten, trafen die Franzosen Vorkehrungen für die Evakuierung der Stadt. In einem letzten verzweifelten Versuch, die Entwicklung aufzuhalten, entsandte Frankreich nun einen seiner größten Generäle des Zweiten Weltkriegs, Marschall Jean de Lattre de Tassigny. Tatsächlich besiegte er Anfang 1951 Giap in der Schlacht von Vinh Yen am Delta des Roten Flusses. Allerdings verlor er im Mai seinen einzigen Sohn in der Schlacht von Nam Dinh.

Danach erzielte de Lattre de Tassigny eine Reihe weiterer Erfolge, die Giap und seine chinesischen Berater zwangen, ihre Strategie zu überdenken. Aber Ende 1951 erkrankte der General und musste nach Paris zurückkehren, wo er wenige Monate später starb.

In der Schlacht von Hoa-Binh, die von November 1951 bis Februar 1952 dauerte, kam es zu «einigen der schlimmsten Fluss-Kämpfe seit dem amerikanischen Bürgerkrieg», so Bernard Fall. Auch wenn er mehr Männer als die Franzosen verlor, ging Giap aus dieser langen kriegerischen Auseinandersetzung als Sieger hervor. Er vermied es, auf offenem Gelände zu den Bedingungen des Gegners zu kämpfen. Stattdessen wartete er auf den richtigen Augenblick, um in die Offensive zu gehen und den Gegner zum Rückzug zu zwingen.

Die Kolonialtruppen in Indochina stützten sich in erster Linie auf ihre Luftwaffe, die aus einer Mischung aus britischen Spitfires, im Zweiten Weltkrieg erbeuteten deutschen Ju-52 und amerikanischen C-47-Dakotas bestand. Um der modernen Ausrüstung und der Luftüberlegenheit der

Französische Fallschirmjäger in einem der Gräben im Zentrum der Dschungelfestung Dien Bien Phu. Das Foto entstand am 24. März 1954, elf Tage nach dem ersten verheerenden Angriff der Viet Minh.

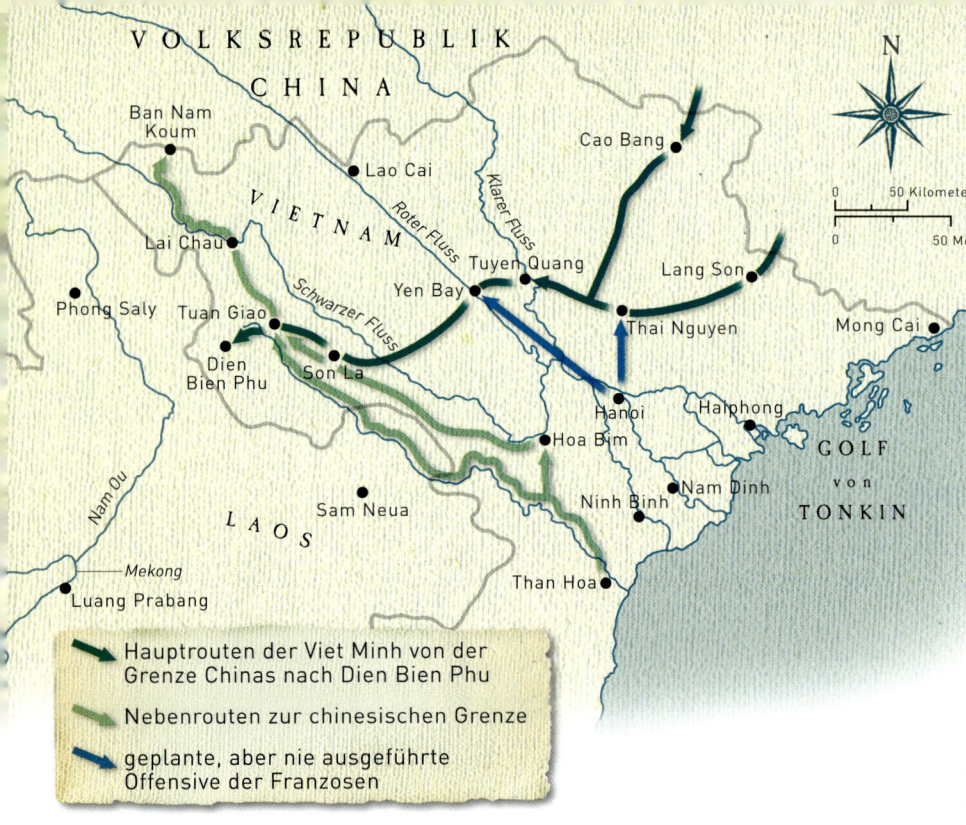

VOLKSREPUBLIK CHINA

VIETNAM

Ban Nam Koum · Lao Cai · Cao Bang · Lang Son · Mong Cai · Lai Chau · Tuyen Quang · Yen Bay · Thai Nguyen · Phong Saly · Tuan Giao · Dien Bien Phu · Son La · Hanoi · Haiphong · Hoa Bim · Sam Neua · Nam Dinh · Ninh Binh · Luang Prabang · Than Hoa

Klarer Fluss · Roter Fluss · Schwarzer Fluss · Nam Ou · Mekong

LAOS

GOLF von TONKIN

➤ Hauptrouten der Viet Minh von der Grenze Chinas nach Dien Bien Phu

➤ Nebenrouten zur chinesischen Grenze

➤ geplante, aber nie ausgeführte Offensive der Franzosen

Verbindungswege der Viet Minh durch den Norden Vietnams zu den französischen Stellungen bei Dien Bien Phu im Jahr 1954.

Franzosen entgegenzuwirken, entwickelten sich die Viet Minh zu Meistern der Tarnung und des Guerillakampfes.

„OPERATION LORRAINE"

Zwischen Oktober und November 1952 wurden französische Truppen im Rahmen der „Operation Lorraine" unter General Raoul Salan nach Nghia Lo in den Nordwesten Vietnams entsandt. Sie hatten den Auftrag, die gegnerischen Versorgungs- und Kommunikationslinien entlang des Roten Flusses zu unterbrechen. Außerdem sollten sie Giap zwingen, seine Truppen aus der Region abzuziehen.

Der vierstufige Angriffsplan sah die Eröffnung eines Brückenkopfes über den Roten Fluss nach Phu-Tho vor, der sich mit einer aus Viet-Tri kommenden Einsatztruppe zusammenschließen sollte. Die vereinten französischen Kräfte würden dann nach Phu-Doan vorrücken, wo sich ihnen eine Luftlandeeinheit sowie eine *Dinassaut*, eine Sturmtruppe von Marineinfanteristen, anschließen sollten. Danach wollten die Franzosen die verschiedenen Nachschubdepots in der Region versorgen. Am Ende sollte sich Giap mit seinen Truppen zurückziehen, um deren totale Vernichtung zu verhindern.

Es war die größte Armee, die Frankreich je in Vietnam aufgestellt hatte: Vier mobile Gruppen, ein Pionierbataillon und drei Fallschirmjägerbataillon sowie fünf Komman-doeinheiten, zwei Panzergruppen, Panzerabwehr- und Aufklärungstrupps, zwei *Dinassaut*, zwei Artilleriebataillone und zahlreiche Ingenieure. Insgesamt waren es über 30 000 Mann. Die Truppen sollten eine Reihe von Stützpunkten mit einer Landebahn im Zentrum errichten.

Wegen der Größe der Einsatztruppe mussten Straßen und Brücken gebaut werden, eine schwierige Aufgabe für die französischen Ingenieure. Der Brückenkopf war am 4. November 1952 gesichert. Die Franzosen rückten stetig voran und legten bis zum 7. November 800 Kilometer zurück. Bis zum 14. November hatten sie alle ihre Ziele erreicht, und General Salan befahl den Rückmarsch.

Auf dem Rückweg mussten die Franzosen jedoch erkennen, dass die Viet Minh stärker waren, als sie gedacht hatten. Sie wurden nicht nur von den Chinesen, sondern auch von der Sowjetunion unterstützt. Am 17. November wurden die Franzosen an einer blockierten Straße in der Chan-Muong-Schlucht aufgehalten. Sie waren in einen Hinterhalt geraten. Aus dem Überraschungsangriff der Viet Minh wurde ein Massaker.

DSCHUNGELFESTUNG

Um auch den Norden von Laos zu kontrollieren, wo sich ebenfalls eine Unabhängigkeitsbewegung gegen die französische Kolonialmacht gebildet hatte, trafen die Franzosen am 24. Juli 1952 die verhängnisvolle Entscheidung, in Dien Bien Phu an der Grenze zu Laos eine befestigte Stellung einzurichten. Der Befehl zum Ausbau kam von dem neuen Oberkommandierenden der französischen Kolonialtruppen in Indochina, General Henri Navarre.

Ab dem 20. November wurden im Zuge der „Operation Castor" 9000 Fallschirmjäger über dem Gebiet abgesetzt. Die Anordnung der französischen Verteidigungsanlagen – jede angeblich benannt nach einer ehemaligen Geliebten des befehlshabenden Offiziers Christian de Castries – war schlecht durchdacht. Der südlichste Außenposten, „Isabelle", in dem drei der zwölf Infanteriebataillone sowie ein Drittel der Geschütze und Panzer stationiert waren, lag sieben Kilometer südlich der Hauptstellung. Dadurch konnten die Franzosen ihre Kräfte in der späteren Schlacht nicht konzentrieren. Abgesehen von den

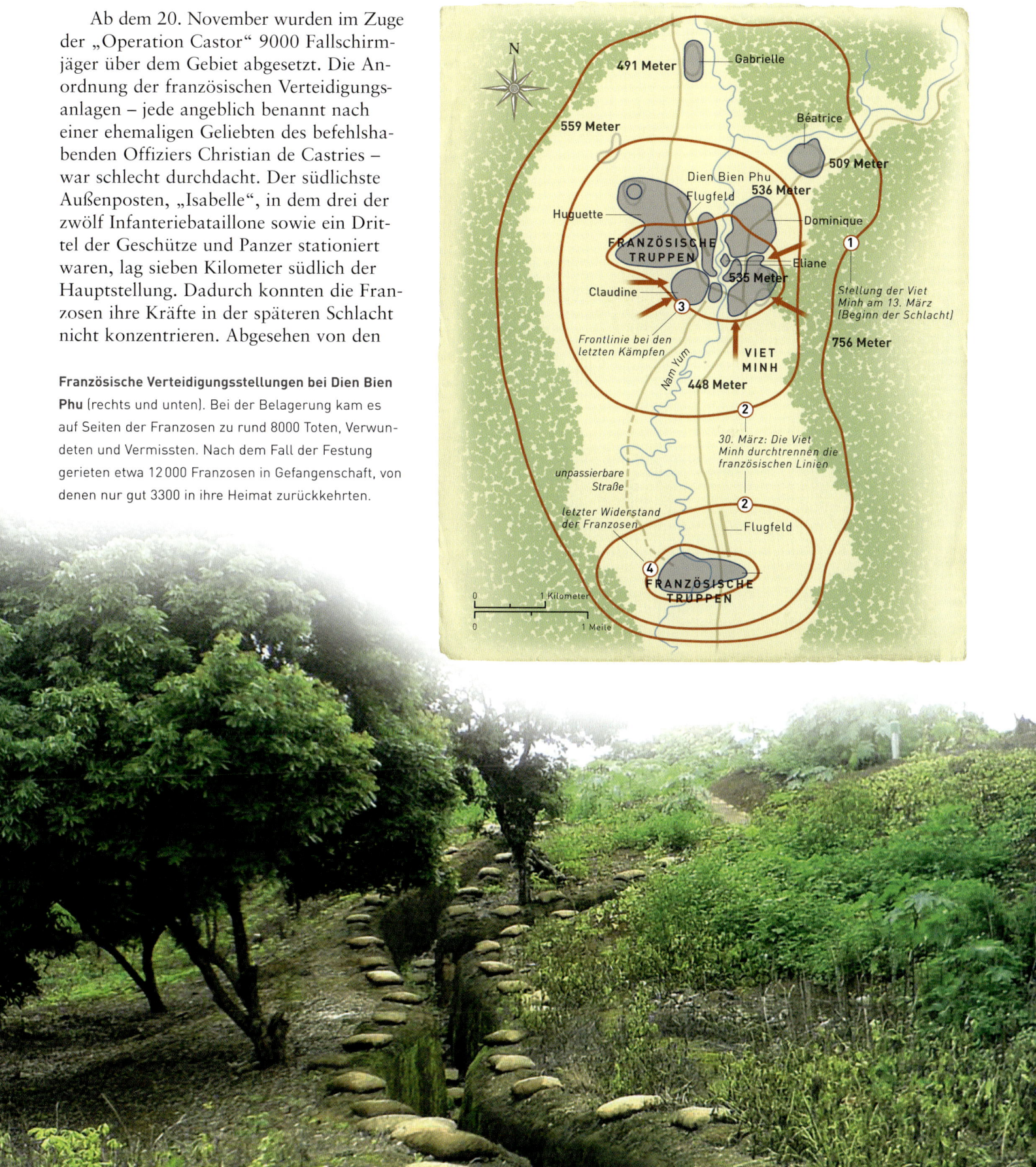

Französische Verteidigungsstellungen bei Dien Bien Phu (rechts und unten). Bei der Belagerung kam es auf Seiten der Franzosen zu rund 8000 Toten, Verwundeten und Vermissten. Nach dem Fall der Festung gerieten etwa 12 000 Franzosen in Gefangenschaft, von denen nur gut 3300 in ihre Heimat zurückkehrten.

N

491 Meter — Gabrielle

559 Meter

Béatrice

509 Meter

Dien Bien Phu
Flugfeld 536 Meter

Huguette

Dominique

FRANZÖSISCHE TRUPPEN

Eliane ① Stellung der Viet Minh am 13. März (Beginn der Schlacht)

535 Meter

Claudine ③

Frontlinie bei den letzten Kämpfen

Nam Yum

756 Meter

VIET MINH

448 Meter

②

30. März: Die Viet Minh durchtrennen die französischen Linien

unpassierbare Straße

②

letzter Widerstand der Franzosen — Flugfeld

④ FRANZÖSISCHE TRUPPEN

0 — 1 Kilometer
0 — 1 Meile

Stützpunkten „Gabrielle" (491 Meter) und „Béatrice" (509 Meter) lag zudem keiner höher als 380 Meter. Zudem erstreckten sich nur zweieinhalb Kilometer von Dien Bien Phu entfernt zwei Bergketten mit einer durchschnittlichen Höhe von 1100 beziehungsweise 550 Metern. Als „Gabrielle" und „Béatrice" später verloren gingen, konnten die Viet Minh gleich von mehreren Punkten aus auf die französischen Stellungen hinabsehen.

Während die „Operation Castor" voranschritt, war auch Giap nicht untätig. Eine Truppe von 50 000 Viet Minh näherte sich Dien Bien Phu auf Fahrrädern, umzingelte die Stellung und begann, unter den Höhen Tunnel zu graben. So entstand ein

Netzwerk perfekt getarnter Gänge, über das die Viet Minh ihre Geschützpositionen mit Munition versorgen konnten. Ihre Stellungen glichen einem «menschlichen Ameisenhügel», so Navarre. Einzelne Geschütze verankerten die Viet Minh in getarnten Gräben, die gegen französische Artillerie- oder Luftangriffe weitgehend abgeschirmt waren. Für den Einsatz von Napalm, das die Franzosen ab 1949 als Brandwaffe verwendeten, war es im Dschungel zu nass. Es dauerte nicht lange, und die Franzosen waren zahlenmäßig und waffenmäßig unterlegen, auch wenn später noch Fallschirmjäger unter dem Kommando von Pierre Langlais und Marcel Bigeard zu ihrer Rettung eingeflogen wurden.

DIE SCHLACHT BEGINNT

Die Belagerung der französischen Stellungen begann am 13. März 1954. Das Eröffnungsfeuer der Viet Minh zerstörte die Landebahn und schaltete die französische Artillerie aus. Von nun an mussten französische Flugzeuge Nachschub aus großer Höhe abwerfen, was nicht immer gelang.

Bei ihren Angriffen wandten die Viet Minh Taktiken an, die an die Zeit des Festungsbauers Vauban erinnerten. Sie legten Annäherungsgräben rund um die feindlichen Stellungen an und kamen bis auf weniger Meter heran, bevor sie Sprengladungen abfeuerten, die am Ende von verlängerbaren Rohren befestigt waren. Die Franzosen verteidigten Dien Bien Phu dennoch verbissen. Die vielen toten Viet Minh rund um „Béatrice" veranlassten Giap am 14. März, um einen Waffenstillstand zu ersuchen. Aber auch die Franzosen erlitten hohe Verluste. Vom 3. Bataillon und der 13. Brigade der Fremdenlegion hatten nur wenige Soldaten und kein einziger Offizier überlebt.

Beim Außenposten „Gabrielle" war die Situation ähnlich. Die Sandsäcke wurden vom Artilleriefeuer der Viet Minh in Fetzen gerissen. Das französische 5. und 7. Bataillon sowie algerische Truppen kämpften mit großer Entschlossenheit. Am 14. März startete Colonel Langlais bei „Gabrielle" mit seinen Fallschirmjägern und zwei Tankzügen einen Gegenangriff. Zwar gelang den Franzosen der Durchbruch, aber sie konnten keine angemessenen Verteidigungsstellungen einrichten. Die Situation war vergleichbar mit Verdun, wo der Boden durch unablässiges Granatfeuer in feinen Sand verwandelt worden war. Langlais konnte nur noch die Überlebenden einsammeln und sich zurückziehen. Dieser Rückschlag markierte den Anfang vom Ende für die französischen Verteidiger.

Das unaufhörliche Bombardement trieb die französischen Truppen fast in den Wahnsinn. Den Verteidigern gingen Munition und Granaten aus. Mutlosigkeit machte sich breit. Zu allem Überfluss warfen die französischen C-199-Transportflugzeuge am 15. April aus Versehen ganze 19 Tonnen Munition über den feindlichen Linien ab. Die letzten Stützpunkte von Dien Bien Phu fielen am 7. Mai, als 12 000 französische Soldaten kapitulierten. Am nächsten Tag startete die 13. Brigade der Fremdenlegion noch einen letzten verzweifelten Bajonettangriff. Nur 70 Männern gelang der Ausbruch aus der Festung.

Für diese militärische Katastrophe gab es drei Gründe: falsche Einschätzung der Möglichkeiten zur Versorgung aus der Luft, Einrichtung einer Festung, die nicht kompakt genug war, um die Verteidigung ihrer Außenposten zu gewährleisten, sowie die fatale Fehleinschätzung der gegnerischen Kräfte.

Am 20. Juli 1954 mussten sich die Franzosen in Genf den vietnamesischen Forderungen beugen und den gesamten Norden Vietnams nördlich des 17. Breitengrads an die kommunistische Regierung von Ho Chi Minh abtreten. Dies war ein Vorgeschmack auf die bitteren Niederlagen, die die Franzosen im Laufe der kommenden zehn Jahre in Nordafrika erleiden sollten. Die alte Kolonialmacht zog sich angeschlagen aus Indochina zurück. Nur wenige Jahre später wurde Vietnam zum Schauplatz einer der umstrittensten Kriege des Jahrhunderts.

«Die Franzosen ... erlitten ihre größte koloniale Niederlage seit dem Tod von Montcalm in Québec.»

DER HISTORIKER BERNARD FALL ÜBER DIE DEMÜTIGUNG DER FRANZOSEN IN INDOCHINA

DER SINAI-FELDZUG

GROSSBRITANNIEN UND FRANKREICH marschierten 1956 in Ägypten ein, um den ägyptischen Präsidenten Nasser dazu zu bringen, die Verstaatlichung des Sueskanals rückgängig zu machen. Aber die Vereinigten Staaten und die Sowjetunion, die aus dem Zweiten Weltkrieg als die neuen Supermächte hervorgegangen waren, zwangen ihre ehemaligen Verbündeten zu einem erniedrigenden Rückzug. Das Jahr 1956 markiert aber auch ein weiteres Kapitel in der Geschichte der sich verschlechternden arabisch-israelischen Beziehungen.

Kaum hatte der erste israelische Ministerpräsident, David Ben-Gurion, 1948 die Gründung des neuen Staates verkündet, wurde Israel von den umliegenden arabischen Staaten angegriffen. Doch die Israelis behaupteten ihre Unabhängigkeit.

Bei den Kämpfen zeichnete sich auch Mosche Dajan aus. Vor seiner Karriere in den israelischen Streitkräften war er Mitglied der paramilitärischen jüdischen Untergrundorganisation Hagana gewesen. Als Dajan im Zweiten Weltkrieg für die Briten kämpfte, verlor er sein linkes Auge. 1953 wurde er zum Generalstabschef ernannt. Bei den Ereignissen von 1956 sollte er eine führende Rolle spielen.

In der Suezkrise agierte Israel gemeinsam mit Großbritannien und Frankreich. Israel wollte vor allem seine Grenze gegen Ägypten schützen, das noch immer unter der Niederlage von 1948 litt. Später in seinem Leben wurde Dajan wieder zur Armee berufen und führte die Israelis im Sechstagekrieg 1967 zum Sieg.

HERAUFZIEHENDE KRISE

Im Vorfeld der Suezkrise 1956 hatte der israelische Geheimdienst besorgt die wachsende Freundschaft zwischen dem ägyptischen Präsidenten Gamal Abdel Nasser und der Sowjetunion verfolgt. Die Sowjets boten Ägypten einen Kredit für den Bau des neuen Assuan-Staudamms an. Mit der UdSSR besaß Nasser einen mächtigen Verbündeten, der ihm auch helfen konnte, sich von Franzosen und Briten zu lösen. Diese hielten nach wie vor die Aktienmehrheit der Sueskanal-Gesellschaft. Zudem wurde das Kanalgebiet von Abteilungen britischer Soldaten kontrolliert.

Nasser kaufte 1955 ein großes Kontingent an Waffen von der Tschechoslowakei, einem Verbündetem der Sowjetunion im Warschauer Pakt, darunter Jagdflugzeuge, Panzer und Torpedo-Boote. Die beunruhigten Israelis hofften, dass die Briten und Franzosen reagieren würden. Am 26. Juli 1956 fühlte sich Nasser stark genug, um den Sueskanal zu verstaatlichen.

Dajan skizzierte den Plan eines Präventivschlags in der Wüste Sinai auf einer Zigarettenschachtel. Aber erst als er Ben-Gurion vor Augen führte, dass die Ägypter Ziele in Israel angreifen könnten, stimmte der Ministerpräsident den Kriegsplänen zu. Israel hatte seinerseits für insgesamt 100 Millionen US-Dollar Rüstungsgüter von den Franzosen gekauft, unter anderem Kampfflugzeuge und Jagdbomber sowie 2000 Panzer. Die Franzosen fragten die

Jubelnde israelische Soldaten bei der Einnahme der Küstenstadt Gaza im Jahr 1956, die seit dem Krieg von 1948 von den Ägyptern kontrolliert wurde.

Mosche Dajan (hintere Reihe, mit Augenklappe) und Kommandeure der israelischen Fallschirmjägerbrigade 202 während des Sinai-Feldzugs 1956. Rechts neben Dajan steht Ariel Scharon, und in der vorderen Reihe ganz rechts erkennt man Raful Eitan. Scharon amtierte von 2001 bis 2006 als israelischer Ministerpräsident. Auch Dajan und Eitan gingen später in die Politik.

Israelis diskret, wie lange sie brauchen würden, um den Sueskanal zu erreichen. Ihnen wurde versichert, dass es in fünf bis sieben Tagen zu schaffen sei. Dies war die Grundlage des nachfolgenden koordinierten Angriffs der beiden Staaten.

Dajan wollte die Ägypter auf keinen Fall so weit provozieren, dass sie Städte in Israel bombardierten. Die Armeen sollten sich von Kairo fernhalten, aber es würden Vorbereitungen für einen Blitzangriff auf die Sinai-Halbinsel getroffen werden.

EROBERUNG DES MITLA-PASSES

Am 29. Oktober 1956 startete Dajan die „Operation Kadesh". Israel verfügte über eine kleine Armee von 10 000 Berufssoldaten und 40 000 Rekruten. Dajan war der einzige General. Wegen der allgemeinen Wehrpflicht konnte jedoch jederzeit eine Armee von 200 000 ausgebildeten Reservisten aufgestellt werden. Zuerst wandte Dajan ein Täuschungsmanöver an und schickte die Fallschirmjägerbrigade 202 unter Oberst Ariel Scharon an die jordanische Grenze. Dann kappten Jagdbomber im Tiefflug von nur 3,7 Metern über dem Boden die Leitungen zum Hauptquartier der ägyptischen Armee in Isamailia und

unterbrachen so die ägyptischen Kommunikationslinien auf dem Sinai.

Noch immer hegten die Ägypter keinen Verdacht. Ihnen erschien es unwahrscheinlich, dass es in der unwirtlichen Wüste Sinai zum Kampf kommen könnte. Noch fehlte Scharon ein Bataillon. Aber am 29. Oktober flogen 16 Transportflugzeuge unter dem ägyptischen Radar hindurch, bevor sie auf 460 Meter Höhe gingen und etwa 24 Kilometer östlich des Mitla-Passes und 64 Kilometer östlich von Sues die restlichen 395 Fallschirmjäger der Brigade 202 unter dem Kommando von Oberstleutnant Raful Eitan absetzten. Der etwa 145 Kilometer von der israelischen Grenze entfernte Mitla-Pass war praktisch der einzige Weg für die Überquerung der Bergzüge, die die Wüste vom Kanal trennen. Die Israelis marschierten zum Pass und gruben sich bei Sonnenuntergang ein. Um 21 Uhr erfolgte ein weiterer Abwurf: Jeeps, Waffen, Munition, Wasser, Lebensmittel und Medikamente. Auch die französische Luftwaffe warf Lieferungen ab.

Die 30 000 Mann starke ägyptische Sinai-Armee wurde vollkommen überrumpelt. Eine Einheit von Truppentransportern, die von der Landung der Israelis nichts wusste, wurde überrascht, als sie sich näherte und in einen Hinterhalt geriet. «Wir kaperten einige ihrer Fahrzeuge und fanden zum Glück auch einen großen Vorrat an Trinkwasser», schrieb Eitan.

Der Rest der Brigade, unter dem Kommando von Scharon, machte nun an der jordanischen Grenze kehrt und trat den Weg durch die Wüste an, um am Mitla-Pass mit Eitan zusammenzutreffen. Scharons erstes Ziel war die Stadt Kuntilla. Im israelischen Radio wurde sein Vorgehen mit der Begründung gerechtfertigt, die Armee neutralisiere Stützpunkte der Fedajin (arabische Aufständische) im Sinai. Später aber gestand Ariel Scharon in seinen Memoiren, dass dies nur ein Vorwand gewesen sei und es habe keine Aufständi-

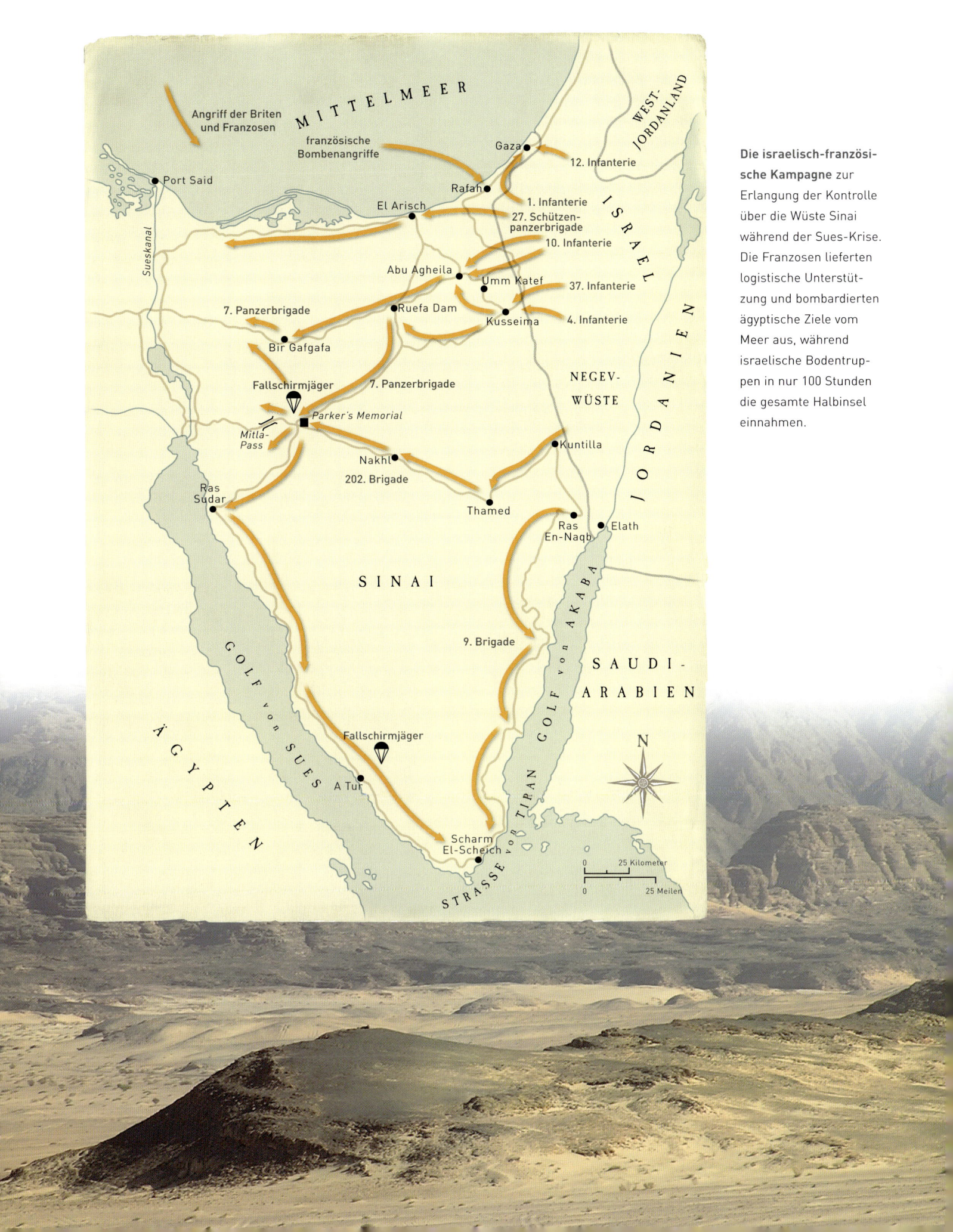

Angriff der Briten und Franzosen

MITTELMEER

französische Bombenangriffe

Port Said

Sueskanal

WEST-JORDANLAND

Gaza — 12. Infanterie

Rafah

El Arisch — 1. Infanterie

27. Schützen-panzerbrigade

ISRAEL

10. Infanterie

Abu Agheila

Umm Katef — 37. Infanterie

7. Panzerbrigade

Ruefa Dam

Kusseima — 4. Infanterie

Bir Gafgafa

NEGEV-WÜSTE

Fallschirmjäger

7. Panzerbrigade

Parker's Memorial

Mitla-Pass

Nakhl

202. Brigade

Kuntilla

Ras Sudar

Thamed

Ras En-Naqb — Elath

JORDANIEN

SINAI

SAUDI-ARABIEN

GOLF von SUES

GOLF von AKABA

9. Brigade

ÄGYPTEN

Fallschirmjäger

A Tur

Scharm El-Scheich

STRASSE vor TIRAN

N

0 — 25 Kilometer
0 — 25 Meilen

Die israelisch-französische Kampagne zur Erlangung der Kontrolle über die Wüste Sinai während der Sues-Krise. Die Franzosen lieferten logistische Unterstützung und bombardierten ägyptische Ziele vom Meer aus, während israelische Bodentruppen in nur 100 Stunden die gesamte Halbinsel einnahmen.

schen gegeben. Bei Themed stieß Scharons Einheit auf Widerstand von zwei Kompanien ägyptischer Infanterie, die er aber bald zurückschlagen konnte, um dann weiter vorzurücken.

SCHWER ERKÄMPFTER SIEG

Inzwischen hatten die Ägypter eiligst Truppen an den Mitla-Pass verlegt. Eitans Armee hielt 30 Stunden aus, bis Scharon ihr zu Hilfe kam, der in vier Tagen 145 Kilometer zurückgelegt hatte.

Aber die Stellung der Israelis auf dem Mitla-Pass war noch immer verwundbar. Sie wurden von der ägyptischen 2. Infanteriebrigade und von MiG-17-Jagdflugzeugen unter Beschuss genommen. Die ägyptische Luftwaffe startete auch weitgehend wirkungslose Angriffe auf Militärflughäfen in Israel. Eitan und Scharon verfügten nur über 1200 Mann, drei Panzer und ein paar Feldgeschütze. Scharon war dafür, sich auf die umliegenden Höhen des

Passes zu begeben, um eine bessere Verteidigungsposition zu finden. Die Ägypter schickten nun massive Verstärkung in Erwartung eines entscheidenden Sieges. Das israelische Oberkommando erteilte Scharon nicht die Erlaubnis, den Pass zu stürmen, aber er machte auf eigene Faust weiter und konnte schließlich durchbrechen, allerdings um den Preis von 38 Toten und 200 Verwundeten. Dajan war außer sich. Er hielt dieses Opfer für sinnlos, denn sein Angriffsplan hatte nie vorgesehen, über diesen Punkt hinaus vorzurücken.

Dajan schickte nun weitere Einheiten in den Sinai. Die Zentrale Einsatztruppe unter Yehuda Wallach zog nach Norden Richtung Abu Agheila und bekämpfte die Ägypter bei Umm Katef.

Die Franzosen unterstützen die Israelis nicht nur durch Nachschub aus der Luft: Am 31. Oktober nahm der ägyptische Zerstörer „Ibrahim al-Awal" den Hafen

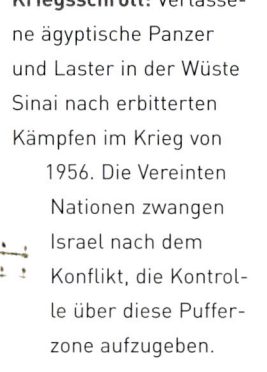

Kriegsschrott: Verlassene ägyptische Panzer und Laster in der Wüste Sinai nach erbitterten Kämpfen im Krieg von 1956. Die Vereinten Nationen zwangen Israel nach dem Konflikt, die Kontrolle über diese Pufferzone aufzugeben.

> *«Wie können wir Großbritannien und Frankreich unterstützen, wenn wir dadurch die gesamte arabische Welt verlieren?»*
>
> US-Präsident Dwight D. Eisenhower, 31. Oktober 1956

und die Erdölraffinerie im nordisraelischen Haifa unter Beschuss. Der französische Zerstörer „Kersaint" intervenierte, und mit Hilfe der Israelis konnte das ägyptische Kriegsschiff zurückgeschlagen werden.

GEWINNER UND VERLIERER

Am selben Tag begann der britisch-französische Angriff auf Ägypten und den Sueskanal. Kampfflugzeuge, die von Stützpunkten in Malta und Zypern sowie von Flugzeugträgern im Mittelmeer aus gestartet waren, bombardierten Port Said und andere wichtige Ziele. Über 100 ägyptische Flugzeuge wurden zerstört.

Mit Hilfe der Franzosen machte sich Dajan nun daran, die Stellungen der Ägypter in der Mitte und im Nordosten des Sinai anzugreifen, wo das Gros ihrer Truppen konzentriert war. Die Israelis wollten einen zweigleisigen Angriff über die Minenfelder hinweg starten, die den Gaza-Streifen schützten, um die Ägypter bei Rafa einzukesseln. In der Nacht vom 30. auf den 31. Oktober begannen israelische Ingenieure mit der Arbeit an den Minen. Am Morgen des 31. Oktober war die Straßenkreuzung bei Rafa eingenommen. Von hier aus rückten die Israelis weiter nach El Arisch vor. Am 2. November fiel Gaza-Stadt und etwa 7000 bis 8000 Ägypter wurden gefangen genommen. Die Israelis verloren dabei nur zehn Männer. Angesichts der israelischen Erfolge desertierten viele ägyptische Soldaten, zogen ihre Uniformen aus, begruben ihre Waffen im Sand und traten den langen Marsch nach Hause in Unterwäsche an. Sie überlebten, weil sie sich von Datteln ernährten, die glücklicherweise zu dieser Jahreszeit gerade reif waren.

Auch El Arisch fiel. Der Vormarsch der Israelis war nun nicht mehr aufzuhalten. Es blieb nur noch ein letztes Ziel: Scharm El-Scheich an der Südspitze der Halbinsel. Dajan bezeichnete dies als «die ehrgeizigste Mission der Sinai-Kampagne». Am 2. November brach Oberst Avraham Yoffe von Kuntilla mit der 9. Brigade und zwei Fallschirmjägereinheiten auf, die Dajan ihm in letzter Minute geschickt hatte.

Am 3. November begann der Angriff auf Scharm El-Scheich mit einem Bombardement der israelischen Luftwaffe. Aber durch das Verhör des Piloten eines abgeschossenen israelischen Flugzeugs wurde der Stadtkommandant vor dem bevorstehenden Bodenangriff gewarnt und hatte Zeit, seine Verteidigung vorzubereiten. Yoffe und seine Männer griffen am 5. November an. Die erste Welle wurde zurückgeschlagen, aber später an diesem Tag ergaben sich die Ägypter. Überall rückten die israelischen Truppen nun weiter vor und kamen erst etwa 16 Kilometer vor dem Sueskanal zum Stehen.

Abgesehen von Scharons Aktion am Mitla-Pass hatte der israelische Plan funktioniert. Beim Sieg über die drei ägyptischen Divisionen hatte Mosche Dajan 170 Männer verloren.

Für Großbritannien und Frankreich war die Sues-Krise eine politische Katastrophe. Die USA forderten den Rückzug und übten massiven diplomatischen und wirtschaftlichen Druck aus, besonders auf Großbritannien. Angesichts einer möglichen internationalen Ächtung waren die beiden einstigen großen Kolonialmächte gezwungen, sich zu fügen. Nasser hingegen ging letztlich als der moralische Sieger aus der Sueskrise hervor.

REGISTER

LITERATURHINWEISE

Baltrusch, Ernst: *Caesar und Pompeius*. Wiss. Buchges., Darmstadt 2004.

Barthorp, Michael: *Blood-red desert sand. The British Invasions of Egypt and the Sudan*. Cassell Military Trade Books, London 2002.

Beevor, Anthony: *D-Day – Die Schlacht in der Normandie*. Bertelsmann, Gütersloh 2010.

Berghahn, Volker: *Der Erste Weltkrieg*. Beck, München 2009.

Busch, Ralf: *Megiddo – Tell-el Mutesellim – Armageddon. Biblische Stadt zwischen Krieg und Frieden*. Wachholtz, Neumünster 2002.

Caesar, Gaius Julius: *Bürgerkrieg. Bellum Civile. Lateinisch/Deutsch*. Artemis & Winkler, München 2005.

Cassius Dio: *Römische Geschichte. 5 Bände*. Artemis & Winkler, Düsseldorf 2007.

Chalfont, Alun: *Der Sieger von El-Alamein. Feldmarschall Montgomery, der Gegner von Rommel*. Ullstein, Frankfurt am Main 1991.

Churchill, Winston: *Marlborough*. Band 1: *Der Weg zum Feldherrn (1650–1705)*. Band 2: *Der Feldherr und Staatsmann (1705–1722)*. Manesse, Zürich 1990.

Craig, Gordon Alexander: *Die preußisch-deutsche Armee 1640–1945. Staat im Staate*. Athenäum-Verlag, Königstein 1980.

Craig, Gordon Alexander: *Königgrätz. 1866 – eine Schlacht macht Weltgeschichte*. Zsolnay, Wien 1997.

Creveld, Martin van: *Die Gesichter des Krieges. Der Wandel bewaffneter Konflikte von 1900 bis heute*. Siedler, München 2009.

Cronin, Vincent: *Napoleon. Stratege und Staatsmann*. Heyne, München 2002.

Crowley, Roger: *Konstantinopel 1453. Die letzte Schlacht*. Theiss, Stuttgart 2009.

Dorn, Günter, und Engelmann, Joachim: *Die Schlachten Friedrichs des Großen. Führung, Verlauf, Gefechts-Szenen, Gliederungen, Karten*. Bechtermünz, Augsburg 1997.

Douglas, David Charles: *Wilhelm der Eroberer. Herzog der Normandie, König von England (1028–1087)*. Diederichs, München 2004.

Duffy, Christopher: *Friedrich der Große. Ein Soldatenleben*. Weltbild, Augsburg 1996.

Dupré, Ben: *Schauplätze der Weltgeschichte. Vom Rubikon bis zur Berliner Mauer*. National Geographic Deutschland, Hamburg 2010.

Eberle, Henrik (Hrsg.): *Das Buch Hitler. Geheimdossier des NKWD für Josef W. Stalin*. Lübbe, Bergisch Gladbach 2005.

Ehlers, Joachim: *Der Hundertjährige Krieg*. Beck, München 2009.

Engels, Johannes: *Philipp II. und Alexander der Große*. Wiss. Buchges., Darmstadt 2006.

Faroqhi, Suraiya: *Geschichte des Osmanischen Reiches*. Beck, München 2003.

Fiedler, Siegfried: *Kriegswesen und Kriegführung im Zeitalter der Kabinettskriege*. Bernard & Graefe, Koblenz 1986.

Füssel, Marian: *Der Siebenjährige Krieg. Ein Weltkrieg im 18. Jahrhundert*. Beck, München 2010.

Gibbon, Edward: *Verfall und Untergang des Römischen Reiches*. Eichborn, Frankfurt am Main 2004.

Grant, R. G.: *Kriege und Schlachten. 5000 Jahre Militärgeschichte*. Dorling Kindersley, Starnberg 2006.

Haarmann, Ulrich: *Geschichte der Arabischen Welt*. Beck, München 2001.

Hausmann, Friederike: *Garibaldi. Die Geschichte eines Abenteurers, der Italien zur Freiheit verhalf*. Wagenbach, Berlin 1999.

Herodot: *Historien*. Artemis & Winkler, Düsseldorf 2004–2006.

Hochgeschwender, Michael: *Der amerikanische Bürgerkrieg*. Beck, München 2010.

Howell, Roger: *Cromwell. Ein absolutistischer Puritaner*. Heyne, München 1981.

Keegan, John, und Wheatcroft, Andrew: *Who's Who in Military History from 1453 to the Present Day*. Routledge, London 1987.

Keegan, John: *Das Antlitz des Krieges. Die Schlachten von Azincourt 1415, Waterloo 1815 und an der Somme 1916*. Campus, Frankfurt am Main – New York 1991.

Keegan, John: *Der Erste Weltkrieg. Eine europäische Tragödie*. Rowohlt, Reinbek bei Hamburg 2006.

Keegan, John: *Die Maske des Feldherrn. Alexander der Große, Wellington, Grant, Hitler*. Rowohlt, Reinbek bei Hamburg 2006.

Krumeich, Gerd: *Jeanne d'Arc. Die Geschichte der Jungfrau von Orleans*. Beck, München 2006.

Livius: *Römische Geschichte. Von der Gründung der Stadt an*. Marix, Wiesbaden 2009.

MacDonogh, Giles: *Prussia. The Perversion of an Idea*. Sinclair-Stevenson, London 1994.

MacDonogh, Giles: *The Last Kaiser: William the Impetuous*. Weidenfeld & Nicolson, London 2000.

Mann, Michael: *Geschichte Indiens vom 18. bis zum 21. Jahrhundert*. Schöningh, Paderborn 2005.

Montgomery, Bernard Law: *Kriegsgeschichte. Weltgeschichte der Schlachten und Kriegszüge*. Area, Erftstadt 2005.

Nepos, Cornelius: *Berühmte Männer. Lateinisch – deutsch*. Artemis & Winkler, Düsseldorf 2006.

Pausanius: *Reisen in Griechenland. 3 Bände*. Artemis & Winkler, Zürich und München 1986–1989.

Plutarch: *Große Griechen und Römer*. Artemis & Winkler, Stuttgart 1965.

Prietzel, Malte: *Krieg im Mittelalter*. Wiss. Buchges., Darmstadt 2006.

Prior, Robin: *Gallipoli. The End of the Myth*. Yale University Press, New Haven und London 2009.

Overy, Richard: *Russlands Krieg 1941–1945*. Rowohlt, Reinbek bei Hamburg 2003.

Riley-Smith, Jonathan: *Die Kreuzzüge. Kriege im Namen Gottes*. Herder, Freiburg im Breisgau 1999.

Roberts, Andrew (Hrsg.): *The Art of War: Great Commanders of the Ancient and Medieval World*. Quercus Books, London 2008.

Rothenberg, Gunther: *Die Napoleonischen Kriege*. Brandenburger Verlagshaus, Berlin 2000.

Runciman, Steven: *Die Eroberung Konstantinopels 1453*. Beck, München 1990.

Runciman, Steven: *Geschichte der Kreuzzüge*. dtv, München 2003.

Sidebottom, Harry: *Der Krieg in der antiken Welt*. Reclam, Stuttgart 2008.

Steininger, Rolf: *Der Nahostkonflikt*. Fischer-Kompakt, Frankfurt am Main 2006.

Suetonius, Tranquillus Gaius: *Das Leben der römischen Kaiser*. Patmos, Düsseldorf 2001.

Tacitus: *Annalen. Lateinisch und deutsch*. Artemis & Winkler, München 1992.

Taylor, Andrew: *Die Großen Reiche. Aufstieg, Blüte und Fall*. National Geographic Deutschland, Hamburg 2010.

Thukydides: *Der Peloponnesische Krieg*. Reclam, Stuttgart 2000.

Thürk, Harry: *Dien Bien Phu. Die Schlacht, die einen Kolonialkrieg beendete*. Brandenburgisches Verlagshaus, Berlin 1997.

Toland, John: *Rising Sun. The Decline and Fall of the Japanese Empire (1936–1945)*. Pen & Sword, Barnsley 2005.

Turner, Barry: *Sues 1956. The Inside Story of the First Oil War*. Hodder, London 2006.

Ulrich, Bernd. *Stalingrad*. Beck, München 2005.

Weber, Kristin: *1066. Die normannische Eroberung Englands*. Matthias Schäfer Verlag, Eschwege 2009.

Weintraub, Stanley: *Queen Victoria. Eine Biographie*. Benziger, Zürich 1993.

Willmott, Hedley Paul: *Der zweite Weltkrieg im Pazifik*. Brandenburgisches Verlagshaus, Berlin 1999.

Worden, Blair: *The English Civil Wars 1640–1660*. Weidenfeld & Nicolson, London 2009.

Zöllner, Reinhard: *Geschichte Japans. Von 1800 bis zur Gegenwart*. Schöningh, Paderborn 2006.

BILDNACHWEIS

2 Wikimedia Commons/United States Coast Guard; 4*(u)* Wikimedia Commons/Vaggelis Vlahos; 4*(o)* Wikimedia Commons; 5*(o)* Wikimedia Commons/Imperial War Museum; 5*(u)*; Wikimedia Commons/United States Army Center of Military History; 9 Shutterstock/Nagib; 11 Wikimedia Commons/Golf Bravo; 13 Galleria Civica d'Arte Moderna di Torino, Turin, Italy/Alinari/Bridgeman Art Library; 14 Wikimedia Commons/Fkerasar; 15 Wikimedia Commons/ Vaggelis Vlahos; 17 Shutterstock/Steba; 19 akg-images; 23 Wikimedia Commons/Campana Collection, 1861/Louvre Museum, Paris; 26 Wikimedia Commons/Jastrow/British Museum, London; 27 Wikimedia Commons/Ken Russell Salvador; 29 akg-images; 33 © Petit Palais/Roger-Viollet/ TopFoto/TopFoto.co.uk; 35 akg-images/De Agostini Pict. Li; 37 Shutterstock/Jule Berlin; 40 Hervé Champollion/akg-images; 43 Wikimedia Commons; 45 Wikimedia Commons/Nikater; 47 Shutterstock/Steba; 48 Wikimedia Commons/Historia No121; 51 Wikimedia Commons; 53 Â©ullsteinbild/TopFoto/TopFoto.co.uk; 57 akg-images; 59 Wikimedia Commons; 61 Shutterstock/Andy Poole; 62 Wikimedia Commons; 65 akg-images/Erich Lessing; 69 akg-images; 73 © Stapleton Collection/Corbis; 74 National Portrait Gallery, London, UK/Bridgeman Art Library; 77 Wikimedia Commons; 78 Wikimedia Commons/Giraud Patrick; 81 Wikimedia Commons/Art Renewal Center Museum; 82 Wikimedia Commons/Sina Bey/Topkapı Sarayı Müzesi; 87 © Fotomas/TopFoto/ TopFoto.co.uk; 88 Wikimedia Commons/Bartholomeus Willemsz. Dolendo/Rijksmuseum Amsterdam; 91 Wikimedia Commons; 92 akg-images; 95 akg-images; 97 The Granger Collection/TopFoto/TopFoto.co.uk; 98–99 © Cheltenham Art Gallery & Museums, Gloucestershire, UK/The Bridgeman Art Library; 100 Wikimedia Commons; 103 Wikimedia Commons/Steve Partridge; 105 IMAGNO/Austrian Archives/TopFoto/TopFoto.co.uk; 106 Wikimedia Commons/The Library of Congress; 109 World History Archive/TopFoto/ TopFoto.co.uk; 110–111 © 2004 Topham Picturepoint/ Topfoto.co.uk; 115 Lauros/Giraudon/The Bridgeman Art Library; 119 Private Collection/Peter Newark Military Pictures/The Bridgeman Art Library; 121 Wikimedia Commons/National Portrait Gallery, London: NPG 526; 123 akg-images; 127 © TopFoto/ TopFoto.co.uk; 131 Wikimedia Commons/von Junst; 133 Wikimedia Commons/ Pudelek (Marcin Szala); 134–135 Wikimedia Commons/JoJan; 137 Wikimedia Commons/Nicolas Illy; 139 Militärhistorisches Museum für Artillerie, Pionier- und Nachrichtentruppen, St. Petersburg, Russland/The Bridgeman Art Library; 142–143 akg-images; 146 Wikimedia Commons; 149 The Granger Collection/TopFoto/TopFoto.co.uk; 152–153 The Granger Collection/TopFoto/TopFoto.co.uk; 154 Wikimedia Commons; 156–157 Wikimedia Commons/U.S. Army; 159 Newberry Library, Chicago, Illinois/Bridgeman Art Library; 161 Wikimedia Commons/Andrew J. Russell/Mfield; 163 Private collection/The Stapleton Collection/The Bridgeman Art Library; 165 Shutterstock/Christa DeRidder; 167 The Granger Collection/TopFoto/TopFoto.co.uk; 171 akg-images; 173 Wikimedia Commons/D.J. Mueller; 174–175 Private Collection/© Malcolm Innes Gallery, London, UK/The Bridgeman Art Library; 178–179 © Print Collector/ HIP/TopFoto/TopFoto.co.uk; 181 © TopFoto/TopFoto.co.uk; 182 Wikimedia Commons/Deutsches Bundesarchiv; 184 Wikimedia Commons/ Verlag Gerhard von Stalling, Oldenburg/Berlin 1928/Lars Helbo; 185 Wikimedia Commons/Berliner Illustrirte Zeitung/R.Minzloff; 187 The Granger Collection/TopFoto/TopFoto.co.uk; 191 akg-images; 193 Wikimedia Commons; 195 Wikimedia Commons/Bundesarchiv, Abteilung Filmarchiv, Berlin/Dr. Alexander Maye; 197 Â©ullsteinbild/TopFoto/TopFoto.co.uk; 198 Wikimedia Commons/US National Archives and Records Administration; 200–201 The Granger Collection/TopFoto/TopFoto.co.uk; 203 Wikimedia Commons /Deutsches Bundesarchiv; 205 Wikimedia Commons/Deutsches Bundesarchiv; 206 Â©ullsteinbild/TopFoto/TopFoto.co.uk; 209 © 2003 Topham Picturepoint/TopFoto.co.uk; 213 © TopFoto/TopFoto.co.uk; 215 Wikimedia Commons/U.S. federal government; 216–217 The Granger Collection/TopFoto/TopFoto.co.uk; 220 Wikimedia Commons/ Deutsches Bundesarchiv; 222–223 Zentralmuseum der russischen Streitkräfte, Moskau, Russland/The Bridgeman Art Library; 227 Wikimedia Commons/United States Coast Guard; 229 Wikimedia Commons/United States Coast Guard; 230 Wikimedia Commons/Conseil Régional de Basse-Normandie/Archives Nationales du Canada; 231 Shutterstock/Bryan Busovicki; 233 Wikimedia Commons/United States Army Center of Military History; 235 Wikimedia Commons/ U.S. Navy; 236 Wikimedia Commons/U.S. Army; 239 © 2004 Topham Picturepoint/TopFoto.co.uk; 241 Wikimedia Commons/Pilip; 242 Â©ullsteinbild/TopFoto/TopFoto.co.uk; 245 © 1999 Topham Picturepoint/TopFoto.co.uk; 246 Wikimedia Commons/National Photo Collection, Israel; 247 Wikimedia Commons/DokiC; 248 Wikimedia Commons/United States Army Heritage and Education Center.

Einband: „Die Trophäe" (Soldat des französischen 4. Dragonerregiments in der Schlacht bei Jena und Auerstädt am 14. Oktober 1806 mit der preußischen Fahne). Gemälde von Édouard Detaille aus dem Jahr 1898 © akg-images.

Der Originalverlag Quercus Publishing, London, hat jeden Versuch unternommen, die Urheber der Bilder, die in dem Buch verwendet werden, ausfindig zu machen. Jeder, der Urheberrechte geltend machen will, möge mit Quercus Publishing Kontakt aufnehmen.

DANKSAGUNG

Für Gay McGuinness
Der mir mit meinem Irisch geholfen hat.

Dieses Buch entstand aus den zwei Bänden von „The Art of War", bearbeitet von Andrew Robert und herausgegeben von Quercus Books 2008 und 2009, zu dem ich den Artikel über Friedrich den Großen beigesteuert habe. Ausgangspunkt für jede der in diesem Buch behandelten Schlachten waren die Arbeiten, die von den folgenden Autoritäten auf ihrem jeweiligen Gebiet verfasst wurden: John A. Barnes, Ian Beckett, Stephen Brumwell, Michael Burleigh, John Childs, Anne Curry, Ben Dupré, Carlo D'Este, Antonia Fraser, John Gillingham, Adrian Goldsworthy, Robert Hardy, Robert Harvey, Peter Hart, John Haywood, Tom Holland, Alistair Horne, Robin Lane Fox, John Lee, Adrian Murdoch, John Julius Norwich, Richard Overy, Alan Palmer, Geoffrey Perret, Jonathan Phillips, Lucy Riall, Andrew Roberts, Trevor Royle, Simon Sebag Montefiore, Richard J. Somers, Charles Spencer, Jonathan Sumption, Joyce Tyldesley, Andrew Uffindell, Martin van Creveld, Alan Warren, Robin Waterfield und Charles Williams.

Ich möchte auch meinen Freunden Richard Bassett und Roddy Matthews für ihre hilfreichen Anregungen und meiner Familie für ihre erneute Geduld und Nachsicht danken. Aber vor allem danke ich meinem Sohn Joseph dafür, dass er mir Bücher und Zeitschriften geliehen hat (darunter viele, die ich ihm ursprünglich geschenkt hatte) und mit mir zusammen dem Rätsel vieler dieser Schlachten auf den Grund gegangen ist.

Giles MacDonogh

Copyright der Originalausgabe © Quercus, 2010
Copyright Abbildungen: siehe Bildnachweise
Copyright Text © Giles MacDonogh 2010

Titel der englischen Originalausgabe:
Great Battles

Autorisierte deutsche Ausgabe veröffentlicht von NATIONAL GEOGRAPHIC DEUTSCHLAND
(G+J/RBA GmbH & Co. KG), Hamburg 2011.

Mitarbeiter der deutschen Ausgabe:
Übersetzung: Birgit Herbst für Delius Producing Berlin
Lektorat und Satz: Detlef Berghorn und Silke Körber für Delius Producing Berlin
Titelgestaltung: Büro Hamburg
Druck: CT Printing, Hongkong

Printed in China
ISBN 978-3-86690-230-5

Die National Geographic Society, eine der größten gemeinnützigen wissenschaftlichen Vereinigungen der Welt, wurde 1888 gegründet, um «die geographischen Kenntnisse zu mehren und zu verbreiten». Sie unterstützt die Erforschung und Erhaltung von Lebensräumen sowie Forschungs- und Bildungsprogramme. Ihre weltweit mehr als neun Millionen Mitglieder erhalten monatlich das NATIONAL GEOGRAPHIC-Magazin, in dem die besten Fotografen ihre Bilder veröffentlichen sowie renommierte Autoren aus nahezu allen Wissensgebieten der Welt berichten. Ihr Ziel: *inspiring people to care about the planet*, Menschen zu inspirieren, sich für ihren Planeten einzusetzen.

Die NGS informiert nicht nur durch das Magazin, sondern auch durch Bücher, Fernsehprogramme und DVDs.
Falls Sie mehr über NATIONAL GEOGRAPHIC wissen wollen, besuchen Sie unsere Website unter www.nationalgeographic.de.